此书系国家社科基金重大项目“岭南动植物农产史料集成汇考与综合研究”(16ZDA123)的阶段性成果。

民国农业调查报告辑刊 4

（广东卷·第一辑）

倪根金
陈志国　编

世界图书出版公司
广州·上海·西安·北京

图书在版编目（CIP）数据

民国农业调查报告辑刊（第一辑）/倪根金，陈志国编. -- 广州：世界图书出版广东有限公司，2018.12
ISBN 978-7-5192-5364-6

Ⅰ. ①民… Ⅱ. ①倪…②陈… Ⅲ. ①地方农业经济–调查报告–广东–民国 Ⅳ. ①F329.65

中国版本图书馆 CIP 数据核字（2018）第 284943 号

书　　名	民国农业调查报告辑刊（第一辑） MINGUO NONGYE DIAOCHA BAOGAO JIKAN (DIYIJI)
编　　者	倪根金　陈志国
责任编辑	程　静
装帧设计	苏　婷
责任技编	刘上锦
出版发行	世界图书出版广东有限公司
地　　址	广州市新港西路大江冲 25 号
邮　　编	510300
电　　话	020-84451969　84453623　84184026　84459579
网　　址	http：//www.gdst.com.cn
邮　　箱	wpc_gdst@163.com
经　　销	各地新华书店
印　　刷	广州大洋图文数码快印有限公司
开　　本	787mm × 1092mm　1/16
印　　张	161.25
字　　数	2510 千字
版　　次	2018 年 12 月第 1 版　2018 年 12 月第 1 次印刷
国际书号	ISBN　978-7-5192-5364-6
定　　价	980.00 元（全 6 册）

咨询、投稿：020-84451258　gdstchj@126.com

目　录

综合编·甲　县域以上调查

综合编·乙　县域调查

综合编·丙 县域以下调查

潮安縣農業調查報告

民國十年　張國基調查

(一)位置

潮安居潮州之中。位於北緯三十二度二十四分、至五十分。東經三分至西經十八分。饒平環其東北。揭陽繞其西南。澄海扼其東南。豐順障其西北。廣八十里。袤百二十里。面積五千二百方里。分爲十八都。曰在城都。曰東廂都。(現分爲上東廂下東廂二區)曰北廂都。曰西廂都。曰南廂都。曰登榮都。曰歸仁都。曰大和都。曰登雲都。曰隆津都。曰東莆都。曰登隆都。曰水南都。曰秋溪都。(現水南秋龍合爲一區仍名秋溪)曰江東都。曰南桂都。曰上莆都。曰龍溪都。(現分爲內龍溪外龍溪二區)

(二)地勢

登榮、歸仁、東廂、秋溪、北廂、山嶺層叠。岡陵起伏。其餘各區。則平坦廣衍。其間山脈。可分東西二支。東支在韓江之東。來自饒平、豐順。其高且大者。曰鳳凰山。高數百丈。周數十里。嵯峨鬱拔。勢凌霄漢。爲潮州第一高山。由是蜿蜒而南。有飛鵝崠、勝雲崠、雙庫崠、南武崠、雲路崠、牛牯崠、高皆百丈。爲潮安饒平二縣天然界線。西支在韓江之西。來自豐順、揭陽。綿亘而紆遠者、爲大尖山。其南有黃竹崠、古必山、吳丕崠，皆與豐順爲界。吳丕之南。有鯉姑嶺、大脊嶺、桑浦山。與揭陽分界。依城之北、有金山。現爲潮州中學校址。西有西湖山。現擬闢爲公園。皆風景清爽。遊人不絕。且爲城之屏障也。

(三)氣候

夏季氣候炎熱。極熱時寒暑表漲至九十六七度。(華氏表)因常有南風。來自洋海。故不覺酷熱難堪。冬令和暖宜人。甚少霜雪。春夏二季。雨量最多。秋冬兩季。雨水稀少。夏曆八九月間。時有颶風。爲害頗大。

（四）耕地狀況

土質　登榮、歸仁、及秋溪之東。北廂之北。山谷間田園。表土淺薄。色灰白。多砂礫。江東、登隆等處。則屬細砂壤土。色赤質鬆。南廂之沙洲。登隆之閣洲。由蓮積而來。色黃質沃。其餘各都。皆為壤土。廣衍膏腴。東廂之黃田山。產白陶土。用釉瓷器。產量年三四萬元。

水旱情形　登榮都之鷄湖。地勢低窪。韓江水漲。則成澤國。每年旱造時。常失收。上東廂之意溪、小碑、西都一帶。雨量多時。河內、石坑兩處山水。匯蓄其間。田園常被淹浸。歸仁、北廂、夏季每有西山水患。至於韓江沿岸。地面低於河身。堤圍崩决。無年無之。江東四面環水。故受災尤烈。然各處多設閘。引江水流入內地。多獲灌溉之利。龍溪東莆、上莆。居韓江下游。支流交錯。潮汐起落。往來可通舟楫。灌溉尤見便利。惟登隆及登雲之北都。因從前堤崩。水道淤塞。耕資灌溉。全賴池塘。在旱天時候。每不能下種。其餘近山耕地。多有坑水。足資利用。旱水不發。總之。全縣灌溉。概甚便利。所患者水災耳。

交通　交通可分水陸二種。水路概賴韓江。支流環貫全縣。上通豐順、大埔、汀州、梅縣。下至廣濟橋。分三流。曰西溪、東溪、北溪。西溪東南流至蓬洞。合東溪。復南流。至梅溪。再分三流。一由大衙出南港。一由蛋家園出新港。其本流繞菴埠。抵魚洲。更分二流。一出汕頭港。一由溪東港及深溝港入牛田洋。東溪東南流至龍門關。會金山水。復流至蓬洞前。一會西溪。一至沙尾溪。復分二流。一出北港。一至東隴合北溪。北溪東南流。納九郎山水、秋溪水。入饒平界。至東隴出海。外此歸仁、大和、有楓溪水。可通揭陽。故全縣除山谷間些少村落外。大都距江不及五里。交通運輸均便。陸路有潮汕鐵路。自縣城南經楓溪、浮洋、鶴巢、彩塘、華美、菴埠、達汕頭。每日通車三次。轉運尤為便利。

耕作情形　全縣水田十占八九。種稻之外。雜植花生、甘蔗、靛青、甘薯、苧麻、豆。等物。登榮、東廂、秋溪、歸仁、之岡陵山阜。多植果樹。東廂之烏竹園鄉、仙田鄉。北廂之北門外鄉。南廂之下寺鄉。東莆之金石鄉。多業蔬菜。江東、西廂、歸仁。種蔗特盛。東莆、隆津、東廂。栽柑最多。江東都之黃麻。龍溪都之芥菜。鴨背鄉之紅柿。古巷鄉之橄欖。楓洋鄉、下寺鄉之龍眼。巾潭鄉、鳳塘鄉之荔枝。皆爲大宗出產。登榮沿江堤埠。多植綠竹。歸仁內山岡阜。多植鳳梨。

（五）農民經濟狀況

田地租價　田地因地方人口多寡、及經濟情形、而有高下。最高爲龍溪、上莆、東莆三區。每畝價銀有至四五百元者。但全縣普通價格。上田每畝二百元。中田每畝百六七十元。下等水田與旱地。每畝二三十元、或五六十元不等。所有水田地租。概收租穀。間亦有地主與佃人將收穫所得均分者。租穀上田每年約四百斤。中田約三百四五十斤。下等田地。則多寡無定。至若果園。則多收租銀。上園每畝年租銀十四元。下園二三元至五六元。

工價　有長工短工之別。長工概用男人。工值視工作勤惰優劣而異。上工年五六十元。中工年三四十元。概供膳。短工因時候而異。忙時男人日值五毫以上。婦女日值三毫。閒時男人日值三毫。婦女日值一毫半。僅供午餐。或不供餐。

普通物價　表如下

品名	價格
稻穀	百斤四元至四元三四毫
麥	每石八元
柴	每元一百二三十斤　登榮東廂秋溪三區較平每元一百六七十斤
炭	每元五十斤

雞	每元二斤半至三斤
鴨	每元三斤至三斤半
鵝	每元二斤至二斤半
猪肉	每元三斤半
甘藷	百斤一元二毫
芋	百斤三元五毫
花生油	百斤二十元
花生仁	百斤十一元
黃糖	百斤八元
豆	百斤五元五毫
花生麩	百斤六元五毫
柑	百斤五六元至十一二元
塘魚	百斤二十元

大小農及經濟情形　潮安居民稠密。耕地不足。設或新購田地。農夫爭相領耕。雖有勞工資本。常爲土地所限。每農夫大抵耕地四五畝至十畝爲多。二十畝以上者。百無一二。因此少壯者．多從工商事業。或往南洋謀生。登榮．東鳳．秋溪等區內山鄉村。爲耕地所限。男人不得不外出謀生。耕種工作。槪歸婦人主持。人民從事工商及出洋旣多。其間得志獲利者。亦復不少。每年由南洋各埠輸入金錢。雖難統計。而外僑之擁有資產數百萬或數十萬者。實

人不乏人。工藝最發達者、爲楓溪磁器。每年出產六七十萬元。暢銷於香港省垣及南洋等處。

(六)物作

(1)水稻

該縣水田。占耕地十之八九。但地狹民稠。全年產額。僅供三四個月糧食。餘則仰給於蕪湖，南洋等處。耕作分早晚兩造。其品種屬於早造者。有大粒，銀魚，大早，等名稱。屬於晚造者。有烏番、大烏、徙種等名稱。大早米質較優。收量亦多。徙種因插秧後須另移種故名。分蘖最盛。生長強健。茲將種植管理各法述下。

播種移植時期　普通早造於雨水浸種。清明插秧。晚造於小暑浸種。立秋插秧。大早一種。則於春分浸種。立夏插秧。徙種則於芒種浸種。小暑插秧。立秋移植。浸種方法。先行選種。選種概用水選。將稻連籮浸於水中。以手攪之。則輕者上浮。重者下沉。去其浮而取其沉以作種。乃將該種浸於木桶。或載之竹籮。浸於池塘中。早稻浸二三日後。置於溫暖地方。促其萌芽發根。然後播種秧田。晚造浸一二日後即行播種。

管理及收穫　插秧後十餘天至二十天。秧葉返青。即行耘耨。習慣不用器械。只用小竹扶手。以足踢去雜草、翻轉泥土而已。肥料多用人糞尿，廄肥、豆餅等。施量無定。甚少用石灰。大早一種。易受虫害。就中以螟虫爲最甚。該虫發生於小滿芒種。飛集秧葉。產卵孵化。幼虫色青形小。在莖心吸食汁液。稻受其害。雖不遽死。亦不能結實、而成空穗。當螟虫發生時。普通稻秧。已開花結實。莖身堅靭。故爲害極小。惟大早正在生長期間。莖身柔弱。受害最易。故一般農夫種大早者。皆於除草後、施煙骨一二次。以防虫害。法將煙骨剪成小段。長約寸許。於每株秧旁。插煙骨一二段。數日後煙骨酸腐。氣味辛辣。螟蛾聞味。自不敢集於秧間產卵。雖或產卵。因煙含毒質。亦必不能孵化。收穫期、早造於夏至收穫。晚造於立冬收穫。大早則於立秋收穫。收穫量、早造遜於晚造。平均早造每畝收四百斤至六百斤。晚造每畝收五百斤至七百斤。

(2)麥

麥爲冬耕重要作物。農民於晚造刈稻後。卽將田地耕鬆。耙至細碎。起平畦。廣三四尺。高二三寸。播種多用條播。每行距離六七寸。每畝需種子十斤左右。播種後上覆草灰。二星期便萌芽出地。發芽後施尿水一次。經二三十天後。再補肥一次。并中耕除草一二次。至春分可以收穫。每畝收量二百斤至三百斤。一般農夫、每因栽麥後耕地肥分爲其吸收。越年早造水稻收成減少。故栽培甚少。不及十分之一。且大概粗放。管理不周。品種則以小麥爲多。大麥種者甚少。

(3)蔗糖

各區皆有種植。而以陸仁江東爲最多。西廂、北廂、東廂次之。太和、伏溪、登隆、南桂又次之。全縣糖寮。約在二百家左右。產量雖無特確統計。然以平均每寮日搾糖五担，工作七十天計之。則全縣每年產量。當在七萬担以上。因去年糖價昂貴。一般農民。極力栽植。故現年產額。較去年增加十之二三。搾糖概用舊法。品種有竹蔗、臘蔗、白臘蔗等。臘蔗皮厚味濃。通常充作果食。間有用以搾糖者。先將蔗蒸晒曝一天。使皮變爲軟。然後搾汁。竹蔗皮軟味淸。搾糖多用之。生食亦不少。白臘蔗種類。原產菲律濱。民國以後。始行輸入。因其形似臘蔗而色帶白。故名。生長迅速。莖身高大。糖分豐富。故大受農民歡迎。現時蔗種價格。每百種値銀五角。茲將栽培管理各法述之如下。

種法 於立春雨水時候。截取蔗梢長八九寸。浸泡塘中三四天。取起置於陰凉地方。朝朝淋水。數天後蔗芽肥大、吐青。卽可種植。種法先起高畦。廣二三尺。將蔗苗斜插。每畦一行。每株距離尺餘。每畝需種一千左右。西廂北面農民。則初起平畦。中間插蔗。兩旁間植蔬菜、或豆類。俟蔬菜收穫後。再將土撥培壅爲高畦。插種時先用草木灰堆肥爲基肥。

管理　插種後、遇天氣燥旱。則稍爲淋水。經二三十天。蔗已生活。則中耕、除草、培土、補肥一次。再經一月。復補肥中耕培土一次。凡三四次。施肥量因地而異。下東　溪口、深河、温湖等鄉。從前栽植柑橘。土壤含肥分甚富。近因水患。柑樹浸死。改栽甘蔗。利用餘肥。有全免施肥者。或只施水肥一二次。發育已極茂盛。他若沙洲、萬年洲、新園、沿江一帶埔地。河水漲時。常有沃泥沉澱。非常膏腴。故所施肥料亦較少。其餘各地。通属每畝施豆餅三百斤以上。種臘蔗者。見其下部莢葉已乾。則次第剝去。年約三四次。剝落之葉。用禾稈綑爲小束。夾以竹片。圍於園周。以蔽風害。

收穫　晚稻刈後。農民閒暇。則開始收穫。收穫時用利鐮割斷蔗莖。運回搾蔗場。剝去莢衣、搾之。每畝收蔗三千萬以上。搾糖六七百斤者。算爲豐收。

留宿頭　甘蔗爲宿根植物。雖斫去蔗莖。其根猶能重發新芽。是以普通種蔗一年。留頭二年。然後易種。法於收穫蔗莖後。鋤鬆根旁泥土。所餘蔗頭。任其萌芽。萌芽後再行覆土壅畦。管理施肥等法。與新種無異。其成績較新種者、生長迅速。莖身高大。收量加多。但至第二次留頭。則反見生長柔弱。收量減少。故亦有僅留頭一年者。

(4)甘藷

甘藷俗名番葛。生育强健。養分豐富。可當米穀作食料。及飼牲畜。植蔗之地。多與之爲輪栽。故種者甚盛。其品種有青心紅、接芋、海藷四月藷鬆藷等名稱。種植期間。本不拘定。而普通習慣。年分兩次。一在夏曆正二月插苗。四五月收穫。一在六七月插苗。十月十一月收穫插苗之法。剪藷藤四五葉爲一段。長六七寸。斜插於高畦。畦廣二尺餘。祇插一行於正中。每行距離八寸至一尺。每畝用種一千五百至二千株。肥料用堆肥草木灰。於插種時作基肥。生活後經一月。補施水肥一次。在與蔗地輪栽地方。常利用蔗造餘肥。僅於插苗時施草木灰而已。不施補肥。管理法甚爲簡單。月間除草整蔓一次。因甘藷之蔓伏地。隨處生根。生根既多。則主根細小。而不發育。故必牽起其蔓。令其根只生長於一處。則勢力不耗。養分儲蓄。而藷身大。有時莖葉發育過盛。亦常摘採。以節制之。收穫期約在插苗後四個月。見藷葉生育黃弱。藷塊肥大土生裂痕。即可收穫收穫量每畝自千五百斤至三千斤無定。橫隴鄉產。富糖分。少纖維。品質最良。百斤值銀二元左右。比普通者價高七八毫。

（5）芋

各區皆有栽培。而以西廂北廂二區爲特盛。品種有白蛋。檳榔赤芽等。栽培法於冬至前後下種。先作平畦。廣三四尺。中植芋種一行。每株距離三尺餘。每畝種三百餘株。兩旁間植蔬菜。下種時施堆肥爲基肥。及蔬菜收穫後。將兩旁泥土、分三四次培壅成高畦。每月中耕除草培土一次。五六月間。當引水浸灌。使土壤常濕。肥料不甚選擇。施量愈多愈佳。通常於發芽後施濃厚肥水一二次。以後再施豆麩二次。每畝肥料約十五元至二十元。收穫期在中秋前後。如欲保存。則在貯於田中遲掘之。每畝收量二千斤至四千斤。

（6）藍

以歸仁區出產最多。年約十萬元。栽培法皆用直播。法先整平畦。廣四五尺。每距離八九寸播、種一行。播種期在春分前後。每畝需種子五六兩。先施草木灰爲基肥。播種後不再施補肥。只於發芽後除草間拔一二次而已。收穫期在大暑前後。見莖葉茂盛。即可刈割。每畝收葉一千二百斤至一千五百斤。製藍之法。用木桶徑五尺高六七尺。桶旁有孔。用栓塞閉後。將藍葉及莖置於桶中。每桶約一百五十斤。加水浸沒。經三四日後。取出莖葉。用棒攪拌其水。加以石灰。每桶約加六七斤。再攪拌之。任其沉澱。沉澱既定。乃放去澄液。即成藍靜。每桶可得靛二十斤至二十五斤。靛價百斤值銀七八元。

(7)麻

麻爲江東區大宗農品。多與甘蔗輪栽。栽培法概行條播。先起平畦。廣三四尺。每距離六七寸起淺溝一條。溝內施草木灰。即播種子於溝中。播後覆薄土。每畝需種子七八斤。播種期在春分前後。播種後一星期。即見發芽。經一月後。則行除草間拔培土、并施水肥一次。再經二十餘天。復除草施肥間拔一次。至夏至前後。見離梢端尺餘之葉已變異樣。即可收穫。收穫時、用鋤連根掘起。即行剝皮。剝皮之法。二三莖合作一把。一人持其頭端。一人以雙竹管離頭二三尺長處打斷其心木。以雙竹夾夾其表皮。突出心木於外。。火力夾持而拉之。其皮自離心木而分開。是爲麻皮。晒乾後，即可出售。若再用刀刮去其青皮。遂得白色纖維。名爲麻仁。每畝收麻皮約百斤至百五六十斤

(七)果樹

(1)柑

柑爲潮州出口大宗。暢銷於上海香港南洋各處。民國九年由汕頭出口、運往上海九萬二千桶。每桶一百七十五斤。運往香港及南洋各埠、共六萬八千桶。每桶一百二十五斤。就中以潮安出產爲最多。茲將栽培法述下。

經營狀況　種柑地方。東莆區最多。隆津東廂二區次之。近來出口日多。價格日高。故經營漸起發達。但種植不易。常罹病虫害。植後數年、未獲收果、而全園死滅者。不可勝數。故易令人灰心。東廂區溪口鄉。本爲栽柑最盛之區。因連年水災。柑樹大半浸死。現雖極力經營。尚未恢復舊觀。

品種　分爲三種。卽蕉柑、蜜柑、蕉柑是也。茲分述之。

雪柑　形小而圓。皮薄而滑。實則廣州所稱之橙也。果皮橙黃色。不易剝離。果肉內部各瓤囊。亦不易分離。食味帶酸。成熟較早。惟頗强健。生活期最長。新樹果實。形大皮厚。年齡漸老。果形漸小。果皮漸薄。食味亦漸淸甜。多分銷於本處。甚少出口。

蜜桑　俗稱冇柑。爲潮州特產。廣州上稱潮州柑者。卽係此種。出口最多。果大皮厚。蒂部凸出。果肉與果皮間多空隙。剝離甚易。最多汁。味淸甜。種植最易。

蕉柑　狀似蜜柑而小。與廣州通常之柑相似。皮色紅黃而厚。果肉實。食味甜。成熟畧遲。出口亦多。

繁殖法　用酸橘實播種於苗圃。生長後一年。取爲砧木之用。於淸明前後接枝。越年便可移植。東莆區金石鄉附近。育苗最盛。全縣以及潮陽揭陽所用種苗。皆從該處購買。每株價一毫至五毫。

種植　移植期多在春季。株間距離、因地而異。溪口鄉所種。每株相離一丈至丈三。東莆區所種。每株相離僅六七尺。未免太狹。故雖二三十年老樹。枝幹亦甚短小。結實因而減少。今已漸加改良。移植後三年。卽能結果。八年後至二十年。結實最盛。

管理　柑樹之管理。最爲煩雜。年必中耕除草培土四五次。施肥三次。一在摘果後。一在三四月。一在七八月。肥料多用人糞尿及豆餅。每年每畝肥料費。至少十五六元。多則三十元。此外自二月至七月止。每月必用烟骨水或石灰水噴洒枝葉一次以防蚜虫介殼虫之發生。

收穫　收穫無定期。而以冬至至立春時間內爲最多。收量每畝少則千餘斤。多則三四千斤。

病害虫　柑之害虫甚多。常有蚜虫介殼虫發生。受害時生機停止。發育遲緩。農民多噴洒煙骨水石灰水以預防。此外尙有一種害虫。色白。形似三四眠蠶兒。先從樹幹下部近地面處發生。漸次穿食木質部。由下而上。常使樹幹交穿孔而死。此害虫非手術靈巧經驗有素者。不易驅除。故種柑者。必請驅虫專家驅除。每日工銀七八毫。或納保險費。每畝年約一元。驅除時、從樹幹鑿一小孔。以通虫孔。用鐵線穿入刺殺之。病害之最著者、爲腐根病。此病在於根部。發生時外觀不現病態。惟見落葉而已。落葉後明春不再發芽而枯死。掘起驗之。則見根部變黑。根易腐朽。現時尙無防治法。

(2)龍眼

散見於各處村旁屋隅者爲多。亦有專業者。如南廂區之下寺鄉。歸仁區之楓洋鄉。東蒲區之金石，陳厝隴、砂地、大鄉、大寮等處。除充果品生食外。用晒龍眼乾。每年出產亦屬不少。

品種　種類甚繁。無一定系統。鄉人皆由果實之大小形態、果皮之色澤、成熟之遲速以命名。

繁殖法　龍眼生活強健。管理容易。種植概屬粗放。其繁殖法普通多用實生。至於一般營業家。則因實生將來果品不能確定。多用駁枝繁殖法。將二年生之樹枝。以刀刮去表皮。用泥草裹之。經三個月後。內部發生新根。即可切斷、用禾草包其苗身·而移植之。

栽培及管理法·種植時、先掘地深尺許濶二三尺之圓穴。淋水·將泥攪成糊狀。乃行種植。植後覆土。用足踏實。每株相離二三丈。生活後越年即能開花。但初二三年開花時。須行摘去。以促枝幹生長。粗放者只於移植後摘花而已。全年概不施肥及中耕除草。營業家則於春季施肥一次。

(3)蕉

以東廂區之溪口鄉一帶種植特盛。因該處柑樹。近年多被洪水冲毁。或罹病虫害枯死。葡種爲難。而蕉則生長迅速。獲利厚。管理易。故經營狀況。日趨發達。

品種　分爲牙蕉芭蕉二種。牙蕉形彎曲如弓。故俗名弓蕉。幹葉較芭蕉矮細。需肥分較芭蕉多。結果夥。形長瘦。味香甜。價格比芭蕉爲貴。芭蕉生長强健。幹高葉濶。果形肥大而不彎曲。結果甚與食味。皆遜於牙蕉。

繁殖法　蕉生長後六七個月。即於母幹之旁。由根發生新芽。此芽於母幹收穫後。繼續生長結果。在新種地方。則於新芽生後二三個月高三尺許時。將新芽連根掘起。用爲苗木而移植之。

種植及管理法　移植時須先掘土穴。深尺許。施堆肥爲基肥。每穴定植一株。每株距離八九尺。移植期多在清明前後。移植後一年。即能開花。開花後百日。即可收穫。收穫從幹之基部處斬斷。令其倒下。割取其蕉。管理法、年中中耕二次。施肥二次。施量無定。多用人糞尿豆餅。間或掘取溪河池塘之泥。培壅根旁。成效甚佳。此外如幹旁新芽發生過多。則擇留强健者一二株培植之。餘盡斬去。第一年之新芽。生長迅速。發育强健。果實亦碩大。第二年之新芽。則生長衰弱。非多施肥料不可。故栽培家種蕉三年，必用他種作物輪栽。

（4）番石榴

俗名拔子。甚爲粗生。雖乾燥之壤砂土。亦能發育茂盛。東廂區之意溪鄉、黄金塘鄉、磨石鄉。秋溪區之官塘鄉、鐵舖鄉、等處。種植最多。並皆植於山麓土岡。果實皆充生食。不耐貯藏。

品種　有尖形圓形兩種。尖形種形長。蒂部尖細。色青肉爽。食味酸甜。成熟較早。圓形種果形圓。色橙黃。有珠點。肉柔軟。食味廿甜。成熟稍遲。

繁殖及栽培管理　繁殖用實生。先播種於苗圃。越年即可移植。每株距離七八尺。管理甚爲粗放。年僅中耕除草施肥一次。或地瘠不施肥。因施肥後果實雖能碩大。而食味不美也。

（5）荔枝

以南桂區巾溝鄉爲最多。每年產額約六七千元。歸仁區之鳳塘鄉次之。巾溝鄉岸外洲園，爲沖積地。土質肥沃。所栽荔枝。非常茂盛。近因結果減少。多有斫伐，改種他物者。經營狀況。日趨衰落。品種視成熟之先後。分爲早種緩種。統近於廣州之黑葉。殖繁法概用駁枝。株間距離約一丈五尺。每年除草中耕施肥各一次。肥料多用豆麩。收獲期在夏至前後。收獲量無定。每株四五十斤或十餘斤不等。

（6）橄欖

散見於東廂區登榮區秋溪區歸仁區之山麓。古巷鄉地多岡阜。栽植尤多。繁殖法、概用實生。移植後方行接枝。接枝後三四年。即能結實。結果最盛時期。當在二十年以上。每年中耕施肥一次。近來古巷鄉因收獲不豐。伐去大半改植甘蔗或柑橘等物。

（7）柿

各區之近山鄉村。多有種植。產額不能統計。果實多生食。少製柿餅

品種　。分爲紅柿水柿二種。紅柿形扁圓。色深紅。質極軟甜。水柿形長圓。色青黃。質極爽脆。登榮區鴨背鄉所產紅柿。平底無核。非常軟甜。爲潮州佳種。

繁殖及栽培管理　各處種植。概由實生後接枝。先將成熟之果實。取其核播於苗圃。生長後一二年。即可接枝。接枝生活後。於春天移植。株間距離丈餘。每年施肥及中耕一次。收穫期在陰曆八九月間。紅柿摘後。在果之背部。刺三四小孔。深約半寸。藏於穀殼中三兩天。則果紅熟。可以出市。水柿摘後。浸於石灰水中二三日夜。則澀味靈除。

（8）其他各種果樹

其他果樹。如梅、梨、桃、柰、楊梅、檬果、黃皮、石榴、枇杷、鳳梨、楊桃等均備。以登榮東廂秋龍歸仁等區種植較盛。因非大宗產品。故不詳述。

（八）蔬菜

經營狀況　可分爲專業副業二種。專業以西門外、北門外、下寺、深田、金石等處爲著。多投資本勞力經營。非常集約。副業則凡村庄之園隅屋角。皆見栽培。以供自己食用。種類繁多。就中以黃芽白菜、芥菜、蘿蔔爲特產。頗多輸出。特將調查所得。分述如下。

（1）黃芽白菜

以下寺鄉植培最盛。品種尤佳。種植期自九月起。即可播種。先將種子播播於苗圃。播後二十天左右、發生有三四葉時。即可移植。每株距離尺許。移植後六七十日。心球捲實。即可收穫。每株一斤或三四斤不等。管理甚爲煩雜。約中耕培土三四次。天氣燥旱。必於朝夕間淋水一次。植後五六十日。每株用禾草束縛上部。助其結球。施肥法、於育苗時施稀薄尿水一二次。移植見苗已生活。施稀尿水一次。越十餘天。再施濃厚肥料一次。以後仍須補肥二三次。概用人糞尿。間亦有施用豆麩者。每畝肥料費至少十二三元。多則二十元。害虫有蚜虫、青虫、黑虫等。蚜虫多用煙水噴洒。青虫黑虫則用手捉掐。病害有根瘤病、腐根病。均無法防治。

（2）芥菜

芥菜之種植。較黃芽白菜普及。各處農民。於晚造水稻收穫後。擇肥沃之地。栽植芥菜。收穫後用鹽醃作鹹菜。以供家用。龍溪區馬隴一帶。以此爲冬耕主要作物。每年產額二三萬元。種植管理施肥各法、及病虫害。與黃芽白菜大同小異。惟能自己結球。可免束草工夫。

(3)蘿蔔

種植狀況。與芥菜略同。而產額較多。品質較優者、爲江東區、及深田、竹巷、後隴等處。有早種晚種之別。早種細長。水分不多。於七八之月播種。一般營業家多種之。晚種肥大多汁。收穫甚豐。於十月十一月播種。普通農民栽植最多。種植法概用直播。先深耕土壤。作三四尺濶平畦。畦間隔八九寸掘一小溝。溝底先施草木灰爲基肥。播種子於灰上。覆以禾草。一星期間。即能發芽。發芽後十餘天。即行間拔施肥。越十餘天、再行中耕培土間拔施肥。以後見根部露出土面。即宜培土。收穫期見根部肥大將抽花時。即可收穫。每畝收量千餘斤至三四千斤不等。收穫後或充蔬菜。或醃漬爲蘿蔔乾。俗名脯。製法將蘿蔔晒去水分。於田間掘一地窖。深濶適度。窖底敷禾草。晚間將蘿蔔藏於窖內。每放一層蘿蔔。施鹽一層。鹽之用量無定。晴天用鹽少。雨天用鹽多。藏好用脚踏實。上壓巨石。日間復取出晒之。晚間仍置窖中壓實。如是約二星期。蘿蔔柔軟無水分。即可貯藏。每蘿蔔百斤。製得蘿蔔乾二十餘斤。

(九)畜牧

以牛羊猪鷄鵝鴨爲主。馬則僅縣城有之。專供坐騎之用。

(1)牛

農家無不飼養。分爲二種。曰黃牛。多養於山地。曰水牛。多養於平原。皆供耕犁之用。養以搾乳。則僅附城有之。亦未十分發達。近山村庄之飼養法。常聯合全村牛隻。放牧於山阜之間。每天輪流值日一二人。專司管理。平原地方。則多舍飼。放牧時每隻必用牧童一人管理。以免殘害稼穡。

（2）羊

羊非普通食品。飼者甚少。近山鄉村。間或有之。而每羣至多不過十頭而已。

（3）猪

猪之飼養。雖甚普及。然皆以之爲副業。專事經營者絕少。通常數口之家。必飼養一二頭。飼料以豆腐渣番藷頭（即製粉藷後之藷渣）米糠及利用殘羹厨屑等爲主。鄉村中日間常放牧。任其自由行走。城市中則多舍飼。但無特別猪舍。就便飼於廊隅簷下者爲多。種類均全身黑色。總計全縣所產。不足供本縣食用。每年由潮陽揭陽輸入不少。

（4）鷄

鷄爲食用要品。每家必飼養三數羽。以供年節祭祀及款奉賓朋之用。有餘然後出售。絕無專家經營者。鄉村間多放牧。僅於屋內設木塒。以供晚間棲宿。城市中則於屋內設竹籠籠禁。飼料以殘飯和雜米糠爲主。種類甚多。普通雄鷄重三四斤。雌鷄重一二斤。有一種大種鷄。身體高大。趾間有毛。發育完全時。雄者重十二三斤。雌者亦七八斤。但體質軟弱。舉動遲鈍。缺乏搜食能力。肉粗味淡。多作賞玩之用。非普通飼養種類。然養鷄雖多。尚不足供本縣之用。常仰給於饒平。

（5）鴨

鴨惟鄉間農民飼養之。城市人家。養者甚少。飼養者均係成羣。少則百數十羽爲一羣。多則三四百羽爲一羣。在三四月間起始飼養。每羣用一人管理。放牧於水田或池塘中。飼料幼時用半熟之飯及豆餵之。長大時則用穀餵之。日餵兩次。五六十日後。重可斤許。即行售出。但近年來米穀昂貴。又常發生疫病。或因放牧時有傷田中禾稻。爲鄉例禁止。不能飼養。故經營者日見減少。種類有三。曰番鴨、體格雄偉。羽毛全黑、有光澤。耳朵作紫紅色。性質強健。羽翼豐滿時。能高飛數丈。重可七八斤。曰菜鴨、體格較小。色灰白。性和順。肉嫩味美。重約二三斤。飼養最多。曰半菜鴨、係番鴨菜鴨之交雜種。重約四五斤。飼養者亦頗多。

(6)鵝

飼養者概屬農民。城市人家少飼之。有專養產卵以孵鵝仔者。有專育肥鵝而出售者。鵝之產蛋。年分四次。第一次在七八月間。第二次在九十月間。第三次在十一二月間。第四次在正二月間。每次約產七八枚。第鵝每所產之蛋。孵出鵝仔。價值最貴。每隻五六毫。因縣中風俗。各村庄皆於正月遊神。用鵝之習慣甚盛。且頭造鵝仔。體較強壯。易於肥大。故養者較多。價亦較貴。飼料鵝仔時則用萵(苣俗名香菜)混雜米碎。稍大則用蘿蔔葉。一日餵五六次。夜間亦須餵三四次。長大時則用穀雜蘿蔔菜餵之。每隻重約十一二斤。第三四次之蛋孵出之鵝。俗名草鵝。自己能尋食青草。便於放牧。惟質較弱而小。

(十)森林

縣中林業。尚屬幼稚。天然林絕少。近來民智漸開。經營日見發達。但因迷信風水。所有山地。盡屬墳墓。并因官廳保護未周。非屬勢力範圍。雖有荒山。亦未易投資經營。故立木面積。不過十之二三。荒山面積。殆占十之七八。所栽樹種。以赤松為多。專供燃料之用。楠樟柯杉等。則間或有之。

(十一)農林前途之希望

該縣地狹人稠。土質肥沃。農業漸趨集約。河流交錯。交通尤稱利便。惟農夫智識固陋。對於各種作物之病虫害。無法防治。受害時則歸之于命。應設立農事試驗場。將各病虫害、研究防治方法。公佈農民。登雲登隆二都。時有旱災。宜立水閘。開鑿水道。引河水流入內地。藉資灌溉。農民習慣。多不注意冬耕。因冬耕後越年早造必多施肥料。否則歉收。亦應多栽綠肥以增加地力。不宜任其荒廢。韓江貫串全縣。河身淤淺。夏秋二季。江水氾濫。基圍崩潰。田園變成澤國。應行濬治。幷修固堤防。至於林業。則濯濯童山。擧目皆是。其原因在於官廳保護未周。常爲强橫者盜斫焚燒。應由官廳訂立防護章程。嚴禁盜伐損毀。幷奬勵勸導種植。則林業前途。庶有希望。

（出自《广东农业概况调查报告书》，一九二五年）

潮安縣調查報告書

本隊於四月一日由豐順轉赴潮安調查，計先從一區着手，次乘安揭公路車至二區，再由縣城乘潮汕車至六區，再順道乘車至七八區，調查完畢後，轉乘護隄公路車至五區，後遄返縣城，再乘小舟至三區，後赴四區，總計歷時二月，各種調查方告完竣。除經陸續呈報外，茲將該縣概況，撮述如次。

位置與面積　本縣爲韓公舊治，夙爲潮州府治，又爲海陽縣，迨後始改潮安，列爲一等縣治。位于粤之東隅，東界饒平，西連揭陽，南接澄海，北至豐順，東西距八十里，南北百二十里，面積五千三百八十五平方里，卽一千三百四十六公方里。縣治稍偏於西，經度距京師中線偏東二十分，緯度距京師低南一十六度十八分二十秒。全縣劃分八區，共有五十六鄉九鎭。第一中山區。位于城廂內外，分爲四鄉八鎭，區公所設于下水門。第二仁和區，位于縣之西北，與揭陽豐順接壤，劃分七鄉，區公所設於鳳塘，距城二十里許。第三榮意區，地屬縣城東北，毘連豐順饒平，分爲六鄉，區公所設於意溪，與縣城隔河相望。第四秋東區，位于縣之東南，與饒平澄海爲界，劃分六鄉，區公所暫設於湘子橋東。第五江桂區，位於縣之南部，與澄海接境，劃分六鄉，區公所設於鯤江，距縣城四十里許。第六雲隆區，位于縣之西南，與揭陽接境，分爲八鄉，區公所設於浮洋，距縣城三站。第七上東區，位於縣之西南隅，與揭陽毘連，劃分十三鄉，區公所設於彩塘，距縣城五站。第八龍溪區，位於縣之最南部，與澄海鱷浦區隔江相對，劃分六鄉一鎭，區公所設於菴埠，距縣城七站，離汕僅一站約二十里許耳。縣之北部山嶺重叠，其最高之山，則爲潮饒豐三縣交界之鳳凰山，山脉綿亘三四兩區及二區之一部，南部各區地勢平坦，儼爲一大平原，縱有邱陵起伏，亦僅如覆簣之狀而已。韓江由豐順南流至縣屬三區之菴坑入境，南流五十餘里至湘子橋，則爲下游，遂分江爲三，曲折東南流，縱横錯雜，分合無定，流入澄海饒平等處，分數口而注於海。唯其河道紛紜，故下游地帶形成多數三角洲，土地因之肥沃，更兼灌漑便利，氣候温和，種柑種稻，無不遂宜，所謂潮安民殷物富，非無因也。

戶口　去歲全省舉行人口總調查，本縣迄今倘未結束，據民國二十二年調查結果，全縣一十四萬一千三百十二戶，男四十四萬一千八百三十七人，女三十八萬七千三百八十九人，計一區二萬八千二百三十三戶，男十萬一千一百三十五人，女七萬八千九百三十三人，二區二萬零三百二十五戶，男五萬一千八百九十八人，女四萬五千四百九十五人，三區一萬二千二十四戶，男三萬七千三百一十六人，女三萬三千九百六十八人，四區一萬六千九百七十二戶，男五萬二千二百三十六人，女四萬五千四百六十九人，五區一萬七千二百零八戶，男四萬二千九百二十三人，女四萬零零六十七人，六區一萬四千二百二十九戶，男四萬八千一百四十八人，女四萬二千六百二十五人，七區二萬二千七百八十九戶，男六萬四千九百零六人，女六萬零二百九十二人，八區一萬三千五百三十二戶，男四萬三千二百七十五人，女四萬零五百四十人。

農業　本縣境內除二三四區山嶺較多外，其他則爲平坦地帶，據田畝調查處調查結果，田地共有四十一萬畝，分爲水田，旱田，菓園，池塘，四種。水田佔有十之六七，土地肥沃，堪以種稻，平均每畝年可產穀六担，總計全縣年產穀百七十餘萬担，足供縣民七月粮食，不敷之數，全仗外米維持，倘一旦來源斷絕，則數十萬民衆難免枵腹待斃矣。旱田則種蔗，蔴，薯，芋等類。蔗產地萬餘畝，年約產七十餘萬担，自搾土糖，年七萬餘担。蔴年產萬四千担，運銷汕頭上海等處，薯芋約二十五萬担，以作什粮及飼料之需，中有馬鈴薯千五百担，運銷南洋群島。冬耕一事，頗屬風行，農民每於晚造收割後，則將曠地種麥以及菜蔬等類。計麥年產約四千五百担，以爲造醬之用，間有出售以製麵粉。所產菜蔬，足供本地需求。中除芥菜及瓜類外，則以蘿蔔爲多，竹筍次之，二者俱盛產於五區，計蘿蔔，全縣年產約六萬餘担，除供本地應用外，五區方面尙多製成菜脯，運銷安南等處，年四萬餘元。竹筍年約萬担。菓類則以柑爲多，其餘香蕉，龍眼，荔枝，菠蘿，橄欖，梅，番石榴等在所多有。柑盛產於六七兩區，皆植於稻田上，產地萬畝，每畝約植八十株，種後三四年始得結實，再過數年，則爲繁盛時期，每畝結實多可三十担。生存時期通常十二三年，總計全年產柑約八萬担，最多時超過十五六萬担，柑商恆於前一年冬或本年春間下鄉訂買本冬之柑後，由該商管理，豐歉與業主無干，成熟後，由柑商自行採取，再擇其優者運往天津，名曰北庄，價高倍餘。其次之柑，多運南洋群島，名曰南庄，全年輸出總值不下百餘萬元。數年前，日人卽存攫取潮柑之心，利用奸商運輸柑苗至台灣等處種植，迨乎東北被奪，卽用其政治經濟勢力，排除潮柑進口，故銷路大受打擊，政府有鑒及此，爲救濟潮民計，故有禁止柑苗出口之議。彼柑苗多產于縣屬七區西林鄉，產地二百畝，每年約出十五萬株。香蕉盛產於四五兩區，年約二萬担，運輸潮梅，上海等處。龍眼則三五成林，比比皆是，產量年約二萬担。荔枝則產於二五兩區，年四五千担。另橄欖萬担。菠蘿產於二三四區，植於山上。梅柿產於三四區，番石榴產於四五區，年各萬數千担。全縣池塘數千畝，年產魚約萬五千担，又縣屬農田絕少荒蕪，簡言之，平坦地帶，無有荒廢者，惟鄉民距山較遠，喪塟事項，多就近爲之，因此坟墓佔去農田面積不少耳，且因農民生活裕餘，故荒山曠嶺，多未開墾，舉目四望，則濯濯童山，一如曩昔，殊可惜也。

工業　化學工業，計火柴有熾昌，勵華，耀昌等三家，職工約五百人，每年產量萬五千件，運銷潮梅各地，總值七十餘萬元（統稅計在內）年來有等奸商，偷運仇貨，由厦門流入潮梅，賤價傾銷，故銷途日蹙。各公司虧累頗巨，停業易東，習以爲常，若無辦法以善其後，誠恐三廠生命，難以持久也。肥皂現祇存利民等二家，工人二十餘，每年產量約二萬箱，運銷潮梅各地，總值七萬餘元，電池有蓋一公司等三家，職工七十餘人，每年約出六萬餘打，運銷潮梅暹羅等處，年十餘萬元。玻璃器三家，工人三十餘，每年所出約值萬餘元。化粧品一家，年產約值二千元。造冰則有惠羣公司一廠，工人十二，每年出冰七千五百條，每條三百磅值銀二元，總值萬五千元。腊燭十一家，年出二千担，總值六萬餘元。較搾業，計有花生油搾十間，年出油七千餘担，總值二十萬元。煤油一間，年出千五百罐。糖寮二百六十餘間，多爲農民集資建築，搾糖時，每担征收三元左右之工值，此爲合作事業之初基，每年產糖七萬餘担；多銷潮梅內地，其經汕頭出口僅得十之一二耳。紙傘工業，計有汪勝昌等十一家，每年出傘十萬餘把，總值十萬元，皮革工業，計鞋業有鄭義成等三十家，工人三百八十餘人，每年出鞋二十萬雙，銷流潮梅各屬，總值約三十萬元。皮枕皮箱十四家，工人百五十名，每年出品運銷南洋及潮梅內地，共值十一二萬元，比來皮枕則因棉枕風行，皮箱又屬古式，既爲籐篋及新式皮篋所打破，此種工業，均呈奄奄一息之態矣。造船工廠共有二十七家，總計工人，一百五十餘人，每年約造船百七十艘，每艘由百數十元至四五百元不等。錫箔工業計有七十一家，每家工人多至二十餘人，少則五六人不等，總計工人六百餘人，每年出品達千二百五十担，運往上海爲包紙烟，及本地製冥金之用，總值三十餘萬元，彼原料來自雲南，不過將其打成如紙之薄片而已。冥紙有四十八家，工人約六百七十人，每年所出供應潮梅內地及運銷安南等處，共值二十餘萬元。製香三十家，工人千餘人，每年所出約值二十五萬元。惟香紙燭業自年來提倡打破神權，迷信之風漸除，業務遂日形頹敗矣。醞釀工業，計有釀酒三十四家，工人八十餘人，全年出酒五千担，總值九萬餘元。醋酸業有二家，年出三百六十担，共值千五百元。紡織工業，數年前計有八九十家，後因受洋布打擊，無法維持，已歇業者有十之六七，所存二十三家，亦屬病後之軀，難期發展。彼多分發各家婦女織造，計疋給値，工人共千一百人，全年所出，計四萬五千疋，共值十二萬餘元。毛巾一家，工人二十人，年約出萬打，總値二萬元。竹器工業，計香枝年前五十餘間，後因價格低落，業者覺無利可圖，故先後停業，現僅存三十五家，俱分發各家婦女製造，計件授値。零星工人，數在千數以上，每年約出三十餘萬把，運往朝陽。年來商人爲减輕稅率起見，改運南洋，總値不下三四十萬元。其他竹器業者計五百一十五家，工人一千五百餘人，年產總値不下三十萬元。據該隊補充報告潮安縣買賣竹，木，柴，炭通常是以六錢六分銀，爲本位幣。及收數時再伸還七錢八分，（間有賣六八收七六者）收大洋券一元。簡言之卽賣一元實獲七毫左右而已。至瓷業方面，查瓷器產於楓溪，頗負盛名，業者百九十餘家，工人二千九百餘人，多屬小資本經營（據云有二三十元便可開工製造，成坏後，合數家賃一窰燒之，全鄉有窰二十三座，）其規模較大者，則有如合榮利等數家，計分白瓷，赤瓷二種。白瓷年產値四十萬元，赤瓷僅十餘萬元，運銷南洋各地，價昂時，總値超七十餘萬元，去年僅値四十餘萬元，唯其價目低落，業者爲求收入增加計，只求大量出產，不顧品質窳劣，若長此以往，則一二十年後，恐難於國際上立足矣。此外二區尙有赤磁十間，工人二百餘人，每年出品約値三萬元，附城有南方搪磁器公司一間，職工二十餘人，每年出產五六萬元。殼灰廠約有四十間，工人九百五十名，每年出灰十四萬担，運銷潮梅各地，總値十萬元。磚瓦業十八間，工人約二百七十名，每年所出約値十五萬元。查剌繡工業在縣屬婦女多習剌繡爲業，有等商人專營往汕頭領取材料（約九十間），分發各家婦女工作，計件授値，從中取利，名曰白紗店。彼婦女輩日僅獲一毫數分，計業此者不下八萬人。鏪廠二間，工人二十，每年出品萬餘元。電燈，計附城有昌明公司，楓溪有懷光公司，菴埠有光華公司，浮洋有浮光公司等四間。除昌明公司燃燒煤炭外，其他均燃油渣。昌明光華二公司，一因管理欠周，一因用戶稀少，致虧累甚鉅，改組易主，事屬常見。懷光浮光二間，因兼營輾米，收支尙能平衡，但營業仍未見起色。輾米機器，全縣約有三十架。

商業　本縣位居韓江中游，爲潮汕鐵道之終點，故爲潮梅貨物進出必經之地，加以人口八十餘萬，物產豐殷，人民富庶，是以商務發達，爲各縣冠。商場計有附城菴埠，意溪，浮洋，橋東，彩塘，金石，龍湖等處。以附城爲最繁盛，大小商號，計四千餘間，營業總額年達二千餘萬元。菴埠次之，商號八百餘間，意溪，浮洋，橋東又次之，商號各三百間，彩塘，金石，龍湖更次之，商號各百餘間。各處商情素稱暢旺，惟自年來世界經濟恐慌浪潮奔騰澎湃，震撼寰宇，本縣爲入超之地，全靠南洋滙欵，以資抵消，今僑胞回國日衆，滙欵日形減少，人民購買方因之薄弱，商情不能不隨之淡傯矣。

金融　本縣金融，備形紊亂，計私家發行紙幣者現尙存滙合莊，振興莊，寶成莊，聚豐莊，寶元莊，寶發莊，滙盈莊，謙亨莊，祥豐莊，振東莊，德盛莊，益安莊，利達莊，義安莊，源生和記莊，，裕安莊，阜成莊，連發莊，生昌莊，怡興按，合利按，潮東押，仁豐按，利興按，興發按，順成按，興隆按，千大首飾店，慶祥首飾店，榮成油行等三十二家。所發數額，每間多至三四萬元，少爲七八千元，總額約四五十萬元。大小商號皆有發行紙幣之權，毫無保證(卽印發多寡,除該號司理外別無人知)。以消禍害無窮，一般奸商，存心倒撻，每於紙幣發出之後，便藉故倒閉，以呑撻現金，所發紙幣，遂成一文不値之廢紙。最近二月間，已倒閉數間矣。因此信用日差，幾有朝不保夕之慨。遂致風潮時起，價格低落，日甚一日，每日之中，價値數變，現僅値七成一二，値毫洋九角左右耳。汕頭中行毫劵，數量有限，未敷流通。商庫保証劵，每張百元，交收不便，殷商富戶，鑒於銀業界居心險惡，便將昔日所存之紙或存欵悉數改貯光洋，而南洋歸欵，又復減少，市面銀根，遂告短絀，商塲交易，困難萬分，各銀業界爲維持本身利益，行使紙幣，不得不巧立名目，改以大洋劵爲本位，致使本位幣之光洋交易，反爲不便，惟鄉村仍以光洋爲本位。竊以濫發紙幣，爲金融紊亂之源，貽害人民，誠非淺鮮，政府若非嚴加取締，非特潮民蒙害無窮，卽市面金融紊亂狀態，將來不知伊于胡底矣。農村借貸，通常利息二分與分半爲多，當押店十有六間，除裕昌當利息二分二厘外，其他各間，凡以金銀首飾入當者則利息二分二厘，衣裳什物則屬三分。有此十餘間當押，以調劑農村金融，亦屬貧民之幸也。

交通　陸道可分鐵路公路二種，商辦潮汕鐵路，由汕頭至縣城北門之意溪站，長凡九十里，分爲十站，除汕頭站外，其他菴埠，華美，彩塘，鸛巢，浮洋，楓溪，潮州，意溪等站，均在本縣境內。汕頭潮安之間，中經一點二十四分鐘可達，沿途旅客熙來攘往，該車公司獲利頗鉅。公路計有安揭，護隄，安鳳，安黃四路。安揭路由潮安縣城西門西行至揭陽，長凡五十里。潮安段二十三里，該路完全通車。汽車來往頗密。護隄公路由縣城南行至汕頭，長凡七十五里。潮安段五十餘里，亦完全通車。每日來往三十餘次。安鳳路（由潮安至饒平鳳凰）之安文段，長二十餘里，亦已通車。安黃路（由潮安至饒平黃崗）

之安樟段，前經通車。自黃金塘及福林寺兩處橋樑被匪焚後，車遂停駛，迄今尚未修復。此外附城尚有人力車百四十二架，每架每天納車租路捐共六毫。水道則韓江由豐順經本縣入澄海饒平而注於海。故上達豐順大埔梅縣。下至汕頭澄海，均稱便利，且爲潮汕鐵路終點，上下貨物，以此爲轉運地，是以商賈雲集，船隻薈萃，計來往輪船共有三十餘艘，帆船三千餘艘，可分爲岐嶺，四肚，新砧頭等。郵電則附城有二等郵局一所，菴埠有三等郵局一所，其他各墟塲多有代辦所。電話深入民間，全縣電機共有二百七十餘架，附城菴埠各有電話局，可通汕頭，澄海，饒平，揭陽，豐順等處。各區公所除第四區外，餘皆裝置，鄉鎮公所亦多裝設。

治安　本縣民殷物富，人民謀生容易，治安向稱平靖，惟自三數年來，不景氣象瀰漫全球，華僑滙欵減少，內地金融漸告恐慌，少數貧民，遂生走險之心，加以地毗饒平，共匪時來擾亂煽惑，無賴之徒，每受其愚，以洎三四五等區刼殺之事，時有所聞，各處鄉民，素乏自衞之能力，視匪如虎，知莫敢言，匪氛因得益熾。

敎育　縣屬敎育未甚發達，計學校敎育有完全中學一校，高級生百八十二名，初級生三百六十七名。初中二校，學生三百九十名。師範一校，學生三百五十四名，完全小學九十五間，高級生七千三百六十餘名，初級一萬四千五百九十名。初小百八十間，學生一萬零九百五十餘名。此外尚有所謂乙種商業學校二間，其程度幾等於高小，學生二百十六人。社會敎育，計有通俗圖書館一所，縣立民校二所，民衆茶園二所，民衆問字處數十處，通衢閱報處數十處因各機關團體學校均有標貼也。

風俗習尙　本縣交通便利，且接近海隅，故往海外謀生者大不乏人，豪家富戶，多由商至富，其經商地域，首推南洋群島爲多，其餘香港汕頭亦屬不少。各地滙欵最高時，年達三四千萬元，人民生活因之裕餘，然因富貴以生淫佚，故人民競尙奢華，洋貨進口，所值不貲，附城花捐與夫全屬花筵捐，年各萬五千餘元，蔴雀日捐五十元，而鄉村陌路面上鋪灰，此尤足爲人民富庶之表徵，亦足爲過去繁華之陳迹。迷信之風，仍未稍殺，附城南門安濟廟，每次遊神所納遊神捐數千元，所耗總數當在百萬元以上，鄉間遊神賽會，所費亦鉅，今後倘能普及敎育，提高民智，則陋風惡習，未始無轉移之望也。晚近派別之爭，日趨劇烈，其最著者則爲大光建設兩派，彼此針鋒相對，互相傾軋，不惜出種種卑鄙行爲，以陷異派於不利，然勢均力敵，勝負難必，將見兩敗俱傷，以陷人民於水火之中，眞可慨也。

人民負担及救濟事　本縣區公所凡八，每月每所經費由三百餘元至五百餘元不等，全年約三萬餘元。鄉鎮公所六十有五，全年經費十一二萬元，均由人民直接攤派。警衛隊四中隊與一獨立小隊，經費由田畝項下抽收，每畝年征四毫五分，平均每人應納自治警衛費年達五角。附城有貧教院一，育嬰堂一，善堂三十七。縣倉積穀三萬二千四百餘担，其數量雖爲各縣冠，但以人數分配，每人僅得穀四斤餘，萬一不幸，啓倉亦僅能維持數天之食用，杯水車薪，似未濟於事也。

調查隊第二隊主任陳士光報告

中華民國二十四年，五月三十一日。

（出自《统计月刊》第一卷第八期，一九三五年）

豐順縣農業調查報告民國十一年

張國基調查

(一)位置

潮州有屹然雄踞於崇山峻嶺之中者・豐順也。豐順當北緯二十三度八至二十四度十四分。西經七分至五十八分。梅縣興寧五華繞其西。揭陽障其南。潮安饒平環其東。大埔緣其北。東西廣一百零五里。南北長一百十里。面積約一萬一千三百方里。全縣畧似句股形。幾據全潮州四分之一。地勢高險。分爲五區。即在城區・湯坑區・留隍區・黃金埠區・潭溪區・是也。

(二)地勢

綜豐順全屬土地。幾盡爲山阜。山勢由大埔迤來。最東有雞公髻・鳳凰山。其脈連絡。北面有銅鼓嶂。爲嘉應大埔豐順之界。其南有韓山。高數千尺。四面巉巖。朝暮朦霧。莫見其巔。縣西南有黃竹山。山阪平坦。他如鼓牛貴人飛猴子諸山。奇峯插天。與揭邑爲界之名山也。河流小而多。頗長者曰豐溪。源出西境諸山。東流經縣治至潘田入韓江。由大埔入境。滙伍坑北勝小留隍產溪諸水而入潮安界。縣屬有溫泉九處。誠潮州奇泉也。舉其所在地如下。

溫泉表

一在豐溪畔湯田
一在金鼎寨東門外山麓(即湯坑)
一在平城鄉石水岡
一在曾寨鄉石湖
一在七娘灘
一在田鄉石橋頭
一在蘇姑山
一在墟下河塘圍

一在下湯社

(三)氣候

豐順氣候清涼。夏日不酷。最熱時寒暑表漲至九十四度。冬令微有霜雪。

(四)耕地狀況

土質及水旱情形　豐順全縣四面環山。耕地甚狹。故雖山陬溪濱或岩谷間。倘土壤有可以種植泉源有可以灌溉者。無不墾闢爲田。凡屬此之田。其田表土淺薄。色灰白。多砂礫。山水則四時不絕。水旱不憂。惟第一區之布心社建橋墳溪社。第四區之潘田社。耕地稍爲寬展。土質亦較肥饒。第三區則多屬平原。土質肥厚。物產豐阜。而羅家約等處。以泉少常有呼癸之聞。第二區之大小留隍。土質亦甚肥沃。然近韓江。時有水患。

交通　豐順多崇山峻嶺。岡陵起伏。其道路盡屬羊腸小徑。懸岸峭壁。往來甚感不便。惟潭濱·留隍·黃金埠·瀕于韓江。湯坑則臨揭陽之北溪。舟楫均可通。商務亦甚發達。陸路則分上下兩支。沿途皆設舖遞。上路出縣城。經蔣坑建橋環滿言嶺高坡徑出縣境。北抵梅縣。西至興寧。下路出縣城。經仙洞鹽塘潘田冷水白埔至留隍。又分二支一南下坡頭產溪葛布入潮安。一渡河北上。自產溪經荒鹽坪鵓鴣至大埔高坡境。

耕作情形　豐順多山。故林木如竹杉松栢等物獨茂。五穀西南境種植稍盛。東北則甚少。第一區之馬頭山。第二。區之尖髻山。所產炒茶甚佳。第二區多平原。其間旱田。甘蔗甚繁盛。花生亦夥。銅盤鄉多果樹。桃李等物出產可萬餘元。埔仔寨張氏聯宗種植公司。所栽荔枝龍眼萬餘株。第二區之溪九河植蔗亦夥。溪畔所產柰枇杷。年可出息二萬元。蔬菜亦爲留隍出口大宗。第四區黃金埠每年出產竹器織品。不下十萬元。其近水地方。多栽諸製粉。以作糕餌。

（五）農民經濟狀況

田地租價．田價因地方而有高下。第二區土質肥厚。居民稠密。故地價較貴。上田每畝將及三百元。中田二百元。其餘各區田畝。上田約二百元。至若山谷間墾闢水田或旱田。土質磽瘠。每畝僅百數十元而已。其地租．水田多納租穀。上田年供租穀約三石。中田二石餘。下田則一石或數斗。旱田多納租銀。上田畝約十三四元。中田約十元。下田則僅一二元而已。

工價　該縣耕地不足。男女多事樵採。故其工價較他縣特廉。長工供膳年約四十元。短工忙時日約三毫。閑時日僅一毫。由島隍担物至縣城。程途百里。每担百斤。不過工資四角而已。

物價　普通物價如下。

稻穀	每石六元六七角
麥	每石九元
柴	每元三百斤
炭	每元五六十斤
雞	每元二斤半
蛋	每元三斤
鵝	每元三斤
豬肉	每元二斤半
甘藷	每担一元五角

花生油	每元三斤十二兩
花生	每担三元
黄糖	每担十二元
大豆麩	每元十九斤
花生麩	每元十三斤

大小農及經濟情形　豐順地多山嶺。耕地湫隘。故其農民多屬小農。每家水田多者十餘畝。少者一畝或數分。至各山嶺間種植竹杉松等物。則一家數千畝。亦屬尋常。其民多以耕樵爲業。經濟困難。男人外出。爲人耕種。或樵採燒炭。每年工值僅得五六十元。故其風俗勤儉。第三區婦女多以織造夏布爲業。原料概由上海運來。該處[illegible]頭山泉水。用以漂白苧麻。較他處爲妙。故所產夏布。冠於全潮。

（六）作物

（1）水稻

該縣地多山嶺。水田甚少。所產之稻。不足供本縣之糧。其品種早造有大粒種，早種、大早、柔枝赤等。於雨水浸種，清明移植。夏至收穫。晚造則有銀魚，白流湖、速種，黄粘等。於立夏播種。立秋移植。立冬收穫。耕種法與潮安無異。惟山谷間多於晚造收後行燒土一次。

（2）蔗糖

豐順糖業。頗爲發達。第三區最盛。全區年約三百餘寮。羅家約占其大半。第二區年約二百寮。以溪畔爲多。其餘各區有百寮以上。總計每寮搾蔗五十天。每天出糖六担。則全縣產糖可二十萬担。其種植地多屬山阜旱田。與花生甘藷輪栽。糖寮之組織法。耕牛十隻。担蔗工人十人。剝蔗殼蕢子七人。揷蔗二人。管牛二人。收渣一人。製糖二人。管火一人。每天總計工資約五十毫。概不供膳。如自己不設寮。與人租稅。每寮租銀十元。各工人另須自己備用。

(3)花生

各植蔗地方。多以花生輪栽。故花生之出生亦多。其品有早種、緩種、大粒種，小粒種、扳種，等名稱。於清明前後下種。每畝須豆仁十二三斤。每距離六七寸開一孔。播種子二三粒。以草木灰堆肥爲基肥。管理甚簡單。僅於發芽後除草中耕一次。少施補肥。早種百日可以收穫。緩種須百三四十日。每畝收穫甚平均約四五百斤。多用以搾油。湯坑一區、有油車十餘處。每車日出油八斗。每車須豆仁約二百六七十斤。出油約百一二十斤。麩約百五六十斤。先將豆仁搾出豆油。名爲生油。後將豆渣炒熟再搾。所出之油。名爲熟油。生油約占七成。熟油約占三成。

(4)甘藷樹

此物非常粗生。雖山嶺之磽瘠。亦能生長繁夥。故各處山阜。植者極多。繁植法。係用插枝。於清明前後種植。每株距離約六七尺。施草木灰或堆肥爲基肥。以後僅中耕除草一二次。少施補肥。冬至前後。可以收穫。每株多則十餘斤。少亦有五六斤。但其藷多生纖維。含毒質。即時煮食。能令人頭目昏眩。農人皆於收穫後。切成薄片晒乾以消毒。搭爲粉末。用作糕餌。爲農家重要副糧。

(5)炒茶

茶爲豐順特產。第一二區種者甚多。而以第一區之馬頭山、第三區之尖谿爲首屈。其繁殖法。概用種子。於秋天採收肥壯種子陰乾。俟明春點播山阜。每距離四五尺、掘鬆一穴。點播種子數粒。覆以薄土。四五十天發芽。發芽後中耕除草一次。以後每二三月即行除草中耕一次。至第三年即可採摘。每年採四次。一次在二月。一次在四月。一次在六月。一次在八月。第一二次之葉。薄且少。而製出之茶。品質較佳。第三四次之葉。厚且多。而製出之茶。品質較劣。製茶之法。將所採茶葉。置於竹扁中。於陰凉適風之處。不時攪拌。至生香爲度。即用炒鑊微火炒之。至枝葉柔軟爲度。復置于竹扁中，做成茶個。做後再炒。至乾脆爲度。即可出售。以其炒而非焙。故名炒茶。

(七)果樹

經營狀況　該縣因土質磽瘠。交通不便。果品難以銷售。故果樹之經營。不甚發達。其可記者。惟第三區之銅盤鄉、第二區之溪畔兩處而已。銅盤鄉多桃李。溪畔多柰枇杷。概植於山岡之上。茲將其種植略述於左。

(1)桃

其蕃殖法先將種子播於苗圃。生長後一年接枝。接生後方能定植。植後一年。則能結果。但多摘去。以助其枝幹之發育。故每於植後三四年方能收果。其管理法甚爲簡單。一年僅中耕除草二次施肥一次而已。

(2)李柰

其種植及管理法。與桃畧同。惟蕃殖法多用桃苗作砧木。接以李柰。

(3)枇杷

此物甚難接枝及壓枝。故皆適概行實生蕃殖。其種管理亦與桃同。

(八)蔬菜

該縣蔬菜專業者甚少。農人每於宅前村傍。栽培一畝數分地方。以供自己食用。無甚可記。故從畧。

(九)畜牧

家畜以牛猪爲主。家禽以鷄鵝鴨爲主。因牛爲農人耕田所必需。故凡農民莫不飼養。猪爲婦女家常副業。故飼養者亦復不少。至飼養鷄鵝鴨、亦爲農民副業。大都以供祭祀年節欵佾賓客之用。故飼養甚爲普及。而以鷄爲尤多。每家必有數頭以至廿餘頭。有餘則售於墟場。年間陷隍墟運出之鷄。不下萬元。飼養之多。蓋可知矣。

（十）森林

該縣多山。故林業較他縣發達。年間運出柴炭杉竹可六七百萬元。其居民仰林業以度活者。十有八九。而林業又以竹杉松爲最。

（1）竹

品種　有苗竹、簝竹、刺竹、香枝竹、實心竹、刺黃、等。

育種　於冬至前後採取一年生之竹。竹頭浸于流水。俟其開根。於雨水前後種植。其苗每元二百五十株至三百株。

種植法　先將種植地放火燒除雜草。鋤鬆土塊。種植時將竹苗截去竹梢。僅存三四尺長。於尾節之竹管中。入滿淸水。斜植之。無不生活。

距離　距離因種類而異。簝竹每株距離六七尺。苗竹一丈。刺竹二丈。香株竹八九尺。實心竹一丈。刺黃竹二丈。

管理　管理簡單。年間僅中耕除草一二次。少施肥料。

收穫　植後一年。即可研伐。但多三年穫一次。至十四五年後。則逐漸開花。以至老弱。株間雜植杉松。至二十年即將竹掘去。

（2）松

植者亦多。或先育苗於苗圃。然後移植。或直行播植種子。生長後每一二年。必將下部松枝斫去。大抵種後十年至十五年。即行伐木。

(十一)農林前途之希望

該縣盡屬山嶺。耕地有限。以情勢論。農業恐無發展之理。可經營者。端在林業。然而程途險阻。交通阻滯。雖有木料可伐。而運輸甚難。實爲林業前途一大障碍。欲圖發展。當從開闢公路入手。俟運輸便捷。則厚利可致。林業前途。庶幾有發達之希望。

(出自《广东农业概况调查报告书》，一九二五年)

潮陽縣農業調查報告　民國十年

張國基調查

(一)位置

潮陽在潮州南部。位于東經三分至西經二十四分。北緯二十三度十分至三十分。北環揭陽溪牛田洋界揭陽澄海。南限鐵嶺接惠來。東臨大海。西連普寧。東西廣百里。南北長七十里。分爲十二都。繞縣城曰縣廓都。縣廓之南爲附廓都。其東二都爲招收砂浦。縣廓之西爲竹山都。竹山之西二都爲直浦、貴山。附廓之西爲舉練都。舉練之南凡三都。曰峽山、黃隴、洋烏。隆井一都、則在附廓之南。全縣共有警署九。一在縣城。一在海門。一在達濠。一在砂隴。一在和平。一在峽山。一在陳店。一在貴嶼。一在關埠。

(二)地勢

潮陽形勢。視他縣特奇。西有鐵山爲屏蔽。南有雷公嶺爲叠障。中有南山爲脊骨。其北直浦都瀕于南溪。與揭陽分界。地勢平衍。中部之貴山、洋烏、峽山、黃隴、四都濱于練江。亦平坦。隆井都形如土股。西接黃隴。擁出練大海。無溪河。潮漲則爲水鄉。退則爲平陸。竹山舉練二都多山嶺。果木蔚茂。縣廓、附廓、招收、沙浦、四都。山嶺蟠紆。地質磽瘠。海濱斥鹵。難以耕種。

(三)氣候

該縣氣候。與潮安澄海揭陽無甚差異。夏時東南之地。較爲炎熱。內山之地。則頗清爽。冬令則東南之地較溫和。內山之地較寒冷。因近海之故。水汽太多。常有濃霧。秋季每有颶風。來自洋海。農家稼穡。頗受其害。

(四)耕地狀況

土質　直浦、黃隴、峽山、洋烏、貴山、舉練、諸都。地濱大江。土質膏沃深厚。竹山都及貴山都之西北。岡陵起伏。山脈盤紆。山谷間之水田。土質頗瘠。色灰白。多砂礫。且因四圍山嶺叠嶂。日光不足。灌溉泉水。又甚寒冷。土壤多帶酸性。故農民于晚造收穫後。必將表土掘起。砌成中空之圓堆。內塡禾草樹葉等物、焚燒之。名爲燒土。蓋所以使土中之有機無機物、變爲可溶性。否則早造水稻生長不甚佳良。縣廓、附廓、招收、砂浦。亦多山嶺。

土質磽确。隆井都沿海一帶、及附廓都之洪洞新地等處。潮水起落。海砂冲積。草木不能生長。

水旱情形　該縣距中部有練江橫貫。北部有南溪環繞。惟因潮汐起後。水帶鹹質。不宜灌溉。所資利用者。多係山水。源發自山谷中。農民築坡堵蓄。引以灌溉。甚爲利便。其最大者爲龍江。源發峽山都之南山。貫徹黃隴峽山隴井三都。縣廓附廓招收砂浦等都。地勢傾斜。所有山泉。直瀉而下。多無從于農務。灌溉則用桔槔。隆井一都。無山水河流。隴畝中桔槔最多。遠望之、宛似城市電桿。近山勢低窪之處。如簡樸陳店及赤寮以南一帶等地。春夏時每際過霪雨。山水傾瀉。時被淹沒。惟爲時不久。故災害不甚大。

交通　練江源出南山鐵山。東流橫貫縣中。舟運極其利便。每日有淺水輪往來于新雲、和平、峽山、溪口、貴嶼、等處。北部地濱揭陽溪牛田洋。輪船往來亦極其便。新雲田心爲惠來出入孔道。達濠埠爲招收砂浦二都貿易中點。後溪距縣城十里。爲往汕頭門戶。每日輪船往還汕十餘次。

耕作情形　直浦、黃隴、洋烏、峽山、貴山、地勢平坦肥沃。全屬水田。竹山舉練多山嶺。水田皆在山谷。山中經營果樹。甚爲發達。招收砂浦濱臨大海。土質磽瘠。耕種不大適宜。惟漁鹽之利甚溥。居民耕三漁七。附廓及及隆井農民習慣。早造蒔稻。晚造種薯。竹山都濱牛田洋之西處桑田一帶。盡屬海坦。年僅于晚造栽水稻一次。峽山都之和平鄉。池塘多至百餘口。塘魚之輸出亦多。

「附」潮陽漁鹽之利甚溥。附廓都之南塘鄉。年產鹽約七百船。隆井都之古汀、平湖、古埕、浦東、等處。年產鹽約千船。招收都之馬窖、洋背、下底、南山、等處、年產鹽約三千船。每船五千斤。則全縣每年產額約二千三百餘萬斤。至於漁業。以海門達濠兩處爲最發達。每年出產雖無定額。要在三百萬元以上。是皆該縣之財源也。達濠所製各種魚脯。較海門得法。色澤食味均佳。暢銷于潮屬各處。

（五）農民經濟狀況

耕地價值及租價　該縣人口。在潮屬最爲稠密。而人民經濟充裕。故地價較他縣畧貴。砂隴、成田、銅鉢盂、南洋、等處最貴。上田每畝四百元以上。其餘各都之上等水田。每畝亦在三百元以上。中田每畝則二百五六十元。至於沿海之鹹水砂田。每畝則百數十元不等。旱田之可栽甘蔗及雜糧者。每畝亦在百七八十元。水田概收租穀。上等田每畝每年收租穀四百斤、至四百五六十斤。旱田多收租銀。每畝每年租價三四元至八九元。

工價及大小農之經濟情形　長工全年工價約四五十元。皆供膳。短工忙時。每天四五毫。閒時每天毫半至二毫。多不供膳。農民耕作情形。每戶耕地五畝至十畝爲普通。十畝至二十畝者。不過十之二三。二十畝至五十者。不及十之一。其人多業商。僑居上海南洋頗衆。所至多能獲利。而漁鹽兩端。尤爲富源。故人民經濟。非常充裕。

普通物價　表如下

品名	價格
穀	百斤四元二毫
黃糖	百斤八元五毫
柴	百斤一元
炭	百斤三元
猪	每元三斤半

雞	每斤五毫
鴨	每斤四毫
鵝	每斤四毫半
牛	每頭十餘元至五六十元
人糞尿	每元六担半
豆麵	每元十九斤
堆肥	每元九担

（六）作物

（1）水稻

該縣爲餘米之地。沿練江兩岸以及直浦都一帶。平坦肥沃。盡屬水田。附廓都之金浦大南塘。竹山都之新寨、廬塘、鳳山。及隆井全都。每年早造種稻。晚造種甘薯。山谷中之坑田。必於冬天燒土一次。其餘耕種之時期管理及品種。與潮屬各縣同。不贅述。

（2）蔗糖

該縣糖業。前頗發達。近來日趨衰落。現時種蔗。以大南塘、梅花、金浦、箭挨、鳳山、新寨、廬塘、港底、等處爲較多。港底所產竹蔗。柔軟清甜。多充果品之用。砂浦都濱海。土質帶鹹。所產甘蔗。亦帶鹹味。惟製出之糖。則無異味。全縣製糖約二百家。產糖額與潮安相若。品種中有南冠種一種。形狀與竹蔗無異。而强健少病害。多糖分。頗受農民歡迎。

（3）甘藷

營經狀況　栽培殆有日趨發達之勢。蓋此物生育強健。管理容易。收量豐富。且爲農民重要副糧。並可利用農閒以製粉。有此優點。故種者日多。其中最盛者。爲附廓區之金浦、舉埭區之梅花官路、海門區之岡頭大甯塘阮尾洪洞。砂浦區之深浦岡背洋背。竹山區之西厦桑田。及隆井全區。其餘各區。間亦有之。種植狀況。皆與水稻輪栽。

品種　種類甚多。而以洋山種、香種、接芋種、紅心種、四者爲普通。香種澱粉質最多。約十七%。洋山種澱粉質約占十三%。而粉質潔白。價值較高。收穫量則以接芋種爲最豐。紅心種則品質甚佳。糖質甚富。

栽培管理及收　栽培管理各法。均甚普通。無特別可紀。惟種植之疏密。則略有不同。海門一帶。土質磽瘠。每畝插至四千株。在他處肥沃地方。則每畝僅插二千餘。至二千五百株而已。收量每畝二千斤至四千餘斤不等。

製粉　將甘藷先行洗滌清潔。用瓷器磨銼。將藷磨碎。置于粗麻布網上。網下有大木桶。加水反復洗滌。則澱粉濾過。而沉澱於木桶中。其殘留於網上者爲藷渣。此渣晒乾後。俗稱番葛頭。爲猪之主要飼料。其沉澱之粉。尙含有夾雜物。色未純白。必須清水十分攪拌後。靜置五六小時。至澱沉已定。去其上部澄液。復注水攪拌。置之。如是反復數次。則粉潔。乾燥後壓碎之。即可出售。每担價約十元。暢銷于潮梅各縣。該縣磨粉約千家。縣區占二十八家。附廓區幷隆井區占五百餘家。沙浦區占三百家。竹山區以及其他各處占百餘家。全縣產額。無從計算。而概數當在三百萬元以上。

（4）旱煙

經營狀況　此業以縣城之西門外爲最發達。普通於晚造收稻後。即行栽植。其葉製爲熟烟。暢銷于上海汕頭等處。每年產額。約四萬餘元。其餘各都。間或有之。而爲數甚少。

栽培管理施肥各法　于秋分寒露之間。播種于苗圃。至發生有四五葉時。即可移植。將土據犁耙細碎。起三尺濶之高畦。闢穴于畦之兩側。每穴相距尺半至二尺。每畝約植一千二三百株。生長至二尺許有十六七葉時。摘去頂芽。一則各葉腋間。發生腋芽。僅將由下部數起、至第四葉之腋芽、任其生長側枝外。其餘盡行摘去。又此側枝生長至有十四五葉時。亦將頂芽摘去。并隨時除去各葉間腋芽。至八九十日。下端葉變黃色而下垂。即開始摘葉。由下部陸續摘起。每畝先後共收葉可六七百斤。此物需肥料頗多。移植時先施草灰和糞于穴中。與土拌勻以作基肥。至苗高七八寸時。又施灰糞及豆餅一次。至將摘頂芽時。再施豆餅一次。每畝前後所施肥料。費約在三十元。

(5)菊花

經營狀况　此物爲潮陽特產。縣城東門外一帶。栽植頗多。其他各區。則栽者甚少。菊花可充藥料。每年產額。約在萬元。近來經營。日見衰落

品種　有黃菊白菊二種。白菊價值較高。

蕃殖　每年收菊後。預留若干株。以爲越年分植之用。其餘則盡行剷去。

移植及管理施肥　移植期在六七月間。先起三四尺濶之平畦。每距離約一尺植菊一株。生長後施肥一次。越二十餘天。再施一次。以後再施多一二次。如旱天則三數天灌溉一次。九月起至十二月之間。陸續開花。每晨用剪刀剪採其花。晒乾後即可發售。每畝收量八九十斤至一百六十斤。每斤價約三毫餘。銷售于香港廣州等處。

(6)益母草

經營狀况　此物亦惟縣城附近栽者特多。各區栽植甚少。

品種　有方莖圓莖二種。方莖味甘甜。可充蔬菜之用。圓莖味稍澀。多作藥料。

種植管理法　于正二月間•撒播種子于平畦中。經一星期後發芽。長至二三寸時。即施水肥一次。以後陸續施肥二三次。如作蔬菜用者•則四五十日後•生長已甚茂盛莖葉肥嫩時。即行收穫。如作藥用者。則收穫期畧遲。每畝收量千餘斤。每斤價約二仙。

(7)荖葉

經營狀況　此業縣城北門外一帶、前時栽培頗爲發達。因其管理煩難。入息又微。故近來日漸衰落

種植管理法　其蕃殖用分植法。先起二三尺濶之高畦。于畦之兩側。每距離二尺種植一株。生長有二三尺高時•即于畦中揷竹一列。以便蔓繞。又此物甚怕風日。總于週圍幷上面用竹搭棚。蓋以禾草以遮蔽之。半月或二十日可收葉一次。其收量以冬季爲最多。荖葉價額每斤約一毫半•每畝一年收益三四十元至六七十元不等•銷售于南洋各埠•肥料多用人尿草灰。每月施一次

(七)果樹

該縣果樹。頗形發達。如荔枝、橄欖、龍眼、枇杷、柑橘、柿、梨、楊桃、楊梅等。均無不備•種植地方•以貫山、竹山、象棟、閩之山村爲多。因果樹所需肥料勞力。較少于普通作物。一旦長成。則數十年收穫不絕。山村中地曠人稀。過總不便。肥料勞力之供給。均不充足。故農民皆趨重果樹。如貫山區之深洋、仙陂、石佛、石壁。直浦區之蘆塘•東坑。竹山區之大圍埔、陂頭龍子烏岩內犂桃李溪上隴等鄉。皆僻處山谷中。而有大宗果品出產。洋烏區之南山內林招等處。從前果樹亦甚繁茂。自民國以來•匪徒出沒其間。遂至荒廢。蘆塘鄉則在民國八年•鄉中桃園•共斫去大小果樹十萬餘株•現時正在栽培。砂浦區之葛洲番石榴。俗名拔子。頗有令名。而產量不多。柑橘則產于峽山區之溪頭嶺岡和平一帶。全縣果品輸出。以柿楊梅柑三者爲大宗。玆特將其種植情形。分述于下。

(1)柑

柑以虞岡和平溪頭爲最多。其餘各區。則專業者少。間或于屋旁村隅栽培百數十株而已。民國九年。由後溪出口運往汕頭者。計一千一百餘擔。每船約四五千斤。則有五百餘萬斤。其餘由關埠桑田炮台出口者。爲數亦多。品種及栽培法。與潮安略同。惟其習慣。移植時于樹旁插竹一枝。用草縛定樹身。以免大風吹搖。并于園之週圍。植甘蔗一列。藉作藩籬。摘果後方行刈蔗。一舉兩得。其法甚善。

(2)柿

貴山直浦竹山舉練一帶山谷間之村莊。經營甚爲發達。皆植于山腹中。繁殖法、先將種子播于苗圃。生長後一二年。即可接枝。接生後。方行移植。七八年後。開始結果。每年中耕，除草一二次。施肥一次。亦有二三年僅施肥一次者。其果品除生食外。製爲柿餅。輸出頗多。此樹于二三月發生新芽時。常有害虫。其虫長寸許。身有五色毛。非。能吐絲作繭。食害新芽。柿受其害。則不能發葉。生機停止。必厚施肥料。越三數年後。方能開花結實。

(3)楊梅

亦以貴山直浦竹山一帶山村栽植爲多。其繁殖法、由實生接木後移植。移植後四五年。開始結果。此物生育强健。病虫害甚少。雖山嶺之磽瘠地。亦能繁茂。管理容易。每年僅除草中耕一次而已。肥料則年施一次。或三二年施一次無定。其品種甚佳。潮人稱爲南山梅者。即出產于該處。運銷于汕頭潮安揭陽。惟因收穫時。用人工獨粒採摘。又不耐貯藏。故栽培者有所限制。而不能推廣。

(八)蔬菜

該縣蔬菜。以隆井葛園二處。較爲發達。隆井地方。土質鬆軟肥沃。所栽韭菜。柔嫩芳香。運銷于汕頭者甚多。葛園之椰菜。亦有大宗出口。東洋之西瓜。皮色淺綠。瓤肉淡黃。瓜子色黑。清甜多汁。爲消暑最佳之果品。惟其產額無多。其餘各區農村間之蔬菜。則惟于果樹之一隅。栽植些少。以供自己食用而已。不足述也。

（九）畜牧

畜牧事業。並無專家。蓋爲鄉民副業。牛爲役用所需。業農者始行養之。羊則僅于近山村莊。間有飼養。每羣亦祇十餘頭而已。鴨性宜水。故池塘及近水地方。頗多飼養。因近來穀價昂貴。又常發生疫病。養者較少。鵝則養者尤少。猪及鷄則養者甚爲普通。且有大宗出產。計每年由關埠炮台運出肉猪約七八千頭。鷄蛋亦有千餘担。至于飼養管理各法。均甚粗簡。不足紀也。故從畧。

（十）森林

該縣林業。甚爲荒廢。比較言之。當以直浦竹山貴山梨棟一帶山嶺爲較盛。然立木面積。尚未及半。以山松爲大宗。而農民斫伐太急。樹齡罕過二十年者。故所見樹秩。直徑最大者不過五六寸而已。間或有植後三四年。即將樹幹斫伐。僅留三四寸長之樹頭。爲發生新枝者。洋島黃隴峽山一帶與惠來交界之山嶺。則濯濯童山。殆占十之八九。附廓砂浦招收間之山嶺。則皆地骨齒露。磔石叢集。僅見些天然發生之矮細灌木及山草而已。近來民智漸開。承領官荒開墾者日多。如茂鏡公司、三民公司、簡樸造林公司。皆已開辦。而著有成績。茂鏡公司地址在和平牛蹈埔。面積千餘畝。栽植山松、台灣相思樹甚多。并經營果樹。惟地質過于磽瘠。林木發育。因而遲緩。其果樹亦因栽植過密。不甚繁茂。現在已逐漸移植矣。三民公司地址在潮陽惠來交界之華林。面積百餘頃。係鄭雪喬陳美堂張河洲三人所經營。因名三民。資本三萬元。現時已播山松種子五十餘石。台灣相思種子十餘石。全山蒼翠。大有可觀。該處橫山一路。地勢平坦。土質肥沃。灌溉利便。將來開爲水田。或植果樹。均甚適宜。簡樸造林公司地址在該鄉之南而出。而植三十餘頃。其計劃分爲五區。分植林木果樹。並經營畜牧。現時苗木森森。甚有可觀。將來定著成效。惟該鄉隣于强豪巨族。恐難免被人盜斫焚毀。官廳務實力保護爲要。

(十一)農林前途之希望

該縣所用薪炭。殆皆仰給輸入。價值非常昂貴。而童山濯濯。觸目皆是。殊堪痛惜。據該縣民言。是處迷信風水。冠于全潮。巨族祖墓所在。十餘里內不許栽植一木。實爲林業前途之一大障碍。又因該處近海。時受海風吹刷。所有山嶺。礫石曝露。不宜造林。殊不知造林可以防風。各處山嶺崩壞。原因實係缺乏林木保護之故。試觀香港四面環海。風之吹刷。當甚于內地。何以滿山蒼翠。處縣後溪火船碼頭之前面山地。亦臨海。松林蔚茂。爲人所共見。是足見風之無害于造林。願該縣官廳紳董。竭力提倡。幷破除迷信。斯林業有振興之望也。

(出自《广东农业概况调查报告书》，一九二五年)

廣東潮陽縣調查記

郭英材

(一)形勢氣候

形勢 潮陽縣，在廣東省極東之區，地瀕大海之濱。縣之南，有南山，崇峻叢疊，縱橫數十里，連接惠來普寧兩縣，山中菓樹木薪之利甚豐，惟常爲盜匪盤踞之區，此勦彼竄，甚費軍力。縣之北，有北山，蜿蜒數十里，東面臨海，生菓柴草亦多，偶有匪類出沒，因山嶺淺薄，不難一舉肅淸。南北兩山之間，平原沃野，稻田菜園，星羅棋佈。練江橫貫其中，船舶往來便利。溪流參差，田園灌漑極易。水陸交通，汽船公路，往來銜接，行旅稱便。

氣候 氣候春濕夏熱，秋燥冬寒。春夏兩季多雨，秋冬兩季恒晴。夏秋之間，常有東北西北颶風，猛烈暴雨。四時草木常靑，無嚴寒酷暑之苦。人民耐勞力作，有勤儉純樸之風。

(二)縣治沿革

縣治 潮陽縣置自晉義熙九年，屬義安郡。宋齊因之。隋屬潮州。唐永徽初年廢，先天初再置之，仍屬潮州。宋因之，至紹興二年廢，八年復置。縣治初置，創於今縣西三十五里之臨崑山，至唐元和十四年潮州刺史韓愈出巡潮陽，來至棉陽之地，見其形勢較優，東南面海，富有魚鹽之利，遂移縣治於此，即今之潮陽縣城也。棉陽之地多植木棉，高達十丈，圍逾數抱，冬間脫葉，春天開花，鮮紅美艷，結實含絮，可製被枕，質白而輕，柔而光澤，爲潮陽之特產，故人稱爲棉邑焉。

城垣 縣之城垣，考之縣誌，築於元至正十二年間，明洪武二十四年因故址而修築之。正統十三年始甃以石，天順四年城始成就，周圍六里，外繞濠溝，前後通海，運輸便利，而海防亦因是而重要焉。民國十八年，開闢公路，折除城墻，東面西北城基，築城公路，汽車往來，東接汕頭輪渡之客，道經北門，西入內地和平、峽山、陳店等區各鄉，直趨普寧、惠來、海豐、陸豐、惠州、西達廣州，爲廣東東路省道之第一支綫。

(三)土地區域

面積 潮陽土地面積，計三千零二十方里，東至達濠鄉出海，而蜈田角石一帶鄉市，則與汕頭市隔海相對。西接普寧縣，南至惠來縣，北界揭陽縣。

區鄉 全縣共分九區，二百九十五鄉鎭。計第一在城區，十二鄉。第二海門區，一鎭七鄉。第三達濠區，三十八鄉。第四和平區，二十七鄉。第五玉峽區，一百零三鄉（民國廿年劃入南山移墾會區域計五十三鄉，現存五十鄉）。第六貴嶼區，三十六鄉。第七沙隴區，四十二鄉。第八關埠區，四十鄉。第九陳店區，七鎮二鄉。農田耕地，共五十三萬四千八百畝，佔全縣面積百分之三十四以上。

(四)人民生活

戶口 全縣戶數，一十四萬四千六百九十二戶。人口八十五萬七千六百五十八人，計男人四十四萬五千零零八人，女人四十一萬二千六百四十二口，以全縣土地面積平均計算，每方里佔人口二百八十三人。

職業 縣屬各鄉，人民生活，除經商爲工，及少數軍政學界之外，多賴農業爲生，皆能耐勞力作。惟田地有限，不敷分配，承租租值尤昂，肥料豆餅之需過巨，大多入不敷出，負債農民在百分之九十以上。幸地近汕頭通商口岸，有輪船直通暹羅安南，南洋羣島諸埠，四五天即可抵達。故出洋謀生者甚衆，各鄉村皆有之，自數人至百數十人不等，多爲傭工小販，或開店種植，得利甚豐，逐月滙回，名爲「番批」。每逢星期六暹船抵汕，星期日則由批局遣派夥計分赴各區鄉村送信還銀，自二元至百數十元不等。故每逢星期日，各鄉人家有出洋謀生者，多出外探望。迷信之家，「批銀」收得，必先盛以紅盤，安置於米桶之上，奉拜「五穀母神」後，始敢動用。每年外批滙到達數百萬元，窮困農村每月週年得此外洋巨款，方得稍爲舒裕。惟自近年以來，世界經濟不景，暹羅等埠限制華僑入口，增高身稅及進口稅，每人非一百五十餘元不能繳納各項船租稅額，窮困農民不易籌措，一二年來出洋人數驟減，外滙日少，不景氣象亦彌漫潮陽之農村社會矣。達濠海門兩區，地近大海，鄉民多以出海捕魚爲業，曬鹽爲生，漁鹽之利甚饒。南北高山蜿蜒起伏，村落鄉民，多種植生菓，斫採柴草，闢耕坑田，口腹之飽，無甚憂慮，山間清風明月，差役擾騷罕到，大有桃源樂境。惜自清黨以來，共匪盤踞，山村居民，遭受蹂躪，焚刧靡巳。政府遣派大軍，勦搜數年，今始漸告肅清，惟浩刧之餘，瘡痍滿目，殊堪嗟嘆！

餐食 全縣人民，日食三餐，或粥或飯，稱家之有無而定。食糧以米爲主，兼配魚肉蔬菜，貧窮之家，則食番薯。麵食之類則爲小酌午後湯品，和煮魚丸蝦丸，調味甚美，人多愛之，孩童之輩，尤極喜歡啖啜。

居住 人民所住房屋，概爲蠔灰摻加黄土赤沙築成，甚爲堅固，可耐千數百年而不塌壞。上覆紅瓦，加蓋瓦筒，蠔灰黏緊，因地近海濱，常有颶風，非此不能抵抗也。屋宇之式，最普通者，爲「四點金屋」有前後兩大廳，四大房，兩伸手房，中一天井，正面爲大門樓。次爲「下雙虎屋」有一大廳，二大房，兩伸手房，一天井，直通大門。富裕之家，有建「三座落屋」者，計三大廳，六大房，四仲手房，兩天井，正面通大門樓。豪富之家，多建祠宇，奉祀祖先，最普通者，爲一廳一拜亭一天井，左右兩走廊連庫房，開三門，稱爲「三山祠」。各種屋宇，豪富之家，多雕樑畫棟，紅樑綠椽，槅窗門戶，彩繪山水人物，備極美麗。屋之價值，「下雙虎」每座建築費須三千餘元。「四點金屋」須六千餘元。「三座落屋」須一萬二千餘元。「祖祠」須一萬五千元以上，至四萬元。新建華屋，皆出洋上濕發財商人回家所築，每鄉僅寥寥數座，以供點綴而已。至大多數之貧困鄉民農戶，居住之處，大多是舊破瓦屋，低狹草舍，污濕泥房，逼仄不堪，較之鄰右豪富之家，廣厦大屋，高樓華宇，實有天壤之別！

服用　人民衣服，因貧富而殊異。富者之家，多穿着洋布羽呢，或杭綢甯緞，日用器具雜物，多半愛用舶來貨品。鄉村農民，則多穿服本地土織機布，價值甚廉每元丈餘，樣式樸素。

(五)婚姻喪葬

婚姻　兒女姻緣，由父母主持，媒妁綴合。先由女家開具年歲生辰，囑託媒人送往男家，若三天之內，家中碗鉢器物平安無損，則約期登門看問女子容貌，定期「文定」俗稱「撈花」，後經「納采」俗稱「落聘」，則擇吉迎娶。花轎到家，新郎持白扇打擊轎門之頂三聲，足蹤轎門之底三下。主婦娶稻草燃火生烟，揮過轎下，說聲：「過火烟，生男孫」，即牽新婦出轎門，與新郎同坐廳堂之上，食桌飲酒，行合卺之禮，俗稱「坐酒」。男婦羣親嬉謔，媒姨敬酒，吟「四句」，說「好話」。晚間，讌客，食「入房丸」，鬧看新婦。至夜深，媒姨進浴盆，新郎閉門脫衣沐浴，新婦房中靜坐俯首窺視。浴畢，閉門，洞房花燭。次晨，媒姨叫門，新郎應聲開啟。早飯後，同拜祖先神主，繼拜家中尊長，領取賞面儀。再由媒姨引新婦，炒韮菜，煮交合菜，學煮飯、洗衣、飼猪、舂米，種種祥訣。

喪葬　各處鄉村，父母喪亡，含殮蓋棺，遵禮成服，貧窮之家，次日出葬。富庶之家，停棺廳堂，早晚二次，舉家穿着蔴布衰服，伏地哀慟，名爲「做孝」。房親婦女，五服之內，暨須齊集，隨聲號哭。每旬舉行旬祭，名爲「做旬」，自頭旬至八旬，九旬兇煞閉門不做，再做十旬，是爲百日完旬滿孝。豪富之家，每於喪期之內，擇讖吉日，每逢三旬七旬，廣發訃帖，遍請親友，前來「開吊」，或「遊祭」。排塲，筵席，轎費，隨員，常費逾三數千元，以博一時之死後虛榮。親喪後，三天之內，孝子須披蔴衣登山，尋覓墓地，然後訪聘地理先生，俗稱風水先生，避擇山靈吉穴。尋求墓地，往往稽延數月數年，或至數十百年，而不能葬者。親屍骨骸枯寄家中，或樹林廟宇之處。或因墓地涉訟，積年累月，傾家蕩產，絕不讓步，迷信惡習，亟須革除。

（六）動植物產

潮陽氣候溫和，土地膏腴，物產豐富，山川河海，飛禽走獸魚蝦之利。平原沃野，田園菓稻蔬菜之產，種類甚多，玆分述如左：

穀豆

植物之中，穀類有粘稻、糯稻、大麥、小麥、黍、稷、薏米、玉蜀黍等。豆類有黃豆、烏豆、白豆、赤豆、綠豆、菜豆、地豆、扁豆、刀豆、番豆、燕仔豆、荷蘭豆、龍眼豆等。

菜椒

蔬菜之屬，有白菜（菘）、春菜、韮菜、莧菜、芥菜、蕹菜、芹菜、菠薐、芥藍、茼荷、蒿苣、莞荽、菜仔、六蘇（茄）、交合、菜頭（蘿蔔）、枸杞、海帶、紫菜、木耳、香菰、針菜、竹筍、菱角、蓮藕、葱、蒜、薑、芥、胡椒、辣椒、金橄欖之類。

瓜薯

瓜有冬瓜、竹瓜、手瓜、莿瓜、西瓜、金瓜、王瓜、木爪、乳瓜、葫蘆匏等。薯有番薯、紅薯、鬆薯、羌薯、烏薯、蘇木薯、香芋、散芋等。

菓蔗

果類有荔菓、龍眼、餘甘、橄欖、烏梨、枇杷、錢葱（荸薺）、葡萄、楊梅、拔仔、香櫞、佛手、鳳梨、波羅、檣檬、紅柿、仙楂、弓蕉、柑、柚、橙、橘、梅、李、桃、柰、棗、栗、檖、木梨、青皮梨、無花菓、肉蔗、竹蔗等。

樹木

樹木之類，有松、柏、杉、檜、楠、榕、棉、樟、楓、椿、楮、樗、椶、漆、桑、槐、梧桐、檳榔、黃柞、冬青、烏臼、合歡、朴子等。

花卉

花卉之類，有蘭、菊、桂、梅、桃、李、玫瑰、月季、薔薇、玉蘭、山茶、海棠、茉莉、牡丹、雞冠、蜀葵、鷹爪、夜蘭、罌粟、玉簪、石榴、芙蓉、紫景、紫籐、紫荊、綉毬、黃梔、夜來香、七里香、滿欉紅、針菜花、姊妹花、仙人棍、日頭花、鶴頂蘭、午時合、木槿花、賊頭花、大紅花、剪秋羅、龍頭花、夾竹桃、錦上添花等。

青草

青草之類，有春草、茅草、鹹草、眞武草、車前草、貓毛草、長命草、斷腸草、鳳尾草、龍鬚草、馬鞭草、燈心草、鐵蕉草、剪刀草、屏風草、銅皷草、白頭翁、鼠麴草、馬齒莧、鈴兒草、桿芒、蘆葦、菖蒲、蘋、萍、荇、蓼等。

竹類

竹類，有桂竹、斑竹、綠竹、赤竹、苦竹、毛竹、淡竹、麻竹、觀音竹、桃枝竹、莿交竹等。

飛禽

動物之類，禽有雞、鴨、鵝、鴿、鵲、鴉、鳩、鶴、雁、鳶、鸛、鷗、燕、鷂、雉、麻雀、鷓鴣、鵪鶉、田雞、海鵝、水鴨、鷺鷥、八哥、畫眉、烏頭鳥、白鷺絲、夜活鳥、郭公鳥、姑虎鳥、貓頭鳥（梟）、兩鷹婆（鷹）、番嘰咕、蚊蛆哥、青啼鳥、白頭翁等。

走獸

走獸之類，有牛、馬、狗、猪、貓、鼠、獐、野猪、豪猪、狐狸、山狗、老虎、邪狗、烏熊、金錢豹、猿猴、水獺、山甲等。

水族

水田之中有田螺、田蟹、水雞、水鼈、水狗、水龜、水蜈蚣、黃鱔、泥鰍、塗塞等。池沼溪河有鯉魚、鯽魚（鮒）、鰻魚、鱗魚、松魚、草魚、烏魚、狗母魚、闊嘴鈴。海有大鰻、沙魚（鮫）、馬膠（鰐）、鶴魚、槍魚、巴瑯、籃哥、紅糙、角魚、担甲、哥魚、墨斗（烏賊）、河豚、鰇魚、章魚、鎖管魚、馬鞭魚、鳳尾魚、龍舌魚、金龍魚等。壳類有蚶、蜆、蟶、螺、蠔、蟚蜞、蝦姑、尖蟒、赤蟹、日月蠔、江瑤柱、鼃、鼂等。

蟲蛇

家室之中，有蟉蜡（蟑螂）、螃蝍（壁錢）、蠅雞（壁虎）、蜈蚣、蜘蛛、蠅虎、灶雞（小蟋蟀）、蒼蠅、蚊虻、馬蟻、木虱、蛟蚤、虱母、蠹魚等。田野之間，有黃蜂、蝴蝶、鳴蟬、蜻蜓、田蛾、螟蛉、草蜢、草猴（螳螂）、蝗蟲、天牛、金龜、尺蠖、烏蠋、蚯蚓、螻蛄、蛤九（小青蛙）、蛤婆（蟾蜍）、紡織娘、牛屎龜等。蛇類有草花蛇、飯匙倩、簸箕甲（節烏節白）、金甲蛇（節烏節黃）、牛頭蛇、烏皮沙蜡、百步錦、哆咩根、狗母蛇、水蛇等。

（七）土地調查

南京土地委員會，爲明瞭各省市土地實況，藉以爲土地政策設施之依據起見，去年冬，委派專區調查員，分赴各省實施調查，普遍全國。廣東方面，英材委派來粤辦理，先往廣州搜查關於土地範圍之材料，編造廣東省各縣市土地面積，田畝額數，等級價格，田租工值，及農產品類，各種表册呈繳後。再奉令普查各縣土地詳細情形業農概况，租田制度，農家週年出入，地主田塲週年出入，縣區鄉農產糧食賦稅雜捐等項。暫先擇定中區番禺，東莞，東江潮陽，西江新會，南路茂名，北江曲江，韓江澄海等六縣爲普查縣份。與廣東省建設廳農林局馮局長銳商定，先從潮陽縣等普查。英材於廿四年一月十日，離廣州乘輪來潮，商洽一切。潮陽縣長陸桂芳極熱心協助，保護進行，普查工作即於一月廿日開始。縣調查員郭英展鄭仕州郭喜鏞鄭識時郭松三，及義務調查員郭英卓郭象謙郭象龍鄭國標等，分途出發，深入各區鄉村，實施調查。一月以來，得潮陽縣政府及各區鄉公所之保護協助，引導查填，海門、沙隴、玉峽、和平、貴嶼、陳店等區鄉村，已辦理大半，進行順和，預多一月可以完竣。

——三，一，廣東潮陽。

（出自《农业周报》第四卷二十二期，一九三五年）

揭陽縣農業調查報告　民國十年

張國基調查

(一)位置

揭陽位于東經一百十度四十五分、至一百十六度三十五分。北緯二十三度二十分至四十二分。東西廣二百里。南北長八十里。東北至萬里橋與潮安爲界。西與陸豐之五雲洞相接。南連普寧之鯉湖。北濱豐順。以龍車溪爲界。西北界五華。東南界潮陽。澄海則在其東境。全境爲一葫蘆形。底當西方。其口則斜向東南。汕頭適當其衔。分全屬爲九都。即在城都、漁湖都、官溪都、磐溪都、桃山都、地美都、梅岡都、霖田都、藍田都。警署凡六。一在縣城。一在棉湖。一在河婆。一在新亨。一在楓口。一在炮台。

(二)地勢

邑中山河交錯。地勢高低差殊。大抵東南多平地。而西北則名峰秀嶺。綿亘封圻。其脉皆來自豐順。北有高臯嶂、坟頭尖。高二百餘丈。山勢綿亘不絕。東北有大窖嶺。竹岡、松岡等山。高峻拔聳。層巒叠嶂。東南有桑浦山。突起海濱。高二百餘丈。周五十餘里。跨潮安澄海揭陽三縣。蓮池、錢岡、郭居林、諸山。皆其分支。西部有軸、頭、獨、三山。勢亦甚雄。餘則或孤峯峻削。或蜿蜒起伏。不一而足。

(三)氣候

本縣氣候。與潮安略同。夏天炎熱。寒暑表高至九十六度。冬季温和。寒暑表降低不過四十度。冰度則百數十年僅一見。西北山間。氣候較涼。旅居汕頭西人。每逢盛暑。多往河婆一帶居住。春夏之間。雨量頗多。夏秋之交。間有颶風。爲災甚大。夏令多南風。來自洋海。涼爽宜人。冬季則多北風。來自大陸。雨量稀少。

(四)耕地狀況

土質　漁湖官溪盤溪三都。地勢平坦廣衍。土極肥沃。霖田藍田二都。山嶺層叠。遍地邱陵。土質多屬細砂壤土。

不甚豐饒。桃地梅三都。畧有邱陵。土質亦深厚膏腴。

水旱情形　揭陽地勢。西北高而東南低。畧作傾斜形。故境內河流。亦即因地勢由西北而瀉東南。巨川細流灌全境。西南有南溪。源出陸豐五華。經河婆會橫溪水。復東行與龍潭石肚二溪合流。由此逶迤曲折而東。過魚梁錢坑寨。會南洋鯉湖二水。由是歷棉湖至潭口。會坡頭諸水。復流至夏美。與普甯水滙合。至林頭更與北溪之德橋港合流。由林頭順流而與古溪之水合流。至浦潤合北而入海。長凡百餘里。貫澈西南一帶。其小流迂曲。利便灌溉。惟自錢坑寨以上。河身淤淺。每當夏秋之間。雨量多時。沿岸田園厲合。屢遭冲刷沒浸之害。北溪發源豐順。由北而南至。赤岸與通南溪之竹橋港滙合。曲折流經縣城。至楓口與楓溪水合流。至浦潤會南溪入海。其沿岸田園。僅一衣帶。灌溉無多。尚不致有旱乾之虞。楓溪水發源潮安。由浮岡經大窖。逶迤流至楓口。入於北溪。桃山溪爲桃地二都之界線。自東橋起向西南斜行。過桃山砲台。瀉而入海。桃地梅三都之田園。皆資此二溪爲灌溉。龍溪在藍都之西。由北而南。逶迤曲折。流入南溪。橫江在霖都極西。向南流至河婆。滙南溪。其水利亦厚。他如梅都之曲溪。城西之深浦溪德橋溪。霖都之溪子、龍潭、石肚。亦邑中巨流。而有益於農田者也。總之、全縣河流貫澈。曲港諸涸。灌溉均甚便利。水旱之災甚少。

交通　邑中河流交錯。曲港互通。潮汐起落。頗利行舟。交通因而便利。由縣城西往棉湖。東往汕頭。均可通行淺水輪船。北至豐順之湯坑。東北至潮安之浮岡。亦有貨船行駛。平常各鄉村運輸來往。大半可坐駛小舟。交通便之。可想見矣。

耕作情形　全縣地勢。可分爲山嶺岡陵平原三種。平原地方。盡爲水田。岡陵地方多旱田。山嶺地方多森林。漁湖一都。概屬水田。鮀溪官溪二都。水田占九十%以上。桃山梅岡地美三都。則水田占六。旱田占四。霖田藍田二都。因多山嶺。故水田少、旱田多。旱田之作物。以甘蔗爲大宗。次則甘藷花生蘿蔔靛青等。

(五)農民經濟狀況

田地租價　上等水田、每畝二百元至二百五六十元。中等水田。每畝百七八十元。沿海鹹水田、則每畝五六十元至百餘元。旱田每畝七八十元至百五六十元。水田概收租穀。上等田每畝年收穀四百斤至四百五六十斤。中等田每畝年收穀三百餘斤。旱田多收租銀。上者年收租銀十一二元。下者年收租銀三四元。

工價　長工盡用男人。年約四五十元。皆供膳。短工忙時日約三四毫。閒時日約毫半至二毫。多不供膳。或僅供午餐。

普通物價　表如下

品名	價格
穀	百斤四元至四元五角
小麥	百斤五元
黃糖	百斤九元
花生	百斤六元
甘藷	百斤二元二角
菜脯	百斤六元至八元
靛青	百斤七元半
柴	霖田鹽田之西北部價較平百斤約三四毫其餘各鄉平均每元僅百三四十斤
牛	每頭五六十元
猪	百斤二十六元
鷄	每斤四毫

錫　　每斤三毫

大小農及經濟情形　耕作情形。槪屬小農制度。農戶之耕地。自四五畝十餘畝爲普通。可占十之八九。耕二十畝以上者。不過十之二三。耕五十畝以上者極少。人民務農者多。經濟非常充裕。故往外洋謀生者較少。

（六）作物

（1）水稻

該縣宜漁盤三都。平疇廣衍。盡屬水田。桃坨梅三都。雖有邱陵。水田亦占大半。故所產米穀。除供本縣食用外。尙有輸出。其品種及栽培法。與潮安澄海無異。可弗贅

（2）蔗糖

經營狀況　該縣甘蔗。槪植於邱陵及山麓之旱田。用以搾糖。產額甚多。約占全潮產糖額之半。民國八年。擬抽蔗寮捐。派員赴各都調查。據其總計。共有蔗寮二千五百餘所。每寮至少搾糖四十天。每天出糖五百餘斤。則全縣產糖額、當在五十萬担以上。就中以藍田梅岡霖田三都爲最多

品種　槪植竹蔗。近兩年來。漸有改植白臘蔗者。

土質　多植於邱陵山麓間之旱田。地勢高爽。屬砂性壤土。灌溉則全賴山坑泉水。

前後作物　與花生甘藷藍蘿蔔豆等爲輪栽。

育苗　取擇强壯無病虫害之蔗。截出蔗梢。長約七八寸。浸水中三四天。置於陰濕地方。出芽後即可種植。

種植　先起高畦。廣約三尺。畦之中間。每距離尺半處。掘開一穴。每穴斜插蔗梢一株。每畝需種千株。種植期在夏歷正二月間。

管理　種植後芽長尺餘。則宜中耕除草培土一次。五六月間。再中耕培土一次。逢旱天則宜引水灌溉。

肥料　種植時用草木灰堆肥爲基肥。芽長尺餘時。施水肥一次。四五月間。施豆麯一次。七八月間。再施豆麯一次。每畝約需豆麯二三百斤。

收穫　冬至後即陸續收穫。每畝收量三四千莖。可搾糖五六百至八九百斤。

製造　壓搾器概用舊法。當搾蔗時。每寮須用牛九頭。送蔗工人十一人。每人工價日一毫半。剝脫蔗衣童子九人。役牛二人。每人工價日二毫。插蔗入壓蔗器一人。工價日四毫。打蔗渣二人。每人日工價一毫半。担汁一人。日工價二毫。管竈一人。日工價四毫。煮糖一人。日工價四毫。收蔗渣并雜役一人。日工價毫半。俱不供膳。每天可搾蔗一畝。製糖八百餘斤。若自己不備壓搾器。與人租賃。則每日須納租銀十一二元。除牛隻由寮主供給外。其餘工役。另須自己僱用。現時煮糖。多用孔明竈。狀似葫蘆。竈中相通。上置六釜。第一釜最大。二三四釜較小。五六釜最小。第一釜燃燒。則火焰通過各釜。故第一釜受熱最大。用以煮沸蔗液。以次各釜。則爲蒸發旣經澄清之汁液。如此構造。旣儉燃料。復不患燒焦。較舊式竈爲便利。若製白糖。則不待過濃。即行取出。貯於糖漏。漏面覆以糖土。靜候月餘。則上部潔白。成爲白糖。中部尙帶赤色。名爲赤砂糖。底層色黑。須另行煮過。

(3)苧麻

經營狀況　栽培甚爲普及。惟因怕風旱。管理煩雜。故無專家經營種植。各處農民所植。僅一畝數分地而已。

土質　宜於乾爽之肥沃地。故各處農民。皆擇排水容易之旱田種植之。

栽培法　苧之蕃殖。概用分根。於春天見根部發芽。即掘取而分植之。移植之地。先要犁耙細碎。乃起五六尺濶之平畦。每距離尺半植一行。生長後五六個月。即可收穫。以後再由根部發生新芽。故每種植一次。可收十年。

肥料　此物需肥頗多。每次收穫後。即宜施肥。以豆麯人屎糞爲主。每畝每次肥料費約八九元。

管理　收穫後即中耕除草。又此物宜溫潤之氣候。如天氣炎熱。則用竹架棚。上覆禾草以蔽之。

收穫　於陰曆三月收一次。五月收一次。七月收一次。十月收一次。年共收四次。每畝每次收量十五斤至二十斤。每斤價銀約一元。爲織夏布原料。

『附』潮洲夏布、在國中甚爲名。然究其實。則除豐順縣湯坑鄉出多少外。其餘皆係揭陽一縣所織造。其他各縣。則祇有自織多少家用而已。查該縣風俗。鄉間婦女閑居不事農務。類多在家織造夏布。故產額特多。而其原料則大半由上海漢口輸入云。

（4）炒茶

經營狀況　揭陽炒茶。頗爲著名。價值亦不賤。惟經營不甚發達。僅於坪上、長灘、五經富三處種植而已。故產額甚少。

土質　皆植於山腹及岡陵之上。地勢傾斜。土質磽瘠。

繁殖法　多行窟播。於八九月間收集成熟種子。晒乾。貯至來春播種。播時用鋤掘開淺穴。每穴下種子三四粒。上覆薄土。月餘即能發芽。越二年便可採葉。

收穫　年可採葉四次。一在二月。一在四月。一在六月。一在八月。第一二次葉嫩薄。故收量少而品質則佳。以後二次。葉大且厚。故收量多而品質較劣。

管理　每年僅除草三四次而已少施肥料

製法　將所採茶葉。置於鑊中。微火炒之。不絕攪拌。至葉已凋萎柔軟。乃取出放冷。置於竹扁中。用手搓揉。至葉已出汁。再入鑊中炒之。見已現暗黑色而乾脆。即成。故名炒茶。

（5）鹹草

經營狀況　臨江低窪地方。潮水淹浸不能蒔稻者。多植之。官溪都內畔李鄉所產。潔白細長。可以織席。

栽培法　其繁殖法概用分根。種法與水稻無異。七八條爲一株。割草後留根土中。根部發芽。可免再行種植。割草後芽長四五寸時。即宜除去雜草。法與水稻除草同。

肥料　每造於發生新芽時。施肥一次。多用豆餅及糞尿。每畝約施豆餅二三十斤。

收穫　每年收穫兩次。其時期一如水稻。每畝每次收量四五百斤至八九斤。此物如遇大風。則倒地而腐敗。

(6)其他

其餘作物。如甘藷花生藍等。因其與甘蔗輪栽。故亦爲大宗產物。惟栽培法均甚普通。故弗述。

(七)果樹

該縣果品。以鳳梨爲最多。運銷各處。餘如荔枝龍眼柑柿橄欖青梨桃李梅等皆有。惟所產無多。尚賴普寧潮陽之輸入。就中以官溪都近南山之滘湖古溪一帶。尚有可紀。餘如霖田都鳳湖鄉之橄欖。錢坑寨之黑欖。高民龍尾之荔枝。雖爲著名。而所產無多。柑則散見於接壤潮安一帶。因易罹病蟲害。故經營亦不十分發達。

(1)鳳梨

經營狀況　鳳梨俗稱番梨。即廣州之羅波也。各處山間。多有種植。而以五房山棚上一帶爲最多。其貿易則集中於車田墟。

土質　鳳梨甚易粗生。雖極磽瘠地方。亦能繁茂。故各處皆植於山腹之傾斜地。或土岡之上。

栽培法　蕃殖多用分芽。其芽非常強健。雖晒至枯焦。貯藏月餘。植後仍能發育。種時每隔二尺餘植一行。

管理　鳳梨生育強健。管理容易。農民多不施肥。年祇於春天除草一次。果將熟時。或用禾草結成圓束。遮於果上以蔭護之。

『附』鳳梨之葉多纖維。農人取其纖維以織布。名爲波羅布。硬韌勝於苧布。又有用與苧蔴雜織。名爲苧纖布。頗博社會歡迎。

(八)蔬菜

蔬菜爲日用食品所必需。故雖僻小村庄。無不栽培。惟所植無多。祇供自己食用而已。其經營較爲發達且以營利爲目的者。當以錫場桃山新埔園等處爲盛。錫場蔬菜。除銷售縣城外。尚運輸各鄉。所產蘇竹筍。形狀肥大。肉質柔美甘甜。爲夏季佳蔬。另有製爲鹹筍脯者。亦甚暢銷。桃山及新埔園所產芥藍。葉大莖嫩。甘滑柔脆。爲潮州著名蔬菜。棉湖附近。多種冬瓜。用糖漬爲瓜丁。爲揭陽特產。年中輸出頗大。今將以上各種栽培法述下。他如新亨菜脯。(即蘿蔔乾)亦甚有名。年中產額尤多。運銷於南洋各埠。因其栽培及製造法與潮安無異。故弗贅。

(1)麻竹筍

經營狀況　黃岐山麓及五房山內一帶。土質屬砂性壤土。肥沃深厚。農民植竹頗盛。所產竹筍。除供蔬菜外。尚有製爲鹹筍脯者。

種法　蕃殖係用插生。先擇強健二年生之竹莖。截出長約三尺爲一段。上部須留竹葉三四片。惟地鋤鬆。掘開一穴。深約二尺。將竹斜植。覆土後用足踏實。間亦有連根掘出而移植者。植期以三四月爲佳。植後三四年發生已有數本便可採筍。管理法，冬天宜將根旁泥土掘開。以受風化。春季始行覆土。覆土宜厚。肥料多用尿糞堆肥。於覆土時一次施之。自四月起至八月止。見土面隆起有裂痕。知筍已長大。即可採伐。

(2)芥藍

經營狀況　芥藍爲普通蔬菜。各處農民多種植之。而桃山新埔園兩處所產爲佳。查該處種植法。與普通無異。間有將其品種移植者。不若原產地之柔嫩甘脆。是殆關係於土質使然之故歟。

種法　自立秋起至冬至。皆可播種。苗發生三四葉。即可移植。每株距離八九寸。移植後三四十日。即可收採。採後由下部葉腋發生新芽。至將開花時。再收採一次。陸續可收採四次。第一次所收。葉莖粗大。故收量最多。第二次所收。葉細長。莖肥嫩。風味最佳。每次收穫後。即中耕施肥一次。

(3)冬瓜

經營狀況　種植以紅溝一帶爲多。該處岡陵起伏。間有不能蒔稻之旱田。則種甘蔗雜糧以及冬瓜。

種法　其種植法概用直播。先將土地鋤至鬆細。起五六尺濶之平畦。每距離三尺餘掘一淺穴。每穴播種子三四粒。覆土宜薄。播後十餘天。經已發芽。即行間拔一次。苗長五六寸。再間拔一次。每穴留一株。其莖甚長。蔓延地上。宜用竹架棚。高約尺餘以便攀繞。肥料於播種時。先施堆肥爲基肥。發芽後再施水肥一二次。

(九)畜牧

(1)牛

牛爲犂耙及耕田必需之畜。故凡農民。無不飼養。其目的專供役用。經營搾乳者。殆未有聞。至老廢不堪役用。然後販與屠戶宰殺。飼養狀況。概屬副業。每戶僅飼一二頭而已。飼養法日間由小童牽往野草叢生之空曠地方放牧。夜間則牽入牛舍。牛舍之構造。無一定式樣。概於屋旁用木或竹架搭矮小草屋。以防風雨。屋內鋪以禾草、作爲臥之用而已。

(2)猪

以養肉用猪爲多。其品種皆背黑腹白。間或有全黑者。亦爲農民副業。每戶飼養一二頭以至五六頭。專事經營者、殆未之見。其飼料凡醬渣、醬糠、米糠、豆渣、殘羹、厨屑、無所不宜。飼養管理。多屬婦女担任。鄉間都因交通不便。風俗儉約。食肉者少。所養肉猪。概銷售於縣城棉湖等處。年中輸出。爲數甚多。

(3)鷄

鷄爲日用食品所必需。舉凡人家。莫不飼養三五羽或十餘羽。以應年節祭祀及款待賓客之用。西部地曠人稀。邱陵起伏。青草叢生。農民養鷄。日間多行放牧。任其自由裝食草心昆虫。故其鷄較舍飼者肥嫩佳美。每年輸出。亦屬不少。

以上所述。爲家畜中之大宗飼養最普通者。他如鵝鴨。亦爲普通家畜。惟養者不甚普及。羊非普通食品。飼者尤少。馬則僅於縣城有之。專供坐騎之用。

（十）森林

該縣漁湖盤溪官溪三都。地勢平坦。無森林之可言。梅岡桃山地美三都。其間邱陵。多闢爲旱田。栽植甘蔗。林業亦不發達。西北部霖田藍田二都。峯巒層疊。大可經營。惟因官廳保護未周。非屬勢力範圍內。常受強權者斫伐。民國二年。有新和公司集資八千餘元。領荒造林。兼育牛羊。大著成效。去年因耕牛被盜。緝匪送縣懲戒。匪徒挾恨。放火燒山。可憐全山林木盡成灰燼。十年經營。立歸失敗。一般實業家鑑於前車。不敢投資。是亦林業前途之一大障碍也。故現時除各強鄉巨族所在附近山嶺林木繁茂差強人意外。餘則童山濯濯。任其荒廢。良可歎也。

（十一）農林前途之希望

揭陽土地膏腴。交通利便。糖業早已發達。遂額冠於全潮。因榨法製法、仍屬簡陋。銷路日短。應宜提倡組織公司。購辦新式壓榨機。並請化學家研求改良製法。則糖業前途。正未可限量。至於林業。應由官廳先行調查官荒民荒。如係官荒。任人民承領開墾。如係民荒。則限期造林。並認眞保護。嚴禁盜斫損毀焚燒。庶林業前途有振興之希望。

（出自《广东农业概况调查报告书》，一九二五年）

饒平縣農業調查報告　民國十一年　張國基調查

（一）位置

饒平居潮州之東。當北緯二十三度三十分至二十四度。東經二十六分至西經七分。東控漳州和平詔安。西據潮安豐順。北扼大埔。南界澄海南澳。廣八十里。袤一百五十里。面積約七千六百餘方里。地勢東西北三面俱高。中央稍低。分為九區。即城區、上饒區、浮山區、錢東區、黃岡區、海山區、柘林區、平洲區、隆都區、

（二）地勢

饒邑北有弇君山。東有鰲海嶺。孤峰聳立。西南有待詔山。高數千尺。弇君山以北有張公嶺、九峻山。近潭浦地者、有大尖、猪頭、留嶺、太寮、馬頭、香爐、等山。形勢險峻。南有南鵝棟。近潮安界。有蓮花山。接澄海界。江河以東溪為最長。發源九峻山。南流滙北溪西溪曰湯溪。又南流二十里。會青竹徑溪至九龍潭溪口曰燈蕾溪。復合小榕溪潭溪潘段溪東南流繞黃岡城分三流入海。全溪長約百五十里。灌溉田疇。極其利便。

（三）氣候

北部冬季較冷。冬至前後。時有霜害。夏季則山間風涼氣清。和爽宜人。南部濱海。海風時至。氣候尤適。鳳凰一區。四圍環繞高山。冬令[illegible]為寒冷。

（四）耕地狀況

土質　北部山嶺蟠紆。多屬砂性壤土。南部化為平原。土質膏腴深厚。濱海諸小島。潮汐起落。海砂冲積。土質磽确。不宜耕種。

水旱情形　饒邑多山。到處泉水溢流。農民築陂瀦水。藉資灌溉。水旱不憂。隆都地處韓江下游。河身淤淺。每當

江水漲時。沿岸田園廬舍。屢遭沖激淹沒。爲害甚巨。龍眼城五鄉及望海嶺以內。水源不足。時有旱災。

交通　饒邑交通。北部概由陸路。峯巒屏叠。行旅視爲畏途。南部瀕海。港曲互通。潮汐起落。帆檣雲集。貿易繁盛。惟其通汕海路。必經紅羅線。波濤險惡。且盜風猖獗。擄人劫貨。時有所聞。過此者咸有戒心焉。旱路北經九峻山麓至大埔。東北出柘嶺關抵平和。正東出老虎關入詔安境。南沿湯溪經內浮山至漳溪。一西行入潮安秋溪。一復沿燈埼溪至黃岡。再分二支。一西行經外浮山出九溪橋入澄海。一東行出分水關抵詔安。航路自縣城沿湯溪而下。歷內浮山黃岡出海。分三路。東經柘林至詔安。南至南澳。西南經東海入馬嶼抵汕頭。惟溪淺流急。多砂灘。巨舟不能通駛。往來皆用竹筏及小舟。

耕作情形　北部盡屬水田。餘米甚多。運銷於大埔者。日不下百數十担。鳳凰區植茶尤夥。所產鳥嘴茶。氣味清香。爲潮州著名出產品。中部內浮山錢東黃岡一帶。岡陵起伏。水田概栽水稻。旱田多植甘蔗甘藷花生。沿海柘林海山井洲等處。土質磽瘠。耕地狹隘。人民多業漁利及曬鹽。隆都地勢稍平。膏腴豐沃。五穀甚富。荔枝尤爲特產。

（五）農民經濟狀況

田地租價　上等水田每畝二百三四十元。中等約二百元。下等約百餘元。上等旱田每畝約二百元。中等約百五六十元。下等僅數十元。水田多收租穀。主佃均分。旱田多收租銀。每畝二三元至十一二元不等。沿海鹹水田每年間僅種植一造者。每畝值數十元。

工價　北部人民。概以耕採爲業。無所事事。故工價特廉。閒時日僅一二毫。忙時亦不過三四毫。南部貿易極盛。工價甚貴。閒時日五六毫。忙時日十餘毫。

大小農經濟情形　農民概屬小農。每戶至多耕作十數畝而已。上饒交通不便。鄉人概業農事。風俗樸實。鳳凰產茶。近年栽種競起。需工甚多。爲收容貧民一大機關。其男子多外出經商。故時有巨賈滿載而歸者。沿海各區。漁鹽之利。蓋甚溥焉。隆都土壤肥沃。物產豐富。居人多經商外洋。富庶甲於全縣。故諺有云。無隆不成饒。斯語諒非謬妄。上饒九口一帶。磁業非常發達。運銷於高陂者。年可百數十萬元。洵特產也。

(六)作物

(1)水稻

饒邑上饒、浮山、錢東、隆都、各區。產米甚豐。運銷於大埔澄海各處者甚多。其品種栽法。與潮安無異。惟上饒區曉萌農民多栽香米。以備年節製造糕餅之用。其米富含香質。開花時異香撲鼻。爲饒邑特產。其栽培法與普通品種同。惟收量減少。每畝豐收僅得穀石餘。而價值則倍於普通者。

(2)蔗糖

浮山錢東隆都黃岡等區。地多岡陵。山麓概行開墾如旱田。植蔗甚多。浮山區約有蔗寮五十餘處。錢東區有百數十處。黃岡區有七八十處。隆都區有二十餘處。每日可搾蔗十五六代至廿代。每代搾汁四担。製糖約三十斤。大寮年間搾蔗千餘代。小寮四五百代。平均每寮搾糖約八百代。統計全縣年間產糖約三百萬斤。每寮所用工人。煮糖者二人。担蔗十八人。什役二人。搾蔗一人。去渣一人。管火一人。剝蔗衣三人。每日需工錢四十毫。如租他人蔗寮搾蔗。每寮租金約十元。工人工食仍須自己供給。

(3)茶

茶爲鳳凰區特產。以烏崠爲最佳。每年產額約二十餘萬元。其繁殖法。先播種子於苗圃。越年即可移植。間有將種子直接播種者。每距離四五尺。點播種子四五粒。發芽間拔。每穴僅留一株。生長後二三年。即可採茶。每年採茶四次。一次在二月。一次在四月。一次在六月。一次在八月。一二次之茶。量少而質佳。三四次之茶。量多而質劣。每採茶一次。即中耕除草一次。年間於冬季施肥一次。概用堆肥。間亦有全不施肥者。製茶之法。將茶葉置於竹匾。於陰涼通風之處。用手將茶不絕揉拌。以發香氣。至香出爲度。別置於炒鍋。陰火炒之。以枝葉柔軟爲止。再置竹匾中。用手做葉。名爲做茶。做成後以焙爐焙乾。以乾脆爲度。即成茶。可批發出售矣。

（七）果樹

饒邑果樹。以浮山爲最多。漁村鄉處於群山之中。楊梅桃李波羅什果年產二萬餘元。澳塘鄉絕無可耕之地。皆賴旱田栽培柑橘香蕉等物。年產可萬元。荔枝鄉以柿香蕉爲多。年亦有萬元出產。下塔鄉多柑橘。年可產七八千元。黃岡區上村鄉多荔枝。饒東區仙披內寮等處多柑。高塘多荔枝。隆都區南溪龍湖西洋一帶多橄欖梨柿什果。埠前樟林頭北洋紅渡等鄉多荔枝。甚爲著名。爲潮州佳品。

（1）荔枝

饒邑荔枝。出產特夥。其繁殖法。概用駁枝。取二三年生之枝條。用利刀刮去表皮。以泥草綁束。五六天淋水一次。常保泥草溫潤。五六月後。刮皮處發生根鬚。穿出泥外。可即切斷移殖。每株距離約二丈餘。植後四五年即能結果。但此物有越年結果性。常一年發生花芽。一年發生葉芽。發生葉芽時。即不能結果。且怕霧提雨。開花遇霧時。即少結果。成熟時遇雨。則果多墜落。故經營者日就減少。其品有鳳花黑葉赤葉等。鳳花早熟。四月間即可出市。黑葉葉圓大而厚。果亦碩大無朋。赤葉葉尖小而薄。成熟之期最遲。

（八）蔬菜

蔬菜爲農家日常食用所必需。類多栽培以供私家之用。其專事經營者。惟黃岡及所內各處。所產蔬菜。運銷于柘林海山井州南溪等處。獲利頗厚。其種類無特異。故弗述。

（九）畜牧

畜牧爲農民副業。牛猪雞鴨等無不備。雞年間由浮山運銷於潮安者。不下二萬元。

附餵猪法　猪將育子。必啣草於欄中。育子一次。則啣草一次。養猪者、見其啣草。宜詣猪欄。俟其子墮地。抱置別處。以免母猪壓斃。初時須多備含滋料養之食品。供給母猪。則乳源不竭。一月之後。乳猪漸能飲食飯湯糠碎。俗名上槽。圈乳猪以餵養。是爲過槽。天氣炎熱或乾燥時。最易發生瘟症。應以割其脊尾。庶不致暴斃。養猪之地。以高敞爲佳。卑濕者猪多生病。且虞傳染。不可不先事預防之也。

（十）森林

饒邑多山。到處青茅茂盛。林木森森。惟道途險阻。運輸不便。故少專事經營是業者。

（出自《广东农业概况调查报告书》，一九二五年）

饒平縣報告書　陳士光

本縣爲二等縣治，位于粵之東隅，東界福建詔安，西連豐順潮安澄海，南與南澳隔海相望，北接大埔及福建平和，北負高山，南面大海，東西短而南北長，面積一萬一千方里。縣治位于中部偏北，全縣劃分十區，共轄九十九鄉三鎮。第一在城區，區公所設於縣城；第二黃岡區，區公所設於黃岡城外；第三隆都區，區公所設於店仔頭；第四浮山區，區公所設于浮山埠；第五上饒區，區公所原設於羊較埠，於去月十七日被匪焚燬，現尙未恢復；第六東界區，區公所設於所城；第七錢東區，區公所設於小東；第八鴻門區，區公所設於汫洲；第九海山區，區公所設於黃隆；第十下堡區，區公所設於隆城；（俗稱龍眼城）上饒區，位于縣治之北，在城區於城廂內外，其他各區均在縣治之南。

戶口　本邑對全省人口總調查，現始着手辦理，據二十二年冬調查結果，男爲二十萬五千九百三十二人，女爲十七萬三千三百三十一人。（他往男一萬六千九百七十人，女二千三百三十二人並列在內）計一區五鄉一鎮，男女五萬二千二百人。二區十二鄉一鎮，男女五萬二千一十二人。三區十四鄉一鎮，男女合共四萬七千一百四十九人。五區十六鄉，男女五萬五千五百四十一人。六區九鄉，男女合共二萬六千零一人。七區十一鄉，男女四萬一千八百一十六人。八區九鄉，男女合共一萬五千八百八十三人。九區七鄉，男女二萬四千六百一十四人。十區二鄉，共一萬二千三百六十六人。

物產　縣屬農田前經一度調查，惟以治安影響，未能淸查者尙多，如一區鳳凰，四區彭溪，七區靑嵐黃山等處，先後淪爲匪區，無法調查，故面積寬狹確數難知，據當地人士估計，約有三十八九萬畝。饒南一帶地屬平坦，惜水源缺乏，地面且高於河床，不能汲引河水以資灌溉，是以半月不雨，幾至地無滴水。民二十二年亢旱爲災，稻作僅收三成，農民多將晚造改栽番薯等副粮作物。蓋因秋冬二季，晴多雨少，不適於水稻故也。平均每畝，年可產穀五担餘。一四五等區除自給外，仍有盈餘運銷大埔。其他各區，畧欠少許，而由汕頭來米補給，彼此約可抵消，總量年約產百三十萬担。番薯多栽於早稻收後之六七月間，產量年約六十萬担，以作雜粮及飼畜之需。芋年產萬五千担。花生種於高亢埔垻，年產量約二萬二千担，全數供給本地搾油。菸葉年產約二千六百担，其質欠佳，祇供落田殺蟲之用。黃蔴盛產於浮山之東官及隆都二處，年約千五百担，畧有輸出。麥則於晚造收後播種，至翌年春三月收割，年約二千担。種蔗埔垻二萬餘畝，每畝收蔗自三十担至五十餘担不等，多自行搾糖，計全縣糖寮三百二十座，除隆都二十座，是屬企業性質，其他多代農民搾取，獲些工資而已，總量年約十萬担，除自給外，多運汕頭轉售各地。菜蔬足供內地之用，二三七區所產之蘿蔔，多醃成菜脯，運銷南洋，總值年六七萬元。果類以荔枝，柑，菠蘿，香蕉等為大宗；荔枝盛產於三，七，二，六等區，常年產量約萬六七千担。柑盛產於四，七兩區，產地千畝，年出柑七千餘担，除供本地用外，尚有賸餘，運銷汕頭，轉輸天津南洋各處。菠蘿盛產於四區之漁村，至七區黃山，青嵐亦有出產，惟數量較少，總量年產約五千餘担，香蕉產於隆都，年約四五千担。龍眼則三五成林，隨處可見，產量年約三千餘担。柿，桃年產各千餘担。薯莨為浮山區漁村之特產，植於山上，翌年掘開泥土，勿損根苗，將其大者摘取，小者留存以待來年摘取，以舊法行之，至再至三，終久不絕，殊為一勞永逸之道也。聞該村對種薯規例甚嚴，如有竊取，罰在百倍以上，其產量年約千担，多運銷沿海一帶，為染網之用。茶葉產於一區鳳凰山烏崬及上饒大西巖，春夏秋冬，每季採摘一次，以春茶為多，鳳凰所產名為烏嘴茶，每斤值七八毫至五六元不等，以中下等為多，運銷潮梅及南洋羣島，共值七八萬元。上饒大西巖及高峯所產，則為巖茶，或冒冲武彝茶，運銷各地，年值萬數千元，總量年千三百担。現鳳凰西巖均為匪共盤據，刈草無人，產量因是減少，外地茶商向來下鄉收買，現因萑苻遍地，咸裹足不前，茶價亦因之低落矣。鹽則產於海山東界兩區，及黃岡之仙碧鄉，面積約三千畝。多用晒沙製法，卽每坵鹽田，劃為三塊，一為沙埕，約佔全面積三分之二，一為水池，一為鹽埕，大小相若，沙埕面上鋪以細沙，厚寸許，引海水注於沙上，用日光晒之使水蒸化成氣，所餘鹽質，附於沙上，再將細沙聚集成堆，灌以海水，沙上所附鹽質，溶化水中，其時水中鹽份增加，便成鹵水，貯於水池，再引入鹽埕曬之，使水化氣，卽成為鹽，其質甚佳，色澤潔白，形如洋糖，總量年產三四十萬担，運銷潮梅福建各地。縣屬二、六、七、八、九區皆為沿海地帶，故海產甚豐，坡老所謂蝦蟹不論錢，此地或亦近之矣。計業漁者八千餘人，捕魚方法，大別可分為漁船與竹排二種，漁船每艘六七人，多往三數十里外下網，船中先配食鹽，若有所獲，隨卽醃製，俾免腐化。竹排每張一人，每兩排牽網一張，同時進退，多於內港捕捉。總計漁船七百餘艘，竹排千張，年中所獲魚蝦蟹，約值五六十萬元，此外尚有蠔船百三十餘艘，人數七百餘，每年可獲蝴十二三萬担，唯其產量雖豐，然銷途有限，故價值低廉，詢諸賣者所言，每百斤僅値一百五十枚銅仙耳。蠔盛產於汫洲，總值年八九萬元。海山方面，從事埰蚝者甚衆，計船七百餘艘，人數二千，每年所出二百二三十萬担。而澄海潮陽等處蚝商，放舟至黃石港收買。買賣以儎爲單位，據個中人言，於八二風災之翌年，每儎（約千五百斤）値七八元，年來各地經濟崩潰，建築減少，蚝價一落千丈，每儎僅値元餘，業此爲生者，大有今昔之嘆。黃岡織布廠二間，規模頗大，職工二百餘人，每年出布約三萬六千疋。全縣油搾二十座，年出油五千担，鑊廠六間，兼製犂頭，工人八十餘，年出產約値十二三萬元，運銷厦門及潮梅等處。磁器產於上饒九村，坯戶二百餘家，窰約六十座，工人約千三百名，出品以盤碗杯碟爲多，而當地土質甚佳，惜製法墨守成規，不圖改頁，故未能成爲上乘之品也。總値年約二十萬元，現因價格低落，業者咸覺無利可圖，故相繼停業，而能繼續維持者，不過十之三四耳。錫箔產于黃岡，業此者二十家，工人四百餘名，年約出三百担，運銷上海爲製冥紙之用，據個中人言，七八年前，工人千五百餘名，現因民智日開，迷信之風，逐漸破除，冥紙銷途大受打擊，此業亦隨之陷于日暮途窮之景矣。此外蚝灰三十八窰，磚瓦五十窰，出產數量，以視需要爲轉移，現因農村凋弊，建築減少，此項工業，亦非昔日之繁榮矣，輾米機七架，此爲機器工業之先聲。縣屬荒山觸目皆是，成林之山，不過百分之五六，是以燃料供給甚感缺乏，饒南居民，中下之家，多以乾牛糞充燃料。邑內傭農爲數甚少，緣當地盛行換工制度，至傭用短工，亦以隆都方面爲多，大都祇供午膳，年前每天工資七角，現則跌至五角矣。

商業　縣屬商塲計有一區在城六社鎮及鳳凰墟；二區黃岡；三區店仔頭；四區浮山埠浮濱墟；五區茂芝前、羊較埠新豐墟；六區柘林大港所城；七區小東樟溪；八區汫洲；九區黃隆（黃石港）浮任；十區龍眼城。商業以黃岡爲最發達，商號八百餘間，店仔頭次之，商號三百間，再次爲柘林六社鎮，商號各百餘間。輸出以糖，海產，磁器爲大宗，輸入以布疋，豆餅，肥料爲大宗。惟自近年來外受世界不景影響。內則因二十二年亢旱之災，農產歉收，元氣未復，人民購買力日減，生意不得不隨之憊淡矣。市面銀根較前短絀，幣制以大洋爲本位，次以銅仙爲多，雙毫一因價格較汕爲低，一因鄉民不辨銀色，未敢妄行收受，且與市面標準毫價不同，交收亦感不便，（如一區定三十仙爲一毫四區二十八仙爲一毫二六七八九區均以十六仙爲一本地毫而每枚中山毫則可換銅仙六十二枚）故流通甚少，私家發行紙幣，計有柘林行商管理警衞隊經費委員會，及隆城之兩章同發等號，發行總額約二萬元。借貸利息，通常利息二分爲多，至以糖爲抵押借欵，則有照借時糖價，每担扣回二元以作利息，若以月息計算，實超五六分矣。縣城有當店一間，月息三分，三區一間，十區二間，利息均爲二分，有此數間當店，於貧民資金週轉，實有多少利便也。

教育　本邑教育尙屬落後，計初中二校，學生二百五十餘名。完全小學四十六校，初小百九十四校，學生共一萬三千九百六十餘人，此外民衆學校二間，民衆夜學十四間，學生共約四百人，通衢閱報處約二十處而已。唯其教育之落後，故風氣蔽塞，烟賭盛行，民性强悍，地方糾紛尙多，尤勇於械鬭，往昔楊陳之爭，所耗誠足驚人也。今後倘能普及教育，提高民智，則陋風惡習，未始無轉移之望也。

交通　公路計有省道安黃路，由黃岡經錢東樟林至潮安，中連汕樟路，可通汕頭，饒平段長約四十里。詔黃路由黃岡至福建詔安縣，饒平段長二十里。縣道有饒黃路，由縣治經浮山至黃岡，長九十里。饒錢路由縣治南行，經浮濱至錢東，聯接安黃公路，長約九十里。此外倘有路基既成，橋樑未全建築之饒茂路，由縣治北行，經横溪新豐羊蛟埠至茂芝前長四十五里，現僅通車至横溪長約十里，惜各縣公路，路基欠固，一經天雨，諸多崩潰，車不能駛，是以各長途汽車公司營業亦無起色。水道除沿海一帶外，倘有黃岡河，其源一出平和縣境，一出大埔縣境，至縣治之北，始合爲一，南流經浮山黃岡而注於海。自縣治南十餘里之溪頭以下可通帆船，縣府設專運處於黃岡征收來往船捐，（名爲保護費）艇戶恆患其苛擾矣。縣城黃岡各有郵局一所，浮山店仔頭，錢東柘林浮任鳳凰茂芝前亦有郵政代辦所。電話則九區遙隔海外，尙未裝置，六區線斷數處，修葺無人，不能通話，其他各區均既架設，且可與汕頭澄海潮安互通消息，總計話機三十餘架，線長四百里，惜年齡太久，電線生銹，致聲音不淸。縣城黃岡各設一局，以司其事，每二十字收費一元，機關半之，而收入仍未敷支出。此外黃岡有電報局一所，交通上堪稱便利也。

治安　本邑治安堪稱惡劣，城廂附近，時有匪共燃燒炸炮，擣亂治安，一區鳳凰，四區彭溪，五區大西巖，七區黃山靑嵐等處，殘匪亦未肅淸，其他三六十等區，亦時有匪警發生。現獨一師一旅坐鎭，饒縣治安較爲平靖，奈毘連閩邊，此剿彼逃，且人民自衛力異常薄弱，故根本肅淸，誠非一朝一夕所能達到也。

其他　縣屬公安分局，警費收支多爲局長包辦，因陋就簡在所難免，警察人數，除黄岗隆都外，每局多属三四名，警衛隊二中隊，（倘有各地自辦獨立小隊三小隊）經費由田畝項下征收，本年上半年每畝征收三角，但多縮欠不繳，致伙食時發生恐慌。區公所凡十，每月每所經費由百六十餘元至五百餘元不等，多由各鄉按戶攤派，區長人員，亦有未能免除不頁嗜好者。

二十四年八月二十日

（出自《统计月刊》第二卷第三期，一九三六年）

惠來縣農業調查報告 民國十六年

林純煦 何慶功 調查

(一)位置

惠來縣居潮州西南，位於北緯二十三度零三十三秒，經度距京師中線偏西十分。東南界南海，東北界潮陽，西界陸豐，北界普寧，分全縣爲五個行政區域如下：

區分	所在地	位置
第一區(中區)	城內	附城
第二區(東區)	靖海	城東五十里
第三區(南區)	龍口	城南十五里
第四區(西區)	神泉	城西三十里
第五區(北區)	葵潭	城北八十里

(二)地勢

全邑地形東西延長，而東部較狹，西部較廣。地勢則西北山嶺重叠，東南以次傾斜，然亦岡陵起伏，稍稱平原者，以中南兩區較多。統計全縣面積，約二百六十六萬八千八百九十二畝，山嶺約佔百分之三十，岡陵起伏地，約佔百分之十五，傾斜地約佔百分之十，平原約佔百分之四十五。以各區地勢言之，則約可概分如下：

區分	山嶺	岡陵起伏地	傾斜地	平原
中區	30%	15%	10%	45%
東區	28%	20%	8%	44%
南區	15%	5%	5%	75%
西區	35%	20%	15%	35%
北區	40%	20%	15%	25%

(三)氣候

惠來氣候，與潮陽揭陽普寧等縣，無大差異，年中氣溫最高時，在六七月間，約漲至華氏九十五六度，最低時在十二月正月間，約降至華氏四十度左右，然亦霜雪罕見，惟地瀕海洋，每年五六八月時間，常有颶風為患，禾稼收成每至損失云。

(四)農村教育狀況

惠來教育甚不普及，卽有少數學校亦多不健全。其全縣私塾，已佔學校之大半，而失學兒童，猶有百分之六十，教育之不振，概可想見矣。茲將調查所得表列如下：

區名	初中或高中		高級小學		國民小學		私塾		各級校數		平均失學兒童佔百份之幾
	校數	人數	校數	人數	校數	人數	間數	人數	校數	人數	
第一區	初中一	一四六	四	一八六	五	二〇五	一六	四九三	二六	一·〇三	60%
第二區			二	五七	四	一八九	二三	四九八	二九	七四四	60%
第三區			一	二八	二	八八	七	二八〇	一〇	一九六	60%
第四區			一	四〇	四	一七八	八	二七九	一三	四九七	60%
第五區			五	一二六	四	一九四	一二	三九〇	二一	七一〇	60%

(五)農民經濟狀況

(1)農戶　惠來人口，近無調查統計，惟自前清以來，號稱三十萬，數約五萬餘家，除少數經營小工商業，及海產漁鹽之利外，概爲業農。若農家每戶平均之農業勞働者，(老幼不計)約有十之四五，每戶耕地面積以三四畝者爲多，而佃耕農民約佔百份之八十，其田主多爲家族祖嘗，私人田地乃十之一二而已。

(2)田地價　水田價格，每畝上等約百一十元，中等約七十元，下等約五十元；旱地價格，每畝上等十餘元，中等五六元，下等二三元。

(3)田地租　水田每畝年租上等七石，中等五石；下等四石，旱地每畝年租，上等納銀三元，中等二元，下等一元。

(4)工價　長工每年約三十餘元(供膳食)，係屬男工；短工忙時每日男工五毫，女工三毫，閒時每日男工三毫，少用女工，所有短工，俱祇供午膳。

(5)借貸情形　所有借貸，以錢欵爲多，當地農人常借貸者約十之六七。借貸原因，粮食不敷者，約佔百份之八十，爲婚喪疾病者約百分之二十。借貸方法，非有不動產業之契約抵押者，則須有殷富或有信用之介紹及担保。其還債方法，多以農產品，先行定價，或到期抵價償還，至於利息，則每月二分至二分五厘之譜。

(6)生活需要之普通物價

(a)肥料　人糞尿，每担約值一毫，黃豆麵每百斤約值六元，花生麵每百斤約值八元。

(b)農具　犂每張價約三元，耙每張價約十二元，鋤每把價約一元七毫，鐮每把價約一毫。

(C)農產　家畜——水牛每頭大者約值百餘元，黃牛每頭約值七十元，肥肉猪每百斤約三十元，山羊每斤六毫。

家禽——雞每斤五毫，鵝鴨每斤四毫。

魚類——生魚每斤約二毫，鹹魚每斤三四毫。

作物——甘藷每百斤約一元五毫，芋約四元五毫，花生約十元，穀五元，麥十元，油四十餘元，白蔗二元，黃竹蔗四元，白糖二十元，黃糖十餘元。

蔬菜——芥菜每斤二仙，芥藍四仙，白菜一仙，葱三仙，厚白菜四仙，青菜四仙，香菜二仙，韭菜三仙，蒜子八仙，白萊菔一仙，蘭茜八仙，芹菜五仙。

菓類——荔枝每百斤八元，梨三元，柿五元，李三元，柑五元，梅四元，香蕉四元。

(六)交通

因全縣地勢西北高，而東南低，故山澗小水，多向南流。城南有南溪會澗流而至河頭，水雖不大，而潮汐時通，能利舟楫，直達南區神泉港口；至西北部之溪水，一發源於南陽，一發源於鳶子峯，俱至河口合流，而爲龍江，可容小艇，往來於蔡潭龍江等處，商旅賴之；至東區靖海雖境內河流淺窄，舟楫難行，而瀕海之處，潮汐可通，亦稍可利用焉。此外境內腹地，則全以陸道交通肩挑輸送矣。

（七）水利

境內澗溪小流頗多，源源不絕，少有乾涸，惟多不能直接灌溉，所有附近田地，多設自轉水車，或人力水車取水，以灌田疇。其較高亢之旱地，則多栽諸豆甘蔗之屬，以其需水不多，掘井汲水即可供灌溉，故雖遇旱魃，亦鮮成災。至水災亦不多見者，係因地勢南斜緩傾之故耳。

（八）耕地狀況

查全縣耕地，質多輕鬆，而性甚瘠瘦。以地勢言之：屬平原者約佔百分之六十二，多爲砂壤，鮮有埴土，色以灰黑灰黃爲多，表土深約尺許，大半爲水田栽種稻作蔬菜之類；屬山谷者約佔百分之八；岡陵起伏地，約佔百分之十八；山嶺約佔百分之三；傾斜地約佔百分之九。此等地概屬砂質，土色以黃赤爲多，灰黑次之，表土深約四五寸至尺許，視其墾殖年期之久暫而有不同。此等耕地，多種甘蔗甘諸萊菔豆類及果樹之屬。

（九）作物

（1）水稻　惠來年產米量祇足供本縣三季之糧食。其品種屬早造者，粘米有饒平種，川赤種，花羅赤等；糯米有芒糯，紅脚糯，尖胆糯，送莖糯，鎮合糯等；屬晚造者，粘米有夜公赤，深田赤，鳳尾赤，菊種，緞種，大白，烏殼粘等，糯米以烏糯爲多。普通早造多白米，以饒平種爲多，晚造多赤米，以夜公赤爲多。就品質言之：早造之花羅赤，收量雖最多，然以饒平種之品質較爲優良；晚造緩種之收量雖最多，而又以菊種之品質爲優良。晚造之播種方法，概用手撒播。播種時期，早造多於二月初，晚造多於五月初。分秧時期普通早造於三月下旬，晚造在七月中旬。早造收穫於六月間，晚造收穫於十月間。施肥數次，普通有資本者，施肥二次，一在分秧之前，一在分秧之後，一月左右；貧者祇於分秧前或分秧後施基肥，或補肥，一次而已。所用肥料以豆麵肥田粉，人糞屎，廐肥等爲最普通。至其選種，整地，管理諸法，與各縣相同。每畝收量，年歲豐稔早稻約可六七石，晚造約可五六石云。

(2)麥　全縣種麥甚少，惟中區之先覺公營地方，特多種之，因該地排水良好，土壤亦較肥適故也。播種在十一月間，以點播爲多，每用廐肥草木灰等爲基肥，施補肥者甚少，種後於翌年二月間收穫，約每畝可得二石左右，總收額不過六七百石耳。

(3)甘藷　全縣栽種甘藷甚爲普遍，尤於東區爲最多。其品種有海山種，品極嫩爽甘甜，爲東區特出，多作副粮食用；其餘有鐵線籐種，接芋種，前者皮署紅，後者皮赤白，均富澱粉質，農家多用以製粉，統計全縣每年出口之藷粉，約二萬担以上，計值十餘萬元。其種諸方法，與普通無異，惟鐵線籐接芋兩種，多種於四五月間，而收於九十月間，海山種，植於八九月間，而收於十二月或翌年之春，每畝收量，約可二十餘担。

(4)花生　全縣各區皆種之，品種分大粒小粒兩種，大粒豆形如甘欖，小粒豆形爲圓珠，除製花生糖，花生餅外，多爲搾油之用。全縣所搾之油，年約萬餘担，除本縣用外，多銷售於汕港。其種花生之地，多爲高亢之砂土，栽培時先整土爲平畦，每離尺許，開一小穴，每穴播種三數粒，并施草灰少許，然後薄覆以土。播種多在二月間，播後中耕除草三四次，趕早登市者，於五六月間收穫，遲則七八月間。每畝收量三百餘斤，每斤價值二毫。

(5)甘蔗　該縣出產甘蔗，甚爲大宗，其品種有白蔗竹蔗二種，竹蔗多爲生食，白蔗用以製糖(查各縣多反是)，每年總產額約三四百萬担，搾糖約三百萬斤左右，糖之品名統稱青糖。栽值甘蔗之地，多在高亢之砂土。栽法有新種及留舊頭，前者取蔗稍育芽，於二月間斜插於經整之蔗地，種成條列，每株距離約尺許；後者則於收穫後所留之蔗根（即舊頭）再加肥料，（草木灰堆肥爲多）任其發芽生長。其管理方法極爲粗放，且因土質磽瘠，故蔗甚矮小，長約二尺至三尺，徑約四五分而已。以上所述之作物爲較大宗者，此外藍靛，樹薯豆芋等作物皆有栽培，惟非主要生產，且法屬普通，以故從畧。

（十）蔬菜

（1）蒜　該縣種蒜極多，有軟葉硬葉之分，軟葉蒜以葉用，硬葉蒜以頭用。統計全縣年產蒜頭五六千担，多售於汕頭香港安南等地，用以醃食或和醬。其種法，於水田晚造收穫後，十月間即行播種，其種子以火煙薰過者爲佳。種時將蒜頭，逐粒剝開，乃於整妥之畦上，每距離寸許，插種子一粒，然後薄蓋稻草或廐肥堆肥之屬，固以爲基肥之用，復有保護表土之功。種後施入糞尿汚水等補肥三四次，中耕除草二三次，迨十二月終或翌年正月，即可收穫。

（2）白萊菔　全縣各區皆有栽種，而以東區爲最多，普通於八九月間播種者，多種於旱地，十月十一月間播種者，多種於水田。其播種方法，多用直接撒播，先將土整成高約七八寸至尺許之平畦，畦間掘小溝爲貯水之用，（旱地無之）施草木灰或堆肥廐肥等爲基肥，俟發葉三數片，行間拔一次，隨即中耕除草，用人糞尿汚水等爲補肥。灌漑多少，則視天氣晴雨土濕程度如何而定，十月間即有收穫者，旱地瘠土每畝收量約二十餘担，稻田肥地每畝收量約三四十担。多製萊脯之用，製法與普通同，每年出口約二百餘萬斤。

（3）芥藍　芥藍爲惠來最普通之蔬食，秋初即行播種，發葉三四片時移值，移植後約一月許遂可陸續摘收，每株收量約二三斤。多於本縣各市場發賣，其經營管理與通常之種菜無異。

（4）油菜　種油菜者東區較多，晚稻收穫後，整鬆土地，將種子和以草木炭直接散播，多不中耕除草及施肥管理，完全粗放。惟種時須聯絡農家在一處栽種，以便防禦放牧之害。種後至來年二三月間卽可收穫，每畝收量約二三斗，用以搾油爲婦女搽髮用，其值較普通油爲昂，故食者甚少。

以上所述之蔬菜類爲出產較多者，此外尙有多種蔬菜，惟出產既少，種法亦甚爲普通，故祇將其種名及栽種收穫時期列表如下：

種類	播種時期	收穫時期
大菜	九月間	十二月
白芥菜	五月	十月
莧菜	二月	三四月
芹菜	十月	十二月
葱	正月	九月
茄	正月	四月

（十一）果樹

（1）梅　梅爲該縣北區土產，全區栽種甚多，尤以葵坑龍塘爲最，每年產量約二十餘萬斤。果形如李，皮有短毛肉爽而味酸。栽植梅地以山麓傾斜地爲多，間有植於荒地者，土皆乾旱瘠磽。其繁殖方法，以生長二年之實生苗木取爲砧木之用，於春季接枝，一年後卽可種植，每株距離約丈餘至二丈。植後每年中耕除草及漑灌一次，多於八九月間行之，幷培以草土，絕不剪枝，四五月間見梅靑熟時，卽行收穫，用製梅脯梅餠之用。

（2）柿　柿亦北區土產也，種植地勢與梅相同，播種亦用實生，約苗長二年，卽行接木，越年便可移植。移植多在春季，接木則在冬季爲多。管理方法與梅無異，惟間有寄生植物，須剪除之。收獲時期於八九月間每株可得三四担，每年總產額當在五十萬斤以上，除紅柿生食外，多製柿餅，大者售於安南，小者售於香港。北區產柿最多之地，爲梅林葵坑高坡等處。

（3）梨　梨亦產於北區爲多，云落梅林出產尤富。梨之種類極夥，最普通者有大梨，凌霜　甜梨，軟梨，花梨。前三種果形較大，品質亦優，後二種果形較小，品質亦劣。植梨土地甚不選擇，雖在山嶺亦能種之，其種法以棠梨之實生苗爲砧木，不拘大小，於冬季時施行接木，間有種植，亦多於冬季行之，每株距離以丈餘至二丈爲適。管理粗放，非苗木時，多不灌溉，惟摘梨後，劉草培土一次。摘梨期間甚長，由六月起，以次採摘，至十二月間，全年總產額無統計，然每年運往汕頭南洋販賣者，爲數不少云。

（4）欖　欖於西北區皆產之，不過北區爲多耳。欖有烏欖，黃欖之別，烏欖種類有大山車錐油種白露等種，黃欖則有紅心白心等種；烏欖多製欖角以爲菜食，黃欖多製各種欖脯或生食之。植欖多在山地，種欖苗木，不須人工播植，多取天然野生，無論大小，於春季時移植於欖地，越年八月間卽行接木，管理與梨柿相同。收獲時期，由九月起摘至十二月間，惟白露種，則限於白露時摘，蓋遲則有硬皮之弊。每年產量多少無統計，但查其銷售地方，烏欖多在汕頭，黃欖則多在南洋各地。

（5）其他　荔枝龍眼菠蘿等果，各區皆種之，經營者每於山窩處栽植荔枝龍眼十餘株至三數十株，菠蘿則多植於岡邊境。栽植管理方法，與各處無異，產額多少不詳，本年七月間神泉市有振華罐頭公司一間，專收此種果類，據云一月間祇收買千餘元云。現該公司以作業不精，故開辦一月，卽已歇業矣。

(十二)畜牧

(1)牛　全縣養牛以黃牛爲多，殆多用以耕田，專爲肉用者甚少。水牛每頭約值百一十元，黃牛約值七十元；水牛每日耕約四畝，黃牛每日耕地約三畝。普通飼料爲甘藷，藷苗，稻草，青草等，日間放牧於山荒草地，多由老人或小童司之，全縣耕牛約二萬頭左右。

(2)猪　多爲肉猪，毛色以黑白花者爲多，純黑者甚少。每日飼養三次，普通飼料爲藷苗，藷渣(即藷粉渣)，米穀糠，酒糟，豆壳菜葉等，多混和煮熟飼之，除日飼三次外，多不放牧。猪舍以木或磚造之，有用繩繫於安閒處者，每年產猪約三萬餘頭。

(3)羊　該縣養羊以西北一帶爲多，概屬山羊種，最大群者約五六十頭。羊舍多用閑破之屋爲之，日間放牧於荒山草地，每年產羊總額約萬餘至二萬頭左右，概宰賣於本縣。

(4)家禽　家禽以鷄鴨爲普通，而以鷄爲主要，鴨次之，鵝又次之。鷄鴨多以產蛋用爲主，最佳種全年每鷄至二百二十個，鴨約二百四五十個，間有三百餘個者，該處諺云「有食日日生，無食一日無」，鵝僅產三四十蛋。家禽每隻體量最重者，鷄約四斤至五斤，鴨約六斤，鵝約十一二斤。每日飼養三次，飼料鷄以米穀或糠爲多，鴨以粟及甘藷爲多，鵝以菜類甘藷及穀爲多。養鷄多在家屋附近放任行走，鴨鵝多驅於田湖草地及溪間就食，每年出產鷄鴨共約二千餘担至三千担左右，(兩籠爲一担)鵝則爲數極少，亦無統計。

(十三)森林

全縣山嶺雖甚多，而森林則極少見，惟北區一帶稍有蒼鬱之林。其主要林木以松樹雜樹爲多，杉木雖有而量極少。天然林與人工林約畧參半，松木雜樹概作炭薪，杉木多作橋樑傢私用品。總之，該縣森林甚無足述，查其每年所產木炭，不過五六千担而已。

(十四)農產製造

(1)梅脯梅餅　每年製造梅脯梅餅約四萬餘斤，每百斤値約二十元，多運售於汕頭南洋各處。茲將其製法分述如下：

梅脯——摘採靑熟之梅置入缸中，(每缸約四斗)和以食鹽兩大碗，將缸底側依壁間，以便轉動，然後一人坐於缸前，用兩脚攪擦之，至梅色呈黑靑時撈起，連其原汁放入較大缸中，再加食鹽(視梅多少酌量加鹽)，浸之，如遇天雨則再多加食鹽，不可撈起；如天氣晴明，則浸約兩晝夜，即可撈起，舖於笪上晒乾之。晒時倘遇大雨，則須收入筐中，再加食鹽，以防其腐爛。總之，以達至晒乾爲止，晒乾後用推欹其核，再晒乾之，即成普通梅脯，用筐裝置出售，每四担靑梅約可製脯一担。

梅餅——即用製梅脯之法，至破核晒乾後，分別製爲五味或八珍。前者味鹹，後者味甜。其製法如五味梅餅，則和以甘草五香粉等，煑後晒之；如製八珍梅餅，則用白糖煑之，至適度時，取起，置笪上晒之，至乾達七八成時，再撒白糖粘着其表面，即成梅餅，然其藥料之種類及分量之配合，業此者概秘而不宣。

(2)五味薑　製造原料，究何種類，及其多少分量幾何，不能詳悉，因其秘而不傳，視爲專利故也。該縣製五味薑者有三數家，而以方家意香齋之祖傳法製爲最有名，據其所述，原料爲梅脯生薑甘草五香粉四種，然他家仿製，則不如其味矣，可知其分量有適當之配合，而原料亦或不祇此也。其製造手續，將各種原料椿碎或磨碎爲末，和勻搓擦成爲製麵之糕，用長約一寸五分，寬約一寸，高約二分之銅製方格爲模型，下置蕉葉，然後將和勻之糕，入於格內，先用手撥平，再用一骨撥撥滑之，卽去其格，留糕於蕉葉之上，以其葉滑易於取脫。旋晒乾之，然後每塊包白紙一層，復裹竹葉一層，再以紙包之，貼商標其上，每五包又包爲一大包，卽普通所賣每包一毫者是也。

（3）柿餅　當柿未紅熟時，卽行摘下，用銅或鐵製之刨，（形如蔗刨）刨去其皮，一一放於竹篩中，將篩置於木搭之棚上晒之，晚上亦任其被露，約二三日夜，每個用手壓之，俗名做柿，如是日乾日做，至乾約七八成時，則反置之，至晒乾後，則可收藏發賣；如遇天雨不能晒乾，則用所刨得之柿皮和以硫磺少許烘之。其法於地下掘一穴，深約尺許，面積稍小於晒柿之篩，先置乾草少許於穴底，以爲引火之用，草上撒硫磺少許，再置柿皮於其上，然後起火，將放於篩上之柿餅連篩置於穴上，用木蓋蓋之，使生蒸汽，至乾時取起，但此法所製之柿餅品質稍劣，因常帶硫磺之味惟其外形色澤則較普通尤美云。

（十五）輸品出

品名	額數	備攷
青糖	約二百五六十萬斤	神泉關稅局調查
栥脯	約二百餘萬斤	同上
柿餅	約十餘萬斤	同上
梅餅	約四萬斤	同上
薯粉	約二萬斤	同上

花生油	約五六千斤	神泉關稅局調查
木炭	約五六千担	神泉關稅局調查
鷄鴨	約二千餘三千担	地方稅調查
猪	約三萬頭	地方稅調查
魚蛋捐	年繳餉銀萬餘元	地方稅調查

（十六）農林前途之觀察

惠來年缺米食四分之一，實因水田不多，地方限制使然，無足怪者。惟其境內山嶺重叠，面積廣大，而柴薪極少，常人炊爨之需，多用乾草木炭，價極昂貴，每担乾草值銀六七毫，木炭則值四元左右，此種情形最爲農家經濟上之大困！而境內童山濯濯，舉目皆是，若謂土質不宜植樹，則野生松木之荒山，隨處可見；且北區之地，尙有蒼鬱之林，可知實非土質之不宜，亦非氣候之不適，乃不加經營之故耳。查該縣南瀕洋海 颶風時作，南部絕少林木，北部雖有多少，而種子傳播，無由得達，故欲天然成林，實不可能。爲今之計，非實行人工造[illegible]不可，但地屬官山爲多，而苗木又復缺乏，似宜先行設立縣苗圃以供給苗木，然後依照森林法，無償給與人民造林，方可補救也。

（出自《广东农业概况调查报告书续编》上卷，一九二九年）

大埔縣農業調查報告 民國十六年

林純煦 何慶功 調查

(一)位置

大埔在省之東北隅，介閩粵兩省之交，東鄰平和，西接焦嶺，南與饒平錯壤，北接永定上杭，縣治位距京師中線偏東十二分，緯度在北緯二十四度三十四分三十六秒。分全縣爲八個行政區域如下：

區分	位置	所在地	所轄地方
第一區	附城	在城北門外	長治甲長富甲大寧甲在城甲永興甲維新甲保安甲巖上甲
第二區	城西南	三河壩	三河甲
第三區	城南	高陂墟	源高甲古源甲
第四區	城西北	石上	石上甲青溪甲坪砂甲
第五區	城東南	同仁	同仁甲
第六區	城東南	白侯	白侯甲白寨甲大產甲
第七區	城西南	大麻	大麻甲
第八區	城東南	石雲	蘭砂甲

(二)地勢

大埔重岡複澗，交錯相望，全縣境內，迤邐崎嶇，約面積三百五十四萬二千六百九十四畝，境內山嶺約佔百分之八十以上，平原極少。

(三)氣候

(大埔氣候略與梅縣相彷彿，夏秋之交，天氣常熱，其最高溫時約在華氏九十六七度；冬春之交，大氣常寒，其最低溫時約降至華氏三十五六度，然城鄉與山間之氣候，每生差異，大抵山居者寒久而熱暫也。每年必有霜期，早則十一月終，遲則十二月或正月，每次結霜約二三日而復收；又隆冬之時，水至冰結，亦埔邑所常見者也)。

(四)農村教育狀況

埔邑教育之設施，雖未臻于完善，然亦尚可稱為普及。查其全縣人口號稱十四萬左右，而小學人數約一萬七千餘人，(女生約百分之二三)中學人數約有五百餘人，而留學別縣者亦復不少，此外尚有私塾以補其不足，雖無極精密之統計，亦可見該縣教育普及之一班矣。茲將各學區之教育情形列表如下：

區別	初中		高級小學		國民小學		完全小學		失學兒童佔%之幾
	校數	人數	校數	人數	校數	人數	校數	人數	
1	二	一八八	二	一一七	一三	七〇九	五	五八三	9
2			一	四三	一四	三七〇	三	二六七	13
3			一	八九	二一	六五四	二	二二五	15
4					九	二三〇	一	七五	11
5			一	六〇	一六	五三二	二	一八七	11
6			三	一〇八	二一	四八三			11

7	一	六〇	一	一一〇	一才	七〇三	六	五〇五	5
8	一	一二〇	二	一四五	四三	一.五九一	一〇	一.〇五三	6
9	一	一三八	三	一九七	六二	二.二六〇	五	四三八	4
10	一	二八	一	一五四	一九	九九一	四	四八〇	8
11					一	二五	一	二二四	3
12	一	四三	二	一七〇	一二	九五九			6
13			一	四〇	一一	四七六	二	二三五	9
14			一	四〇	四六	一.六〇九	四	四六一	9

（五）農民經濟狀況

（1）田地價　大埔山多田少，水田價格異常昂貴，約每百元方可買租穀一石之田，上等水田每畝約值六百餘元，中等水田每畝約值五百餘元，下等水田每畝約值四百元左右，因之數十畝以上之田主亦不多見，至于旱地多屬自田自耕者。

（2）人工價　長工每年約四五十元，短工忙時每日男約五毫，女約三毫，閒時男約四毫，女約三毫，多數祇供午膳。

（3）借貸情形　借貸以錢欵爲多，農民借貸約佔百分之六十以上，因粮食不敷而借貸者，約居百分之八十五，尤以青黃不接時爲多。通常月利一分五厘，低者一分，高者至三四分，一般債權人多屬殷富商家。大宗借欵，除不動產業作押接，仍須介紹之人（中人）及在場見証者（親者），介紹人須給以謝金約百分之一二；至小宗借欵，通常不過三五元而已，多不用担保之人物，此外尚有一種借貸之變象，名曰邀會（即標會）。其邀會原因，多因一人需要較大宗之款項，而又不願借貸，致負重債而難償，遂邀集鄰里親朋之較有恒產者，組織一標會。其會金多少，隨會首（邀集起會者）訂定，當會友（或曰會子別於會首也）邀定之後，會首定期設席之日，即會友繳款之時，是爲初會，其款概由會首領用。此後若干時日標會一次，或每次設席與否，則隨衆訂定，至第二次標會時，則以標最高利者得款，已得款者曰重子，未得款者曰輕子，輕子繳款須除去所標之利銀，如每人會金十元者，該次標利一元，則輕子祇繳銀九元，至於重子則須如數繳足額金，如是至各會友得滿後爲止，得末會者可得全會額金。

（4）普通物價

（a）肥料 人糞尿每担二毫半，豆麵每百斤約六元餘。

（b）農具 犂每張約三元，耙每張約十元，鋤每張約八毫，鐮每張約三毫半。

（c）農產 家畜——水牛每頭七八十元，黄牛每頭四五十元，肉猪每百斤約四十元，羊每斤八毫。

家禽——鷄每斤約六毫半，鴨每斤約四毫，鵝每斤約五毫。

水魚——每斤約五毫。

作物——薯每百斤約二元，芋每百斤約四元，葛每斤約四毫，花生每斤約五毫，穀每石五元，豆每石二十元，麥每石約九元，油每斤約五毫，蔗每元約十六根。

蔬菜——葱每斤一毫零，蒜一毫，薤一毫，芹菜九仙，黄半毫，芥菜三仙，茄半毫，萊菔三仙，菠菜一毫，白菜半毫，莧菜半毫，茼蒿一毫，芥藍半毫，甕菜三仙，芫茜一毫半，豆角三仙，荷蘭豆一毫半，冬瓜四仙，苦瓜一毫，黄瓜三仙。

特產——黃麻每百斤十四五元，柴每担四毫半，草每担二毫半，黄竹每根約五毛，坭竹綠竹每根約七仙。

（六）交通

全縣水道交通頗稱便利，有河流五道可通舟楫。一曰大河，發源於汀州，經上杭渡峯市而入埔境，再經石上青溪坪砂在城等甲，至城北門外流入永興甲而與清遠河及小河相會，是爲三河而會入韓江，向大麻高陂而入豐順潮汕。是河自縣城北以上，祇通舟楫，以下可駛電輪，直達潮郡。二曰小河，此河其實不小，而小名者，別大河也。發源於龍川，南流會五華七都溪與興寧溪，經嘉應至蓬辣灘，入埔境三河垻，而共滙於韓江，亦能通電船，上達松口梅縣，下達豐順潮安。三曰清遠河，其源一出南靖之象湖山，經平和至赤石巖，始通舟入埔境；一出平和之長樂墟，經官宅至赤石巖下五里會焉。自此過大產，趨風朗，（蘭砂甲）北折白寨之南山，西北入同仁而滙注於三河，亦能通舟楫以達平和縣境。四曰銀溪，在三河下三十里，源出梅縣明山嶂聚埔之天門崑崙諸澗壑，至仙人坪始通小舟，流五十里而入韓江，（聞銀溪之魚無腥氣，其水澣衣不用鹼粉云）。五曰大靖溪，其源亦有二：一出平和界爲漳溪，一出永定東洋爲黄砂溪，合流爲大靖溪，向西趨北繞縣治左，至天印山入神泉河，亦頗通舟楫，此外陸道交通，則多沿河闢路。

（七）水利

大埔水田概不能用各大河流灌溉，因田高於河床故也。其山畔梯田，賴山泉洞澗之流注；至於附村之平疇，則由溪澗作陂而灌溉，計全縣有陂約七十座，灌田約二萬餘畝。

（八）耕地狀況

埔邑平原甚少，山谷迤邐傾斜，山畔有水之處，自麓而躋腰顛，皆阪級鱗次，作爲梯田，沿河患水，叢植以竹，高亢旱地，雜栽副粮作物，附鄉田疇，有陂灌溉，則利植水稻。全縣土質，多屬輕鬆砂礫爲多，砂壤次之。以地而言，約畧平均原佔百分之三十三，山谷佔百分之十四，岡陵起伏地佔百分之七，山嶺佔百分之十，傾斜地佔百分之三十六。

（九）作物

（1）水稻　埔邑水田不多，統計全縣年產米額祇供三四個月之糧食，不足者多仰給於潮梅屬產米有餘之各縣。大埔水稻品種屬早造者，有粘有糯，糯有赤壳白壳二種；屬晚造者有潛粘番粘冬糯等，潛粘多赤壳，番粘多白壳。茲將其種植管理諸法述之如下：

播種移植時期　普通早造種於驚蟄前後播種，谷雨前後分秧，約四五苗爲一叢，每叢距離約八寸至一尺，山田則每叢多十二三苗　因太陽照射時間稍短與水較冷，其分蘖力較弱故也。晚造種之潛粘於三月中旬播種，番粘於五月中旬播種，冬糯播種與潛粘同。至分秧時期，潛粘於四月尾五月初之間，早稻耘田之後，分插於早稻行間，番粘則於早稻收穫後約七月中旬至下旬時分秧，其法與早稻無異，惟插秧稍深耳。

管理及收穫　分秧後約半月即行耘田，早造多用中耕器，（有齒之小鐵耙）晚造多用脚耘，耘後施用補肥，有人工與資本者，常中耕三四次，施肥三四次。所用肥料，以堆肥廐肥作基肥，以人糞尿灰或肥田粉豆麵，和以草木灰，撒於禾根部爲補肥，早造間施石灰一次。收穫時期，早造於六月中，晚造潛粘多在十月中旬，番粘十月下旬至十一月初，每畝收量早造約三石餘，晚造約二石餘至三石。

（2）陸稻　陸稻亦曰畬禾，各區山居者間或種之，多於山之傾斜地或高亢地植之，四月間播種，用點播或條播，皆直播之，並不分秧移植。用廐肥或草木灰爲一次基肥，種後中耕除草一二次，至九月間即可收穫，如生長期間雨水均勻，即可豐收，每畝約可二石。

（3）麥　麥於各區之旱地皆有種之，而於三河之𡉏地種者較多，品種有大麥，（俗稱穀麥）小麥（俗稱米麥）。大麥多作家畜飼料，小麥磨粉爲人食用，或製糕餅。普通於十一月間播種，以點播及條播爲多，除播種時施用人糞尿灰爲基肥外，極少施用補肥，中耕除草不盡行之，收穫時期在翌年二月間。

（4）粟　該縣各區皆有種植，粟有鴨掌粟（穗各鴨掌俗呼龍爪），高粱粟，黃粟，多種於砂塥或高原旱地，與大小麥或甘藷輪栽，正二月間播種，三月中移植於畦地，多行列植。種時以草木灰爲基肥，及後施人糞尿汚水等一二次補肥，中耕除草一二次，六月開卽有收穫，磨爲粉作雜糧食用，或爲家禽飼料。

（5）甘藷　該縣栽種甘藷甚爲普遍，幾至無家不有，概作副糧之食，殆無出賣。普通品種有赤白皮種紅皮白肉種黃皮赤肉種，多種於砂土旱地或沿河畔岸，正二月間下種，三四月間繁殖育苗，七月間移植於高畦，至十月十一月間，卽可收穫，每畝收量約十餘担。其栽種手續管理方法，與各地相同。

（6）蔗　埔縣所種皆爲腊蔗，大寧大靖松山北蒲合腊等處種之較多，品種均好，而以合腊產肥大多汁爲最佳。正二月間育芽，三月頃挿植於高畦，植後中耕培土及施肥各約二三次，當莖長數節，見下部莢葉乾燥時，卽行剝葉，如是陸續剝其乾葉，至九十月間，卽有收穫，販於縣中各市，概作生食。

（7）黃麻　縣屬第一區松山產黃麻特多，種於旱地。三月間播種，用條播法，直播於畦間。播後撒人糞尿灰爲基肥，然後用耙耙之，薄覆以土，俟苗發三四葉時，卽行間拔，并施人糞尿汚水或和以豆麵爲補肥，計二三次，中耕除草二三次，至七月中旬，卽可收穫。

（8）藍靛　藍靛惟同仁地方種之，多栽植於山麓旱地，四月間播種，十一月間收穫，其栽培管理各法，與各地同。

(9)茶煙　縣屬食茶有大麻茶，陰那山茶，其品質以陰那山者爲佳，然皆產量不多，絕無出口。煙則白候同仁附城等區種之，稍有出口。至茶煙之栽培管理及製造等法，一與普通各處相同，茲故從畧。

(十)蔬菜

(1)白萊菔　該縣栽種萊菔，以第一區之七倉坝汶水麻砂灣松山庵前等地爲最多，其品種多出自潮州，大者重約三四斤　多製爲萊絲，運售於潮梅各屬。其栽種方法，於寒露前後將種子用條播法直播於畦上，撒人糞尿灰於其面，生長後間拔一二次，中耕除草一二次，不用特別補肥，祇時淋水而已。至十一月中旬，即可收穫，計每畝收量約六七百斤，可晒萊絲兩担左右，每担值銀十一二元。

(2)芥菜　芥菜之栽植，甚爲普遍，六月間播種，發蘯二三葉後移植。其法先將菜地整爲平畦，每距尺許掘一淺穴，苗即種於穴內，種後每隔三四日灌溉一次，并施以污水及稀薄之人糞尿肥，中耕除草一二次，至十月十一月間，即可收穫。除平時間有摘葉作青菜食用外，多於近根部用刀截取其全株，畧晒軟之，和鹽擦製，則成醃菜，每家貯二三甕，爲家常便菜。

以上二種蔬菜爲出產較大宗者，故特述之。此外尚有多種蔬菜，惟產額不多，而栽植方法又與普通相同，故祇將其品種及播種收穫時期臚列于下：

品種	播植時期	收穫時期
葱	六月間	八月間
蒜	六七月	九十月

蕹	五月初	九月
芹	八月間	十月終
薑	三月下旬	七月中旬
茄	二月間	四五月
芋	正月	早六月遲至十一月
菠菜	八月間	十一月間
白菜	早四月遲六月	早六七月遲九十月
莧菜	正二月	三四月
茼蒿	八月間	十一月間
芥蘭	七八月間	十月十一月間
甕菜	正二月	三四月
芫茜	七月	九十月
荳角	正月	早三月遲八月
狗爪豆	正月	七八月
荷蘭豆	七月	十一月終

冬瓜	早正二月遲六月	早六月遲十二月
苦瓜	二月	四五月
南瓜	正月	六月
匏	正月	四五月

（十一）樹果

埔縣果樹栽植甚少，殆無足述，然雖鳳毛麟角而仍有果園一所，足為該縣果樹園藝之代表，茲特誌之如下：

園名　裕園永興公司，係私人企業，民國四年在農林部註冊立案。

地址　埔邑城西南五里許釣梨坪。

園主　張俊卿，埔邑人，民國元年以前，多經商南洋。

經營概況　民國元年時，租賃謝家山地兩面約三十餘畝，該地為赤色砂礫土，原生松樸灌木蕎蕨之屬，雇工六七十名，將之開墾，闢為果園。初時純植香蕉三千六百餘株，即於是年墾植完竣，以後年用長工十餘人管理園務，不料所植之香蕉，三年之久，毫無收益，蓋因氣候不宜，冬季多霜故也。乃於民國四年，改植柑柚梨柿楊桃楓栗各種果樹，約共萬餘株，至民五年終，始改植完竣，但此已共報資二萬餘元矣。至民國七八年，遂漸有收穫，年約七八百元，及後以時局影响，兵燹迭遭，收成每至損失，因之私人資本，經已投盡，擬再集股維持，並事擴充，而又未果。卒於民十年復改作粗放經營，所有園藝之管理，概不雇用人工，至現在祇張君獨自看守而已。所有果樹大半凋殘，現在所存者，統計大小不過千餘株耳，每年尚能收穫二三百元，以柑柚梨栗楊桃橄欖為多，所有品種，皆出自廣州潮州，均已接木之苗，運回移植，故詢其栽植手續，多不能詳也。

（十二）畜牧

（1）牛　縣中養牛，以白茯同仁爲多，全縣之役用牛，肉用牛，多出自該兩處。普通每牛冬耕日可畝餘，春耕則日可二三畝。平時飼料以稈草爲多，役用時常以稀飯番諸等類，老牛間有飼以當歸酒者。價格每頭黃牛約值四五十元，水牛約值七八十元，年輕者曰活貨，年輕而牛相好者價昂，多養爲役用，年老者曰脆貨，年老或牛相不好者價廉，多爲肉用，至放牧管理諸法，與各地相同。

（2）山羊　山羊亦於白茯同仁地方爲多，每群由十餘頭至四五十頭，母羊每年產子二次，間有一次雙胎者，除本縣宰賣外無出口，日間放牧於山野草地，由小童或老人司之。羊舍以空閒房屋爲多，宜乾燥，怕雨濕。

（3）豬　該縣所養之豬，約有二種，一曰江西種，爲黑白花色，一曰本地種，爲純粹黑色，據土人云，本地種品質優良，肉味較美。全縣養豬約四五萬頭，多宰賣於本縣，餘則運售潮汕，普通飼料爲番藷籐米糠酒糟竹節草瓢杓菜及其他殘老蔬菜等，多混和煮熟飼之，日飼三次，小豬或四五次，多不放牧。豬舍多於屋內或房內用磚砌成，或用竹圍之，暑天豬舍不宜過於乾燥，及太陽照射，否則必至發病，寒天則宜多舖乾草，以免受凍。

（4）家禽　雞鴨爲多，鵝則次之，就中以養雞爲最普遍，每家必養雞三數只至一二十只，鴨則常有專業經營，每群常至二三百只。雞鴨之普通飼料爲米穀糠飯甘諸等，鵝在雛時飼以米漿及蔬菜嫩葉，長大時與雞鴨同。雞多日飼三次，鴨鵝則飼二次，管理方法無特別處。

（十三）森林

大埔山嶺約佔全縣面積十分之八，而成林之山，又不過十之三四而已。其主要林木爲松杉竹類，然屬天然林多，人工林少，惟杉竹林間或人造之耳。兹將其森林林木生植狀況畧述如次：

(1)松　各區山嶺皆生松木，惟附近鄉村之地為日常樵採之區，則多不成林，其離鄉村較遠或有人經管者，則稍有松林可觀。而成林之法，概屬天然林相，且以單純林為多，間有楓杉竹木混生者，為數甚少，正當砍伐年齡，須十五六年後，用途屬薪炭為多。

(2)杉　埔縣杉林，以第一區之漳溪，第七區之銀江一帶為多，生於山谷之間。繁殖造林，多不用實生播種，普通以砍伐後所生之不定根芽留為更新之用，其根芽常叢生數株，將弱者芟去，留一株至二株強旺之苗，此屬天然更新者也。間有人工繁殖更新者，則多先行育苗，其法將砍伐後所生之不定根芽，於附着母根之基部，用刀斫開，塗以粘濕之肥泥，使其生根後，使為造林之苗木，亦有取杉木之枝條，或其不定根芽插於水泥中，使其發根後移植者。此法多於春分谷雨之間行之，種後每間一二年鏟草一次。砍伐年齡，至少須十五六年之後，始為建築橋樑傢私之用，其大宗出售者，則絞成木排由水道駛往潮汕。

(3)竹　埔縣產竹甚多，除各區與松杉混植於山嶺外，沿河患水之處植之尤多，高波之坭竹綠竹，石上洋揚等地之苗竹絲竹，均為最著。兹將其栽植方法分述如次：

茅竹　擇竹枝較密之二三年生苗，於十月十一月間將根掘起，其與毋竹相聯之毋根，則截斷之，其他一條之子根(普通之竹有主根二條，一與毋竹相聯，一則蔓延生筍者。)則須完全掘起，掘起後截去其梢，約留幹五六尺長，遂移植於種地，如天氣久晴，或土質乾燥，則須時灌以水，約植後二三年，可生新筍，普通砍伐年齡約在生長一年後。其用途多製簍簟竹器及絞為竹排，由水道放至潮州出賣，又九十月間取冬筍發賣者亦夥。

坭竹綠竹　多植於沿河附近，其栽植方法甚為普通，砍伐二三年生之竹苗，截去其梢，約留七八尺長，柿植於種地，稍灌以水，即能生長，用途販賣與苗竹同。

（4）桐　油桐樹，極少成林者，多散生於山脚溪瀉塓地及家屋附近等地。其栽植法，將成熟之果摘下後，剝去外殼，即播於種地，先掘一穴，然後將種子播於其內，畧覆以土，生後不須移植，每年剷草一次或培以土，年三後有果結者爲三年桐，七八年後結果者屬千年桐。其實爲搾油之用，其麩及殼作爲肥料。

（5）油茶樹　各區畧有產之，爲量均不甚多，概屬天然生長，鮮有人工栽種。其生植地勢多在山畔斜面，每年霜降前後收摘。摘後須剷草一次，不必特別管理，惟冬間須防止火燎，其茶子曬燥後，搾油爲食用。

此外樹木種類有榕有樟有檬有楓有漆有苦楝有烏臼等等，多混於松杉林中天然生長，人亦不注意其材，故無足述者。

（十四）森林副產

松液楓液全縣出產年可數千元，茲將其取法分述如下：

松液　徑大七八寸之松林，即可取液。其法於林身四五尺高處，將其周圍表皮剝去，以恰至組織層爲度，初次所剝之面積，長約尺餘，剝後即有松液流出，至出完時，即刮取之，於是再將上部未剝之皮如法剝去，如法取液，至幹部剝盡爲止。

楓液　長大之楓樹，其液必多，用一錐形之鐵鈎在楓樹之幹部周圍錐刺之，其液即可流出，於根部收集之。

（十五）農林前途之觀察

大埔雖屬山邑，而水道交通，尚稱便利，欲求農林業之發展，似有可能之勢，然水田與旱地之面積有限，即以集約的經營，其農作物之出產，亦不足以供給該縣之要需，故其最有發展之可能與必要者，厥爲林業與牧畜。緣該縣有水道交通之便利，則甚適於笨重木材之運輸，草生之山地面積廣大，則最合於山羊黄牛之放牧。今該縣之木材及牛羊雖有出產，而爲數不多，苟能加意經營，當不止十倍於現在也。查該縣森林不振之原因，殆因現在之生活程度異常高漲，普通農家，大都貧窮，圖近利而顧目前，倘恐不贍，生產過遲之森林，當然無力經營，兼之材木價格，已極昂貴，所有森林樹木，稍可成材，即行砍伐出賣，砍伐後既不施行人工種植，復不嚴行禁止樵採，因之天然森林鮮能恢復，故現在埔邑之山嶺雖非完全禿濯，然亦大半祗有稀疎矮小之樹木而已。在此情况之下而謀補救之法，自當一面極力提倡勸導，并以實際利益補助農家，一面則强制限期造林，庶或有濟焉！

（出自《广东农业概况调查报告书续编》上卷，一九二九年）

大埔縣調查報告書

本隊於六月一日由潮安前赴大埔調查，現在已告完竣。擬於日內轉赴饒平繼續工作，關于大埔縣概況，各種狀況概括陳之於次：

位置與面積　本縣爲三等縣治，位于粤之東北隅。東界福建平和，西連梅縣蕉嶺，南鄰豐順饒平，北接福建永定上杭，縣治位于縣之北部。經度距京師中線偏東十二分，緯度在北緯二十四度三十四分三十六秒。面積九千八百三十八平方里。前分爲二十甲，現劃爲八區，共轄百七十五鄉五鎮。第一附城區，昔分在城，大寧，維新，長富，保安，岩上，新興七甲；現分爲四十三鄉一鎮，區公所設於縣城。第二爲三河區，昔爲三河甲，現分二十二鄉一鎮，區公所設於三河壩，（尚未有辦公地點）距城四十里。第三高陂區，昔爲古源源高兩甲，現分十二鄉一鎮，區公所設於高陂鎮，距城百一十里。第四石上區，昔爲石上，長治，青溪，坪砂四甲，分爲二十二鄉一鎮，區公所設于石下壩，距城四十里。第五同仁區，舊爲同仁甲，分爲二十二鄉，區公所設于湖寮，距城五十里。第六百侯區，舊爲白侯，白寨，大產三甲，分爲二十鄉，區公所設于百侯墟，距城六十里。第七大麻區，舊爲大麻甲，分爲二十一鄉一鎮，近擬改爲十六鄉一鎮，區公所設於大麻鎮，距城五十餘里。第八石雲區，昔爲蘭砂甲，分爲十三鄉，區公所設於楓朗，距城八十里。

地勢與河流　本縣山嶺重叠，平原絕少，其較爲平坦者，則有五六兩區。其他諸區，重山叠嶂，崎嶇迤邐，崗陵起伏，約佔全面積百分八十以上。河流有五，一曰大河，發源於福建汀州，經上杭度峯市而入縣境，再經石上，青溪，坪砂，在城等處流入永興甲，而與梅潭河（舊稱清遠河）及小河相會，是爲韓江；南流經大麻高陂而入豐順。二曰小河，發源於龍川，南流會五華，七都溪與興寧溪經梅縣之蓬辣灘入縣境，至三河壩，而匯於韓江。三曰梅潭河，其源一出南靖之象湖山，經平和赤石巖入縣境，一出平和之長樂墟，經官宅至赤石岩下五里會焉；西流入大產，趨楓朗北，折流白寨之南山，西北入同仁，而匯于三河。四曰銀溪，發源於梅縣，明山嶂聚縣之天門崑崙諸澗壑，經仙人坪流入三河壩下三十里注於韓江。五曰大靖溪，其源一出平和界，稱爲漳溪，一出永定東洋，與黃砂溪合流爲大靖溪，向西流，經縣城而注入大河。

戶口　本省去年舉行人口總調查，本縣現正開始辦理，故確數多寡，無從查悉。據民十八年調查結果，爲三十萬四千九十五人。計一區男二萬五千七百六十人，女爲二萬零六百六十七人。二區男爲一萬六千六百四十人，女爲一萬三千七百六十四人。三區男爲三萬六千六百六十人，女爲二萬八千六百六十二人。四區男爲一萬五千二百九十六人，女一萬二千七百七十一人。五區男一萬八千三百四十八人，女爲一萬五千七十四人。六區男爲一萬六千五百六十八人，女爲一萬三千七百五十一人。七區男二萬四千八百八十八人，女二萬零零九人。八區男爲一萬三千五百五十二人，女一萬一千四百五十五人。

農業　本縣山陵起伏，平原甚少，陂斜山畔有水之處，自麓而腰，阪級鱗次，作爲梯田。沿河患水，雜植以竹，高亢填地，則栽雜糧。附鄉田疇尙稱肥沃，年皆二造。早造每畝可產穀三石，晚造二石。欠水之地，則於早造收穫後，改栽蕃薯。低窪田地，僅耕冬造。計全縣田地共約九萬餘畝，年產穀約三十七八萬担。甘薯幾至無家無之，多植於六七月間，乃至十月收穫，每畝約得十担左右。全縣總產量約二十萬担，以作什糧及飼畜之需。芋則植於田塍埔角，年約萬餘担。粟於正月播種，至五月收割，每畝可得一石左右。多植於埔填及高亢地帶，總量年約六七千担。麥則於晚造收後播種，至明年春三月間成熟，分爲大麥小麥二種，共約八九千担。年來范縣長其務，對於種麥一途，極力提倡，並出示保護，故種之者更多。黃蔴多產於一區，年約五百担。白菜葩盛產於一區之七倉，填汶，水麻，砂灣等地，年約五千担，多製成菜絲，運銷南洋潮梅各屬。芥菜甚爲普遍，被晒軟後，和鹽製擦，成爲醃菜，每家皆貯三數甕，以爲家中常菜。菸葉盛產於一區維新甲，及五六八區，彼於正月種之，至六月將葉摘下，晒乾，計每畝約植菸六百株，每百株約得乾菸葉二十餘斤，全年產量約七八千担，除供本地刨煙絲外，多運銷廣州及潮梅各地，價昂時總値年達二十餘萬元。自民二十一年跌價後，業者覺無利可圖，多棄之不植，產量於是乎年見減少矣。藍靛多產於石雲，年約五百担，運銷潮梅各地，約値三四千元。竹可分爲泥竹，黃竹，(腊皮竹)泥竹植於沿河埔填，爲製香枝之用；黃竹植於山上，爲織竹器之用。年運銷潮汕共値十餘萬元。杉木多產於漳溪，年運銷潮州約値十餘萬元。木柴木炭除供本地用外，年運銷潮汕各値數萬元。

工業　縣屬高陂爲產瓷之區。全縣計有窰四百一十餘座，每座多爲二三窰家集資所建，業窰者每家約有千餘工人，總數當在七八千人以上。每製一器，須經十五六次手續，而一工人常兼操數種工作，此爲分工制度之初基，而未十分顯明者也。每窰每年可燒十五次，每次出碗五十担左右，總量年約產三十餘萬担。多先賣與棧地，轉售辦庄，運銷南洋廣州等處。而高陂鎮內，隱然爲一瓷器市場，計棧地辦庄共八十餘家，營業總額年百餘萬両。（瓷器買賣沿用銀両計算）比年來因受世界不景氣影响，及受日本瓷器打擊，價格日低，銷途日蹙，棧地貨積如山，辦庄多存觀望，各窰家覺無利可圖，更感求售困難，故停業者十佔六七，而去年輸出總值，不過七八十萬元。其他磚瓦窰，約七十座，年產總值約十萬元。石灰窰八座，年出灰二萬担，煙絲廠，其規模較大者，只有十數家，年出產約值十萬元而已。此外縣城尙有輾米機一架。

商業　本縣商場，計一區有附城鎮，每逢二七爲墟期。二區有三河垻鎮，每逢一六三八爲墟期，三區高陂鎮，以四九爲墟期，四區虎市無墟期。五區湖寮，每逢一四七爲墟期。六區百侯以三六九爲墟期。七區大麻鎮，以四九爲墟期。八區楓朗墟，以二五八爲墟期。各處墟期悉依舊曆。商業以附城高陂二處，較爲發達，營業總額年各約二百萬元。三河垻，大麻，百侯次之，湖寮，虎市，楓朗更次之。輸入貨物，以米，京菓，布疋爲大宗。經過物品，以紙爲多，商場市政，除三河垻，虎市未闢馬路外；其他則街道整潔。建築宏麗，殊不失爲現代之小商塲也。

金融狀況　本邑山多田少，糧食不敷，居民感內地謀生艱難，故咸向海外發展。留居內地之壯年男人，不過十之五六，是以外地滙欵，源源不絕，而購田買地，形成風尙，奈僧多粥少，求過於供，田價因之高極一時，普通每畝值大洋四五百元，比來南洋經濟崩潰，華僑滙欵減少，影響所及，銀根短絀，週轉欠靈，土產價格日低，農村破產，旣漸開端，幸借貸利息尙屬低廉。至於幣制方面，各地同以大洋爲本位，惟因輔幣不同，價格有異，計一二兩區，通用舊廣東雙毫，每大洋壹元可換十二毫半。四區因使用峯市毫票，故每元則値十三毫。其他各區，則行使新毫，每十二毫等於光洋一元。而第七區則每元光洋僅換十一毫六分銅仙。則四區每毫僅換二十六枚，二區二十八枚，其他各區皆是每毫三十枚。

敎育　本縣有中學一校，初中三校，學生共五百五十餘人，鄉師一校，學生八十八人，小學五十五校，高小二十一校，初小三百四十校，學生共二萬零九百三十餘人。此外縣城有通俗圖書館一所，百侯有民敎館一所而已。

交通　水道交通，尙稱便利，縣城，三河，大麻，高陂，虎市日有輪船來往。其他同仁，百侯亦通帆船。惟冬季水落沙出，輪船時生擱淺。陸道則公路尙未完成，小道多沿河開闢，惟因叢山峻嶺，高低曲折頗難暢行。郵政則縣城，三河垻，高陂，虎市，百侯，大廊皆有郵局。其他墟塲亦有代辦所。電話則各區均可通話，全縣約有電話機四十餘架。而縣城高陂二處，各有電報局一間。傳達消息，堪稱便利。

治安　本邑毘連閩西，久為匪共出沒之地，於民國十八九年則為最混亂時期，及後經國軍次第痛剿，始告平靖。本年春間，閩西散匪，又流竄於一，四，六，八等區。擄刼時聞，現經國軍協同當地警隊，竭力搜剿，匪勢既戢，不難於最短期間內肅清矣。

災害　本縣童山濯濯，觸目皆是，一經天雨，水色頓紅，而上游各地，水勢湍急，泥沙被挾直瀉，自入縣境，水勢漸緩，因是淤積，河床日高，河面日闊，十日不雨，河可見底，數日不晴，即成氾濫，是以沿河附近，時告水災，幾至無年無之。今後倘能疏濬河套，加緊造林，則舊塞既開，水勢稍殺，水災當可減少。

調查隊第二隊主任陳士光報告

中華民國二十四年七月一日

（出自《统计月刊》第一卷第十期，一九三五年）

大埔農村情況

概說

全縣分爲六區、五十七鄉、兩鎮、山脈蜿蜒。韓江貫通全境，水道縱橫；惟河床淤塞，春夏之間，水患頻仍。田畝甚少，且大部爲山田，土質磽瘠。

人口約三十萬，因出外謀生者衆，尤以出洋爲最，（約六七萬人）現留鄉者僅約二十萬。

糧食僅足三個月之用，邇來當局厲行冬耕及種植雜糧，已足五個月之需矣。

物産

除稻麥等主要農産品外，以柴、炭、竹、木、瓷器等爲大宗，昔多運銷潮汕，此外，尚有烟、蔗出産，但産量不多輸出甚少。

經濟概況

因山多田少，糧食不能自給。經濟基礎原甚脆弱，惟鄉民出洋者既衆，自外匯高漲以還，匯款返梓者激增，據估計去年已超過二千萬；今仍絡繹不絕，源源增加。

職是之故，農村經濟，頓呈活躍。游資充斥，產業價格突漲，現田價最高者，每畝已超過國幣二千元。高利貸經已消聲斂跡矣。

一般情況

男子多出外謀生，農業生產由婦女負責；惟耕作畝數有限，故均視作副業。其耕作畝數多在一二畝之間，三四畝者僅佔百分之六七，十畝以上者約佔百分之一。

佃農約佔半數，勞資制度多係四六分收，（佃農佔四田主佔六）或各半分收。

對於施肥，農民相沿習慣，喜用草木灰，糞尿，及少許豆類。目下生豆價益昂貴，每擔約值國幣六十元，故均持觀望態度，不敢施用。

晚近糧價高漲，國幣每元僅糴米斤半。全縣人民以第一區及第三區較窮苦，蓋前者與閩省接壤，後者與饒平毗連，閩省之紙，饒平黃岡之鹽，胥以此兩地爲出入，故兩地人民多業伕役爲生，人數共約六七千。

（王水源、鄭思銓。廿九、四、十一日）

（出自《农贷消息》第九、十合期，一九四〇年）

大埔縣農村經濟概況調查

——饒滌生　張任俠——

（一）小　引

大埔是廣東東部韓江上流的一個小縣，境內山多田少，地瘠民貧，交通不甚發達，文化亦未能充分發展。各種經濟情形，都缺乏周詳的統計。年來，全國農村急劇崩潰，大埔自亦難逃刼運。然而，破產的眞相如何，一般還缺乏具體的了解。本年暑假，作者蒙學校資助返埔作農村經濟概況調查的嘗試，可惜限於時間，只能就全縣八區中，每區選擇幾個比較中庸的農村，親自到去觀察訪問，又惜時值農忙，農民苦於工作，不能多與直接談話，並且農民智識淺陋，數的觀念，非常薄弱，間有若干問題，頗費摸索，幸賴各地朋友，熱心協助，工作進行，尙覺便利，現將觀察及調查所得，畧述如下，他日如有機緣，當作較詳細的調查，希望關心農村問題的師友，予以原諒和指正！

（二）農戶成分與土地分配

大埔農村中的土地雖然分配不均，但是眞正的大地主却非常缺乏，一般農民多數是具備「納租」和「自耕」二種特性，甚至兼備「收租」的行爲，也相當普遍。在高陂區的富澄，平原等鄉，那裏的半自耕農和佃農，差不多和陶工分不開，他們大部分的時間都耗費在陶磁的製造和運輸上面，不過單純依靠僱傭勞動而生活的農民却少之又少。這因爲農村內部還保持着半自足的小農經濟，資本主義的經營，根本就沒有發生發展的可能。許多小地主都把自己的土地，分租給農民耕種，因而佃農的成分，在大埔農村中有着可觀的地位。

根據作者在縣屬廿五個鄉村的調查，大埔農戶的成分，大致如下：

村名	村戶總數	自耕農	半自耕農	佃農	農戶總數
潭北	一九六	一八	七二	九〇	一八〇
太寧	六二六	一二〇	二〇〇	一八〇	六〇〇
梅宜	一八五	六八	八五	一七	一七〇
茄大	一九六	五〇	一〇〇	四〇	一九〇
梓里	三九四	三九	一五	一九五	三九〇
良江	八〇〇	一二〇	一〇〇	五八〇	一六〇
先覺	一六四	二四	八六	五〇	八〇〇
富澄	一〇四八	一〇五	二〇〇	五九五	九〇〇
古埜	五五二	一〇〇	三〇〇	一〇〇	五〇〇
平原	七七二	四五	五四	三九五	四八五
洲田	九二六	九〇	六三〇	一八〇	九〇〇
光德	一二六六	一二〇	一二〇	九六〇	一二〇〇
永靑	八〇〇	一六〇	四〇〇	二四〇	八〇〇
石龍	二〇三	一六	一八	一三六	一七〇
河腰	一〇五	三〇	四〇	三〇	一〇〇
嶺梅	二七〇	一九	一五八	八七	二六四
新豐	五四二	四〇	二一〇	二八〇	五三〇
安裕	一七七	四八	三二	八〇	一六〇
延慶	一八四	二〇	一〇	一五〇	一八〇
九龍	一二〇	四八	二七	四五	一二〇

大留	二〇〇	二〇	六〇	一〇〇	一八〇
麻洋	二四七	二五	二二	二〇〇	二四七
附麻	五三七	五二	二〇八	二六〇	五二〇
黄蘭	三四九	一七	二二六	一〇六	三四九
廣德	九三八	一八二	四五五	二七三	九一〇
廿五村總計	一一七九九	一六八八	四〇六九	五一六九	一一〇二六
各類農戶數對農戶總數百分比	—— ——	一五、三	三六、九	四七、八	一〇〇、

上表單純以租佃關係來分類農戶，似覺過於機械籠統，比方在百分之一五、三自耕農中就包含了小地主和富農，在百分之三六、九的半自耕農中包含着自田很少租田很多，和自田很多租田很少的二類經濟地位懸殊的農家，這種缺憾，作者也未嘗不知，不過因爲客觀的困難，時間的匆迫和調查經驗的缺乏，不能不捨棄兼顧租佃關係和傭傭關係的合理分類法，而應用這種比較簡易的方法，好在，我們的概況調查還不過是周詳調查的預備工作，從這裏我們也不難窺見大埔農村內部生產關係的輪廓。

說到大埔的土地分配，最值得我們注意的，就是太公田的特殊勢力，在目前，比較肥沃的土地，大部分都掌握在太公田的理事手中，根據作者概括的調查，大埔各區太公田面積，有如下表：(單位畝)

區别	全區耕地面積	祖嘗田面積	祖嘗田佔全區耕地面積之百分比
在城區	三二，九〇〇	一九，七四〇	六〇
三河區	一五，三〇〇	八，四一五	五五
高陂區	二八，〇〇〇	八，四〇〇	三〇
石上區	一四，四〇〇	四，三二〇	三〇
同仁區	二〇，八〇〇	一，一四四	五五

百候區	一〇，〇〇〇	二，五〇〇	四〇
大麻區	二〇，六〇〇	六，二八四	三〇
石雲區	一三，二〇〇	六，六〇〇	五〇
總　計	一五五，二〇〇	五一，七二三	三七，七

露骨一點說，這百分之三七，七的太公田簡直成了理事個人的私產，除了祭祀之外，族人對於太公田的收入，絕難過問，並且事實上也不容過問，理事却利用太公田的蓄積，以高利貸商業資本的方式，來增殖自己的財富，因此和太公田的逐漸衰落相對照的，却是私人地主的抬頭。

另外一方面，在世界經濟恐慌未爆發之前，許多農民因爲耕地不足，不能不跑到南洋去經商，孑然而去，滿載歸來的「南洋伯」就利用滙水的高漲，大購田產，租給佃農耕種，自己生食田租，因而在某一時期，地價突然飛漲，農村裏新添了不少的收租地主，隨着世界經濟恐慌的襲擊，焦頭爛額的華僑，固然失去了購買土地的能力，但是，由於農民飢腸的怒吼，土地集中的過程，依舊在繼續進展。

除了太公田和私有地之外，還有一小部土地屬於「神嘗」，「寺產」，「學田」，「會田」，和「公田」（縣教育局的經費，大部屬於公田的田租）所有的，可惜關于土地分配的情形，還沒有經過全般的統計，究竟地主私有地佔有若干？「神嘗」，「學田」，「公田」等又有多少？尚有待於將來比較正確的調查，才能給予圓滿的答覆！

（三） 農業經營和租佃制度

在土地所有日益集中的趨勢之下，大埔的農業經營却異常零碎。根據作者多方的訪問，農民耕種的面積大部在十畝左右，極小部的富農也不過耕作二三十畝，在當前災荒頻仍而又農產跌價的情勢中，地主甚至是富農都不願自己耕作，而把所有的土地，分租給佃農，因此土地的零細分割就達到了可驚的程度。新式農業機械使用，在這零碎經營之下，不僅買不起，而且不可能，一切新式的農業技術，都缺乏應用，在過去幾年前，雖然施用過肥田粉，但因爲農民智識缺乏，使用不當，結果反而土質變硬，產品惡劣，自然的停止施用（畜力的利用，也極爲有限，所有一切的勞作，都是需要人類勞力過度的利用，勞動力的來源，多數是家工，在農忙時期，常常利用換工制度來交換工作，經濟地位比較優越的自耕農，多有僱用短工的情事，短工的工資，全縣各鄉都差不多。大概男工的工資每日四毫，女工每日三毫並供飯一餐，惟高陂各鄉因磁業竹業極度的衰落，造成大批過剩的勞動力，由每日六毫的工資，一減而爲三毫（並且還是供過於求）在這生活程度突飛猛漲的今日，要想依靠工資來維持生活，確屬異常艱苦。

在農產方面，水稻連同其他雜糧的產量，僅可供給全縣民食三月之用，不敷的糧食，全靠外糧的輸入。農民爲着購買糧食及日用品，不能不栽培商品作物，因而，年來菸草栽植的面積已有很大的增加，大埔農民的血汗，就在商品和農產品不等價交換過程中，隨着滾滾的韓江，流入帝國主義和買辦資本的魔口！

要之，在土地所有和土地使用矛盾之下，大埔的農業生產，只是一種掠奪式的零碎經營，一方面儘量掠奪土地的肥沃力，另一方面却是農民勞動力過度的使用，這是半封建社會必然的現象。

其次，因爲大埔農村中存在着百分之八四、七的佃農和半自耕農，所以租佃關係就成了研究農村經濟最重要的課題，尤其在這地權集中，佃農繼續增加的情勢之下，更值得我們嚴重的注意。

就目前的大埔地租形態而論，勞役地租已成了沒落中的殘餘，錢租的繳納也非常缺乏，那麼，實物地租的佔着優勢，自屬必然的事實！一般而論，佃農向地主租地耕種，須先由中間人介紹，訂立租約或口頭訂約，以決定租額及耕種時間，在佃農按期納租的條件之下耕種期滿之後，依然可以繼續耕作，有些地方的農民，還具有永佃權，甚至可把土地轉租別人耕種，每畝租額須視地方的沃磽，收穫量的多寡而定，不論是分租或定額租，租額都佔總產量百分之四十至六十中間。實行分租的比較少見，只有在地主很近而又收穫難期的土地，才請地主到場對半均分，或分爲佃六主四；佃四主六的場合很少，種子，肥料，農具完全由佃農自出。

定額地租方面，多數决定租頭，依年歲的豐歉而定成色。也有小部分鐵定租額，不論收穫如何，絕對不許減少的，不過，租谷不够納時，還可以向地主掛賬，不要計算利息。

押租制度已經大部廢除，各鄉都取消了批頭，間有少數繳納的，數額也非常有限，至多不過佔租額十分之一。從前的佃農除了繳納租谷之外，還有許多額外負担，如向地主年節送禮，作無償的勞動，替地主送谷，以及「做飯飧」，交「什錢」「信錢」「船米」「田信鷄」「田信鴨」等都帶着很嚴重的强制意味，這種種的壓榨，自一九二五年之後，已經掃蕩了不少，如今，除了在城區剩留着「飯飧」和同仁區的「年節送禮」之外，其他大部的額外負担，已經不復存在了。

太公田租給外族人耕種的和私家田一樣納租，有許多鄉村的太公田是由族人按照房序輪流耕種的，除了祭祀完粮之外，剩餘的收穫物，是歸祭祀者享有的，這就是大埔租佃制度的大概情形。

（四） 借貸及捐稅

借貸——在山多田少地瘠民貧的自然環境之下，出洋謀生成爲大埔農民最好的出路，因而南洋滙欵更成了大埔農村金融的輸血管，不幸自世界經濟恐慌以來，南洋生意，一落千丈，失業埔僑大批的歸來，不僅增加了農村社會的危機，同時 大埔農村金融也表現着萬分的枯竭。

因爲新式農業金融機關還沒有建立，同時舊式的當舖，合會又已成爲沒落中的殘餘，農民必要的資金只好向私人借貸，重受高利貸的剝削，各區農村的借貸利率，一般都在年利一分至二分半之間，借貸戶數約佔農戶總數百分之五十五，惟高陂各村的利率比較高漲，如平原村借錢，月利三分，五月間青黄不接之際借谷一石，一月後即須交還本利一石三斗，富澄村借銀一百元，每年須納利谷五石，光德村則納谷四石，利率遠在各區之上，借債的戶數也高過其他各區，大抵約佔全體總戶數百分之六十五左右。這和高陂人民生命線的磁業的沒落，自然有着極密切的關聯。

農民向高利貸者借貸，必須具備相當的抵押品，最普遍的就是用田地，房屋作抵，有少數地方竟用山場或磁業合作社的股份，按期供給利息，逾期無法償還者，可將產業過管，過管若干年，本利等於地價，仍然无力贖回時，高利貸者即將抵押品沒收，農民喪失土地的過程，大抵如此。

捐稅——大埔農民負担的捐稅，眞是五花八門，形形色色！其中比較出色者，計有如下幾種：

(一)條絲捐——百候維新農民多賴種烟爲生，自世界經濟恐慌及民族危機深刻化之後，烟葉價格，一落千丈，菸農莫不叫苦連天。不料本年五六月間，政府在統制經濟的美名之下，厲行烟葉專賣，由每百斤毫洋三十四五元的烟價，壓低至一二十元，再加上法幣的低折及故意的停買，更使農民呼天搶地，飢餓不堪！條絲捐稅，每百包原收大洋十三元，菸葉專賣所成立後，不顧農民痛苦，在原產地征收每百斤十四元的重稅，運輸外省的又要另征串稅，合計每百斤增至二十一元，以致銷路更滯，捐稅的苛重，更促成條絲業加速的沒落。

(二)婚姻登記費——有些鄉村也叫做媒人捐，收費不等，三河石上各區婚嫁雙方，各收大洋二元，百候區各收大洋一元，徵收最重要的要算破產最甚的高陂，當事者雙方各收大洋五元，分肥辦法，聽說是區公所鄉公所各享二元，餘下一塊錢，就分給里長。

(三)減租捐——這是高陂某鄉鄉公所獨有的捐稅，徵稅的起源是由於從前曾經一度高唱過「二五減租」，但不久即已烟消雲散，這使貧苦無告的佃農，未見減租之利，却是受減租之害了。

(四)自治攤派——大埔施行過幾年地方自治，成績如何，恐怕只有天曉得！但自治費的負担，須按月清繳，必要時還爲了支付鄉公所助理員和所丁的薪金，舉行臨時攤派，高陂平原鄉鄉公所的堂堂文告中說：「………今值早季收割期間，擬由鄉內男婦丁攤派，每丁先派一毫，限本星期內繳交清妥………」連婦女也要派款，孤陋寡聞的作者還是第一次看見。

(五)地稅——地稅本來是由田賦改徵的，改的動機，據說是可以減輕人民的負担，充裕政府的財源，但在城一區開徵之始，便鬧得天翻地覆，風雨滿城！有一位×姓的地主，還鄭重具呈縣府，請求將某處幾畝的耕地，標封拍賣，問題確是萬分的嚴重了○

根據袁子先生的計算，在城一甲按照田畝評價會評定的地稅，比較滿清時代的完粮和近年來的田賦增高的倍數，有如下表：(單位毫洋元)

鄉別	每畝地稅	比較清代增多的倍數		比較近年增多的倍數	
		上則	中則	上則	中則
附城鄉	一、五○一四三	六倍二○	十倍○二	三倍三	五倍五
城東鄉	○、九五○○○	三倍六	七倍四	一倍八	三倍六
城南鄉	二、三二八五二	九倍七	十七倍	五倍三	九倍四
城西鄉	二、五○六一四	十倍○五	十九倍餘	六倍八	十倍零
城北鄉	一、八六五八○	七倍四	十二倍	四倍○	六倍四

附註(上表根據廣州大埔公會出版之萬川第二期)

改征地稅後，上則田增到原來田賦的六倍四，中則田更扶搖直上，一躍而達十倍零五，這樣的苛徵，眞要「括盡田中之所出，還不够納稅」，無怪業主們喘喘不安，要求復查評價結果，我們的縣當局，只好通令各區暫照錢粮舊額二倍徵收了○

(六)公路費——在冠冕堂皇的三年計劃之下，大埔當局也在熱烈興築埔松路，同黃路，埔饒路，埔靖路等等，公路近傍二十里的壯丁，都必要參加徵派，如遇地基堅固的往往徵派幾十工，否則就要攤派一二十元至二三十元不等，甚至爲了厲行法令，馬上割去公路範圍內的未熟禾苗，都曾經有過○的確建築公路，不但要工，要錢，同時還要農民的命！事實上，某村的農婦母女二人，就因爲「莫須有」的怠工，慘死在丘八老爺的淫威之下，農民們只好含着眼淚來接受三年計劃所給予的恩賜！

可惜得很！建築在「白骨」「碧血」之上的公路，除了不够十里的埔靖路已經通車之外，其他的公路，却仍未完成，而且各村地段冲毁的冲毁了，被農民踏平再作畊地的，聽說也不在少數。

此外什麼猪屠捐，牛屠捐，牛皮捐，鷲鴨捐，柴炭捐，木排捐，川木捐，証書捐，乳猪捐，百貨捐，山息捐，田畝捐，碗捐，警衛捐，土塓捐，賭攤捐，烟酒稅，契稅，石炭捐等，都是應有盡有，鉅細无遺！俗語說得好：「自古未聞糞有稅，如今只是屁无捐！」在這重重剝削之下，大埔農民的痛苦，自然是不堪想像。好在，粵局鼎革以來，政府當局正在高唱，「廢除苛什」，我們深望能够由言論而見諸事實。

以上作者把大埔農村的現實，描繪了一幅簡略的輪廓。在這裏，我們可以看見農業生產力的極度衰落，和再生產的繼續縮小，而農村社會的動亂，農民大衆掙扎於飢餓死亡的深淵，尤其成爲農村崩潰最具體的標誌！

（出自《农声》第二〇五、二〇六合期，一九三七年）

普寧縣農業調查報告民國十二年

張國基調查

（一）位置

普寧潮州極西之縣也。當北緯二十三度至三十二分。西經十七分二十秒至四十五分。北以南溪界揭陽。東以練江界潮陽。西南以礐嶺界惠來。廣八十里。袤七十里。面積約三千八百里。形勢南高北低。分爲四都。黄坑橫互西北。其東曰桂江。其南曰洑水。桂江之南曰鐵山。

（二）地勢

普邑四境環繞山嶺。山脈由揭陽霖田都而來。西南有烏石、望夫石、礐嶺、等山。叠嶂層起。峯插霄漢。山麓深溝巨澗。脈絡鈎連。灌溉利便。鐵山爲桂江巨脊。高千餘尺。綿亘二十里。其北爲大坪山。山勢高。其上平坦。可容居人。平寶山俗稱林口山。高亦千餘尺。石洞深窈不可測。其右有洪山。平地聳起。山巒崔嵬。古木凌雲。煙蘿蔽日。屹然縣北屏藩也。江河有南溪。與揭邑共之。都中惟通湖鯉湖二小溪而已。黄坑都內有白坑湖。縱橫數里。爲潮州第一大湖。

（三）氣候

氣候與揭陽爲安無甚大差異。夏季山中天氣清涼宜人。冬季少見積雪。

（四）耕地狀況

土質　普邑西南山嶺層叠。岡陵起伏。其間旱田土壤。沙坭兼半。土質肥饒。東北沿江多水田。土質尤稱肥厚。

水旱情形　普邑南部山麓。深溝巨澗。脈絡貫連。灌溉甚便。北沿南溪。地勢低窪。河身高於耕地。時有水災。

交通　南溪環繞北境。舟楫往來。極爲利便。練江東達潮陽。汽船可行駛貫換間。交通亦便。其道路可分東西兩支。東路經雨堂南洋坑大隴頭石至揭邑南門。西路過棉湖沿河岸至鯉湖河渡而抵陸豐。航路自縣城出通湖港。東抵揭治。西至棉湖鯉湖河婆。鯉湖居黃坑西北。南溪南岸。爲揭惠普三縣貿易樞紐。萬商雲集。輸出糖柿餅橄欖甚多。大壩爲黃坑中央之大墟。惟無水運之利。貴嶼在桂江東南。爲普邑與潮陽交通之地。商務亦旺。

耕作形情　普邑南部多岡阜。槪屬旱田。栽植甘蔗果樹。北部平坦。盡屬水田。

（五）農民經濟狀況

田地租價　上等水田每畝約二百四五十元。中等水田約二百元。山間新開稻之旱田。則每畝百數十元而已。水田地租多收租穀。上田年收租穀三石。中田二石餘。下則田一石數斗、不定。旱田多納租銀。上田年十元左右。中田七八元。下田一二元而已。

工價　長工多用男人。年約四五十元。短工忙時日約六七毫。閒時僅二三毫。

物價　普通物價如下

品名	價格	品名	價格
穀	每石六元五六毫	甘蔗	每担一元五毫
麥	每石八元七八毫	猪肉	每元三斤
黃糖	每担十二元	鷄	每斤四毫半
白糖	每担十六元	鴨	每斤四毫
柴	每元百二十斤	炭	每元四十六斤

大小農及經濟形情　耕作狀況。盡屬小農。每戶耕地僅數畝。二十畝以上者。不過十之二三。五十畝以上者甚少。人民多外出經商。婦女以紡績爲業。經濟故極充裕。

（六）作物

（1）水稻

普邑北種沿南溪。平坦肥腴。多屬水田。所產米穀。足供本縣之糧。其栽培及品種與潮安揭陽無異。茲弗贅。

（2）蔗糖

甘蔗概植於丘陵及山麓之旱田。經營甚爲發達。全縣年間搾糖粢七八百處。產糖約有十萬担。以汰水都爲最多。所產白糖爲潮州第一。其品種多植南冠。種長且大。强健少病害。味極甘甜。生食最佳。栽培法與揭陽無異。故不贅。

（3）甘藷

此物爲農民副糧。生長迅速。管理亦易。農民多用與甘蔗輪栽。以製藷粉。出產頗多。

（七）果樹

普邑四圍皆山。經營果樹。頗爲發達。龍眼、荔枝、柑、柿、青橄欖、黑橄欖、桃、李、等皆備。運銷於揭陽潮陽各處。就中以柑、柿、青黑橄欖最多。

（1）柑

柑以新墟塗滘可蘆爲最多。其餘各處。事業甚少。年間運銷於潮揭者。不下廿餘萬元。品種及栽培法與潮安無異。柑苗概由潮安輸入。

（2）柿

汰水及鐵都南部山麓多植之。其繁植法、於秋季先播種子於苗圃。生長後二三年。長二三尺。即行接生。接後方行移植。間或移植後接枝者。植後七八年。始能開花結果。一般農民。多於初開花時。將花摘去。以助枝葉之長大。管理甚爲簡易。年間中耕除草一次。施肥一次。肥料概用堆肥。七八月菓品成熟。即行收摘。多製爲柿餅。其製法用刀將柿皮剝去。晒於日光中。晚間即逐個用手造扁。三五日柿乾形扁。即將老柿餅一二個混合其中。貯藏二三日後。如新柿餅表面皆發生白粉。即可出售。製餅時最忌南風而宜北風。南風大時。餅即腐濕。

(3)黑欖

此物以洑水之南山栽植最多。年間出產約三四萬元。其繁植法將青欖種仔播於苗圃。生長一二年。即行移植。移植後四五年。始行接枝。接生後一二年。即能結果。初結果時。收穫甚少。每株僅十數斤。後年增加。二十年後。每株多則千餘斤。少亦數百斤。其品種有名車雪者。果長大。肉厚味甘。每斤價值毫餘。管理法年間於農隙時中耕除草一次。施堆肥一次。間或一二年始施肥一次者。

(八)蔬菜

蔬菜之經營。多爲副業。凡農民無不栽植。以供日用食品。其專事經營者。惟鯉湖可隨西湖數處而已。普通蔬菜。皆有栽植。無甚特異。惟新溪河婆等處。多種冬瓜。漬爲糖果。出產頗大。其栽培法於清明前後播種子于苗圃。生長三四葉時。即行移植。每株距離約一丈。移植時先施堆肥。移植後一星期。即施水肥一次。隔半月再施水肥一次。蔓長二三尺。即用竹仔架棚。高約二尺。以便攀繞。移後六七十天。即可收瓜。每個大者百數十斤。去皮切成薄片。或長方條。用糖漬。入釜煮之。名爲瓜冊瓜丁。(薄冊者名瓜冊、長方條者名瓜丁。)輸出甚大。

(九)畜牧

牛之豢養法　牛初生時。必以清水洗去其全身黏液。在一月內。采磨漿飲母牛。不使嚼草。小牛幼稚。未能嚼草。母牛有乳。小牛得食。生長尤易。壯牛則聽其揀選適宜地點嚼草以果腹。此時不必限制之也。

牛之防病法　牛忌生虱。而虱之孳生。多因牛欄少有研究。若能剗除清潔。使垢穢不生。虱病自可絕迹。治法於初患時。用鐵梳梳去其虱卵與虱。或用鹹菜汁洗滌。或以黃煙浸酸醋擦之。其病可除。又有牛癬。土人名之曰盧。生時毛盡脫落。牛漸疲倦。不能動作。故善相牛者。皆在寒天察其皮膚是否靑硬。一經審視。百不爽一。調治之方。以火水油和銑藥抹之即愈。

閹牛與保護法　雄壯牡牛。每不就範。必閹其腎囊。以遏其剛愎之性。水牛慣以刀割去其腎。黃牛則用鐵圈三個。逐一推束之。越推越緊。推至其腎囊漸消而止。閹後忌食附著露水之草。一不謹愼。必至腎部腫滿。流血如注。臥地不起。苟乏良法醫痊。立成殘疾。此養牛之所宜知也。

（十）森林

昔邑南部。雖屬耕發靡。而滿目童山。林業甚不發達。所用柴炭。多仰給豐順揭陽。以故價格昂貴。求過於供。願有地方責者。亟應提倡之也。

（出自《广东农业概况调查报告书》，一九二五年）

南澳縣農業調查報告民國十一年

張國基調查

（一）位置

南澳歸結島地。孤懸海外。爲漳潮屏蔽。當北緯二十三度二十三分至二十九分。東經七分至二十九分。北望饒平。西瞰澄海。太平洋繞其東南。廣四十一里。袤十八里。分爲四澳。北爲深澳。亦名南澳。縣城在焉。西爲隆澳。又名後宅。南爲雲澳。西爲青澳。

（二）地勢

南澳山嶺縱列。最高之峰。去海面可二千尺。山多陸少。五分之中。陸居其一。土脈磽瘠。山形嶮岩。深澳海灣水深。可容巨艦。隆澳港灣良佳。帆檣輻輳。雲澳水淺風烈。甚非泊舟所宜。青澳波濤險惡。舟難寄碇。

（三）氣候

南澳雄立海面。風吹習習。清爽可愛。氣候溫和。寒暑均不甚酷。霜害尤少。雨量夏天爲多。冬天最罕。

（四）耕地狀況

土質　全縣山嶺羅列。耕地絕少。瀕海膏在土表磽薄。不宜耕稼。

水旱情形　澳地多山。低處引泉灌溉。不憂旱魃爲災。

交通　交通皆用帆船。深澳隆澳兩處。每日常有船隻往來饒屬柘林海山、與澄屬東隴汕頭之間。航路風浪險暴。海盜猖獗。刦奪之事。時有所聞。故舟子商旅。過此咸視爲畏途焉。

耕耘情況　全縣耕地。上中下則不及三千畝。半屬水田。樹品蔬菜甚少。皆仰澄饒輸入。以供口腹。

（五）農民經濟狀況

田地租價　田價因耕地有限。故地價最高。每畝可得三百四五十元。若海濱鹹田山間旱田收穫無定者。則每畝僅值三四十元。地租則上田每畝年供租穀三担。中田約二担。下田則一担或數斗不等。

工價　長工供膳。月資三四元。短工忙時日資七八角。閑時日資三四角。多不供膳。

物價　普通物價表列如下。

稻穀　每石五元五六毫
麥　每石約九元
柴　每元百二十斤
炭　每元三十斤
雞　每觔約陸毫
鴨　每斤約五毫
鵝　每斤約陸毫
猪肉　每元三斤
甘蔗　每担一元三四毫
花生油　每元約四斤
黃糖　每担約十二元
大豆麩　每元約二十斤
花生麩　每元約十三四斤

大小農及經濟情形　南澳周圍繞海。海利甚溥。耕地狹窄。故居民皆以漁鹽爲業。耕作寔佔少數。其耕作者亦皆屬小農。每家所耕最多僅一二畝而已。隆澳一區。年產鹽可千三四百担。且貿易繁盛。居民頗形富裕。雲澳青澳因波濤險惡。交通不便。南澳則自民七地震。房屋倒塌過半。民多遷徙。故均形冷落。

（六）作物（作物以米爲多雜粮甚少）

該縣所產之米。不足供本縣二月之粮。種植年分兩造。早造於雨水落種。清明插秧。晚造於小暑播種。立秋插秧。

耕作情形。畧同澄海。不贅。

（七）果樹

該縣水果。殆皆仰給輸入。別無可記。惟深澳產之石榴。子大汁多。味清適口。爲潮州著名果品。昔年出產年二三萬元。自民七地震後。摧殘過半。產額驟減。現下出產。不及萬元。查其種植法甚粗簡。且無專家經營。皆植於各家園苑庭隅爲多。不加注意保護。年僅施堆肥一次而已。繁植法概用駁枝。於春季選二年生之樹枝。剖去表皮。用泥草包裹。經四個月後生根鬚。即可切斷移植。惟將此種植於其他地方。則產出之果。終不若原產地爲美。殆亦關係於土質之良否歟。

（八）菜蔬

該縣所產蔬菜。不足給本地之用。多仰給澄饒之輸入。民多業漁。每日佐膳。概用魚蝦。反視蔬菜爲副品。故蔬菜無甚可記。惟後宅產芥藍。葉柔嫩甘脆。頗稱佳品云。

（九）畜牧

家畜以猪鷄爲多。皆屬家居副業。幷無專家飼養。數口之家。必養猪一二頭。每日餵飼三次。養料多用魚蝦及米糠藷頭殘飯菜餘等物。鷄每家亦必飼養數頭。以供年節祭祀或生鷄蛋之用。至於耕牛。農民飼養甚少。因其地田畝有限。鋤地多用人力故也。

（十）森林

該縣山嶺雖佔全縣五分之四。然濯濯牛山。觸目皆是。殊可惜也。至全縣所需柴草及燃料。皆仰求輸入。價值甚昂。林業之荒落。於斯可見。

（出自《广东农业概况调查报告书》，一九二五年）

梅縣農業調查報告 民國十年

黃洸 調查

(一)位置

縣境東界大埔。東北界上杭。北界蕉嶺。西北界平遠。西南界興寧。東南界豐順。東西相距百二十里。南北相距百五十里。全境面積六千八百五十方里。共分三十一區、三十六堡如下。

第一區 東西街 二區 西廂 三區 東廂 四區 水南 五區 白土 六區 羅衣 七區 龍文 八區 大立 九區 畲坑 梘潭 紫黃 十區 扶貴 十一區 大竹 十二區 長灘 十三區 南口 十四區 錦屏 十五區 河田 十六區 四都 十七區 瑤上 十八區 石坑 十九區 李坑 二十區 大平 二十一區 石扇 二十二區 西洋 二十三區 錦州 金盤 耀洋 二十四區 松口 二十五區 梅屏 二十六區 白渡 二十七區 梅嵩 二十八區 隆文 二十九區 堯唐 三十區 桃源 三十一區 松源

(二)地勢

縣屬山嶺叢錯。平原極少。大約山地占全面積十之七八。而平原地面、僅得二三耳。其山高者頗多。如五指峯黃沙嶂等等。大約離地約數百丈高。此外二三百丈、一二百丈之山嶺。滿目皆是。

(三)氣候

梅地高于海面一百九十餘尺。氣候煖多寒少。春初雖寒而不嚴。盛夏雖暑而之酷。秋深涼風始至。隆冬霜或常有。雪則罕覩。竹木依然挺翠。而黃落者無多。尋常寒暑表所示。至寒不過華氏三十二三度。（清光緒壬辰冬大雪、山原盡白、降二十四至度）至熱九十七八度。（清同治乙丑夏升至百〇五度）

(四)河流

河流之大者。有梅溪、程江、小河、松源溪等。梅溪爲縣之幹河。程江小河松源溪爲三大支流。茲分述如下。

梅溪亦稱梅江。自五華兩支出。一爲歧嶺河。一爲龍村河。至七都河口合流。經水口。會興寧水。至老鴉嘴入縣。西南流至縣城。折東而去。沿途受諸水。至蓬辣灘入大埔縣界。再經潮州。直趨大海。

程江一源出自平遠。一源出自鐵山嶂。至李坑合流。出長灘。至樹湖入梅江。(不通舟楫)

小河發源武平。經蕉嶺新鋪白渡。至金盤堡入梅江。

松源溪源出武平。經饒唐。至松口入梅江。(可通舟楫)

(五)水利

縣屬良田。近河一帶。若遇大水。不免受浸。如在第一區之瓜園下。二區之芹菜洋。四區之溪宮約、莪公坑、及阜頭約。九區之官步約。熊公約、雙螺約、松林約。十區之大塘約、古塘約、車上約、溪湖約。二十三區之小蒲村。二十四區之銅盤村等處。均常見水患。其餘各區田地。有在山間者。有在鄉村之間者。水災固屬不忌。然遇天久不雨。雖有坑水以資灌溉。亦不免受旱魃之災云。

(六)交通

梅縣交通。向苦遲滯。自有郵政(清光緒二十九年設)電報。(宣統三年設)則消息靈通矣。自有電船。則行旅利便矣。(電船可由松口直落潮州)然對于山間不能通舟楫之地方。則多感交通困難。貨物必用肩挑。蓋陸路常穿山越嶺。或狹小如羊腸。或高低而不一。舍肩挑無法子也。

附交通路程

由縣城至興寧城百二十里。至五華城百五十里。至平遠城百七十里。至蕉嶺城九十里。

東由水路至蓬辣(大埔縣界)百四十里。西由陸路至伯公凹(興寧縣界)四十里。南由陸路至紫黄(豐順縣界)八十里。

陸路北由至石峯徑(蕉嶺縣)界四十里。

（七）耕地狀況

土質　一曰塥地。多屬沖積之砂土及砂壤土。以南面一帶如四區五區八區九區十區十五區沿岸一帶爲多。次則一區二區三區十一區十七區十八區等。土質雖不劣。然間中或因耕作不便。或受水災侵害。以致農作物不能得良好之收成。二曰斜地。即沿崗嶺之地。土質多瘦。以定積之粘土爲多。壤土與砂土次之。此等土地。俱旱多潤少。三曰水田。即尋常栽種水稻之田。在第五區六區九區及十七區等爲多數。概係定積之粘土。壤土次之。但水旱不常。土質瘦瘠。以故早造收穫。每畝至多祇可收三百餘斤。稍劣者二百餘斤。晚造則上者二百餘斤。劣者一百斤以下。

耕作情形　第一區三區四區十區十五區二十三區沿河岸塥地。大抵種植竹蔗居多。甘薯花生黃豆、及各種菜蔬亦有。但屬少數。水田普通年中三造。但冬季一造。種植大小麥者約十分之三四。其他十分之五六。有任其荒廢。有祇鋤起坭土。聽其風化。有收穫晚造後。或種番薯小菜樹豆等。至于種植果樹。惟李坑石坑二堡所出柿樹。爲該處之特產。年產約四萬斤以上。此外第一區與九區果木。亦有多少。餘則寥寥無可紀述。

（八）農民經濟狀況

田地價　上田每担穀田（即每年可以收租穀一担之田）值銀一百二十元以上。中等八九十元。下等四五十元。

田地租　主六佃四。即每担穀田每季可收一担。田主得六成。耕者得四成。但耕三季者。田主不分冬季利息。

長工價　長工每年二十五元至三十元左右。短工忙時。日值二毫以上。閒時一角一二。均另供膳。

肥料價　每百斤六元以上。麩每担四毫左右。屎每担（約七十斤）二毫。春時較昂。石灰每百斤三毫以上。

農具價　犁四元以上。鋤六毫。鐮四毫左右。

耕牛價　水牛大且優者。值四五十元。黃牛優者值二十餘元。劣者較廉

大宗產品價列左（均以當造時中等價計）

稻穀	每石三元至四元
麥	每石重一百八十斤值九元至十元
松柴	乾百斤七毫以上濕六毫左右
松炭	每百斤一元以上
石灰	每百斤三毫以上
茶葉	上等每斤一元五毫中等一元次者較平
石炭	每百斤三毫至四毫
猪	每百斤值二十五元有奇
枯餅	每斤一毫半至二毫
甘藷	每百斤一元左右
油糟	每百斤八元至九元
鸡	每斤三毫半至四毫
茶油	每百斤二十元左
鴨	每斤一毫六七老鴨二毫以上
梅菜乾	每斤二毫半至三毫

（九）作物

作物以稻爲主。大小麥番薯花生次之。黃豆黑豆樹豆等又次之。茲將其名稱及種植法分述如下。

（1）稻

品種　屬早造者有早子穀粘穀禾米穀等●屬晚造者有番薯穀降粘等。

前後作物　水田除早晚兩造外。冬季以種大小麥蔬菜番薯花生黃豆樹豆等物爲普通。

種子之選擇　採集優良穀種○晒乾後。用風車吹過。將堅寔者留爲種用

貯藏㙅貯藏于㙅缸內。密蓋之●隨置于乾爽處○

浸種及播種時期　每年驚蟄前後播種。用冷水浸種于缸桶內。每日換水二次。俟發芽後。即行撒播。晚造則于穀雨

前後浸種○播種手續同前。

移植時期及方法　早造播種後。經三十天以上。即將秧苗連根拔起。割棄其尾。洗淨其根。束成小束○然後分插田

中○若過天時亢旱○則灌水秧地。使其濕透。然後拔起。插時每十數株爲一束○

施肥種類及次數　肥料以人糞尿爲主。猪牛糞草木灰石灰次之。施肥次數。視田之肥瘦而異○大抵早晚二造。施二

三次爲普通。其施法即用人糞尿或猪糞混濁水撥于田中。

管理法　通常每造除草一二次或二三次不等。

收穫期及每畝收穫量　早造收穫在小暑節後。晚造收穫在小雪節前。豐收時每畝田收穀三百餘斤。歉時八成或六成

不等○早晚二造。每一畝田平均早造收穫畧多。晚造收量畧少。

貯藏及運輸　少量用竹籮裝載。或蔴袋裝載。多量則用穀倉藏之。運輸時多藉人力。

用途　糧食。

（2）大小麥

品種　大麥、小麥○

前後作物　稻穀而已。

播種時期　冬初播種。概用撒播法。

施肥種類及次數　肥料以人糞尿草木灰爲主。其施法即用人糞尿混濁水潑之。

管理法　普通除草一二次或二三次。若遇天時亢旱。則用人工吸井水或吸池塘之水灌溉之。

收穫期及每季收穫量　蕃薯前後收穫。收量每畝約二石左右。歉時每畝僅石餘。

(3)落花生(俗稱番豆)

種品　大莢番豆、小莢番豆。

前後作物　種番豆以前之作物。爲麥或番薯。以後則仍又種麥。

氣候土質　性喜温和。宜砂質肥沃之地。

種子選擇及貯藏　收穫時擇其狀大無虫害者。摘下晒乾。放于罌內。

播種期及種法　播種在二三月間。未播以前。用牛犂鬆地土。然後播種于土。用菜灰或石灰少許覆之。

施肥種類及次數　肥料概用人糞尿草木灰。施肥次數、無一定。視土質如何而異。

管理法　見有雜草叢生。當即鋤去或拔去。隨將溝內之土。培于根際。

收穫期及收量　秋季收穫。收量無定。

用途及銷場　用以榨油或作果品。銷流梅屬各地。

(4)番薯

品種　黃肉番薯、白肉番薯。

則後作物　普通旱田、晚造不能種稻者。多種番薯。

種苗之選擇　選擇强之薯篠。切斷爲種用。

植苗時期　八九月之間。

施肥種類及次數　糞水施一二次。

管理法　除草二次。中耕培土各一次。若薯籐盛時。剷鋤畦邊。隨用人工壅起畦面。

收穫期及每畝收穫量　在冬季收穫。每畝可收二千斤以上。

貯藏及運輸　用裝穀之竹籮裝載。或堆積乾爽地方。

用途　糧食及製粉等用。

（5）糖蔗（即竹蔗）

品種及特徵　品種佳良。糖分多。節間頗長。味甜水多。

土質　沙土粘土不等。

前後作物　多用連栽。亦有收穫後、于畦間距離處、種黃豆一次者。

種苗選擇及貯藏法　收穫時、斬下蔗尾。長約四五寸。擇其無虫害及壯大者。留為種用。貯藏于窖中。上覆以沙。

種法及時期　將地犁好。起畦。每畦高約一尺。畦與畦間溝闊一尺五寸。將畦上分二行。作品字形種植。每株距離一尺。先開穴放入肥料于其中。次將蔗苗斜插于穴內。但須末端向上。用鋤將旁邊之土覆之。約留二寸。突出土面。種植期正二月均可。

施肥種類及次數　肥料多用生麩及人糞尿。下種時先下糞作基肥。以後陸續施補肥。施肥期三月與六月。年施二次或三次。

管理法　用竹作圍籬。以防畜物侵害。如見有蔗虱發生。即用人工捉之。否則蔗味淡。製出之糖劣。呈黑色。

收穫期及收量　十二月及正月均可收穫。收量未詳。

贮藏及运输　除留种另用法贮藏外。收获后即用人力搬运于出糖所附近。以为榨糖之用。

用途　用以榨汁制油糖圆糖双糖。

(6)茶

品种　有清凉山茶、三台山茶、鹿子山茶、李坑茶、石坑茶等种。清凉山茶及三台山茶。品种较佳。其味甘香。鹿子山茶李坑茶石坑茶次之。

气候土质　性喜温热。适宜于高山乾燥之地。

种茶法　夏历八九月间。取其成熟壮大之茶子晒乾。至来年春即行实播。未播时。先将地土锄松。每距离约一尺八寸掘穴。下茶子四五粒。以土覆之。

贮藏及运输　用洋锡罐密封。运输用人力。

用途贩买　饮料用。销流梅属、及南洋群岛。

以上所述。皆係主要作物、及出产最多者。其非主要者。如各种豆类及芋仔乌麻狗尾粟等等。未经纪入。因其出产量少。种法时期。亦无特别之处。故不赘焉。

(十)园艺

(1)柿

品种　品质佳良。充作果食。但摘下后须放入盐水浸过。方免味涩。

播种法及时期　冬春之间。用山柿成熟之种子播下。播后二三年。即将山柿作砧木。由佳柿树斩下小枝。切成楔状。破开砧木。插入佳枝。以纸包之。缚以麻條。由接枝日起。经四五年后。即可结果。其接枝时期。在立春时候。

移植法及时期　接枝后约经五六十日可生。生后即可移植。

收　期　霜降前後。

用途及銷路　多數製成柹餅出售。其用作生果食者。殆居少數。銷路爲梅屬及南洋●

（2）楊桃

品種及形狀　分甜楊桃及酸楊桃兩種。甜者品質佳良。水多渣少。甘甜絕倫。酸者其肉較粗。其味酸澀。不堪入口。形狀長圓而有五條高稜。酸者稜較厚。甜者稜較薄。

成熟年齡　植後四五年。

施肥種類及次數　多用堆肥及水糞。或用洗米之水。灌于根際。其次數無一定。

收穫期及收量　頭造七月收一次。八月正造收一次。冬季再收一次。收量每株可收數十斤。多者百斤以上。收穫可數十年不絕。

用途　甜楊桃售作果食。酸楊桃用糖浸過。製成糖果。或用鹽醃。充作蔬菜食用。

查梅縣果品。除第十七十八兩區柹樹、該縣特產果品外。次則二十四區之楊桃。尚可紀述。其餘各區果樹。均有些少。如黃皮圓眼番石榴荔枝等。栽者甚少。且皆散見于屋角園邊。無特別之處。故未述焉。至蔬菜一項。種類雖多。然均屬普通。無甚可紀之處。故亦弗述。

（十一）畜牧

梅屬畜牧。多爲農家副業。從無專事經營者。猪雞鴨。戶戶均有飼養。羊鵝馬等。雖有飼養。但屬少數。牛則各農家多養之。間有合數家而養一二頭者。亦有一家而養數頭、以供役用者。查梅屬羊種。多來自江西。平時居民甚少飼養。間有二三營業者。每至冬季。即向江西商人價購二三十頭。以爲售品。茲擇要分述之。

（1）猪

種類　多係肉用猪。普通所見者。多白色帶烏紋。間亦有全身黑色者。似屬小種。

普通飼料及飼法　以番薯藤和多少米粥。日飼三次。飼時將飼料器爲煮温給與。

每猪每日飼費　約六七仙。幼豕多飼以米糠。其費較少。

管理法　少放牧者。惟不時任其行動舍中。堆積污穢時。始行整理。

猪舍式樣　多用木板造一小房、以作猪舍。亦有將住室充之者。

（2）雞

種類及形狀　一種名曰草雞。毛色黄或黑相間。大者重三四斤。間有管理較週者。可得五六斤。家戶所畜。以此種爲多。一種名茸雞。毛色純白或全黑。皮肉黑色。脛上有毛茸。俗謂此種能補人身體。然因飼養較難。養者較少。

普通飼養法　雞在幼稚時。則以米碎爲飼料。壯時以殘飯及米糠爲飼料。日飼二次或三次。飼後任由屋内外走動。

普通管理法　除二三次給食外。或放于草地。平時多任其走動。

雞舍式樣　雞舍甚不一律。有以房屋爲之者。有以竹籠或木籠爲之者。有聽其隨處棲息者。

查梅屬居民。對於養雞一業。全無學識。不外沿用舊法。任其自然。因非專門營業之故。所以不甚講求。至于雞舍頗覺污穢。每年三四月間。往往有所謂雞瘟症發生。壯雞傳染特甚。患此病之雞。食慾減退。不久即倒地。踦及週身皆現灰褐色逐漸蔓延。由一屋而及一村。爲害甚大。預防治療。完全沒法。

（3）牛

種類及每日耕地多少　梅屬養牛之家。多養以爲役力之用。乳用以取乳者極少。水牛每日耕地二畝上下。黄牛每日耕地比較畧少。

飼料　普通以禾藁及雜草爲飼料。

放牧及管理法　自晨至夕。除放出草地食草外。別無所謂管理法。但牛舍中堆積物污穢時。即用禾藁更換之。

牛舍式樣　四周用杉架木。上堆禾藁。下作牛舍。亦有以房間充用者。

以上猪雞牛三種。飼養者多。故述之。其餘羊鵝馬等。則養者甚少。且無特別飼養法。故弗及。

（十二）森林

縣屬山多田少。岡陵重叠。適于造林之地甚多。顧柴炭橋樑等料。尚須仰給乎各縣。而日見昂貴何哉。無他。砍伐過度。改良栽植、乏人提倡耳。

查屬內森林。除松杉兩種爲八年之木材外。鮮見有從新種植者。即就松杉而論。全縣栽植較多者。不外西南方面。如二區六區七區九區二十九區三十區等而已。餘如第一區及五區等。尚多荒山。未有立木。統合全縣。立木地面。約占十分之三四。未立木地面。約占十之六七。夫以湿潤肥沃之山嶺。任厥荒凉。既栽植者不加以改良。以期發達。未栽植者。復無人提倡。殊爲可惜也。

（十三）農林前途之希望

梅縣處廣州之東北隅。地勢高出海面一百七十餘尺。氣候温和。誠一農產優美之區域也。然民間日中所需之物。大半仰給于外來。何歟。推厥原因。俗尚文雅。輕蔑工商。一也。農林二業。徒守舊法。無人提倡改良。二也。人人心理。專求急效。對于緩性的事業。不屑講求。三也。迷信風水。視塚中骷髏。逾于生命。無論山坡平原。任意窆穸。有碍農作。四也。有此四端。是以農業之窳劣。林業之墮落。較諸數十年海禁未開以前。實有退化之景象。不誠可嘆歟。爲今之計。欲希望農業之發展。宜自縣屬高等小學及中上各校。酌設農業一科。俾人人得有農業普通學識。一面對于山坡曠野地之瘠瘦者。獎勵其開墾。先種綠肥之農作物。如鐵豆樹豆等。以改良其土質。繼宜多開井泉。。以便灌溉。對于禾稻。則宜選擇優良之穀種。用極簡捷之法。誘殺其害虫。以達收成最高之目的。年中以製造計。當倍蓰其利也。此改良農業之法也。至于林業之發達。亦不難事。第宜破除人民之迷信。童山濯濯者。分別公有民有。限期造林。官廳則嚴加保護。以期有濟。能如是也。梅縣農林兩業之前前途。其庶有豸乎。

（出自《广东农业概况调查报告书》，一九二五年）

梅縣調查報告

第三隊主任游熙報告

(甲)位置：梅縣地處東區之北，東鄰大埔，東南連豐順，東北接上杭，蕉嶺，西北界平遠，西南界興寧；東西長約百二里，南北長約百里，全縣面積，約計一萬三千方里有奇。縣境土地，頗稱肥沃，惟山嶺佔多，農田居少；縣屬劃分十五區，第一區：爲附城，東街，西街，東廂，西廂。第二區爲：石扇。第三區爲：水南，白土。第四區爲扶貴，大竹。第五區爲：石坑，李坑，大坪。第六區爲：南口，瑤上，錦屏，長灘。第七區爲：河田，泗都，大立。第八區爲：龍文，羅衣。第九區爲：欖潭，柴黃，畬坑。第十區爲：梅屏，嵩山，白渡。第十一區爲：西陽。第十二區爲：金盤，錦洲，雁洋。第十三區爲：松口。第十四區爲：松源，桃源，饒塘。第十五區爲：隆文。幅圓廣大，物產豐富，教育發達，堪爲二等縣治之冠。

(乙)人口：本縣劃分十五區：第一區男女合計九二七三〇；第二區一四三三四；第三區二二三七六；第四區一二五七三；第五區三一四九〇；第六區三七二二一；第七區一一三〇一；第八區一四四八一；第九區一九八五二；第十區二四六一七；第十一區二〇一九〇；第十二區七四七五九；第十三區四二一四六；第十四區二七二三六；第十五區一四三九一。

(丙)物產

1.仙人草：此項植物爲梅縣特產，出產最多且最著名者，爲第十一區之白石崗，次爲坪坑，風流門，單竹樓，白水寨，欄牛棟等處。經營此業者，有九十餘家。性狀：有大紅莖，細紅莖，及白莖三種。枝幹赤青，節長寸許，節上生枝，枝上生葉，中間稍濶，形似長卵，邊有細齒，七八月開花，在山地或平地之田，皆有栽植。法於二三月間整地，四五月間插枝，經冬枯萎，翌春萌芽，株距尺五，行距二尺，需肥甚多，尤以淡肥爲主，栽培至開花前須收穫，割後置日光下，晒至七八成乾時，用脚擦至出膠爲止；然後捆之成束以俟全乾。統計全年共產六萬斤，昔日運銷外洋者，（如仰光暹羅孟加錫等處）佔全產量十分之六，近爲不景氣所影響，致銷量日減，殊爲可惜。其價格每百斤最貴時，曾值五六十元，民二十一年，僅值十餘元，二十二年，降至五六元耳。其用途爲夏天解暑之飲料，不論男女老幼，飲之有益無害，且其價廉，尤爲夏季之珍品，如政府能保護提倡，農民必樂于栽植，豈特增加農村生產，且得多量銷流外地，民衆亦受益不淺矣。

2. 沙田柚：縣屬丙村廖敬亭氏，曩日宦遊廣西，歸攜柚苗，返里種植，成績甚好，產量頗豐，及後相繼往購柚苗，回鄉栽植者，如雨後春筍，近且自能駁枝繁植。以氣候土質，均極適宜，故產品之佳，食味之良，與桂省沙田村之原產，殊無少異，境內產於丙村，西陽，中高峯橋，松口等處。統計丙村九百株，西陽三百株，中高峯橋四百株，松口三百株，共有一千九百株，概已結實，全年出產，約九萬五千隻。其價格由果園售與商人，每隻值毫洋三毫至五毫，商人轉賣，每隻五毫至八毫不等。全縣以丙村所產爲最佳，惟產量不多，求過於供，因價格甚高，栽之者獲利頗豐，故近年來，經營此業者，年多一年，「利之所在，羣爭趨之」但蟲害頗多，乏術防除，如能設法補救，從事發展，則地方經濟增益不鮮也。

3. 茶葉：縣屬所產茶葉，最著名者，則爲清涼山茶，及三台山茶，其次則爲石坑樟坑等茶，合計全年產量，約六萬斤。其價格分三等，在穀雨前採摘者，爲上等頭春茶，色味均美，每斤值毫洋二元五毫；在小滿節採摘者，謂之二春茶，其味比前者稍遜，每斤值毫洋一元六毫；在小暑節採摘者，謂之禾花茶，其味香，每斤值毫洋八毫。至產茶之期，販商則向農民收買，用罐裝及零售嘉屬各縣，或用木箱裝封運銷南洋各地，平均嘉屬約銷十分之三；南洋十分之七，惟近年來，出口之量，已日形減少矣。

4. 松杉：境內出產松杉最多者，爲松源隆文等處。此地位居梅縣之東北，山多田少，林木茂盛，農民除耕作外，兼營林業，所產爲馬尾松，（俗名松樹）廣葉杉。（俗名沙樹）松樹性强陽，喜日光，故山嶺乾燥之地，均能生長，多爲天然下種，絕少人工播種或移植者。此種松木，每年由松源河水運至松口潮汕各地銷售者，約十餘萬元。其價格，如作柴炭用者，每百斤值毫洋四五毫，若供水中建築者，每株達四五十元。沙樹爲陰陽中庸性，喜濕潤，畏强風烈日，山谷潤濕之地，最爲適宜，每年出口約二十萬元。每株價格，以直徑大小爲標準，最低者每株值毫洋四毫，普通值一元，若大木良材，而爲特種用途者，其價格每株值百數十元不等。總計全年松杉出息，約三四十萬元，實爲該地出產之大宗。

5. 木炭：梅縣境內，山多田少，有天然林與人工林，頗爲茂盛，林木既多，則木炭之出產，爲數亦不少矣。出產木炭之地，爲松源，隆文，丙村，西陽，南口，畲坑，白渡，石扇，官塘等處。全縣燒炭之窰， 大小約五百六十座，每年產量， 約三千二百三十五萬斤。除在本縣各地銷售外，仍有二萬斤左右，運銷於潮汕各地。其價格分爲二種：雜木炭每百斤值毫洋二元四毫，松木炭百每斤值毫洋二元，雜炭爲櫧柯櫟等木燒成，火力猛强，松炭則爲馬尾松所燒成，不大耐火，然實爲家庭與工商所必要之燃料。但此業之今昔，誠有天淵之別，從前銷售於潮汕者，有四五千萬斤之多，現在僅銷二千餘萬斤，各地產量銷量，日形減少，良可慨也。

6. 煤炭：本縣煤炭之出產，頗爲豐富，計第一、二、五、六、十、十一、十二、等區，共有一百七十二廠。年約出產一千六百五十五萬担，多由鄉民先往各廠採買，每担約六十斤，值毫洋四毫五仙，然後担赴各墟市出售，每担值毫洋一元，亦有用車運銷各地者。本縣銷售約佔全產量十分之七，其餘十分之三，則由水運潮汕銷售，惟開採仍守舊法，且規模不大，如能擴大組織，施以新法開採，其前途未可限量也。

(丁)教育：縣屬教育，頗稱發達，查有完全中學三間，男女學生一六三三人；初級中學校十間，男女學生一八五六人；農校一間，男學生一二二人；職業學校一間，女學生一六〇人；完全小學校一八二間，男女學生二六三八四人；初級小學校四四八間，男女學生二五七五一人。各校設備，除少數因經費支絀，尚屬簡陋外，其餘頗稱完善，至民衆教育館，通俗圖書館，公共體育塲等，亦頗完備，以本省各二等縣治相比較，殊不落後於各縣也。

(戊)交通：

1. 陸地：境內有梅興公路，由梅城至徑心墟，與興寧接駁，路長五十五里；梅松公路，由梅城至松口墟，路長九十里；梅畲公路，由梅溪南岸至畲坑，路長八十里；梅宮公路，由梅溪南岸至白宮， 路長五十里；梅丙公路， 由金盤橋至丙村，路長四十五里；丙蓬公路，由丙村至蓬辣，路長六十里；松欖公路，由松口至上欖縣；（現已通車至松源路長八十里）蕉白公路，由白渡至蕉嶺縣，路長六十里；梅石公路，由梅北至石扇，路長三十五里；新石公路由石扇至新舖，路長三十里；梅正公路，由梅城西北，至平遠石正墟，路長九十里；梅大公路，由梅城更樓下，至太坪墟，路長五十里；梅瑤公路，由梅城瑤上，路長六十五里。全縣除第七區河田大嶺墟，不能通車外，其餘各區市鎮，均可乘車直達，交通頗爲利便。

2. 水路：本縣有梅江直通南北，及各小河橫貫東西，如春夏水漲，有火船至松口，以達潮汕，即秋冬水淺，亦時有民船， 上通興寧五華，下達潮汕， 運儎貨物，尚無不便。

3. 郵電：縣城及松口，各有郵局一所，其他各區，除第七區，不能通郵外，均設有郵務代辦所。縣城設有電話總局，可與平遠蕉嶺興寧各縣通話，各區墟鎮，亦設有長途電話，傳達消息，頗爲靈通。

(巳)商業：縣屬商業，以附城，松口，丙村，畲坑等處，商店較多，頗爲繁盛，其他各區，亦均有市場，三日一墟，惟多屬小資經營，不甚發達，商品入口，以洋貨，煤油，糖，米，爲大宗。出口以松，杉，木炭爲大宗。惟近年來，土產落價，百業蕭條，經濟搖動，購買力銳減，故商業比較往昔，一落千丈矣。

(庚)農村生活：耕種工作，及家庭瑣務，多由女子負擔，男子則出外謀活，尤以往南洋經商或做工者，幾至每村皆有，民性純樸耐勞，衣服多用土布，以興寧梅縣出品爲多。邑民宗法觀念頗深，各鄉聚族而居，迷信風水神權，男女結婚年齡，平均在十六歲左右，生喪婚嫁之費用，甚爲奢華，中產之家，嫁娶需費千餘金，貧者亦非數百金莫辦。雖經提倡節儉，仍難改革，惟近年來，因受南洋不景氣所影響，失業歸國之華僑，不知凡幾，影響所及，百業凋零，農村經濟，日趨枯涸，故對於奢華之風，亦已漸減矣。

（出自《统计月刊》第一卷第四期，一九三五年）

五華縣農業調查報告 民國十七年

林純煦
何慶功 調查

(一)位置

五華縣在省之東北部，屬韓江之上游，東北界興寧，西北界龍川，東界豐順揭陽，西界河源紫金，南界海豐陸豐。縣治居北緯二十三度五十九分四十秒，經度距京師中線偏西五十五分十秒。分全縣爲八個行政區，統屬二十八約，茲舉列如下：

第一區署，在縣城南門外，轄東樓，西樓，南樓，北樓，大水，五約。

第二區署，在岐嶺墟，轄北樓(即岐嶺)當頭二約。

第三區署，在潭下墟，轄潭白鄭，大田，長蒲三約。

第四區署，在水寨墟，轄水寨，油田，泉砂三約。

第五區署，在河口墟，轄大嶺，梓臯，七都，龍岡四約。

第六區署，在橫陂墟，轄橫陂一約。

第七區署，在安流墟，轄安流，周潭，洑溪，大都，棉洋，榴砂六約。

第八區署，在龍村墟，轄龍玉湖，梅林，陽坪，南洞四約。

(二)地勢

五華地勢西北及西南較高，東北及東中部較低。全縣面積，約合三百六十四萬零四百八十九畝，其中山嶺約佔全面積百分之九十，河流平地約佔百分之十，而田畝又不過佔河流平地百分之二十而已。

(三)氣候

五華氣候與興寧無大差異，其最高温時，在六七月之間，約在華氏九十六七度；其最低温時，以十二月正月爲甚，約在華氏三十五度左右。年中結霜，以十二月爲常，雨量以春夏之交爲多，秋冬之季爲少。

(四)農村教育狀況

五華教育，近以地方多故，尙無確實統計。據當局報告，現全縣有初中四所，學生約六百餘人；高級小學二十八所，學生約二千餘人；初級小學四百餘所，學生約一萬二千餘人；平民義學九所，學生約六百餘人；私塾十餘所，學生約百數十人。以號稱三十萬人口中之學齡兒童推算，其失學兒童約佔百分之二十有五云〔四〕

(五)農民經濟狀況

(1)農戶　農民中田主約佔百分之二十，田主兼佃戶約佔百分之三十五，純佃戶約百分之四十五，每農戶平均農業勞働者約五六人，每農戶耕地面積約三畝左右。

(2)田地價　每畝水田上等者約值一百二十元，中等者約值九十元，下等者約值六十元；每畝旱地上等約值六十元，中等約值四十元，下等約值三十元。

(3)田地租　每畝水田年租上等約四石，中等約三石，下等約二石；每畝旱地年租上等約二石，中等約一石，下等約五斗。

(4)人工價　長工每年工資約六十元；短工忙時男工每日五毫，女工每日三毫，閒時男工每日四毫，女工每日二毫，除長工外，每日祇供午膳一餐。

(5)肥料價　人糞每担四毫，人尿每担二毫，家畜糞每元約三百斤，石灰每元約一百二十斤，牛骨灰每元約十斤，豆麵每百斤約值六元。

(6)農具價　犂每張約值二元五角，耙每張約值十二元，鋤每把約值八毫，草鐮每件約值四毫，禾鐮每張約值一毫，中耕器每件約值二毫。

(7)農產價　水牛每頭約值八十元，黃牛每頭約值五十元，猪肉每斤四毫，活羊每斤約四毫，馬每匹約七八十元，雞每斤約五毫，鴨鵝魚類每斤約三毫，薯每元約一百斤，芋每元約六十斤，葛每元約二十斤，花生每元約八斤，穀每石約六七元，豆每百斤約二十元，大麥每石約三元五角，油每斤約三毫半，臘蔗每條約半毫，白糖每斤三毫，黃糖每斤二毫。

蔬菜類——(以每毫計)白菜約四斤，芥藍約三斤半，芥菜約六斤，蒜約五斤，生菜約三斤半，荷蘭豆約二斤半，蘿蔔約八斤。

果類——桃每毫約二斤，李每毫約三斤，荔枝每毫約十二兩，龍眼每毫約三斤，柚每只約一毫，橘每毫約半斤，楊桃每毫約二斤，梨每毫約一斤，黃皮果每毫約二斤，枇杷每毫約四斤。

特產——麻每百斤約十二元，茶每毫約一兩半，棉每元每一斤二兩，藍每担約十二元，柴每毫約十七斤，炭每毫約四斤，草每担約三毫，綠竹每根約一毫，麻竹每根約五毫，坭竹每毫約四根。

(8)借貸情形　當地農民常借貸者，約有百分之六十，以錢欵爲多，糧食次之。通常利率月息二分，最低者一分五厘，最高者至五分。借貸者以農工爲多，放債屬地主及商人。普通借債原因，多係衣食不繼，或因婚喪急需，但就中因衣食不繼而借貸者，常佔百分之八十，在一年中農民經濟最困難時期爲四五月間，此時借貸必須高利，但高利貸中，正當農民，不過百分之二十左右，其餘多屬沾染不良嗜好而負債者。其借貸手續，如三數十元以上者，須請誠實之人担保，或由親屬在塲，以不動產業作押。借欵時，多不需特別用費，惟給三數毫爲介紹人茶資者，則間或有之。全縣有當鋪十五間，俱係月息二分半，絕當以三年爲期，所當物件以衣服首飾農具爲多。

(六)交通

該縣有幹流二道：一爲南部之琴江，源出紫金，向東北流，由第八區之龍玉湖約梅林約入第七區之安流約洑溪約，直上第六區橫陂，向東北入第四區之水寨，與潭江相會，東流入興寧水口，與興寧河相會，入梅縣滙注韓江；一爲西北之岐嶺河，源出龍川，由岐嶺向東流，經第一區之西樓，至城南與潭下河相會爲潭江，東南流經第一區東樓，入第五區之大嶺黃龍，折入七都，至河口墟，與琴江會合，縣內巨津。惟此二江可駛民船，所有貨物出入輸運，全利賴之。至於行客往來境內，每多循陸而行。即東北至興寧，西北至龍川，亦多捨舟登陸，因逆水行舟，實當遲緩，陸則循大道尤覺便利而速也。

(七)水利

縣內各區皆有河流及澗溪，足資田疇灌溉，且其河床大都高出田畝，設車設陂，俱甚易易，故早旱患極少。惟春季雨多時，在東北中部一帶，因乏森林，常致山水傾瀉，河水汛溢，難免水患耳。

(八)耕地狀況

全縣可耕田地約有二十餘萬畝，以地勢言之，約畧平均平原耕地約佔百分之六十八，山谷約佔百分之十二，岡陵起伏地約佔百分之四，山嶺亦約佔百分之四，傾斜地約佔百分之十二。其平原及山谷之梯田，以植水稻爲多，岡陵起伏地及山嶺傾斜地，則多植穛粻或果樹之屬。以土質言之，其縣之東北部及中部，多爲赤色砂坭或赤色粘壤，土質較爲堅韌瘠瘦，多屬運積之土；在西部南部之土質則較輕鬆，多屬黃色或灰色之砂壤，係屬定積之土。所有農地，均鮮患旱，惟東北中部於春季時不免水患耳。

(九)作物

(1)水稻　五華水稻產額年約百一二萬石，大約不足供全縣之粮食。至其品種名目及栽植方法，多與興寧無大差異，茲復紀述於次：

早造種　最普通者有百日早三百六赤米穀嘉慶早早糯赤穀等。全縣各區皆種之，多種於平坦水田或山谷間之梯田。土質粘壤砂壤俱有，大概西南部之稻田則砂壤爲多，常與豆麥晚稻輪栽。其播種時期，早者在雨水節，遲者則在驚蟄節，概須先行浸種，然後撒播於秧田，播後二三日，挑去其水，使暴露日光約二日，其秧芽則可轉青色，然後復灌以水，其水以能遮蓋表土爲度，至苗長寸許，即施以人糞尿肥，在育苗期間，約施肥二三次，間施以人糞尿灰或豆麵，於谷雨前後分秧，分秧後十日，即行耕耘一次，以後每隔十日至十餘日耕耘一次，約共三次，皆用有齒之中耕器行之。至於施肥，則在未分秧前，多施以廐肥爲基肥，其補肥則於耕耘後行之。普通用人糞尿灰石灰或廐肥，收穫時期常在大暑前後，每畝收量約四石餘。

晚造種　普通有烏毛粘白穀子大冬赤紅壳糯海禾香禾等，全縣各區皆種之，種於早稻跡田，於小滿節前後播種，通常不浸種，播以燥穀，其秧田多屬瘦瘠之半旱地。在育苗期間，通常亦不施肥，早者至大暑前後分秧，遲者在立秋前後分秧。在未分秧前之稻田，施以廐肥或旱稻稈爲基肥；分秧時多用烟骨灰和秧同時插下。分秧後耕耘二三次，每耕耘後，施以人糞尿灰石灰或烟骨灰爲補肥，於立冬節前後收穫，每畝收量約可三石餘至四石。

秈穀　早晚造俱有種之，惟限種於常有水浸之田，(俗稱湖洋田)因此種秈穀，多爲製造約紅粬之用，如種於水缺之田，或生長期間受過旱患，則不能製造紅糖矣。該縣第三區潭下一帶多種之，其收量較普通水稻常少一二成，但其價格每石必昂貴二三元。其品質極劣，甚少作粮食用，因價昂故也。至其播植收穫時期及栽培各法，與普通之早晚稻同，茲不備述。

(2)甘蔗　該縣附城區沿河一帶，多種腊蔗，水寨橫陂等處多種竹蔗。品種均不甚佳，莖極矮小，種地多屬黃赤砂坭旱地。其臘蔗概售於本縣各市，作生食用；其竹蔗則用以製糖，年產額甚少，並不敷本縣應用，其栽培法，查與紫金縣同。

(3)甘藷　全縣種藷極爲普遍，多種於旱地或旱稻跡田，爲副糧食用。

(4)大小麥　各區稍有種之，惟不普遍，故產額極少。

(5)黃豆黑豆花生　各區皆種之，惟第四六區種之爲多。其花生多爲搾油用，年產約數千斤。黑豆多製爲豆豉及豉油，年中出口頗多，銷售於潮梅各屬。

(6)香菰　惟第三區之大田產之。年約百餘斤，多用樟木培植者。

(7)土茯苓　係屬野生，第三區之潭下產之，年產約萬餘元云。

(十)蔬菜

查該縣所種蔬菜，與興寧同，其栽植時期與方法，亦無異處。至其價格之相差，則紀經濟欄中，茲可不備。

(十一)果樹

(1)荔枝　該縣栽植荔枝，自縣城東門外始，但究種於何時，傳自何方，則土人亦不詳悉。現附城地方，計種有三數十株，年來由該處駁植傳至岐嶺一帶者，約有百餘株，現尚少有收穫。其品種爲黑葉荔枝，肉厚而無核，品質甚佳。其繁殖法概用駁枝，於春分前後行之，駁後一月餘。即可截下其枝，植於缸中，是爲育苗，在育苗期間內，絕不能搖動其根，否則不活，並須隔日淋水一次，約三個月左右，可生鬚根甚多，其時已屆秋季，即可移植於果地。移植方法，將缸打破，連坭埋植土中，每株距離約二三丈，但該處多非闢有果園種植者，不過於屋隅菜圃塘邊等土質，稍濕之處植之。當其移植之初，淋水稍頻，及後每月約灌溉一二次，所施肥料以人糞尿爲多，係於摘果後及冬季施之，植後約三年可有結果。摘果時期在夏至後，每株收量約百斤至百餘斤，但屬隔年果樹，在豐年產量約數千斤，除本縣銷售外，多運至興寧梅縣發賣，每斤值約三毫左右。

（2）李　李於第七八兩區種之，惟以安流一帶爲多，其栽培沿革不甚詳明，品種名桃駁李，係青皮紅肉，極爽甜，毫無酸澀之味。其繁殖方法，用桃之實生苗爲砧木，以二三年生之李枝接上，多於冬季行之，接後三四年結實。其管理極粗放，鮮有施肥，惟間有培以新土者。收穫時期在五月間，每株約可數十斤，年產總額約數萬担，多運至興寧梅縣出售。

（3）梨　產於水寨橫陂等地，聞其品種原屬山東雪梨，後以環境影响，遂變其皮色爲黃梨青梨紅梨等，其食味仍極甜嫩，每年產總額約數百担云。

（4）柿　惟第三區大田產之，多係造製柿餅，品質甚佳，與平遠不正產之水柿相彷彿。年產總額不多，即在本縣市場亦不易購買云。

（5）楊桃　該縣城內種有數十株，惟東山門外一株最老且大，所佔面積約四五丈，且品質甚佳，食之甜嫩無渣，每年收摘三四次，祇此一株出息亦有百餘元至二百元之多，其餘大半係屬酸味楊桃，多用糖製爲楊桃蜜。其繁殖法概用實生，并不變質云。年中產額，共約五六百元左右。

（6）龍眼　附城及城內種有數十株，產量不多，且品質亦不甚佳。繁殖方法，全用實生，多於家屋附近散植數株而已，並非闢有果園也。

（十二）畜牧

（1）家畜　該縣家畜牛猪爲多，羊馬則甚少見，其牛有黄牛水牛，概作耕田役用，惟老弱無用者則宰賣之，猪有純黑猪花白猪，俱爲肥肉之用，每農家飼養一二頭爲常，但人多之家，則多養大肉豬，而人少之家，則多養小肉豬，其小肉猪仍須轉賣於大家庭之人家養至肥滿，然後出售宰賣之。計全縣所養之豬，除本地宰賣外，輸由興寧者，年約數千頭云。至牛猪之飼養管理諸法，則與各縣無異。

（2）家禽　家禽以鷄爲主要，鴨次之，鵝則甚少，計每家養鷄十數只以至二三十只者，極爲普遍，因每農家自己年節祭祀應用亦須七八只至十數只之多，而卵用及孵雛用之母鷄，每家亦必有二三只，此其養鷄之大概情形也。至於養鴨，則非家家養之，且所養之鴨不過養二三個月即行轉賣，每年養鴨較多之時期爲六七八九等月，過時則爲養老鴨，祇限於卵用母鴨爲多。其鷄鴨之飼養管理及禽舍等項，均與各地無殊，恕不備述。

（十三）森林

五華山嶺面積約有一千萬畝，而現有森林地約佔山嶺百分二十五六而已，即約佔面積二百五十餘萬畝也。就中以七八兩區之森林佔其大半，約與該區山嶺比例，可有百分之四五十；次爲第三區，森林地與該區山嶺比例，約可佔百分之二十左右，餘第二四區約佔百分之十五；第五六區約佔百分之十一二；第一區則約佔百分之八九而已，此爲五華縣森林分佈之大概情形。至其主要森林，以松爲多，杉木及雜木次之，係多屬天然林，至人工造林，多在家屋附近山嶺半事栽植，加以人工保護而已，殆爲保安之林也。該縣出產柴炭，惟第七八兩區頗多，第三區亦有少數，皆輸出潮汕地方發售，年產額量多少，無精密統計，大畧數萬元左右耳。其次沿岐嶺河岸一帶栽植麻竹頗多，年中亦稍有出口云。

（十四）農產製造

（1）酒　素稱馳名之長樂燒酒，卽該縣產也。數十年前米價低廉時，釀酒家處處林立，年中出產極多，運至潮汕一帶，銷售甚廣；年來因米價高昂，釀酒家遂偈業殆半，或縮小經營，故現在少有大宗輸出矣。其釀造手續紀述於次：

釀燒酒之原料爲粘米及酒餅，其米無論早冬赤白粘米俱可，惟赤米價較低廉而質無差異，故人多用之。其酒餅多係自己用藥材配製，如何製法，則不能詳焉。其釀法先將糙米煑至半熟，再用木甑蒸至全熟，或直接將米用晝水煑熟，熟後，以清水淋冷之，傾入缸中，和以酒餅，計每斗米約用酒餅四兩至五兩，則視酒餅之強弱爲定，和勻後，將飯整實，幷於中間撥成一井形之穴，約靜置一晝夜後，則全已發酵，遂裝入瓦甕中，計每甕裝五斤五合米爲度，熱天約一禮拜，冷天約半月至二十日卽可蒸酒。其蒸法以每兩甕（卽共一斗一升）米爲一鍋，傾入鍋後，注清水約一担，將其攪勻，然後鍋上置一蒸酒甑，其甑係以木製者，甑之中間配一蒸溜器，係用錫製者，蒸溜器之上面（卽上截木甑），注以冷水，燒火蒸時，冷水稍熱，卽須更換。總之，使其水愈冷，則蒸溜愈易，計每鍋可蒸酒十一斤左右之磊花燒酒云。

（2）豆豉及豉油　該縣水寨横陂二處，多製豆豉及豉油，年中產額頗多，除本縣銷售外，尚運至潮梅各屬批發。茲將其製造手續紀之於次：

製造豆豉，概用黑豆，以每五斗爲一鍋，注水約三担，煑之至爛熟後，取出，濾去其水，舖於竹篙中，其篙一如蠶筥，置於架上，其架亦如蠶架，熱天鋪豆宜稍薄，冷天可稍厚，任其發菌。其所發之菌絲多爲黃色或灰白色，熱天四五日可成熟，冷天則須二十日左右，屆時每朝用手抓鬆，約連抓三朝，豆可乾鬆，然後盛入竹籮中，以清水洗去其菌絲，遂傾入木坊桶中。其木坊桶之設置，係將木坊桶放於一長木板上，其長木板可連放三四個木坊桶者，桶無底，係將長木板上鑿一圓周之溝，其圓周溝以內之突起板即爲木坊桶之假底，每個木坊桶中盛豆一石，（卽發菌後之豆）靜置一晝夜後，則發香氣，於是再淋以清水約二担至三担，其水流入長木板上之溝中，從溝口流出，以瓦盆盛之，留爲熬煮豉油之用，至桶中豆豉經用清水淋後，遂和入食鹽約三十斤。其和鹽方法，須一層豆，一層鹽，卽豆上加鹽，鹽上又加豆是也。如是二三日後，則豆盡入味矣。遂取出，畧晒乾其外部水分，卽可發售於市，計每石黑豆可製豆豉二百斤左右，約值銀二十元。聞製造豆豉，罕能賺錢，至佳亦與成本畧相抵耳。其賺錢之處，全在於豆豉油，至其豉油之熬煮方法，卽將前述在木坊桶中淋豆流出之水及和鹽後流出者，再加食鹽數斤，用鍋熬煮之，至水分熬去約三分之二時，卽成豉油。例如淋水得三百斤，則可煮得豉油百零斤，值銀十餘元。

（3）紅粬　該縣所產之粬穀，卽製造紅粬者也。紅粬之用途，係用以染各種食品飲料之顏色。其製法，先向各農家收買眞正之粬穀，須未受旱患者始佳，每石粬穀比通常穀價昂貴二三元，收買粬穀後，礱爲米，椿至極白，以水浸透，用木甑蒸熟之，熟後再用清水淋冷，瀝乾其水，傾入木箱形之倉中，其倉安置於房中，層層叠叠，一連數倉，每倉約盛粬米飯四斗左右，和以粬種約二升許，（聞其粬種係買自福建之砂縣）及砒霜數両，所以防其生虫也。和至極勻後，將倉封好，任其發酵，約經過半月左右，則粒粒成熟，遂取出晒乾之，卽成紅粬，其品質佳者，色澤鮮紅，以手捻壓之，則易粉碎云。每石粬米可製紅粬約八斗餘至九斗，多銷售於潮梅各屬及南洋地方，每石紅粬約值十七八元。該製紅粬者，在第四五區東水一帶，十數年前製粬家有數百甑，年來因米價昂貴，製者日少，及今不過百數十家云。

（十五）農林前途之觀察

五華農業尚能因地土之宜，栽培作物，卽一般農法，亦頗有合於學理者。惟近年來，該縣政治派別，極爲複雜，勾心鬥角，日事攻奪，致使社會不能安定，而局部之間，亦多本其封建之頭腦，沿襲宗法之社會，以强凌弱，以衆暴寡，比比皆然，其影响於農林業將來之改良進步者甚大也！

（出自《广东农业概况调查报告书续编》上卷，一九二九年）

興寧縣農業調查報告 民國十七年

林純煦 何慶功 調查

(一)位置

興寧縣在粵省之東北部，縣治位于北緯二十四度四分，經度距京師中線偏西四十六分，東界梅縣，南界豐順，西界五華，北界平遠。分全縣為十五個行政區域，統屬一百五十八堡，茲特臚列如次：

區分	位置	所在地	所屬堡名
第一區	附城	縣城內	三聖，朝天，葉亭，矮岡，石橋，義尙，高鋪，濠塘，銅鑼湖，窖溪湖，張陂壢，洋矮嶺，佛子嶺，竹絲湖，黃嶺，社下，大磜，楓樹嶺，新陂肚，小洋，洋岡，黃陂，蔗塘，京溪，龍溪，等共二十五堡。
第二區	東	永和墟	何公，石峯，黃岡，錦洞，等共四堡。
第三區	東	徑心墟	章峯，留田，黃塘，榮畲等共四堡。
第四區	東南	水口墟	水口上，水口中，水口下，彭洞，峭峯，水洋，洋凹，井墩等共八堡。
第五區	東南	新墟	石涯，藍塘，船鑑，石公，添坑，雙頭，墈埰等共七堡。
第六區	南	坭陂墟	坭陂，湖坊，黃垌，合湖，官陂，河塘，鄭岡，赤墩，篤陂，東隱，瀝陂，茅崗等共十二堡。

第七區	南	刁坊墟	刁坊，石坑，長塡，大橋，瑤岡等共五堡。
第八區	西	新陂墟	落仙，福慶上，福慶中，福慶下、峯山，下石馬，茅塘上，茅塘中，茅塘下等共九堡。
第九區	西	葉塘墟	葉塘，麻嶺下，岳橋，甘塘，洋陂，留橋，烏池下，烏池中，山凭，牛坑，下洋，湯湖，麻嶺中，麻嶺上，富竹，西山，筠竹等共十七堡。
第十區	北	龍田墟	冷井，李田，烏池上，雙溪，曲塘，龍田，黃竹寨，洋子嶺，高陂，合水，下控，上官田，下官田，水羅塘，羅陂，等共十五堡。
第十一區	東北	石馬墟	土庄，小水，磜下，洋門，馬下，下庄，刁田，蕉坑，等共八堡。
第十二區	東北	黃陂墟	崗背，甘磚，湖田，天陽徑，陶古塘，黃陂，雙下，寶龍，雙頭，黃龍等共十堡。
第十三區	北	羅崗墟	潭坑上、潭坑下，金坑，下藍，甘竹，羅崗，聯陞，官庄，溪尾，洋塘等共十堡。
第十四區	西北	大坪墟	朱坑，洋田，河嶺，上大塘，下大塘，大坪，小坑，嶺背河，橫崗，洛洞，吳田，甘村等共十二堡。
第十五區	北	羅浮墟	和興，泰寧，等共二堡。

(二)地勢

興寧地勢爲南北長形，北高而南低，故北部山勢高聳，中南之部，多崗陵起伏，至縣城附近，則頗有一望平原之勢。計全縣面積約三百二十六萬零四百八十七畝，平均山嶺崗陵約佔百分之九十，而田地河澤不過百分之十耳。

（三）氣候

興寧氣候以大暑前後爲最熱，其温度高約在華氏九十六七度，於立春節前爲最冷，其温度低約在華氏三十四五度。年中寒熱最甚時期，不過一月之久，結霜時期於十二月爲常。年中雨量以二月至六月間爲多，九月至十二月間爲少云。

（四）農村教育狀況

興寧縣之教育尚稱普及，查全縣計有初中二間，共學生八百餘人；高級小學四十八所，共學生四千八百餘人；初級小學五百七十三所，共學童五萬一千五百七十餘人；平民義學十二所，計共六百餘人；平均全縣失學兒童約佔百分之十二左右。

（五）農民經濟狀況

（1）農戸　農民中田主約佔百分之十，田主兼佃戸者約佔百分之三十，佃戸約佔百分之六十，每戸平均約有農業勞働者四人，耕地面積約有五六畝。

（2）田地　田地價格因地方人口多寡而有不同，如龍田，新陂，永和等區田價最高，每畝約值六百元左右。但以全縣言之，則其普通價格，如水田上等者每畝約值三百元，中等者約值二百元，下等者約值百五十元；旱地每畝上等約值二十元，中等約值十元，下等約值五元。

（3）田地租　水田每畝年納租穀上等約六石，中等約五石，下等約四石，至旱地則甚少納租，因地價極廉，且多係私人墾植故也。

（4）人工價　長工概用男子，每年資約四十元，忙時短工男子每天約二毫半，女子每天二毫；閒時短工則以女子爲多，每天工銀一毫，惟概供膳食三餐。

（5）肥料價　人糞尿每担二毫半至三毫，桐麵每元約四十斤，蕓薹麵每元約十五斤，豆麵每元約八斤，石灰每元約百三四十斤。

（6）農具價　犂每張約三元，耙每張約七元，鋤每張約一元，草鐮每張約二毫，中耕器每件約二元左右。

（7）農產價　水牛每頭約百元，黃牛每頭約六十元，猪每百斤約三十五元，鷄每斤約五毫，鴨每隻約七毫，魚類每斤約二毫半，花生每斤約二毫，穀每百斤約七元，小麥每石約十二元，大麥每石約五元，甘薯每毫約八斤，芋每毫約三斤，油每斤約四毫，臘蔗每根約半毫。

蔬菜價　芥菜每毛六斤，芥藍三斤，白菜四斤，韭菜斤半，葱一斤，蒜五斤，白米豆五合，綠豆五合，黃豆五合，糊豆(蠶豆)三升，生菜三斤，茄四斤莧菜二斤半，苦瓜半斤，冬瓜六斤，蘿蔔九斤，南瓜四斤，荷蘭豆二斤，狗爪豆四斤，薑四斤。

特產價　嫩茶每元半斤，粗茶每元一斤，柴每元七十斤，茅草每元一百三十斤，木炭每元約三四十斤，苗竹每條約四毛，坭竹每條約一毛。

（8）借貸情形　該縣農民每年須借貸者，約有百分之四五十，普通利率月息二分五厘，高者三分，低者一分。其借貸手續，須介紹人與自己之不動產爲抵押，并須親屬在塲或商店担保，此乃大宗借欵之辦法也；至十元以下之借貸，極屬少數，多向當店典質，以資周轉，因該縣當店開設甚爲普遍，月息二分五厘，三年當絕，以故一般農民少數借欵，每以家物直接典當，所以省免借貸之煩也。此外尚有起會標會之舉，其組織方法，與大埔相同。

(六)交通

該縣之通海河又名寧江，乃邑中之巨川也。可通民船，沿此河流域之地，如縣城，刁坊，坭陂，新墟，水口等處，均可賴水道交通。至此河之發源支流甚多，北部之黄陂河發源於偸牛棟，羅崗河發源於龍母嶂，在合水堡會流，至龍田與石馬溪相會而成通海河。又大坪區之大坪河吳田溪，葉塘區之洋步溪，城北之凉溪，城北之和山水，新陂區之遠安溪，均滙歸于通海河，至水口與五華縣河會合而入梅縣，此外則爲陸路交通，全賴肩挑輸運矣。

(七)水利

該縣水利甚足，因澗溪河流廣布，且河床每較田疇爲高，引水灌溉，極爲便利；惟春季水多時，常汎濫於田疇，貽害農作，亦屬不少耳。

(八)耕地狀況

興寧縣原有可耕田地約二十五六萬畝，平坦水田俱種以早晚水稻，傾斜高亢之地，多植甘藷豆類之屬，其土質赤色砂土爲最多，赤色粘土次之，灰色壤土又次之。

(九)作物

(一)水稻　該縣人口稠密，據土著人士號稱約三十六萬左右，年產米額祗供八九個月之糧食，其不足者多仰給于江西之長寧縣及本省之龍川縣。該縣種植水稻，分早晚兩造，其品種屬早造者，有瘦田粘，細穀早，大穀早，禾早糯，秋秧早，龍牙早，百日早，三百六嘉應早等名稱；屬晚造者，有海禾(又名好命禾)，大冬糯細糯，大冬白，大冬赤，水州糯，紅糯，八月早，黃絲糯，烏壳粘，禾子米，貓牙粘，長身糯等名稱；又海禾有赤白之分，而以平疇陽光充足之地爲宜。茲將其種植管理等法分述於次：

早造種　普通於雨水節浸種，浸約七日，始撒播於秧田，在育苗時期，施人糞尿兩次，至谷雨節前後分秧。該縣之第一二六七八九等區於未分秧之稻田，先施以廐肥或人糞尿爲基肥，至分秧後約半月許，再施人糞尿一次，每畝所施肥料共二十担至四十担，但不耕耘；至其餘各區則不施基肥，惟生長期間須用有齒之中耕器耕耘二三次，并施以人糞尿草木灰廐肥或石灰等肥一二次，於大暑節之前後數日間可有收穫，每畝收量約四石至六石。

晚造種　多於四月間芒種節前播種，其苗塲多用瘦瘠旱田，且育苗時期不施肥料，至立秋前後分秧。當分秧時，將拔起之秧苗根部，用烟骨粉混和之人糞尿浸過後，始行分插於田。插後半月許，卽行耘田，多用脚行之，普通二三次，并施人糞尿灰石灰廐肥等補肥一二次。其施肥期間，以白露節前爲度，過後則不宜施肥矣。至十月間卽可收穫，每畝收量約三石至五石。

八月早　此種水稻卽蕉嶺平遠之八月粘也。每年祗植一造，其播種分秧收穫時期以及施肥管理，亦與蕉嶺無異。

（2）麥　大麥小麥皆有種之，播種時期俱在十月間，於晚稻跡田犂起耙鬆後，整爲三四尺闊之平畦，中鋤橫列淺溝，將麥種條播其中。播後撒以人糞尿灰，或鷄鴨糞等，再用耙薄覆以土，俟其發苗，至十月間，畧事除草一次，并淋以人糞尿水一次，三月間可有收穫。每畝收量大麥約三石，小麥約一石五斗。

（3）蔗　該縣所種者俱爲臘蔗，各區雖皆種之，而以第一二八等區地方爲多。其育芽移植及整地管理，俱與各縣相同，惟所施肥料，以人尿花生麵豆麵肥田粉爲多，并常覓老年墻壁之坭以作培土之用，其功效比任何肥料爲佳云。至九十月間卽有收穫，除本地銷售外，多運往梅縣發售，統計全縣產額價值不下萬餘元，每根約值半毫，概作生食之用。

(4)芋　該縣農家種芋極爲普遍，以香芋種爲多。栽種時期在二月間。其法將土整起條畦，高約尺餘，中鋤一溝，約三四寸深，撒以穀殼及鷄鴨糞爲基肥，然後塡回其土，將芋種穴植其中，每顆距離約尺許，至芋之芽苗出土後，畧事中耕除草一二次，幷施以人糞尿水或覆廐肥草肥於畦上，以爲補肥。至八月間可以收穫，每畝約可三十担至四十担左右，多作爲副粮食品。

(5)甘藷　該縣甘藷多黃皮白肉種，各區高原旱地莫不種之，而於縣之北部較多。其栽種時期及方法，概與梅屬各縣相同，可不贅述。每畝收量，約可二十餘担至三十担。

(6)茶葉　龍田區之官田，水羅塘及葉塘區之朱子萊，東坑尾等處種茶頗多。其植茶之地，多在山畔及山麓，土質多係赤坭砂礫土。其種植形如梯級，而茶樹亦頗矮小，高不及三尺。其採摘管理炒製，大畧俱與他處相同。至其產量多少，則無統計。

(7)藍　該縣祗草鞋崗一處地方間有種藍靛者，於三月間播種，十月間收穫。每年產製之靛不多，惟銷售於本縣，每担約值六元。其栽植製法與普通法無異，可不備述。

(十)蔬菜

(1)香艾　香艾菜爲該縣特產，惟附城地方種之，其葉形如鷄爪，葉背帶粉白色，畧似艾葉，其莖蔓延，十月間播種。播時先將園地鋤至鬆碎，整爲平畦，然後將種子散播其上，至發葉後，可施以稀薄之人糞尿水；如天氣晴時，則每隔一日之早晨或傍晚，須淋水一次；至十一月即可陸續採摘，其嫩葉販賣於市。每摘葉後，須施人糞尿或汚水等補肥一次，至翌年正月，即開花結實。其實於二月間成熟，即收爲種籽之用。此香艾之食法，多與猪肉共煑之，其味甚佳，每斤價約二毫。

（2）蠶豆　蠶豆俗名糊豆，該縣種植頗多，於晚稻跡田整為平畦，條播其上，施草木灰為基肥，生後淋以塘水汚水等，不用特別補肥，至翌年二月間，可有收穫。每斤約值半毫，作菜食之用，其苗留於田，犂入土中，為良好之綠肥。

（3）其他　該縣蔬菜除上述二種外，尚有多種，惟盡屬普通之品。栽培方法，亦無特別異樣，故免備述。僅將其品種名稱以及播植收穫時到舉列于次，藉資參攷：

品種名稱	播種時期	收穫時期
芥菜	六月	十一月
芥藍菜	九月	十二月
白菜	四月	六月
韭菜	隨時	隨時
蒜	八月	十一月
苦禾米蕨（生菜類）	八月	十一月
莧菜	正月	三月
茄	二月	五月
苦瓜	二月	五月

冬瓜	正月	六月
蘿蔔	七月	十一月
南瓜	正月	六月
荷蘭豆	十月	十二月
綠豆 白米豆	二月	六月

(十一)果樹

(1)李　該縣龍田區之東鄉一帶，種李頗多，年產約二十餘萬斤，多銷售于梅縣松口五華等處。品種有紅李青李三月李三種，就中以青李爲最佳，味極爽脆甘甜。種法概用實生桃苗爲砧木，以二年生之李枝接之。其接木時期在十月間，接後一年，於春初移植，三年後即能結果。其李樹周圍種以豆類作物，藉以中耕除草施肥，其肥料多用牛猪糞尿水及汚水，摘果期三月李在三月尾，紅李青李則在五月間，每株收量數十斤以至數百斤不等，每担價值約一元五角。

(2)桃　該縣植桃亦以龍田區之東鄉爲最多，其繁殖法概用實生苗，再行接木，接後約三年即能結果。桃樹周圍亦植以豆類作物，與李無異。摘果期在五月間，惟有大小年之分，如逢大年，每株可摘百數十斤者，小年則十數斤耳。

(3)柿　黃陂區之黃坭坪上新墟一帶種之，年產額量未有統計。其栽植之地，多於家屋前後，或園圃之旁，溪流之岸等處。其栽植管理方法，均與普通法同，可不備詳。

(十二)畜牧

（1）牛　該縣養牛有水牛黃牛二種，概作耕田役用，老弱或性情不好者，則宰爲肉用。其平時每日放牧二次，早飯後至午飯前，及午飯後至晚飯前爲放牧時間，如有荒山草地，則由小童或老人一人可以牧牛數頭，卽數家之牛，可每日輪流一人看牧，如牧於田疇道畔，則非一人專司不可。至役用之時，則飼以廚房遺棄之湯汁酒糟諸籐生草等類；又冬日草枯時，每晚必飼以稻草一二束，以補放牧之不足。其牛舍多以閒屋爲之，或與猪同舍，水牛每頭約値百元，黃牛每頭約値五六十元。

（2）猪　猪之飼養，無家不有。貧小之家，多養乳猪，因其資本小而飼料省也。至三數十斤時，賣之於市，是謂猪條。中富之家，則多買猪條畜爲大肉豬。小猪飼料須較幼細，大猪飼料則稍粗糙，每日均飼三次，其豬多宰賣於本縣，每百斤約値三十五元。

（3）鴨　該縣養鴨有普通人家所養者，有專業經營者。前者每家約三數隻至十餘隻，爲卵食或肉食之用；後者每群約百數十隻，專爲卵用，賣於孵鴨商，孵化鴨仔。其飼料管理均與普通法同，無特別可述者。玆將其孵鴨方法紀述于次：

孵鴨商於每年終，先承繳專業養鴨家一二十元，爲孵鴨商資本足者，則承繳多家，蓋作定金，使翌年能多收鴨卵也。每年三月間開始孵卵，規定每五日收買鴨卵一次，卽養鴨家限五日繳送鴨卵一次。其孵卵方法，用木製圓桶，高約三尺，濶約一尺五寸，其桶之設備多少，則視欲孵鴨數量多少爲定。其木桶內圍及底襯以乾燥稻草，其面備稻草編織之蓋二塊，一爲中心有孔者，一爲無孔者。孵卵時，每桶用炒熱之穀五升，置於桶底，其熱穀之下，須舖布一層，以備收拾之用，後將鴨卵每五十枚盛於小繩網袋中，每桶約置卵五袋，各袋之卵放置桶中時，須用手整平，然後層疊其中，卵已放好，桶面覆一有孔草蓋蓋上，再覆一無孔草蓋，至翌日卽可檢卵。其無胚精之卵，則取出賣去之，但其檢驗卵法，非精熟老練之手不能行之，亦非普通人所能知之。其初五日之內，每日須將桶底之穀炒過一次，各袋之卵，亦須攪勻一次，幷顛倒其各袋層叠之上下位置，此所以調節其溫度使之平均也。至其溫度之高低，未經測驗，無以表示，惟憑熟練者以手試之而已，每至夜間，須啓其桶，以手試其溫度，如溫度過高，則將上層無孔之草蓋除去，祇留有孔之草蓋蓋之，已孵至五日之後，則不用炒穀矣。因此時卵中胚子已大呈變化，本身熱度已足供其應用，此時之卵，且可分置於他桶，再加新卵二三袋，所謂以卵孵卵，不用炒穀，爲最經濟之辦法。至二十天，即可出雛，但孵至十五六天時，須行取出放置於木床上。其床底舖以軟碎稻草，卵上覆以棉胎，每日須將卵攪勻一次，如溫度過高時，則將棉胎暫行除之，如是在此木床上任其出雛，一般販雛鴨者，常買其未至出雛期之卵（即已放置木床上時之卵）運至遠處出賣，因其便於輸運，且可省飼料也。

（十三）森林

該縣實無森林之可言，查全縣森林所佔面積，不及山嶺百分之八九，以故童山濯濯，舉目皆是，即有稀疏之林，亦祗羅浮，黄陂，羅崗，葉塘，永和等處稍見之耳。中以松林爲多，杉林次之。除永和稍有人工林外，餘概屬天然構成者。

（十四）農林前途之觀察

興寧爲人口稠密之縣，經營農業，自應集約，農田土質，理應膏腴，乃細考其耕地之土質，多屬赤砂坭及赤粘土，其非肥美可知。究其原因，殆由於人工之補肥，不及天然之消失也。蓋該縣山嶺殆皆荒廢，稍生苗木，輒被樵採，山嶺無森林之庇護，自易崩毁，每當春雨淋漓之際，山嶺砂泥，遂傾瀉於田疇，河道固爲之淤塞，而農田肥料亦因以變劣。故欲振興與專之農業，首宜設法防止土壤天然之破壞，其法非急行造林不可，至森林之直接利益，猶其餘事耳。

（出自《广东农业概况调查报告书续编》上卷，一九二九年）

平遠縣農業調查報告 民國十七年

林純煦
何慶功 調查

(一)位置

平遠位居廣東之東北隅，北隣福建，西北界江西，東連蕉嶺，南界梅縣興寧。縣治位北緯二十四度四十五分，經度距京師中線偏西零度三十六分。全縣統屬十五鄉，卽黃畬鄒坊豪居差干九鄉河頭東石墈頭大柘超竹石正大信長田小柘熱水是也。

(二)地勢

平遠山邑也，東西畧窄，南北稍長，東至蕉嶺界七十里，西至長寧界三十里，東北至武平界五十里，南至梅縣界一百里，西南至興寧界一百二十里，東南至梅縣界一百四十里，合計全縣面積，約共二百二十五萬七千九百六十五畝。境內山嶺重叠，已佔全縣面積百分之九十三四，平原土地，乃不過百分之五六而已。

(三)氣候

氣候與蕉嶺無太差異，年中氣温以六七月間爲最高，約漲至華氏表九十六度左右；十二月至正二月間氣温最低後降至華氏三十四度左右，霜雪年常數見，其山間或地勢較高之處並時有結冰。據土人經驗，每寒至極時，必有結冰，冰散之後，必現晴暖云。

(四)農村教育狀況

該縣教育尚稱普及，惟經費支拙，設備未臻完善，計該縣現有高中一班，約三十人，初中四所，計學生六百餘人，高級小學一十五所，學生約一千三百餘人，初級小學一百六十一所，學生約四千人，平均失學兒童約佔百分之五十。

（五）農民經濟狀況

（1）農戶　農民中田主約佔百分之十，田主兼佃戶約佔百分之二十，佃戶約佔百分之七十，農家每戶平均農業勞働者約四五人，每農戶耕地面積約五六畝。

（2）田地價　水田每畝上等者約值一百八十元，中等者約值一百五十元，下等者約值一百二十元；旱地每畝上等者值約百元，中等者值約七十元，下等值約四十元。

（3）田地租　每畝水田每年納穀上等約三石五斗，中等約三石，下等約二石左右；每畝旱地年納租穀上等約一石五斗，中等約一石，下等約六七斗。

（4）人工價　長工每年工資約四十元，短工忙時每天男工三四角，女工二三角；閒時每天男工約二角，女工約角半，槪供膳食三餐。

（5）肥料價　人糞尿每担約二角，石灰每元約百五十斤。

（6）農具價　犂每張約二元，耙每張約八九元，鋤每把約一元，鑼每張約四五角。

（7）農產價　水牛每頭約值五六十元，黃牛約值三十元，猪每百斤約三十四五元，羊每斤約五角，馬每匹約五十元，驢每匹約六七十元，騾每匹約百元至百二三元，雞每斤約五角，鴨每斤約二角半，鵝每斤約三角，魚類每斤約二角半至三角，花生每斤約二角半，穀每石約七元，豆每升約三角，麥每石約九元，油每斤約四角，蔗每根約一角。

蔬菜——芹菜每斤約六仙，蒜每斤約半角，葱每斤約八仙，芥菜每斤約二仙，蘿蔔每斤約三仙，芥藍菜每斤約三仙，（銀計）

果類——梨每角約斤半至二斤，柿每角約三斤，桃每角約二斤半，李每角約二斤。

特產——嫩茶葉每元約一斤，粗茶葉每元約二斤半，乾柴每担約三角，木炭每担約八九角，乾草每担約二角半，苗竹每條約三四角。

（8）借貸情形　當地農民每年常借貸者約有百分之七十，其中借貸粮食者約佔十之六七，借貸錢欵者約佔十之三四。普通借穀還穀，借錢還錢，通常利率月息二分五厘，高者至三四分，低者二分。借貸大宗錢欵，多以不動產業作抵，有所謂檢穀錢檢油錢檢茶錢者，以農產品抵押者也。當農產收穫之後，即償以穀油茶葉，比通常市價須低廉頗多，一般借貸者多為農民，因衣食不足者約佔百分之六十，習染不良嗜好及為婚喪疾病而借貸者約佔百分之四十。借貸者最多時期為三四五月及年關，即農民經濟最困難之時。其還債時期不一，大抵於收穫後或年尾為多，前者為農民經濟富有時期，後者為一般產業買賣結算時期也。該縣商務不發達，縣中亦無當舖，金融周轉，異常困難，惟東石鄉之鐵礦，石正鄉之煤炭，頗能補助農民之經濟。

（六）交通

平遠僻處山隅，舟車不通，行李往來，極感困難，由縣西至江西，北至福建，西南至興寧，東南至梅縣，雖有孔道可通，亦須循陸步行，肩挑輸運；惟東北至蕉嶺，由下壩墟民船可達，及東南至新舖，由壩頭可用舟楫往來耳。

（七）水利

平遠雖無巨津大湖，而各鄉多有幹流溪澗，可供灌溉。該縣十五鄉中，除東石大拓兩鄉之腹地面積較濶，溪澗不多，常有旱患外，餘均水利無大缺者。

（八）耕地狀況

該縣可耕田地約一十二萬餘畝，其地勢畧平，約平原佔百分之四十，山谷佔百分之十二，岡陵起伏地佔百分之八，山嶺佔百分之十三，傾斜地佔百分之二十七。其平原傾斜地及山谷多作水田，俱種水稻，岡陵起伏地則植以甘藷豆類粟麥等作物，山嶺則植油茶之類。以土質言之，北部西部如黃畬鄒坊豪居差干九鄉河頭大信等鄉，多屬粘壤，東南部及中部如東石塅頭大拓超竹石正長田小拓熱水等鄉多屬砂壤。因之冬耕方法，亦有不同，屬粘壤之部，以人力爲多，屬砂壤之部，以牛犂之爲多（統稱爲轉霜田），前者其水田晚稻多植以潛粘，後者多植以番粘，所有耕地多無旱患，惟東石大拓以鄉村腹地較廣，溪澗之流不多，每於雨量不多之年，常覺用水缺乏耳。

（九）作物

1 水稻　該縣栽植水稻面積約十萬零畝，豐稔之年，總產額數當在六十餘萬石，加以雜糧之補助，足供民食而有餘，計每年出口約數萬石，以銷售於蕉嶺之新舖墟爲多。茲將其水稻品種以及栽種方法分述如次：

早造種　粘類有烏尾早細穀早大穀早冷水白赤早穀蜜油雪等，糯類有早禾穀早糯穀等，就中以細穀早大穀早之栽種爲最普遍，冷水白赤穀早次之，烏尾早又次之，蜜油雪則限於長田小拓熱水等鄉爲多。赤穀早抵抗病虫害力較强，收量亦多，惟品質稍遜，蜜油雪則收量較少，而品質優良，因其甜香如蜜，滑潤如油，不經杵臼，色白如雪，故名之也；其餘品質收量均屬平常，不過收穫時期有遲早之別耳。其播植時期，早者在雨水節，以剷秧爲多，遲者在驚蟄節，以拔秧爲多。其播種秧田，普通於冬耕後（各鄉冬耕法參觀耕地概况）須行燒土一次。其法將土塊砌成窰形，中實以乾草或稻草，用火燒之，至翌年行將播種時，將窰拆散，幷撒以廐肥，灌之以水，用牛耕爛其土，（早稻春耕大概如是）再以牛曳木梯壓平其土，然後用樹枝或稻草爲界，分爲若干區域，卽行撒播種子。其種子多用水浸過，經已萌芽者，播後三數日，將水挑去，使露曝於日光，但以表土不致乾爲度，及後施人糞尿水二三次，於谷雨前後至立夏止，爲分秧時期。剷秧於谷雨前數日，用鐵剷將秧苗表土，同剷起，分植於稻田，早稻較晚稻插秧宜淺。農諺云：早仔插坭皮 番仔插坭骨，卽言其深淺也。早稻分秧後約二十日左右，用有齒之中耕器耘田一次，耘後間有再施廐肥者，再後約六七日又耘一次，則用足行之，耘後多施以石灰一次。其收穫時期，烏尾早及蜜油粘多在小暑前後，細穀早於大暑節前後，其餘則於大暑後約數日爲多。

晚造種 粘類有割頭禾潛粘穀番粘穀，糯類潛粘穀大冬禾穀大冬糯穀等。其割頭禾多限於表土深爛之水田種之，故不甚普遍，潛粘穀多種於土質粘韌不易秋耕之處，或恐水利有缺，不能秋耕 難種番粘者，爲西北部各鄉及山田概行種之 東南部各鄉則參半種之。其播種時期，除番粘穀於芒種時播外，其餘俱在清明節行之。分秧時期，其潛粘穀潛糯穀大冬禾糯穀等，俱於芒種前後插植於早稻行間，迨早稻收穫後，將早稻禾頭用脚踏入坭中，是爲踏禾頭。踏後撒以早稻稈（多已腐熟者）或廐肥後，再用脚耘田一二次，或施以石灰。在東石鄉由大河灌溉之田，則須於耘田二次後排去其水，晒至土成白色，然後灌之以水，其苗始易長大云。所有晚稻皆如是）至於番蕉穀則於早稻收穫後，將其禾頭用牛耙之，計橫直各一次後，再數日又耙一次，使其禾頭反起，然後用轆軸轆過，使禾頭盡沒於坭中，畧灌以水，任烈日薰蒸，禾頭自易腐爛，於是每隔數日，用轆軸輾過一次，並撒以腐稈或廐肥，至立秋前後三數日內，卽行插秧，約二十日後，用脚耘田一次，耘後多用人糞尿灰塞於禾之根部，以後每隔七八日耘田一次，計前後共耘三次。其割頭禾則於芒種時期將其秧苗拔起，移植於早稻田溝中（每叢數十苗）至早稻收穫後，又將移植之秧苗拔起，割去其根鬚 約留其根基部一二分爲度，並割去其葉，然後分插於稻田，每叢至多不過三苗，因其分蘗力異常強大故也，其施肥耘田與番粘穀無異，惟分秧時期須早行半月左右。其收穫時期，潛粘糯等於霜降節爲多，香粘穀於立冬前後數日爲多，割頭禾則爲最遲，當在立冬後小雪前始行收穫。

八月粘　此種每年栽種祇有一造，限於山田種之。其栽培方法與蕉嶺相同，茲不再贅。

（2）麥　該縣麥作極少，惟中南部數鄉間或種之。普通所種多屬小麥。其播種時期在十月十一月間，種於甘藷或晚造稻跡地爲多。其種法先將土地犂起耙鬆，整爲平畦，撒以廐肥或鷄糞肥爲基肥，用散播或條播，以後多不施用補肥，至翌年三月間可收穫。年來麥作極少豐收，因抽穗期間每受雨害云。

（3）甘藷　該縣普通所種爲紅皮白肉種，黄皮白肉種及赤皮紅肉種。前二者收量稍多，西北各鄉純種此種，後一種品質優良，惟東南中部各鄉多種之。其下種育苗之時期與方法，與蕉嶺無異。至移植時期，則有遲有早，其早者於五月間，多利用晚造種潛粘糯之秧跡地種之，遲者於六七月間種於稻作豆作之跡地爲多。其收穫時期，早者七月，遲者十月，每畝收量約二十担左右，爲農家之主要副糧。每年七八月後，農家每日多食藷一餐，以代午飯，平均計算，每家之甘藷約可當一二個月之糧食。其栽培方法，與他處亦相同。

（4）落花生　花生多與甘藷小麥輪栽，或與黄豆混植，該縣所種以大莢種爲多。普通種於砂質旱地，二月間穴播於平畦，每穴種籽四五粒，同時施以人糞尿灰或草木灰，然後薄覆以土，至清明後見萌芽不齊者，則行補植一次，及後中耕除草二次，至七八月間收穫。每畝收量約一石餘至二石，多製爲鹹乾或鹹餅食用。

（5）棉　該縣所種之棉似以鷄脚種爲多，各鄉種者多植於田基之上，每與黄豆間植，至特別栽種種之者，惟長田鄉有之，其種於田基上者，其土每年冬耕時，更換一次，三月間播種，先將土整鬆，作成横列小畦，高約四寸，濶約六七寸，畦上復鋤一淺溝，種籽即播於其間。其種籽於將播時，多用人糞尿灰擦過，種後有施以鷄糞肥者，有淋以人糞尿汚水水等肥者。中耕除草約二次，由七八月至九十月，俱爲收穫時期。

（6）茶葉　該縣產茶每年總額約三四萬斤，以東石鄉爲最多，年產萬餘至二萬斤；次爲河頭鄉石正鄉，年產各約六七千斤；又次爲小柘鄉，年產三四千斤，其餘各鄉尚有栽種之者，惟產額極少，大都爲自己食用而已。其炒製方法，以石正之群益茶業公司爲最精，裝置亦用罐頭。至食味甘香濃厚，則以東石鄉之錦合茶爲著。年來該縣經營茶業，日有起色，如東石鄉原來限於山居者種之，今則附近鄉村之田亦極意經營矣。石正鄉私人栽種者日多，羣益茶業公司現已墾植面積約二十畝左右，年產茶葉二千餘斤。其預算經營面積約四百餘畝，苟能墾植完竣，則該公司之出產可達現在全縣之總量。查所有種茶地勢，以山畔山麓爲多，其土質輕鬆肥度較良者，則新生嫩枝甚長，製出之茶，多附茶梗，品質較粗，如東石小拓之茶葉是也。茗土質堅韌又屬黃色土，則枝幹短小，葉極密生，摘製之茶，品質較嫩，如石正超竹之茶葉是也。各鄉之茶，除本縣食用外，多由蕉嶺梅縣興寧等縣之茶商來縣收買。至其栽培炒製等法，一如通常所見，不必贅述，

（十）菜蔬

該縣所種蔬菜無大宗可述，栽培諸法亦與通常者無異。茲僅將其品種，名稱，栽植，收穫，時期，表列如次，以供參攷。

品種名稱	播植時期	收穫時期
芥菜	七八月	十一月
芥藍	六七月	八月至十一月
白菜	六七月	七月至九月
韭菜	隨時可種	隨時可收
芹菜	八月	十月至翌年正月

生菜	七八月	十月至翌年正月	
瓢杓菜	八月	十一月至翌年三月	
通、菜	正月	三月	
莧菜	正月	三四月	
茼蒿	九月	十二月	
菠菜	九月	十一月	
椒	三月	五月	
茄	正月	五月	
火葱	七月	十一月	
四季葱	隨時可種	隨時可收	
蘿蔔	八九月	十一月	
絲瓜	正月	五月至八九月	
苦瓜	正月	五月	
冬瓜	正月	八九月	
黃瓜	正月	五月	

南瓜	正月	五六月
荷蘭豆	八月	十二月
麥豆	九十月	翌年二月
蠶豆	九十月	翌年二月
綠豆	三月五月	五月八月
白米豆	五月	八月
刀板荳	正月	七月
淓荳	正月	九月
四季荳	二月	四月
迎花荳	三月	九月
狗爪荳	三月	八月

(十一)果樹

該縣果樹有桃李梨柿柑橘之屬，河頭鄉畧有桃李出產，爲量已少，品質復劣。東石鄉之梅子畬一帶，近年稍有栽種柑橘梨柿者，每年出息不過二三百元而已。石正鄉之猪畬尾上下雙等處，產梨柿頗多，惟多屬隔年果樹，土稱爲大年小年，即間年豐收之謂也。當豐收之年，梨之出產不下二萬餘元，柿之出產年不過萬千斤耳。茲將其梨柿品種栽植方法畧述如次：

（1）梨　石正鄉之種梨沿革，想甚久遠，現在每年必有駁植，而百數十年之老樹亦尙有留存。其品種大別有二：一曰香水梨，皮色稍青，質較甜嫩，果熟時期在五六月間；二曰青梨，皮色帶赤，質較粗硬而含澀味，惟至足熟時期，則頗具濃香，其成熟時期較前者常遲一二月。至栽植方法，則無異樣，槪用接木繁殖，以野生棠梨爲砧木，以二年生之梨枝爲接穗，先取野生棠梨，於春季時移植於種地，移植後不必限年接木，砧木大小亦無甚關係，小者接穗一枝，大者接穗數枝。據土人云：接穗一年後，即可與原來砧木同高云。其接木時期，在冬末春初之間。

（2）柿　該處所種有水柿合柿小柿三種，其苗木形狀無太差異，惟果形大小品質優劣，廻有不同。水柿爲品種最優者，其果形碩大而核少，質味甘甜，製爲柿餅，極爲軟靱，而畧有透明。據土人云：將水柿餅浸以蜜糖，爲治熱咳症之良劑云。故價格極昂貴，每塊約値半角。合柿果形大小，與水柿畧相彷彿，非熟練者，亦不易判別，惟品質稍遜，幷無藥用之功云。以上二種之柿，栽植不多，聞其駁植較難，而植有水柿者，亦視爲奇貨，不肯任人駁植故也。至小柿即爲普通之柿，果小而核多，當半黃熟之時摘下，除用鹽水或石灰水浸過作爲生果之食外，餘多製爲柿餅。

十二畜牧

（1）牛　該縣之牛，全爲役用，每農家養牛一頭者約佔百分之六七十。一般肉用之牛，多買自江西，近年發生牛瘟不絕，尤於十六年中爲最甚，計全縣斃牛總在千頭左右。聞其染病之牛，即不食草，不反芻，鼻唇燥熱而無汗，眼精紅赤，幷出眼屎，大便泄瀉，筋肉頻頻瞤動，重者六七日而斃，輕者至半月而斃。農村中無獸醫專家，農民束手無策，間有飲以凉劑，亦無效驗。至其平日之飼養管理等法，則與各縣相同。

（2）猪　該縣猪種多出自江西，大都爲黑白花色，每農家無不養之，人口少者飼養小猪一只，人口多者或米販家則飼養大猪一二只以至五六只，蓋因廚房遺棄米糠糟粕等有多少不同之故也。若釀酒之家或豆腐商，則養母猪或乳猪爲多，因其糟粕適於母猪之飼料，荳渣則適於乳猪之飼料故也。計全縣每年養猪不下二三萬頭，除本縣宰食外，多由蕉嶺之猪販商收買出口。其飼養管理方法與猪舍式樣，與各縣大抵相同。

（3）馬類　該縣養驢騾馬類共約六七百匹，概爲負運鹽米之用，對於農業上雖無關係，而於農民經濟則頗有裨益。查其每匹驢騾馬平均每年負運鹽米可賺二百餘元，其價格每馬一匹約值五六十元，驢每匹約值七八十元，騾每匹約值百元至百餘元。平時放牧於草地，負運時須特別飼以米穀或青草，月中必須用藥材或老松皮糞尿擦其筋骨一二次。其馬舍與牛舍相同，俱以房屋爲之。

（4）家禽　家禽以鷄鴨爲主要，養鵝者甚少，每家養鷄三數只以至數十只，大抵人口較多之家，或家屋附近多空餘草地者，養鷄常多。所養鷄鴨大都爲自已卵肉之用，故該縣鷄鴨鮮有出口，即江西之鷄鴨商亦常販賣雞鴨於該縣。至其飼養管理以及禽舍構造，俱與他處無異。

（十三）森林

該縣山嶺面積，約畧有七百萬畝，而現有森林之面積，約佔其三分之二。因沿鄉山嶺，必爲樵採之場，除少數家屋附近有區區之保安林外，均爲荒廢童山。此種荒山，多屬官有，惟以就近人民之樵採習慣上，則佔有其所有權矣。至於成林之山，大都爲私人所有，以松林爲最多，杉林及油茶林次之。其森林樹種即以此三者爲其主要，其餘桐梓橡楮苦楝烏桕冬青楓榷枳柃等類，亦爲常見樹木，惟其數量不多，且多混生散生，不能成林，故該縣之主要森林，即松杉油茶三種而已。其松林成因多屬天然構成，林相亦以單純爲多；杉木林則人工林與天然林約畧參半，其構成林相，亦以單純林爲多，但松杉混生者亦在所多見也。至於油茶則多屬天然生長，不過加人工管理，後始自然成林。總言之，該縣之森林樹木，由人工栽植者，惟杉與桐耳。茲將其栽植之法，畧述如次：

(1)杉　據該縣工人云，砍伐杉木如在冬季行之，則其頭不能萌發新苗，故該縣杉木多在春季砍伐，其未砍伐之先，因材用關係，須行剝皮，但欲其萌發新苗者，則不可剝至過近根部。每年春分前後十日之內，爲繁殖杉木之適當時期。其法將杉木頭所發之新苗，除留一二株爲原處更新之用外，餘皆用刀砍脫，其砍脫之苗，放置一夜後，即可爲繁殖之用，惟其砍口須斜向一面，如其斜向在生長原地之陰處者，則移植於他處亦須斜向於陰處。其種法有用木尖鑿穴者，有用鋤掘穴者，其所用木尖形狀，須與杉苗之斜砍口相同，使苗與穴能成登合之勢，其穴鑿好，即將杉苗插入，整實其土，即能生長；如用鋤掘穴者，則插入杉苗時，須將其砍口之斜面向於鋤跡之面，(大抵鋤跡在山之上面)然後整實其土，即可生長。

(2)油桐樹　油桐樹植於山窩或溪邊爲多，其栽植方法，須先行播種育苗，於寒露時摘下桐實，使其外壳腐敗後，於十一二月間播於圃地。其土質以輕鬆爲宜，播種不可過深，以表土能遮蓋桐實爲度。播後不施肥，不灌溉，至翌年五月間，始能萌芽，再一年後，於春季時即可移植三年桐，植後三年，可有結實，千年桐則在七年後始有結果云。

(十四)農林前途之觀察

平遠農業，悉於單純稻作，年來迭遭虫害，收成日減，亦無法救治，長此以往，將益不振！然該縣糧食現仍足用有餘，且毗連閩贛產米之區，即或有缺，亦無大患，而在此情形之下，其單純稻作之習慣，儘可改良，或與棉麻特作輪栽，或從事種桑養蠶，均無不可也。至於林業更有振興之必要，不過目下情形，尚有兩種困難，一則交通不便，一則樵採難禁也。蓋森林材木之運輸，端賴運費之低廉，必河流四通，出口方便，始有利可圖。今該縣各鄉雖有利用澗溪放木者，但水少而石多，須俟春水漲時，始得行之，且有須用人工運數十里而始達者，苟非亟行開闢公路，則困難不能免也。至於樵採問題，則目下尚形困難，因鄉村人口稠密，若禁止樵採，則炊薪將無所出，惟該縣石正鄉出產煤炭頗富，似宜收為全縣公營，定以最廉之價格發售，以補柴薪之缺乏。然後由政府禁止砍伐森林，庶或有濟。現該縣由韓江治河處派員設立苗圃一所，其意亦欲振興森林，然對於交通及樵採兩問題，似不可不先行解決也。

（出自《广东农业概况调查报告书续编》上卷，一九二九年）

蕉嶺縣農業調查報告 民國十六年

林純煦 何慶功 調查

(一)位置

蕉嶺縣在省之東北隅，東界大埔，南界梅縣，西界平遠，北接福建上杭。縣治位北緯二十四度三十五分二十秒，經度距京師中線偏西零度二十分三十八秒。分全縣為三個行政區域，統屬一十三鄉，茲臚列如下：

區分	位置	所在地	所屬鄉名
第一區	縣之東北部	縣城內	興福，白馬，文福，廣福，高思，藍坊，南北石礤等鄉。
第二區	縣之中西部	三圳墟	拾福鄉，徐溪鄉。
第三區	縣之南部	新舖墟	金沙鄉，同福鄉，豐樂鄉。

(二)地勢

蕉嶺亦山邑也，東西畧窄，南北稍長，全縣面積一百七十六萬七千五百八十二畝。山嶺約佔百分之九五，嵩山峻嶺極多，平原甚少。

(三)氣候

蕉嶺氣候與梅縣大埔畧相彷彿，六七月間氣溫最高，約漲至華氏九十六七度，十二月正月氣溫最低約降至華氏三十四五度。冷熱時期各約三個月，但山居者冷常久而熱常暫，因有山林之調護故也。年中十二月正月常有霜霰，山水亦常冰結。

（四）農村教育狀況

蕉嶺教育年來日有進步，茲將其各學區學校人數表列如下：

學區	初中或高中		高級小學		國民小學		完全小學		平民學校		失學兒童佔
	校數	人數	校數	人數	校數	人數	校數	人數	校數	人數	百分之幾%
第一區	兩級1	四七三			一五	七八二	七	一二七五	七	二八五	13%
第二區			一	二二六	七	五四九					15%
第三區			一	一八五	一四	九一九	三	七六三			14%
第四區					四	一七三	三	四〇三			14%
第五區					五	二二六	二	二六五			14%
第六區					三	一三四	一	一〇〇			15%
第七區					四	一七二	一	七七			18%

（五）農民經濟狀況

（1）農戶　農民中田主約佔百分之十，田主兼佃戶約佔百分之四十，佃戶約佔百分之五十。農家每戶平均農業勞働者約五人，每農戶耕地面積約五六畝。

（2）田地價　水田每畝上等者約值一百八十元至二百元，中等者約值一百五十元，下等者約值八十元，旱地每畝上等者約值七十元，下等者約值三十元。

（3）田地租　水田每畝每年納租穀上等約二石，中等約一石二斗，下等約七斗；旱地每畝上等約一石，中等約五斗，下等約三斗。

（4）工價　長工每年工資約一百元，短工忙時每日男約三角，女約二角半；閒時每日男約二角，女約一角半，概供膳食三餐。

（5）肥料價　石灰每元約一百二十斤，人糞尿每担約二角。

（6）農具　犂每張約值二元，耙每張約值八元，鋤每把約值一元，鐮及中耕器每件約三四角。

（7）農產價　耕牛每頭約五六十元至八九十元，猪每百斤四十元，雞每斤六角，鵝鴨每斤四角，魚類每斤三角，穀每石約七元，麥每石約七元，豆每石約十五元，食油每斤約三角五分，臘蔗每根約半毫。

蔬菜類——芥菜每斤二仙，芥藍芹菜茄荷蘭豆紅蘿蔔等每斤半毫，葱蒜黑豆等每斤一角，苦瓜每斤二角，白蘿蔔每角三斤。意豆赤米豆每升二角，白米豆綠豆與米價同。

果類——桃李每角二斤，柑桔每角一斤，香蕉每角四五條。

特產——黃坑茶葉每斤約二元，普通茶每斤約一元，棉每斤約八角，柴每元約三百斤，松炭每百斤約八九角，雜木精炭每百斤約一元四五角，草每百斤約二角半，苗竹每條約四五角，坭竹每元約十五條。

（8）借貸情形　當地農民有百分之八十須借貸者，錢欵約佔百分之八十，糧食約佔百分之二十。其借貸原因，多因糧食不足，故三四五月間青黃不接之時，農民經濟最窘之際，借貸者卽於此時為最多。通常利率月息二分，低者一分，高者至三分。借貸人多屬農民，債權人多屬田主商人，其借貸手續，除用不動產業或農產農具等抵押外，尙須親屬在塲見証立字簽押，或殷實商店代為担保。借欵期多不一定，大抵大宗借欵多於年終結算歸還，少數借欵多於農作物收穫後償還。此外尚有起會之舉，或銀或穀，其組織法與大埔縣同。縣中有當舖二間，長年月息二分五厘，稍可濟農民之周轉。

（六）交通

石窟溪為該縣之巨津，導源於武平，由平遠下坝入縣境廣福鄉，經城南沿與福徐溪金沙同福等鄉東會於程鄉鎌子渡，可通民船，森林材木亦藉茲輸運，又徐溪導源平遠，自坝頭經柚樹入縣境徐溪鄉，會于石窟溪，亦可通民船，平遠之鹽米運輸簰木出口，概利賴之。此外陸路交通有孔道三：一往福建，一往平遠江西，一往梅縣，所有肩担者，多循之。

（七）水利

蕉嶺原田有九萬餘畝，但有陂灌溉及水利較便者不過四五萬畝而已，以故雨量不多之年，田多患旱，大抵該縣稻田早造無旱患者可佔十之八九，晚造無旱患者可佔十之四五。因大河之水，不易建陂，山澗溪流，不能周注故也。

（八）耕地狀況

蕉嶺可耕田地約十萬零畝，近山者地勢多傾斜，近鄉村及沿河者則平疇為多，有水利者栽種水稻，患旱者栽種䅟粮或甘蔗。該縣土質多屬輕鬆，黃色砂土最多，灰色壤土次之。

（九）作物

（1）水稻　該縣年產米額大都不足供全縣之糧食，但缺乏多少，實難統計。蓋閩南贛南平遠等地出口之米，多經其地，該縣亦多米商或由外地販入，或由本縣販出，不一而定。至該縣小稻品種，大別之可分爲早造種晚造種與入月粘。茲將其栽種管理等法分別述之如次：

早造種　有九黄禾大細穀山茶早西洋粘短廝早花羅粘等。播種時期，早者在雨水節，普通多爲剷秧；遲者在驚蟄節，以拔秧爲多，概用手撒播之。在育苗時期，須施人糞尿肥三四次，於谷雨節前後分秧，早造多不用基肥，耕田後始施各種糞灰於禾之根部，爲第一次肥，再半月後，施以石灰，爲第二次肥。在生長期間，耘田二三次，俱用有齒之中耕器行之，至大暑立秋間，卽可收穫，每畝收量約可二石餘至三石，爲主要糧食之用。

晚造種　有潛粘遲潛粘及番粘（又名白穀子）。潛粘於清明節播種，番粘於芒種節播種，其法與早造同，惟育苗時期須注意挑水；潛粘於五月初分秧，潛植於早稻禾行間植之；番粘則於立秋前後植於早造收穫後之跡地，其番粘在未分秧之前，須先施以基肥，以堆肥廐肥爲多，分秧後耘田二三次，多用脚踏之，耘後施人糞尿灰及石灰一次。早潛粘於立冬前數日收穫，遲潛粘及番粘於立冬節或後數日收穫，每畝收量約可二石許。

入月粘　每年祇種一造者，多植於山間之冷水田，於驚蟄節播種，其法與普通水稻無異，谷雨節後卽行分秧，每叢苗數須較普通水稻爲多，因其分蘖少也。分秧前施廐肥或堆肥一次，至分秧時，其每叢之根部須用牛骨灰蘸浸一次，然後插下，至半月後，復施石灰一次。耘田與早稻同，九十月間可收穫，每畝收量約三石左右。

牛骨灰肥之製法　向牛屠戶收買之牛骨，放入鍋中，其鍋底穿一小孔，下置一小瓦甕，其甕身須埋入土中，祇露出其口，其盛骨之鍋上，復蓋以一鍋，然後鍋之上下四周，滿鋪以穀殼燒之。其鍋中骨油從鍋底孔中流下瓦甕，至牛骨燒至酥脆時取出，用臼粉碎之，復將其原油和入攪拌之卽成。

（2）小麥　該縣種麥極不普遍，惟附近城東山一帶多種之，與甘[illegible]稻作輪栽。十月十一月間播種，多用條播或散播，播種前己施堆肥厩肥等，則以後多不施補肥；如未施基肥者，則播種時施人糞尿灰一次，間有苗長五六寸時，淋以人糞尿水者。以後不再施肥，亦不中耕除草，至翌年二三月間，即可收穫，每畝收量約可石餘，間近年收成日減云。

（3）甘藷　該縣各鄉皆種甘藷，多與稻麥豆類等作輪栽，其普通之品種爲紅皮白肉種及赤皮紅肉種。前者葉之缺刻較深，藷肉稍堅而味淡；後者之葉畧如三角，肉質鬆脆而味甜，高亢地水稻跡地俱可種之。播種時期，於正二月間選得大小適中而無病虫害者，埋於田基或園圃，俟其發芽生長，至三四月間，其苗長至丈許，逐刈取其苗，約每尺許，繁殖於育苗圃地，至六七月間，一如育苗繁殖時刈取其苗，移植於藷畦。其整地方法，與各地相同，種時施基肥一次，以厩肥堆肥或草木灰爲多，及後不施補肥，惟須中耕除草及捲苗二三次，遇雨量過少時，須灌溉一二次，至十月十一月間，即可收穫，每畝收量約可二十担左右，爲農家之副糧食品。其食法有二：一蒸熟食，一將藷切碎晒乾，磨爲粉，煮糕食之。

（4）豆　該縣所種，以黃豆爲多，黑豆次之，多種於砂質垻地及高亢旱地，正二月間播種，播於平畦，用行列點播法，施人糞尿灰爲一次基肥，及中耕除草一二次，六七月間收穫，每畝收量約可石許。其黃豆多製豆腐用，黑豆多製豆豉用。

（5）甘蔗　該縣附城各村種者多臘蔗，新舖一帶種者多竹蔗。臘蔗種於家屋附近園地，竹蔗多種於砂質旱地。其種法有留頭，有新種，其新種者，於十一二月間將蔗梢埋於陰濕之砂質土中，俟其萌芽，至翌年二三月間移植，斜插於高畦，每株距離二尺餘，多不施基肥，種後十日左右，始行施以人糞尿水或和以豆麩花生麩等。其生長期間，須中耕除草及培土二三次。其臘蔗每間十日左右，剝葉一次，竹蔗則不剝葉。臘蔗於十月間可收穫，竹蔗則多於十一二月間收穫，至留頭者，可種至四五年，然後改種新種，於每年正二月間將蔗畦兩旁之土鋤開，培以新土及補施堆肥草木灰等，至新芽發齊後，如每叢之株數過多，則將其弱者除去，約每叢祇留十株左右為度。其餘管理收穫等法，一與普通法相同。其臘蔗為生食用，竹蔗為搾糖用。其搾糖法悉用舊式，係用兩個平石磨轉動者。其搾糖之廠，係由組合建設，當搾糖時，各農家先行商定搾糖日期，次計每磨廠須用大牛八頭，分為四班，日夜輪流搾汁，看鍋司火打漿各須二人，一人司夜，一人司日。計每日夜可搾汁十二缸，即可煮糖十二鍋，每鍋可得砂糖(俗稱圓糖，因做成圓團故也。)五十斤左右，每百斤糖約值十三四元。其牛租以搾汁多少計算，每一缸汁每牛抽糖半斤；人工價亦以煮糖多少計算，每一鍋糖每人給資半毫。

(6)茶葉　該縣茶葉，惟徐溪鄉之黃坑村特產之。該村無家不種，但為量不多，計全村每年產額不過七八百斤。該處茶葉樹比普通矮小，即五六年生之長成苗木，亦僅三尺餘高，多植於山麓山畔山窩，土質不甚輕鬆，以黃坭土為多。其栽植方法，於寒露時摘下其碩大茶實，穴播於種茶地，每穴約八九粒，距離約三四尺，翌年二三月間可萌芽，至生齊後，間拔去一二弱苗，種後三年即有收摘。每年摘茶五次至六七次，三月摘者曰頭春，四月摘者曰二春，五月摘者曰禾花，七月摘者曰秋子，八月摘者曰白露，十月摘者曰陽春，十一月摘者曰白雪子。其製法極為精細，將青茶摘下後，約每重四五斤為一次，放入鍋中炒之，是為倒青，(用柴火)至軟熟後取出，置竹箕中，用手擦之，至葉呈捲態，復放入鍋中，用慢火徐徐炒之，見有茶素粘着鍋上時，又將茶葉取出，洗淨其鍋，再行炒之；如是數次，炒至葉已乾燥而捲實時，遂取用竹篩篩去其碎末，(其所摘之青葉毫無嫩枝附着者)用火水油瓶貯藏之，即可發賣。每元約六七兩，計每人每日可摘青葉十餘斤、每斤可製乾茶四兩，每人每日可製乾茶三斤左右。

(十)蔬菜

品種名稱	播種時期	收穫時期
芥藍菜	八九月	十月十一月
芥菜	七八月	九十月
荷蘭豆	八九月	十一二月
豆角	二三月	七八月
白菜	六七月	九十月
苦瓜	二三月	五六月
冬瓜	二三月	五六月
南瓜	三四月	六七月
通菜	三四月	五六月
莧菜	二月	四月
葱	七月	九十月
蒜	八月	十月十一二月
茄	二三月	五六月

(十一)果樹

該縣果樹極少，惟白馬鄉之下黃及林前堪各有果園一所，在下黃者爲平坦之旱地，其面積約六七畝；在林前堪者亦爲平坦旱地，惟砂質較多，面積約五六畝，均經營三四年矣。果樹種類爲柑桔梨柿龍眼荔枝等，近年稍有收益，但爲量尙不甚多。其柑桔龍眼荔枝等品種多出自潮州，梨柿品種多由本地駁植者。其管理概屬粗放，但作家庭之副業而已。

十二畜牧

(1)牛　該縣養牛概作役用而兼肉用，以養牛爲專業者殆無之。山地適養黃牛，鄉村平地適養水牛，每頭水牛值六七十元，黃牛值三四十元。平時日間放牧於荒山草地，或牽牧於田野道上，多由老人或小童司之，晚間飼以稻草，役用時須特別飼以米粥甘諸青草等。

(2)猪　該縣養豬有肉用者，有生殖用者(通稱猪嫲)；前者普通之農家養之，後者多於釀酒家豆腐商養之。肉用猪之飼料，以糠菜糟粕甘諸苗廚房遺棄等物爲多；生殖用豬之飼料亦與肉用猪同，惟較粗糙，并有時飼以狗肉，其飼料概和混煮熟飼之。至乳豬則飼以粥約三個月後，始行分散發賣，母猪年產子二次，每次多不過十三四只。

(3)家禽　以養鷄爲主要，每家飼養十數只爲極普通，亦有母鷄二三只者，爲卵及孵仔用；留雄鷄一只，爲司晨及交尾用；餘屬閹鷄，以爲肉用。鴨多卵用及肉用，孵仔用者極少。養鵝者亦少，其飼養管理與各地同。

(十三)森林

該縣森林樹種較常見者，有松杉桐樟油茶竹類，而以松木爲最多，全縣山嶺莫不有之，約佔森林面積十之七八，杉木次之。各鄉雖有與松林混生，然爲量甚少，石𥗽藍坊高思等處稍多杉林，然出產數量，聞亦不多。據士人云：近年來本縣需要，亦不能供給，其桐樟竹木，或𦲷生，或散生，多不成林，油茶樹於廣福文福徐溪𦔳𧀓豐樂石𥗽高思等鄉，間有生產，而以西北部之鄉稍多，但每年產量，亦不能供就地之需云。

（十四）農林前途之觀察

蕉嶺人口，據民三年之調查報告，爲八萬二千伍百人，全縣面積，有四百三十二萬畝，可耕之地約有十萬零畝，（但水稻田僅佔五萬畝左右）依人口之數量平均之，每人可佔耕地一畝餘，苟能適應土宜而盡地力，則足供全邑人之食用而有餘，況復有數百萬畝之山嶺，適於林木之種植乎。查該縣每家男子必有一二出洋謀生者，所有農事，多由婦女粗放經營之，其減少生產量，實爲原因之一；此外田地多患水旱，早造水稻得有收穫者，約十之八九，晚造祇得十之四五，此單純稻作之弊，亟應改良兼種其他特種作物以爲補救者也。至森林方面，雖荒山甚少，但成林者亦不多，蓋悉任天然之生長，復隨人意而砍伐，此所以旱患叠呈也。

（出自《广东农业概况调查报告书续编》上卷，一九二九年）

茂名縣農業調查報告

民國十年

黃坤培
卓正豐 調查

(一)位置

茂名爲高州首縣。居省之西南隅。位於北緯二十一度五十分。東經一百十度五十分。面積約一萬二千餘方里。東南界電白縣。西南界吳川縣。西界化縣。東北界信宜縣。城居縣之中心。全縣分茂東茂南茂西茂北四大區。

(二)地勢

自北而南。漸漸低平。鑑江縱貫其間。東北部山嶺高大。地勢頗傾斜。鑑江之源出于此。西部山嶺畧小。南部則祇有崗陵起伏。不見高山。地勢甚平坦。鑑江經此出海。

(三)氣候

每年氣溫最高在大小暑節候。最低在大小寒節候。熱期較多於冷期。溫和期最久。風災間有。惟東北二部有高山屏蔽。風力較南部畧殺。每年於大寒前後。間有霜雪。傷及薯葉香蕉葉等物。雨量頗足。每年春夏季之間。雨水最多。冬季大小寒時候雨水最少。蓋雨量之多少時期。畧從氣溫之高低爲轉移也。

(四)耕地狀況

土質　全縣砂質壤土約佔十分之六七。粘土及砂土約佔十分之三四。顏色淺灰或黑或黃褐。表土深約四五寸至七八寸不等。除砂土及黃色土外。頗稱肥美。

水利及交通　東北二區。地勢較傾斜而窄。溪流貫通其間。多獲灌溉之利。且有泉水塘水爲之助。故水旱災較西南區少。然山嶺重叠。交通困難。除鑑江可駛船筏北行至石骨墟（距城六十里）外。餘皆用肩挑。殊爲不便。南區平原廣濶。雖有新墟河、陸川河、潭佑河、斜貫其間。祇可藉水車以資灌溉。其用水車也。必先用竹木造成車陂。使水潤流於一邊。以激動其車葉。而使之自轉。然木材缺乏。價格昂貴。每新造一車陂。動需數百元。故此項車陂。不能多覩。而泉水塘水。亦復寥寥。是以旱災特甚。水患亦時見。若其交通。則水運有舟。陸運有車。（牛車及人力車兩種分雙輪及單輪）比較東西北三部。實爲便當也。

耕種情形　耕地以種水稻爲主。普通耕種二造。惟少數低窪及高亢之地。恐水旱爲災。則祇耕種一造耳。然在水利充足土壤鬆軟之地。則除種二造水稻外。更有於晚造收穫後。種以三月薯或煙草油菜冬豆等作物者。是等田地。俗稱爲之三造田。因其耕種二造水稻外。尙可冬耕一造也。耕種時男婦通力合作。惟婦人體質軟弱。祇執其較輕之役務。

（五）農民經濟狀況

農民之經濟。大都困乏。得稱爲稍充裕者。不過一二%。每農戶耕地五畝以下者。約二十%。五畝至十畝者。約四十%。十畝至二十畝者。約三十%。二十畝至五十畝者。約六七%。五十畝以上者。僅有一二。類多向人租賃以耕。故未得經濟之充裕。若夫大地主擁有百畝千畝者。皆不事耕織。安坐而食。則又不與於農民之列也。田價每畝三十元至二百二十元。田租每畝約五元至十一二元。地價每畝十餘元至百餘元。地租每畝一元十元左右。農產品之最大宗者爲米粮。其次爲蔗糖、花生油、大小豆、煙草、香蕉、沙羌等物。各農品之價格。米每百斤約六七元。糖每百斤約七元。花生油每百斤約二十元。大豆每石（官斗）約八元。煙葉每百斤約二三十元。豬肉每百斤約二十五六元。鷄（生秤）每百斤約二十五六元。

(六)作物

以稻、薯、芋、蔗、花生、大豆、爲主。次則煙草、芝蔴、大蔴、小豆、鷄爪粟、黄粟等。茲分述如下。

(1)稻

品種　大別爲水稻陸稻兩種。而水稻品種。尤爲複雜。今就其最普通者記之。

早造種 {水稻 田基度，三畝，花壳，湯鷄粘，廣西粘，吊犁曌，糯仔，大熬，
陸稻 坡麗(一名坡禾)，紅穀，

晚造種 {白粘，竹粘，齊鐮，黄穀，馤秋，田基度，
大糯，深水蓮，

前後作物　水利充足者。皆係連栽。亦有於晚造收穫後。種以薯豆麥煙等者。其他或因水利欠缺。或爲作物之時期所限者。則早造種薯、(名四月薯、即四月可收穫、故名、栽種期實在冬季、)大小豆、珍珠豆、等作物。晚造始行種水稻。至若陸稻。則多以秋豆冬薯或竹蔗等爲輪栽。

種子選擇　普通曾用風去其輕小者。取其重大者。惟大糯多行穗選。

耕地法　早造於未移種前數日。放水入田。灌浸之。用一牛犂耙環繞耙二三回。隨即剷除田基四周雜草。名曰整田基。復用鋤掘泥污搪之。以防水之滲透洩漏。名曰溥田基。至移植時。減少田水。復用耙旋繞耙二三回。即可插秧。早造收穫後。即以牛犂犂轉其田。用耙耙碎。繼則整田基如前。惟不搪田基耳。蓋夏季雨水充足。泥土緻密也。越一星期後。復耙一次。名曰翻耙。(人工少者則各之)至移植時。減少田水。耙成狀糊。搪平。即可移植。迨晚

造收穫後。視泥土硬軟適中時。以牛犁耙返轉泥土。名曰犂冬耕。使曝於寒風烈日。則明春耕種。必較易繁茂也。

播種期及法　早造東北部因水利充足。習慣上播種較早。於雨水前後播之。西南部較遲。於驚蟄前後播之。晚造各處畧同。均於夏至前後播之。惟有二特別種。一名大糯。於立夏前後播之。一名深水蓮。於小雪前後播之。其法先取種子。載於竹籮中。(約裝六七成不可太滿)晝間入水浸之。即用手攪勻。除去其輕而不沉者。上面加物蓋之。以防鳥雀損耗。至夜則起回。如是者二三日。至末日起水時。用手洗至清潔後。用禾草於上面蓋實。並加少許抹藥。以防穢氣。後復浸水一次。用手攪勻。即取起以原草蓋回。早造如遇天氣寒冷。種子發芽較難。則用暖水淋一次。以促其發芽。一二日後。即可播於秧田矣。播種時。先耙田如糊狀。畧分為數尺濶之平畦。並同時將種子在陰處攪散攤冷。然後以籮載而撒播於秧田。此一般之播種法也。惟南部早造間。有將穀種直接撒播於本田者。名曰禾撒。蓋土地磽瘠。水利缺乏。故用粗放之法。冀少有收穫、而不至於荒廢耳。至陸稻則將穀種混於肥土或灰糞中。用一種行耙開溝條播後。以鎮壓器畧壓之。

移植期及法　早造東北部較早。春分前後移植。西南部較遲。清明谷雨間移植。晚造各處畧同。均於立秋前後移植。惟大糯種則於夏至前後移植。深水蓮種於至冬至前後移植。移植之法。早晚造各殊。早造多用剷秧法。於移植時。先以猪屎糞草木灰骨灰麩等乾肥。撒於秧頭。復撒濃厚糞水於其表面。以粘結之。使不致分散失落。後用剷(分有板無板兩種)連坭剷起。厚約二三分。叠於糞箕上。挑至田邊。用左手捧秧一塊。右手分秧插之。晚造則用拔秧。將秧苗拔起。並敲去其坭。以稻草緊束之。割去其尾。以減蒸發。又先預貯塘泥一桶。(有用缸或池者)混以豬禽糞草木灰骨灰麩等肥料。令醱酵一二日。乃將秧束放入桶中。用左手握秧尾。右手於秧之根際捻勻。務使各條秧苗均沾肥泥而後已。旋提起略拭去其坭後。用谷殼灰或草灰。沾蓋表面。派於坭地上。俟耙好田後。即叠於箕上。挑至田邊。然後解束分插。上法係正方形。距離約五六寸。南部間有長方形插法。株間較密。

施肥種類及次數　常用肥料爲糞水、(即人畜糞尿、貯於凝灰池中已腐熟者、)麩、草木灰、石灰、骨灰、完灰等數種。隨各處習慣。任施其一二種。自移植後祇施一次或二次。

管理法　每造除草一次或二次。有用足除者。有用器具除者。足除多行於水利充足及泥土鬆軟之地。器具除則反之。肥料則於此時施之。先施肥而後除草。所以使其平均普及也。施肥之前。並須減去田水。過一二日後。方可回水。

收穫期及收量　早造於小暑大暑間收穫。晚造於小雪大雪間收穫。惟深水蓮種於立夏前後收穫。大煞種於立冬前後收穫。每畝收量上田三四百斤。下田一二百斤。若禾撒則數十斤耳。

貯藏　將收穫之谷。晒乾後。用風櫃風去其夾雜物及空穀。即貯於磚倉。窮小之耕戶。則貯於竹器或木器。留爲種用者。則貯瓦器或木器。

(2)薯芋

品種　薯分三月薯四月薯冬露薯三類。三月薯與冬露薯品種畧同。皆富於糖分。食味甘甜。惟澱粉較少。四月薯則食味鬆香。粉質多而糖分少。且莖葉與色澤亦均與前異。其普通品種。四月薯有爆皮黃白皮薯黑肉薯秤錘薯七里香等。三月薯及冬露薯有曾江紅(又名足頭紅有紅白苗兩種)淡紅白薯(又名蘿蔔薯)黃肉薯秤錘薯張貴薯等。芋有紅眼芋有白眼芋狗爪芋檳榔芋早禾芋泥芋等數種。

前後作物　三月薯及芋。前後作物。俱係水稻。四月薯有前後作物俱水稻者。亦有後作物爲秋豆冬薯等。前作物爲大豆花生等。或前後作物俱陸稻者。

種子選擇　薯祇用苗繁殖。除近根之老蔓不用外。餘皆可截爲六七寸長栽之。芋則除最大之芋頭及無頂芽者外。擇其無病者留之。置於通風及乾燥處。惟泥芋掘後。須即切頂芽而插苗床。

栽種時期及法　番薯週年可栽。惟普通習慣。畧分三季。（一）三月薯於大雪前後栽。（二）四月薯於冬至前後栽。（三）冬蓄薯於八九月栽。　芋於二三月之間栽之。其法先將地耙細碎。起二尺許濶之平畦。用三角形種法。每距離一尺五寸。鋤開一深五六寸之穴。用糞水淋之。然後擇芋種之無病及頂芽强壯者。用刀截取頂芽部。切口以熟石灰或木灰沾之。防其腐敗也。每穴放一芽。隨即覆泥。整平表面。其空間有栽黄瓜、豆角茄子、莧等蔬菜者。至薯之種法。係先犂耙所種地。分爲若干長畦。畦與畦相距尺餘。畦中開一溝。截取六七寸長之薯苗。斜放於溝內。每苗距離約五六寸。旋施草木灰於其上。覆泥整好。惟四月薯則有先整好地畦後。於畦之中央。每離七八寸處開一穴。淋以糞水。（亦有缺而不淋者）每穴放薯苗一二條。復施以草木灰。覆土整好。其空間側邊。亦有點播蘿蔔者。

施肥種類及次數　常用肥料爲草木灰、草皮坭、牛屎等乾肥、及糞水塘坭等。乾肥任施其一。或與糞水同時施之。亦有至除草時復施糞水一次者。芋共施三四次。塘坭一次或無。

管理　有水利者、旱則堵水灌溉。薯除草一二次。芋除三四次。培土一次。

收穫期及收量　三月薯春分清明間收穫。四月薯立夏小滿間收穫。冬薯十一二月隨時收穫。每畝收量多者千餘斤。少者六七百斤。芋八九月隨時收穫。收量較薯畧多。

（3）蔗

品種　蔗有二種。一爲臘蔗。一爲竹蔗。竹蔗多種於南部。臘蔗多種於北部。

前後作物　多以水陸稻大豆花生番薯等爲輪栽。

留種法　擇强壯無病者。截取尾部六七寸。置於室內陰處。

種植期及法　立春至春分間。隨時可種植。臘蔗植法。與竹蔗稍異。普通種臘蔗。先犁耙地至細碎。不起畦者、整平後、於距離約二尺五寸間開一小溝。淋水於溝內。翟攪之。隨將蔗種劈去包殼。約留尾部一二節。平放於溝內。翟壓入土中。大半各條接續。放下後覆以細砂少許。如係低濕之地。則翟起矮畦種之。竹蔗行間較密。每行約距離二尺。每株距離六七寸。開穴斜插。每穴放二株。覆土蓋其三分二。此與臘蔗異也。

施肥種類及次數　常用肥料爲糞水草木灰豆麩塘坭等。臘蔗施肥較多。植後一月。每星期或二星期施糞水一次。至四五月時候。則將麩舂碎。混以草木灰及塘坭施一次或二次。竹蔗施肥較少。祇施糞水二三次、及入塘坭草木灰一次。皆於除草時施之。使土易於吸收。施後並翟行培土。

管理　除草施肥培土等事。多同時並行。約共五六次之多。植後四五個月。每月約舉行一二次。並須除冗葉繁芽二三次。隨時察看有無病虫害。有則除之。及生長四五尺高時。則於畦之中央。每距離一丈左右。插下竹或長木樁一條。雨旁復以竹木夾持之。以防風吹倒。及後生長再高。可隨時提起雨旁橫木。旱時間有灌溉。惟不常以水浸於畦坑。竹蔗則除草施肥培土整理等事。俱較簡省。亦不用樁木。至留爲宿根者。則於立春後用牛犁犂。於每畦之兩旁犂開。使翟照太陽。然後施肥除草培土。以後管理皆同新種者。

收穫期及收量　立冬後隨時收穫。每畝收量。臘蔗可製黃糖五百斤至千餘斤。竹蔗約減一半。

大約產額　全縣產臘蔗糖總額約三百餘萬斤。竹蔗糖約二百餘萬斤。

（4）花生

品種　花生有三種。（一）曲形小花生。（土名蛾豆）（二）大花生。（土名大豆）（三）。珍珠豆。（土名扳豆）蛾豆從來有種。及後輸入大豆。蟻豆遂爲所壓倒。後又輸入珍珠豆。大豆又爲所壓倒。現最盛栽者。爲珍珠豆。大豆次之。

前後作物　以稻薯蔗大豆爲輪栽。

種子選擇　用粒選法。擇其重大者晒乾。貯於木器或瓦器。

播種期及法　雨水至清明間。皆可播種。先擘取其仁。或依豆之仁數折爲若干粒。以水浸透。乃犁地耙至細碎。起三尺左右濶之平畦。用正方形法播之。距離約六七寸開一淺穴。每穴點播二三粒仁。隨施乾肥。後覆坭蓋之土質。輕鬆者。並用石轆鎮壓之。

施肥種類及次數　常用肥料爲草木灰、石灰、壳灰、肥土、豆麸等。點播時施一次。除草時復施一次。或無。

管理　管理甚簡。祇播後兩三星期中耕除草一次。及後復除一次。或無。

收穫期及收量　陽曆六七月收穫。計自點播至收穫。約經四個月。惟曲形細花生。則需經六個月。方可收穫。每畝收量三石左右。

大約產額　全邑約出產七八萬石。

（5）大豆

品種　有黃豆黑豆兩種。而黃豆又分春豆秋豆冬豆（又名雪豆）三種。品種有長岐豆白豆大山青鵝仔黃等。

前後作物　以稻薯蔗爲輪栽。

種子選擇　用篩簸取其肥大者留之。晒十分乾燥。貯於瓦器或木器。亦有用牙灰覆蓋之。以防虫害。

播種期及法　春豆雨水至清明時候點播。黑豆及秋豆夏至前後點播。冬豆大小雪時候點播。其法先犁耙地至細碎。另起廣大之平畦。用行耙開溝點播。每溝於距離六七寸處。即播種四五粒。播後施以草木灰或肥土。旋用石轆鎮壓之。然此法惟南部鬆疏之土則如此。若東西北三部土質較粘重。則起二三尺濶之小平畦。每距離六七寸處。用鋤掘一淺穴。播種其間。施肥同前。惟祇用鋤或木榔覆土整平。不加鎮壓。

施肥種類及次數　常用肥料爲草木灰擾撞。多於點播時施之。如係肥土沃壤。則並不施肥。

管理　同花生。

收穫期及收量　春豆芒種前後收穫。秋豆秋分前後收穫。冬豆谷雨前後收穫。每畝收量百餘斤。

總產額　全邑產額約百餘萬斤。

（6）煙草

盛栽於縣之東部根子分界等處。而產於根子者味至濃厚。就中尤以根子大塘產者爲最有名。茲分述其栽培法於後。

品種　係大葉牛利種

前後作物　多係水稻。亦有點豆種薯者。

種子選擇　擇生育強盛之株。不可摘心。留爲種用。至黃熟則收回陰幹。置於通風處。至播種時。先打出其種寔。用簸箕揚去其夾雜物及輕小者。餘皆可爲種用。

播種期及法　八九月播種。其法先將苗床耕耙犁碎。用草木灰或幼砂混勻種子。然後撒播。上蓋以稻草。每日淋水一二次。俟發牙後。則除去稻草。及稍長、則以稀尿水淋之。

移植期及法　早者立冬小雪前後移植。遲者大小寒前後移植。先耕耙地至細碎。起二尺濶之矮畦。用三角形或正方形植法。每畦植二行。每株距離約一尺五寸。植後淋以水或稀糞水。

施肥種類及次數。常用肥料爲豆麸草木灰糞水塘泥等。計施糞水數次。豆麸木灰等一二次。

管理　除草三四次。培土一二次。及生長至適度時。(約生二十片葉至三十片葉)即摘去其心。並隨時摘去腋芽。及注意灌溉施肥。至基部之葉。漸漸老黃。即隨時收　。以疏眼竹箕夾而晒之。俟乾燥後。則摺叠成集。以稻草束之裝於竹笠內。約五六十斤為一担。

收穫期及收量　立春後隨時有收穫。早者谷雨前後收完。遲者夏至前後收完。每畝收量約百斤至五十斤。

總產額　全邑產額約百餘萬斤。

除上述大宗作物外。尚有芝蔴、小豆、鴨脚粟、黃粟等。因其出產非大宗。且無特別之處可述。故畧之。

(七)果樹園藝

縣之果樹。多偏種於東北部。且多零星散種於屋邊地角。如龍眼荔枝芒果均極繁夥。但栽培在一二百年前。而施肥剪枝等法。皆附缺如。結實之豐凶。一諉之於天時氣候。不以人工略為挽救。獲利無幾。故今未有推廣。餘如方柿、黃皮，李子、梅子、桃子、檸檬、沙梨、鷄心柿、大波羅、蜜栗子、沙田柚等。皆有種植。黑欖、黃欖、亦夥。橙柑則於民國初年種植頗多。而獲利亦豐。至民國六七年。發生根腐病及虫害。無法救治。皆遭失敗。吃虧不少。或謂縣之土質淺瘠。夏季有過濕之弊。冬季有過燥之虞。不宜種植。現已視植橙視為畏途矣。除此之外。經營而種植之者。厥惟香蕉。茲先述各種果樹之繁殖法如左。次述香蕉之栽培情形。

(甲)各種果樹繁殖法

繁殖法及時期　芒果、黑欖、黃欖、龍眼、黃皮、檸檬、大波羅、蜜桃、李、梅、多係實生。荔枝沙田柚栗子橙柑多係駁枝。方柿鷄心柿沙梨皆係嫁接。實生者皆於成熟時。取其核即刻點播。俟生長有一二尺高。或再移植。駁枝者、於二三月行之。其法擇一二年生之嫩枝。於其純直部之周圍。剝去寸餘長之表皮。取軟硬適宜之濕坭。裹於該部。復用稻草綑實。俟發根透出表面。即可截下栽種。或復取濕粘土塗一次。使其多發根鬚後一二星期即截下種植更妙。或行假植一次。（橙柑多如是）至八九月再行移植。嫁接者、先取同類之種實。（如柿用柿核梨用棠梨）栽生一二年。於所欲接之樹未萌芽以前。即將其砧木鋸斷。約留二三寸。隨用鑿從中引開裂口。取所欲接樹一二年生之結果枝。（須與砧木同大者爲佳）截爲四五寸長。用利刀削爲楔形。插入裂口內。使兩者之皮適密切。用韌紙封固。並累覆土。不使過於乾燥。若上面加物蓋之。則更妙云。

成熟年齡　駁枝與嫁接者、成熟年齡較早。普通三四年至六七年。實生者成熟較遲。普通六七年至十二三年。

管理　往時對於果樹。除間有除草施肥外。並無其他管理方法。且多係散種於屋角地頭山坡等處。任其自然生長。保護尙多未周。何況其他。近年種植橙柑。皆在田地。較爲寶重。而對於除草（每季一次）施肥（春夏冬三季施之）剪枝皆甚注意。無如愛之愈周。而死之愈速。（對他種比較言）人多未明其故。殆亦土質不宜之所致歟。

收穫時期　梅春分清明收穫。芒果荔枝李子芒種夏至收穫。黃皮大波羅蜜桃子龍眼沙梨夏至立秋之間收穫。黑欖黃欖白露霜降間收穫。方柿雞心柿栗子橙柑沙田柚秋分冬至間收穫。

銷場　謝雞、大路坡、石骨、黃塘、根子、分界、等墟爲多。

（乙）香蕉栽培法

名稱及品種　蕉有二種一爲香蕉。又名矮蕉。其中更有一種名高木。又名遁地雷。色澤香味。與矮蕉同。惟較長大耳。二爲高蕉。又名大蕉。香甜之味。皆遜前種。色澤亦異。

種植地方　盛栽於北部沿江一帶。

繁殖期及法　蕉係分芽繁殖。普通於七八月時候。視其芽已長有三尺左右高。則行分植。其法先犁耙地至細碎。不起畦。用正方形植法。每距離七八尺。先開一深廣尺許之穴。後掘蕉芽。置於穴中。覆土踏實。略除去其葉之小部分。以減蒸發。隨淋以水

施肥種類及次數　常用肥料爲糞水豆麸。每年施三四次、至七八次不等。於蕉之周圍開淺溝施之。旋覆以土。

管理　年中除草四五次。倘結蕉子太大簇。本身不能支持。則於其旁用木樁以扶持之。開花時視其開至不能結實後。則將其蕉蕩(俗稱)摘去。免使虛耗養料。以弱其樹體。又於三四月時。用刀剝老腐之乾衣。以免虫害。而易繁殖。

收穫期及收量　於七八九月間、視其長大完滿者。即收。每簇約百條至二百條不等。

總產額及價格　每年產額約二十餘萬簇。每百條價銀二毫至三毫不等。以梅菉墟爲最大銷場。

(八)蔬菜園藝

縣之園藝。不甚發達。除自給外。出口者甚稀。且專業者亦少。其中最大宗者。爲梅菉之葱種．曹江梅菉之大頭菜、及多瓜。其他之瓜菜。則各處皆有栽培。至播種時期。大抵營利者較早。自給者較遲。甚不劃一。普通種類。亦不過二十餘種耳。

(1)葱

種植法及時期　法將昨年栽種遺下之葱。至本年立春雨水之間。刈去其尾。而拔取其頭。即種於鬆疏之園地。每距三寸許種一坎。行間距離則倍濶。種後淋以水。

管理　灌溉除草施肥而外。長大後更鋤開根旁之土。使其球莖得充分發育。

肥料　施糞水人尿草灰一二次。

收穫期處理法　夏至前後收穫。置於日光中。略晒乾燥。每重一斤左右。即將其葉縛爲一束。然後出市。

（2）大菜頭

品種　本地未嫻留種之術。謂自留者。往往變劣。多係購買潮州種子。其中亦有二種。一爲大葉種。一爲細葉種。前種身長。葉繁茂而多缺刻。後種身圓。葉細小而無缺刻。纖維亦少。人多喜種之。

播種時期及方法　十月至十二月之間。皆有播種。先整理苗床完善。以細砂混勻種籽。撒播後。以稻草敷蓋之。隨即稍淋以水。每日淋一二次。視其種子甫發芽。即除去雜草。隨後間施以稀淡液肥。

移植期及法　自播種後四五星期。即可移植。先犁耙細碎䦨地。畧起矮平畦。後淋濕苗床細苗。然後移植。用正方形植法。距離約五六寸。每坎種苗一條。隨即淋以水。

管理　祇除草施肥灌溉而已。

肥料　施人尿糞水數次。

收穫期及處理法　春季三四月間收穫。擇晴天上午用手拔起。即派於地上。晒兩三日。使畧減水分。後除淨其根鬚坭砂等物。用淨刀切爲數塊。每取數片置於筐上。投以鹽。用足搓勻。放入瓦缸內。約一星期之久。取出晒數日。至乾爽適度。則加以香料及鹽。（炒過更妙）復投入缸內封之。數星期後。可隨時出售。

（3）冬瓜

品種　有圓身及長身兩種。皆如圓筒形。惟長身種則較長大耳。

播種期及法　早造一二月間播種。晚造夏至前後播種。先整理䦨地。起二尺餘廣之平畦。約距離五六尺遠爲一坎。每坎如品字形點播種籽三粒。發生後。去弱留強。祇留其一。若䦨地未便。亦有先播種於苗床而後移植者。

。亦間有斑駁色者。體質強健。富有合羣性。猪黑背黑頭白肚白頸。生長速而肥育亦易。

普通飼料及放牧飼養情形　普通牛之飼料爲野草、稻草、薯、及薯籐、蔗尾、蕉樹等。多係放牧於山間。或牽而牧於田野。有於朝晚各放牧一次者。有祇於朝後放牧一次者。豬之飼料。爲家人之殘羹、酒糟、米糠、薯、薯葉、野菜等。但須先煮熟餵之。大豬每日餵二次或三次。豬仔餵四五次。羊則於朝後或午後放牧於山坡。任其各自尋食耳。

普通管理法　牛舍每日清除糞溺一次。水牛須間行洗身除虱。至豬羊之舍內。亦須日日清除。猪舍間用水洗滌之。羊舍內常懸有百足鹽。使其常啖之。方易茁壯少病。猪母有胎時。不可亂動猪舍。及放物入內。恐驚動其胎原。致有墮胎之事。少乳則飼以扁魚(即蓮魚)湯或猪腸黃豆湯。猪仔屙白屎。用雞行炒紅艾湯飼之。

畜舍式樣　牛舍極其單簡。有於舍之四隅各豎一大柱。每邊穿三四條橫木。以範圍之者。或於中央部畧低。置一瓦缸以貯尿。亦有並不設木柱以範圍之。祇以繩任繫於一處者。羊舍則於房內架一板棚。爲其臥所。以免水濕。猪舍係四邊圍以竹木。形式畧同牛舍。但規模與竹木較細而密。底面敷磚或石。或築以三合土。一隅畧低。開一孔以出糞尿。亦有兩邊圍以竹木。他兩邊則依墻壁者。其墻壁亦以三合土成之。使不易破壞。

(乙)家禽之種類

家禽有雞、鴨、鵝、鴿、四種。而雞又有黃毛雞、竹絲雞、黑雞、白雞、四種。鴨有田鴨、飛洋鴨二種。鵝有白鵝灰鵝二種。鴿有白鴿、灰鴿、黑鴿三種。

飼養之普通法　雞仔以米碎飼之。鴨仔以飯混鴨菜飼之。鵝仔以米碎及菜葉蘿蔔葉飼之。每日飼四五次。及已長大。飼法亦稍異而疏。普通皆用米粥混糠飼之。或以穀飼之。每日止二三次。鴿則用器載穀。任其啄食而已。

最大群之數　最大羣者爲鴨。約二三百隻爲一羣。次爲雞鵝。百十成羣。鴿則每羣至多二三十隻耳。

普通管理法　除飼養及看護外。無有別法。惟鴨仔及鴨羣放牧時。須有人保護。庶不致爲猛禽野獸所侵害。

禽舍式樣　禽舍係用木製成。長方形或正方形。各面皆如遮窗狀。每窗相距約七八分度。從側面開一可上下活動之閘門。爲其出入之門戶。其較簡者。則爲竹製之日字罩長尾罩及圓籠等。鴨羣則以一屋房爲其棲止。或以竹列圍之

（十）森林

面積　立木面積約佔全縣山嶺三四十%。概係民產。

森林狀況　森林樹種。不過十餘種。屬人工林者。有杉松（亦間有天然者）竹山茶等。屬天然林者。有楓、樟、柯、楹樹、紅椎、苦楝、（亦間有人工林）等。天然林皆係混合林。面積甚少。人工林皆係單純林。面積較廣。疏密度由四尺至五六尺不等。大抵地勢平坦者較密。傾斜者較疏。至更新之法。則因樹種而異。杉樹伐後。皆除去雜草。以俟其萌芽。如是可伐三四次。然後復種。松樹則伐後即種。或間留數株以爲天然下種。

種植時期及法　松杉由立春清明之間種之。種杉地須先冬季放火燒光山嶺。用鋤掘轉泥土打碎。預備來春種植。松則屆期直行簡單之移植。竹類於清明谷雨之間移植。其法先擇一前年生之竹。於距離三尺左右。用利刀斜截之。然後掘起。不可傷損其筍眼。運至植地。鋤開一穴。投竹於穴中。底部及一邊。須與實土接合。旋覆以土。用足踏實。每叢距離七八尺。松杉則距離四五尺而已。

伐木事業　伐木年齡及造材之法。各因其用途而異。大抵杉樹作枋桷用者。植後十二三年至二十年左右可伐。伐後即剝去其皮。截爲丈餘長以作枋用。其較細者。用刀斧削成方形。鋸爲五分左右厚。以作桷用。至作棺板用者。長數十年。然後可伐。伐木造材工價。每日二毫。另供飯食。松樹皆係作薪炭用。普通十餘年可伐。薪用者鋸爲尺餘

長。以斧劈之爲片。縛四五片爲一束。每束工錢四五文。燒炭用者。則視窰之大細。截合其度。入窰燒之。

運搬法　先用人力運至河邊。然後縛之成排。從水路運銷別處。惟南部地勢平坦。則有用人力車牛車以爲轉運。

(十一)輸出品

作物之輸出品。有蔗糖、花生油、烟葉、穀米、大豆、大蔴、沙羌、茶葉等。果樹之輸出品。有龍眼、荔枝、杧果、香蕉、黑欖、黃欖等。畜牧之輸出品。有猪、鷄、鴨、鵝、鴿等。林木之輸出品。有松、杉、竹等。製造之輸出品。有火紙、松脂、天蠶絲、木炭、粉札等。

(十二)特產

特產祇有一種。名緬茄。爲刻圖章及賞玩之用。係豆科植物。淸明谷雨間開花。至季冬方收穫。每一莢果內。藏仁一二粒至五六粒不等。仁爲扁長形。或畧成長方形。殊不一致。上半截爲黃色之蠟狀物。下半截畧似龍眼核。色褐。體質甚堅實。圖章及花紋皆刻於蠟狀物上。頗爲美觀。查其原產地。有云係出自緬甸。未知確否。相傳該村李某、爲明季京官。得其實一顆。歸後置之臥榻上。視爲家珍。一日不見所在。四尋無踪。遂疑爲婢竊。乃加之刑。卒至斃命。及後見櫳檻處發生一樹芽。審視之。即前所失之緬茄。已萌芽於此也。遂盤埋保護其生長。迄今已數百年。樹高約七八丈。過徑丈餘。每年獲利數百元云。今此樹已爲關姓所有矣。及後南關街。亦生有一株。其樹之週徑約五六尺。結實甚稀。美觀上亦大遜。

(十三)農林前途之希望

茂名東西南部。荒山頹嶺。尚居多數。而東北兩部。山嶺尤爲肥沃。倘種各種樹林。皆得其宜。是具有林業上之要素也。但此等荒山。皆爲世家大族所盤据。强爲私有。無資無志者。固不足與語林業。即此二者俱備。亦苦地非己有。遂致林業頹廢。天然之富利莫挽。食衆生寡。民生日以坐困。苟將荒山開放。勒令人民定期種植。政府盡保護之責。人民竭栽培之力。不十年而林利莫大焉。至南部平原廣闊。一望數十里。因爲水利缺乏。金塘石鼓一帶。荒地尙多。其他之不荒者。收量亦大減。故一般農民。又多取粗放農業。偶有亢旱。糧食即形缺乏。時仰東西北三縣以接濟。若能興造水利。使灌溉有資。則草萊闢而地力盡。收量必相倍蓰。以上兩者。倘能實行。則農林前途。將大有希望也。

（出自《广东农业概况调查报告书》，一九二五年）

電白縣農業調查報告

民國十二年　蔡乃駒調查

(一)位置

電白在高州東南。東西廣二百四十里。南北長一百六十里。東界陽江。西界茂名。北界陽春。南至海岸約六里。與海爲界。現設警察分四大區。城廂內外及城之附近、第一區所屬也。博賀一帶、第二區所屬也。水東一帶、第三區所屬也。沙琅一帶，第四區所屬也。

(二)地勢

該縣西北林山。山嶺重叠。地勢較高。東南面海。地勢亦較平坦。望夫山在縣北七十里。高三百餘丈。界連陽春陽江。千歲山又名錫勾山。高五百餘丈。在縣北五十餘里。横亘連綿。五藍河在縣之東。會合儒垌河界頭河而南流。溼儲河在縣之西。會合望夫、霞垌、沙琅、諸河而南流。經梅垌鎮以達吳川。而入于海。其餘小山細流甚多。不勝枚舉也。

(三)氣候

該縣西北踈山嶺重叠。而東南臨海。時有海風調劑。氣候和平。寒暑比較。陽歷七月氣温最高。正二月氣温最低。周年皆熱久冷暫。夏季雨量最多。冬季雨量最少。因近海之故。颶風爲患。每年一次或數次。農民常以風爲苦。

（四）耕地狀況

土質　東南部土質瘦瘠。西北較爲肥美。全縣耕地。壤土約占百分之三十五。黏土約占百分之三十。砂土約占百分之三十五。多係灰色土。黃褐色者。第三區水東一帶、及第四區沙瑯一帶間有之耳。

水利　縣中大川巨河及諸溝溪。縱橫交錯。低田大抵近于溪河。就此引水灌漑。頗爲利便。離水源太遠而較高之田。農民鑿池塘蓄水。以備灌漑。惟極高坡之地。水源缺乏。種植聽之于天。名之曰望天田。或因久旱。甚至不能下種。故該縣農民。不患水災。特患亢旱耳。

交通　交通分水陸兩種。縣之內地各處。專用牛車運輸。車路不通之地。則用肩挑。此陸路交通之情形也。縣西七十里有濃儒河。西北合望夫嶺垌沙瑯諸水。由北而南。達梅菉。經吳川縣。東約數里有五藍河。合儒垌界頭兩水。東南流以達陽江。以上兩河。可通舟楫。小帆船隨便來往。若由縣城往水東。航船來往。順風十點鐘可達。遲則一天。內地貨物。多經過縣城、而運出水東。然後由火船運往江門省城。此水路交通之情形也。

耕作情形　農民以種水稻竹蔗甘藷花生四者爲主。雜糧蔬菜亦有栽培。近來耕作水稻甘藷竹蔗。比之從前。無甚進步。惟花生一物。全縣各處。無不種植。日見繼長增高。此業非常發達。故產油最多。聞每年產油爲高州各屬之冠云。

（五）農民經濟狀況

耕地價值及租價　耕地有上中下三等。上田每畝百二十元。中田每畝八十元。下田每畝四十元或二三十元不等。上田每畝租穀二担。中田每畝租穀一担半或一担。下田每畝租穀半担。

長短工價　工有長工短工之別。不論長工或短工。該處習慣。絕無女人充當。均用男人充任。長工全年三十元左右。伙食由僱主擔負。短工閒時每人一角二仙。忙時每天二角。另須供膳三餐。

大小農及經濟狀況　該縣版圖遼遠。但地非平原。耕地較少。且人烟稠密。耕地不敷分配。每農戶耕五畝以下者。約占百分之七十。耕五畝以上至二十畝者。約占百分之二十五。耕二十五畝至五十畝者。約占百分之五。耕五十畝至百畝及百畝以上者。全縣絕無。西北部民多務農。東南部民多業漁。魚鹽之利甚溥。以全縣而論。經濟似頗充裕也。

大宗產品價　表如下。

品名	價格
白米穀	每担六元
紅米穀	每担五元
黑豆	每担一十六元
黄豆	每担一十五元
藷	每担一元二角
芋	每担一元六角
花生油	每担三十五元
片糖	每担九元
猪肉	每斤三角二仙
牛肉	每斤二角五仙

雞	每斤四角
鴨	每斤二角八仙
鵝	每斤二角八仙
塘魚	每斤二角五仙
蘿蔔	每斤二仙
白菜	每斤二仙
芥菜	每斤二仙
冬瓜	每斤三仙
蒜	每斤三仙
葱	每斤二仙
荳芽	每斤一仙
柴	每百斤六角
炭	每百斤三元

肥料價格

品名	價格
花生麩	每担九元
猪糞	每担一元四角

牛糞　每担一元
草木灰　每担一元二角
堆肥　每担六七角

（六）作物

（1）水稻

該縣耕作之水稻。分早晚兩造。早造水稻之品種。屬於白米者。有山東早、吊犁望等種。屬於紅米者。有白殼赤、紅殼赤、花螺赤、坡蘭等種。晚造水稻之品種。全係白米。有油粘、白粘、大糯、小糯、等種。就中以白粘品質爲最佳。坡蘭爲最劣。茲將其耕作情形。分述如下。

播種移植時期及方法　早造起在驚蟄播種。清明前後移植。晚造在小滿芒種之間播種。大暑前後移植。在未播種之前。以種子投入竹籮或草袋麻布袋之類。浸於水中一晝夜。取出、置於陰濕之處。早晚淋水。促其發芽。芽長一分或二分。即修整苗床。作成泥狀。頂面平滑。然後播種於苗床上。苗長七八寸。即可移植。未移植之前。以牛骨粉混草木灰撒入苗床。然後用剷剷起。不施牛骨粉者亦有之。早晚兩造。均剷苗分插。比別縣早造剷秧分插。晚造拔秧分插。微有不同也。

管理　移植之後。俟其生長强健。葉已返青。即中耕除草及施肥一次。肥料之種類不一。或施堆肥。或施草木灰。或施花生麸。除此次施肥之外。以後甚少補肥。惟中耕除草灌溉等等而已。

收穫期及收穫量　早造小暑收穫。晚造霜降立冬收穫。每畝收量一担至二担。

（2）花生

該縣農民栽培花生。有黃蜂腰珍珠豆兩種。近年栽培珍珠豆最多。油業甚形發達。除水田不能種植花生之外。稍高之田。俱以之栽培花生。故稻田面積縮小。米穀缺乏。近日穀米昂貴。此亦最大之原因也。其栽培花生之各種手續。甚爲普通。玆路述如下。

栽培及管理　土質多係砂質壤土。表土頗深。晚造不收後。先犂起田地。至明年立春雨水之間。再犂耙粉細。在驚蟄即行播種。高田平地種植。幷不起畦。低田開設排水溝。略起平畦。施堆肥或猪牛糞以作基肥。然後用種子行點播法。每距離七八寸播一粒。以泥蓋之。用足踏實。俟其生長四五寸高。中耕除草一次。以後視察情形。再中耕除草及培土一二次。至芒種已可收穫。連根拔起。担返陰涼之處。摘出花生。略晒乾之。即可運去市場發售。不晒即運出市場發售者亦有。每畝可收花生二担至三担。約值十餘至二十元。每逢市期。各油榨廠派人到市收買。全縣油榨廠大小有百數十間。大間資本充足。每春共買千餘至二千担。小間資本短小。買千担左右。據云、六担花生乾可得生米三担。榨油一百五十斤左右。但榨油之法。甚爲粗陋。玆畧而不述。

(3)竹蔗

經營狀況，蔗田地勢稍高而乾燥。砂質土居多。土質亦略肥美。縣之東南部。竹蔗較少。西北部則較多。全縣榨糖所百數十間。糖業亦頗稱盛。但近年因多牛瘟。斃畜甚多。從此而停頓營業者亦不少。此業已大不如前之發達矣。

栽培及管理　普通皆在雨水前後播種。未播之前。將耕地犂耙粉碎。起一尺高尺餘至二尺闊之畦。畦之中間開溝。施堆肥或猪牛糞等類、以作基肥。每距離一尺。縱置蔗苗一條。蓋一層薄泥。俟其生長。酌量情形。再施稀薄尿水二次。以後惟中耕除草及培土而已。至冬至已可收穫。收穫之後。留根而不換種新苗者。稱曰老頭。其換種新苗者。稱曰新栽。但該處習慣。多留根一年。若不留根。則就該田而栽培番藷、及其他雜糧之類。

收穫及用途　冬至開始收穫。收量無定。多用以搾糖。搾糖之法。概爲舊式。法甚簡淺。只用二大石轆。用牛索動。旋轉石轆。隨即以蔗置於二石轆之間壓之。如是者數次。至原料乾燥爲止。汁液另以器盛之。去其污物。傾入糖鑊徐徐煮之。俟其已沸。掬去其浮上之污物。落適量之石灰。以滑潔之。其污物自沸起而浮出。遂得黃色之糖液。又移入他鑊。使其徐徐蒸發。迨糖液已濃厚。傾於瓦盆中。以棍頻頻攪動之。至現出結晶粒。遂傾倒於草蓆上。用木耙還平之。割成長條。名曰片糖。其形如磚。該處搾糖所。每晚可搾十二脚水。（換牛一次稱一脚水。）二脚水可煮糖一鑊。每鑊出糖二十斤。二百四十斤裝成一笠。糖客到各處收買。再賣入各糖庄。然後輸出江門澳門省城香港等處。

(4)蠟蔗

蠟蔗以第三區爲多。概種於平陽低田。土質爲粘土及粘壤土。下層爲砂。最易排水。即水稻之田。晚造收穫後。次年不耕早造。取之以種蔗也。其種植手續。分述如左。

種植期及方法　普通在雨水前後種植。於晚造禾收穫之後犁起土地至種植前。再犁耙粉碎。起尺餘高二尺餘濶之畦。兩側各闢淺溝。每距尺餘掘一穴。淋水使成泥狀。并施堆肥少許。以作基肥。平置蔗苗一條。不用蓋土。

管理　種後土地乾燥。即引水灌溉。雨水太多。即行排水。生長四五寸高。淋稀薄尿水一次。以後倘有施豬牛糞花生麩之類數次。及酌量情形而中耕除草培土灌溉及剝蔗莢等。

收穫及用途　秋分開始收穫。然在冬季方行收穫者。居其多數。每畝收蔗約值三十元左右。多作生果用。取以搾糖，則甚少也。

(5)甘藷

甘藷生長容易。養分充足。收量豐富。爲農民食料之要品。該縣農民。種之甚多。品種有山藷、入掌藷、爛斬藷，黃心藷、紅皮藷、芋仔藷等。各種藷類。四季可種。但該處農民。年分兩季種之。小暑大暑插苗、冬至小寒收穫者。名曰六月藷。冬至小寒插苗、立夏小滿收穫者。名曰四月藷。栽培之法。先犁耙耕土細碎。起二尺濶一尺餘高之畦。畦頂斜尖。如屋脊形。施猪牛糞或堆肥以作基肥。取藷苗剪四五葉爲一段。長約五六寸。每距離一尺插苗一條。入土約三分之二。用足踏實。俟其生長。有雜草則拔去。埿土堅實則耕鬆。並隨時將藤起畦上。以免蔓延生根。致減藷實之收量。收量無定。每畝收三千至四千斤。取以作糧食或充飼料。窮鄉苦戶。多以之和米煮飯。作正當之食糧。有餘切成幼絲。或切成片。晒乾。以備凶歲。可當米穀之用也。

(6)甜藷。

甜藷以第四區觀珠一帶爲多。種甜藷之地。多是較高之田或坡園。與番藷爲輪栽。種植管理。與番藷略同。惟番藷取苗插植。甜藷則以藷種繁殖。普通種植期。皆在驚蟄前後。至白露秋分間收穫。每畝二千餘斤至三千斤。

(7)芋

該縣農民。種芋不如種番藷之普及。土質多輕鬆肥沃之壤土。品種有水芋紅眼芋麵芋鷄爪芋等。均在雨水驚蟄之間種植。未種之前。起三四尺濶尺餘高之畦。施堆肥以作基肥。畦上分四行種之。行間相距七八寸。株間相距約一尺掘一穴。即行下種。俟生長四五寸高時。淋尿水一次。以後再施花生麩一次。中耕除草培土等。則酌量情形如何而行。次數無定。處暑前後。已可收穫。每畝約收二千斤至三千斤。

(8)黃豆 黑豆

黃豆黑豆。以濕水長坡莘陂等村出產最多。兩者皆在大寒播種。先犂耙埿土幼碎。高地即平地種植。以種子與肥料相泥而撒播。播後耙坭土以蓋之。低田則起平畦。施猪牛糞草木灰以作基肥。每距離四五寸點播種子數粒。用足撥泥蓋之。生長六七寸高時。中耕除草一次。絕少施肥。至小滿時候。即可收穫。連根拔起。每畝收豆約一担。值銀十五六元。

(9)藍

藍爲染料要品之一。鄉間農民所着衣服。皆粗陋樸質之布。大抵以該物染之爲多。故該處農民。亦種多少。以供染料之用。藍地地勢稍高。砂質壤土。排水容易。多平地種植。甚少起畦。普通皆在春分播種。先整地精細。施堆肥草木灰等爲基肥。然後播植。多用撒播法。條播亦有。播後不再施肥。惟中耕除草而已。至大暑立秋間。即可刈割。約二三十條縛成一束。用以製藍靛。製法或用瓦缸。或掘一穴長闊約六七尺。深約三四尺。穴內以石灰塗抹堅固。將藍投入。用清水浸之。水以淹藍爲度。浸後天熱一晝夜即行醱酵。天冷則稍遲緩。醱酵完畢。即行取出。用手搾乾。落以石灰。頻頻攪拌其液。視其液面起泡無數、并呈黃色。即行停止。任其沉澱。約一二點鐘之久。傾出其水。即得藍靛。每百斤值銀十元左右。

(七)園藝

(甲)果樹

果樹如荔枝、龍眼、楊桃、黃皮、石榴等。縣之各處俱有。惟專營此業者。僅距縣城西北十里之莘陂村。有一果園。面積縱橫約一里。砂質壤土。該園名曰荔枝園。以種荔枝爲主。多爲黑葉種。糯米糍及桂味則寥寥數株而已。然除荔枝之外。尚有砂田柚。沙梨、楊桃之類各數十株。果樹之空隙地。并栽雜糧。以爲副產品。此園種種佈置。粗具規模。但經營未久。收入微薄。據言每年之總收入約二百元之譜云。除此園之外。各種果樹。大半在村庄前後。

或住居左近。散種多少。或由拋棄各種果核自然生長者居多。中以荔枝爲盛。品質亦優。每值市期。鄉民携出縣城水東發售。最多時每市有二三十担。每担值銀十元左右。

(乙)蔬菜

(1)冬瓜

冬瓜栽培已久。其狀圓形或長筒形。品質頗優。尤以北橋所產者爲最佳。普通雨水間即行播種。多平地種植。甚少起畦。每距離一丈掘一穴。或豬糞或牛糞以作基肥。下種數粒。以備汰弱留强。生長五六寸高時。淋尿一次。以後再淋尿二三次。資本充足。亦施花生麸。中耕培土除草等。視察情形而定。無一定之次數。夏至即可開始收穫。每畝約收三担。每担值銀三元。多運出縣城水東等處發售。

(2)芥菜

該縣農民。栽培芥菜。頗爲普及。栽培之法。秋季播種於苗床。苗長七八寸。即行移植。未移植之前。起三尺至四尺闊之畦。施草木灰或堆肥之類。以作基肥。然後移植。畦上種四行或五行。行間距離約七八寸。株間相距約一尺。移植後、早晚淋水。俟其生長强健。施稀尿一次。以後繼續施尿數次。至大雪冬至時候。隨便收穫。每斤值銀三仙。

(3)蘿蔔

蘿蔔性質强健。栽培容易。且用途最大。生食煮食鹽漬乾製俱可。各農戶皆栽培多少。栽培之法。秋季即行播種。高田多平地種植。低田則起略高之畦。先施下堆肥草木灰之類以作基肥。然後播種。多用直播法。播後即行淋水。俟其生長。施稀薄尿水一次。早晚俱要淋水。以後中耕除草及補肥等。皆視情形而定。至大寒冬至間。已可收穫。

每畝收三四千斤。每斤值銀二仙。

(4)其他

其他各種蔬菜。如葱、蒜、韭菜、黃瓜、苦瓜、南瓜等。各處俱有。惟不如芥菜蘿蔔之普及而多。栽培法亦甚普通。故略而不述。

(八)虫害

該縣於民國十一年四月。發生一種害虫。全縣殆遍。水稻被害特甚。虫之大如火柴枝。長約五分。多食稻之心部。稻被其害。葉呈黃色。其心捲回。農民名之曰捲心虫。據土人云。天若久旱。且吹北風。則此虫發生。本年早造歉收。即因三四月間、有以上情形。發生此虫。致被其害也。

(九)畜牧

(1)馬

馬雖家畜之一種。但在廣東甚少用以耕田。農民無養馬之必要。故該縣養馬甚少。惟行商醫家、間有養一二匹以供馳騁而已。飼養甚爲簡單。日間放牧。夜間繫於馬舍。給糜飯及米水。種類劣者居多。良者甚少。每匹值銀三四十元。其值百元或百餘者甚罕見也。

(2)牛

農戶俱有飼養。大農戶養二三頭。小農戶祇養一頭。日間用牧童牽出坡野。任其採食生草。夜間繫於舍內。牛舍多就住宅留出一房。或就廊隅空地充之。另行建築牛舍者甚少。全縣統計。水牛多於黃牛。蓋該縣糖業頗盛。榨蔗甚多。黃牛體小力微。不堪驅駛。水牛體大力強。足供此役也。

(3)羊

該縣雖無適宜大好牧場。然山嶺頗多。嶺上又多生茂草。最宜飼羊。故縣中養羊者頗多。羊羣大者百餘頭。小者數十頭。日間用一人看護。驅出山嶺上。任其採食生草。夜間驅返舍內。羊舍多就住室旁邊。以木柱及禾草蓋搭草屋。或有在空地以磚瓦而建築之者。然皆矮小。不甚高大。每羊大者、值十元八元。小者三四元。本地除非喜慶及祭祀等事。甚少用羊。概由羊客收買。輸出江門澳門各埠發售。

(4)猪

農民養猪。甚爲普及。惟專營此業者則甚少。普通飼料。以糟水、米糠、殘羹、廢飯、番藷、藷葉、爲主。經煮沸一度。然後用之。每日早午晚餵三次。餵後任其外出。夜間驅入舍內。猪種大都腹部色白。背部色黑。肉質頗佳。除供本地食用外。概由水東出口。運往江門省城港澳各處發售。

(5)鷄

縣中亦無專營此業者。惟每戶俱有飼養。多則十餘隻。少則數隻。飼料以米糠廢飯爲主。每日早晚餵二次。日間任其外出。夜間棲息舍內。鷄之最佳種者。重七八斤。其重四五斤者。最爲普通也。

(6)鴨

鴨非家家皆養。有專營斯業養成羣之鴨。以供各處需求者。大羣百餘隻。小羣亦數十隻。日間用一人或二人看護。驅往池塘溪河各處。任其覓食。夜間則在鴨舍。幼細時飼料以米谷爲主。日餵數次。長大時多用番藷。生食及煮熟俱可。日餵一次。鴨之毛色。全部皆黑。鴨體不甚粗大。平常每隻值銀六七角。昂貴時每隻值一元或一元以上。

( )鵝

縣中養鵝甚少。其中或有農戶飼養二三隻而已。若飼養鵝羣。則全縣實所罕見。鵝之普通飼料。以廢飯米糠爲主。每日早午晚餵三次。餵後任其外出採食生草。夜間息於舍內。最大之鵝。重十斤左右。重六七斤者。最爲普通也。

(十)輸出品

輸出品物。農產品以片糖花生油花生餅爲多。牲畜則有豬牛羊雞鴨等物。其數量若干。甚難得的確之數。惟到海關調查。亦可知其大概。但調查該縣。適值省垣政變。高州亦受兵燹。水東海關辦事人員。逃避一空。僅有一二差役及守衛兵弁數名留守而已。所以雖到該關。亦無從調查。只得怏悵而返。故該縣輸出品之數量。未知大概。殊爲慽事也。

(十一)特產

該縣特產甚少。北部浮山之頂。有一大湖。其水週年不竭。發生一種龍鬚草。用以織蓆。與省城所售之龍鬚草蓆無異。惟採取該草。習俗迷信。以爲有意外之虞。故向來懸爲厲禁。據土人云。婦人爲枕該蓆。易叶夢熊之兆。民國十一年四月。有林某使人盜取。天忽然大變。風雨交作。農民損失甚鉅。迨後發覺。拘案罰欵了事。夫天本有風雨之變。而終歸罪於盜草者所致。受罪者未免無辜。加罪者未免迷信太甚也。

(十二)森林

該縣山嶺重疊。天然林甚多。本地所用木材。除建築之桁桷由別處輸入外。其餘各種傢私。本地所產。木材已足供給。北部與陽春交界之處。高山大嶺。所產竹類尤盛。可以用造紙及織各種器皿。惟近來股匪盤踞。不便採伐。至於人造林。農民在山邊嶺腳。亦種有一種松樹。種法先行育苗。至一尺高。然後移植。經四五年或七八年之久。直概行斬伐。以供燃燒之用。總而言之。該縣林業。究屬幼稚時代也。

（十三）農林前途之希服

該縣旱田多於水田。對於改良農作。應從旱作物着想。旱作物之最可研究而求發展者。莫如糖蔗及花生兩物。糖蔗與花生。該縣農民。久已栽培極盛。全縣搾油所約百間左右。搾糖所亦數十間。糖蔗及花生產量之多寡。已可概見。惟農民對於選種施肥管理等項。均爲簡陋。宜設法勸導。使農民對於上述各項。注意改良。則收量當較豐富。又於可以栽培糖蔗及花生之地。不使休閒。再事擴充。則產額更爲增大。此農業方面之有可希望而極宜圖改良發展也。至以林業而論。該縣天然林甚富。惟天然林之所在地。股匪嘯聚。交通不便。斬伐維艱。運輸困難。不無遺憾。是宜設法剿平匪禍。并速闢公路。以便交通。對於天然林。方有利用。至於人造林。人民雖間有在山邊嶺脚種植松樹。然造林法則諸多未諳。且種後未達伐木年齡。早已砍伐殆盡。以充燃料。是宜急加改良。並混種以有用樹種。以供建築製造之用。而遏止外材之輸入。此該縣人民之極宜注意也。

（出自《广东农业概况调查报告书》，一九二五年）

信宜縣農業調查報告

民國十年

黃坤培
卓正豐 調查

(一)位置

信宜縣位居茂名縣之北。縣城偏於南端。東界東安縣。南界茂名縣。西界廣西之岑溪容縣北流。北界羅定。面積約一萬方里。

(二)地勢

縣之中央。有一大山脉。橫亘其間。自西而東。區分全境爲二區域。南爲舊圖。北爲新圖。耕地頗爲狹窄。新圖尤甚。愈北則山嶺愈高大。耕地亦愈狹小矣。水之大者。在舊圖爲東西二江。東江自東來。西江自西來。相會於縣城南。流入茂名界。在新圖爲懷鄉江火及波江。皆北流入廣西之岑溪縣。其次爲古丁水、馬貴水、雙降水、皆南流入茂名境。白龍水、黃龍水，皆北流入羅定境。

(三)氣候

氣溫最高在大小暑之間。最低在大小寒之間。冷熱之期畧等。温和之期較久。風災間有。雨量充足。每年春夏季之間。雨水最多。但非大雨。至六七月間。雨水雖漸疏。惟雨多傾盆。冬至前後。雨水最少。於大小寒間。或有霜害

(四)耕地狀況

砂質壤土約佔七十%。粘土約佔三十%。顏色多淺灰。或有黃色及褐色者。表土深約四五寸。地狹人稠。農業皆趨集約。即山岡亦多闢為耕地。以之植鴨爪粟、大豆、番薯、山芋、等旱地作物。水田概以水稻為主。每年耕種二造。懷鄉與北界左近。間有早造種稻。晚造點大豆、及種薯者。其他各處。則間有早造點大豆及花生晚造種稻者。耕地狹窄。支流頗多。均獲灌溉之利。東西二江下游。畧為平緩。則造水車以資灌溉。其餘溪流。多係傾斜。可以堰水灌溉。尤為簡便。故水旱之災皆少。然山嶺重叠。陸運困難。尤以新闢為最梗塞。轉運貨物。皆用肩挑。水運則河西二江。可通船筏。畧為便利。但水量不充。冬季行駛甚難。餘則底淺多石。不能行舟。祇可流運木材及柴薪而已。

(五)農民經濟狀況

農民經濟。大都困乏。得稱為稍充裕者。不過百之一二。借貸極為困難。非有確實之抵押物。則不能得。年利二分至三分。每農戶耕地五畝者。約五十%。五畝至十畝者。約四十%。十畝至二十畝者。約十%。二十畝以上者罕有。每畝田價約百元至三百元不等。每畝田租。約銀八元至十二三元。初租入時。每畝須給租銀十元左右。方能租得。旱地甚少。大都磽瘠。每畝價十餘元至五六十元。地租一元至四五元。農產品之大宗者為穀米。穀每百斤約三元。米約五元。木薯乾約四元五角。花生油約二十元。黃豆每石約八元。藍靛約十元。薯京約三元。生砂仁約十三四元。茶葉約十元至三四十元。猪肉約二十五元。鷄約三十元。(俱以百斤算計)然此等經濟情形。每因供求不均。時有變動。茲不過就其普通價格言之耳。

(六)普通作物

耕地作物。以水稻爲主。次爲薯、芋、大豆、鴨爪粟、大小麥等。山地以木薯、薯莨、山藍、砂仁、茶葉爲多。次則山芋、山羌、山禾、山豆角等。亦間有。茲將其大宗者分述之。

(1)水稻

品種　水稻之品種。頗爲複雜。亦有種同而名異者。今就其最普通者記之。早造有黑殼、翻秋、早赤米、早白殼、糯仔、等種。晚造有橫葉、田基度、黃殼、冬赤米、竹粘、白粘、大糯、等種。其種植情形。畧同茂名。茲不贅。

(2)薯芋

品種　薯之品種不多。最普種者爲曹江紅、秤椗薯、白肉薯、黃肉薯等。芋有紅眼芋、狗爪芋、坭芋、山芋、等種

前後作物　以水稻或大豆花生鴨爪粟等爲輪栽。

種子選擇　芋則除最大之芋頭及無頂芽者外。又須擇其無病者方用之。置于陰凉乾燥之所。惟坭芋則掘收後。須即栽其頂芽及芋仔。插植于苗床。俟發根然後移植。薯概用插苗繁殖。除近頭之老蔓不用外。餘皆可截爲六七寸許栽之。

栽種時期及法　該縣氣候。較茂名略寒。故冬季少種薯。其餘三季。皆可隨時種植。秋季最多。種法多係起三四尺濶之平畦栽之。間之薯排。與茂名之起壠栽種者畧異。北界懷鄉兩處。多與秋豆混種。于除秋豆草完畢後。在同地之行間。開一淺溝。派放薯苗于溝內。隔五六寸放苗一條。撒以草木灰。或他種乾糞。覆土蓋之。即得。芋于立春雨水候種之。其法先將地犁耙細碎。起二尺許濶之平畦。用三角形植法。每距離一尺三四寸鋤開一穴。用糞水淋之後。擇芋之無病及頂芽强壯者。用淨刀切取頂芽部。切口以熟石灰或木灰塗之。以防其腐敗。每穴放一芽。旋即覆土整平。其空間有栽黃瓜豆角茄子芫莧菜等蔬菜者。山芋則栽于傾斜之山地。先將山土翻轉打碎。不須起畦。畧分

界水而已•種法與前同•

施肥種類及次數　常用肥料爲草木灰牛糞乾糞水草皮坭塘坭等。種薯時任施一種或二種。同時施之。至除草時。有復施糞水一次者。種芋共施糞水三四次。或施塘坭一次。山芋則祇施草木灰等乾糞一二次。

管理　祇除草施肥灌漑而已。芋則須培土一二次。

收穫期及收量　落種後四五個月。可隨時收穫。芋須種後七個月。始可收穫。每畝收量四五百斤至千餘斤不等。

（3）黃豆

品種　黃豆分春豆冬豆三造。其品種有黃毛豆、白毛豆、黑眼豆、白眼豆、大山青、黃坭豆等。

前後作物　多以水稻番薯鴨爪粟等爲輪栽。

種子選擇　用篩選法取其肥大者。晒十分乾燥。然後貯于瓦器。作爲種用。

播種期及法　春豆陽歷二三月之間點播。秋豆夏至前後點播。冬豆大雪冬至之間點播。其法先犁耙地至粗碎。起二三尺濶之平畦。用正方形播法。每距離五六寸以鋤開穴。隨播種子四五粒。施以草木灰。即覆土整平。

施肥種類及次數　常用肥料爲草木灰。點播時施一次。除草時或復施一次。

管理　管理甚簡。祇除草一二次耳。亦間有灌漑者。

收穫期及收量　春豆芒種前後收穫。秋豆白露秋分之間收穫。冬豆谷雨前後收穫。每畝收量約百餘斤。

（4）鴨爪粟

品種　鴨爪粟祇一種。係植于旱瘠之地。

前後作物　以豆薯爲輪栽。

種子選擇　用風選及篩選取其子實粗大者。

播種期及法　先整備一苗床。于立春雨水之間撒播之。隨時淋水。間施以液肥。及生有四五寸高。即可移植。如地已備。亦有直播者。

移植期及法　陽歷三四月移植。先耙地細粹。起二三尺濶之平畦。用正方形植法。每距離六七寸開一淺穴。即移植幼苗三四株。隨施以稀糞水或草木灰。

施肥種類及次數　常用肥料為糞水草木灰。移植時施一次。除草時一次或不施。

管理　管理甚簡。祇除草一二次耳。

收穫期及收量　芒種夏至之間收穫。每畝收量約二百斤左右。

(5)木番薯

形狀　木番薯形如圓筒。略似乾葛。葉如掌狀。粉質甚多。

栽培法　先於冬月反轉山土。打至細粹。于陽歷二三月間、雨後土潤時。即用插枝法繁殖。先截苗木為四五寸長。每距離一尺五寸度、插植一株。亦有利用新栽杉地空間以插植者。更為經濟。

管理　祇除草一二次耳。或間施以草木灰。

收穫期及收量　冬季隨時可收穫。因此時雨水稀少、空氣乾燥、易于處理也。每畝收量約五六百斤至千斤不等。

處理法　收穫後即切為薄片。投入瓦缸或水桶內。用清水浸五六日。視缸中發生泡沫甚盛時。即可取出。洗淨晒乾即可隨時出市。

用途及價格　供食及製粉用。薯乾每担約銀四五元。

（1）薯莨

播種期及法　先於冬季反轉山土打粹。即取薯莨之種實。連蔓掛於樹枝上。則其實自然爆裂。種子墜於地上。得溫即發芽。俟生長一年度。苗高約尺許。即可移植。或于二三月間、截苗爲五六寸長插植亦可。

移植期及法　立春至淸明之間。遇雨後即可移植。于已預備栽種之山地。每株距離五六尺。

管理　初種第一二年。祇除草一二次而已。並不施肥。

收穫期　種後三年度。視其薯肉已現深紅色。即可掘取出市。

用途及價格　用作染料。每担約銀三元左右。

（2）砂仁

土宜　以肥沃濕潤而少日光之山谷地爲佳。

種植期及法　立春至清明之間。皆可種植。係分根繁殖。先將山土反轉打粹。屆期掘舊種之繁茂者三分一二。截去莖部。然後分植。每叢三四株。距離約四五尺。

管理　管理甚簡。不須施肥。每年祇除草一二次。冬季則刈去老苗。並剷除雜草。又初種時。若不植於樹陰之地。則須另種芭蕉于其空間。藉以遮蔽日光。增加土地之保水力。生育方佳云。

結實期及收量　種後一二年。始開花結實。其結果枝與他種植物頗異。結果枝不在上端之枝梢。而在根際之匍匐枝。于二三月間開花。立秋前後成熟。每畝約收百斤左右。

調製法　將收回之熟實。投入一焙桶。桶底以一疏眼竹蓆爲之。置桶于爐之上。灶內燃生樹葉。使烟從桶之上面出。以熏焙桶內之實。焙至熟匀。取出晒乾。即可出市。每生實三斤。約得乾實一斤左右。

(七)特用作物

用途及價格　藥用及煎糖果用。每担乾實約銀六七十元。

(3)茶葉

四十年前。該縣茶葉出產頗多。貴子墟有茶庄數間。販運出口。第因調製不良。且多欺僞。遂爲外人所擯斥。供過于求。價格漸平。茶庄亦從而倒閉。此業遂替。現在產額仍爲高屬之冠。

品種　有米粹碎、觀音茶、紅尾茶、白背茶、等種。又因異地所產。品質有優劣之分。故亦有以產地爲名者。如雙山茶、較杯嶺茶、合羅茶、黃砂茶、大甕茶、等是也。

品質　以種類論。米碎茶味最佳。觀音茶次之。紅尾茶白背茶又次之。以產地論。則雙山茶最佳。較杯嶺茶次之。合羅黃砂大甕等茶又次之。

播種期及法　先掘鬆山地打碎。至立冬前後。採老熟之種實。即日點播。不可採收過久。每坎播種四五粒。覆以薄土。距離約三尺。此直播法也。亦有行移植者。則另播種于苗床。待其長大而後移植。

移植期及法　立春至清明之間。皆可移植。惟遇雨後土地濕潤時。移植生長較易。其法先將山嶺雜草燒光。反轉坭土打碎。屆期即行移植。距離約三尺左右。然多用直播法。以省移植之工程。

管理法　每年祇除草一二次。其老弱之樹。則于冬季伐之。隨行除草。以俟其復發新芽。發生蝕葉虫時。則置火炭于瓦上。持于有虫害之樹。從葉下面以火烘之。虫觸熱氣即墜于火炭中而斃。然此係佳良之茶樹。方有此舉。其他皆置之不理。

採茶期及法　種後二三年。始有收成。年中四季。皆可採摘。春季尤豐。但須視其新芽生長至適度時。方可採摘。

春季初採之新芽。須留新葉二片。以爲第二次發生腋芽之預備。以後採摘。則留新葉一片便得。

製茶法　將採回之茶葉。用冷鑊猛火炒之至軟。名曰倒青。每鑊可炒生葉斤餘、至四斤不等。而以少爲佳。隨即取出搓揉。以扇扇冷。復傾回鑊緩火再炒。隨用手揉擦茶葉。直至乾脆爲度。此名曰炒茶。味最甘香。價亦較昂。有不復回鑊再炒。而逕以火焙乾者。名曰焙茶。香味價格。皆遜于炒茶。更有不復回鑊再炒乾或焙乾。逕置于日光中晒乾者。名曰晒茶。味最劣。價亦最賤。

用途及價格　飲料用。每斤壹毫至壹元餘。

（八）果樹園藝

果木園藝。較茂名爲少。成園者甚稀。如荔枝、龍眼、黃皮、等類。皆散種于屋邊地角。且亦寥寥無幾。其中果樹之最繁夥者。則爲錢排一帶之山稔。大成白石一帶之方柿。出產頗多。又大成涌尾之朱血李。金衣與竹坑之黑白欖。出產亦不少。餘如東鎮市朱家之沙梨。雖負美名。而梨樹不過十餘株。其他劉家李家亦各有十餘株。近來人民頗欲得此種以爲種植。漸漸有推廣希望。此外如大菠蘿蜜、梅桃、柚、檸檬、等。亦有種植者。就中以梅爲較多。以上各種果樹之繁殖法。有實生駁枝剖接分根等法。如黑白欖、大菠蘿蜜、山稔、龍眼、桃梅、等。皆係實生。黃皮、檸檬、柚等。實生與駁接畧有行之者。方柿沙梨、皆係剖接。荔枝則用駁接。李子多用分根。其法與普通同。故不贅述。

（九）畜牧

（甲）家畜

普通飼養者。祇有牛羊猪三種。養馬者絕少。惟僅有而已。牛有水牛黃牛。皆係役用種。羊祇山羊一種。猪祇肥猪一種。均係肉用。其飼育管理情形。與茂名同。玆不贅述。

(乙)家禽

家禽有鷄鴨鵝鴿四類。而鷄有黃毛鷄、竹絲鷄、烏鷄、三種。鴨有飛鳳鴨及田鴨兩種。鵝有白色及灰斑色兩種。鴿有白黑灰三種。其飼養管理情形。亦與茂名同。不復贅。

(十)森林

高州之森林。以信宜縣爲最發達。每年輸出價額。約數十萬毫金。樹種以松杉竹三者爲大宗。新圖之思賀堡、曹連、扶參。及舊圖之東安、雙垌。乾和、乾古、金垌、等處。均產多量之杉材。至松樹則隨處皆有。又金垌、金衣、竹坑、等處。多產羅竹。東鎮白坡一帶。多產簕竹。林產製造。亦頗發達。現在高雷各屬之用材及林產等器具。多仰給于該縣云。

立木面積　立木面積約占全縣山嶺五六十%。皆係民產。

森林狀況　森林之樹種。屬于人工林者。有松、(亦有天然者)杉、竹、茶油樹、等數種。皆係單純林。屬于天然林者。有椎樹、樟樹、楓樹、楹樹、相思、苦楝、等、十餘種。皆係混淆林。土人稱爲雜木林。面積比人工林爲小。且皆零星疏散。巨材絕少。普通人工林之種植距離。由三尺至六七尺。大抵地勢平坦者較密。傾斜者較疏。更新法因樹種而異。杉樹除長大木者外。伐後皆芟除雜草。以俟其萌芽。及新芽生長四五年。則伐去其無用之弱本。其留存之强本則並行折枝法。如是可伐三四次。然後復種。松樹伐後即種。或間留數株。以爲天然下種。

種植期及法　松杉由立春至清明之間。皆可種植。每株距離自三四尺至六七尺。而杉地則預于冬季放火焚光山嶺。用鋤掘鬆山土打碎。屆期即種。竹類于清明谷雨時種之。但羅竹須略遲。其法先擇一前年生之母竹。于其距離地三尺左右處。用利刀斜截之。然後掘起。不可使損其筍眼。是爲至要。植時先開一穴。後置母竹于穴中。底部及上端。須與實土密切。旋覆土。用足踏實。工程乃畢。

伐木事業　伐木年齡與製材方法。均與茂名縣同。茲不贅述。

運搬法　先由人力運與河邊。然後從水路運去。無水運處。概用人力運。

（十一）輸出品

作物之輸出品。有穀米、蓮子、木番薯等。森林之輸出品。有各種杉材松柴蘿竹樟板等。工藝製造之輸出品。有木桶、木杓、木屐、橙凳、簑帽、帽圈、銀蘿仔、竹紙、木炭、茶葉、砂仁、天蠶絲、米粉扎等。畜牧之輸出品。有豬、雞、鴨、等。其中尤以木材及工藝製造品之輸出爲最大宗。

（十二）農林前途之希望

信宜地狹人稠。絕無荒地。故擴張農業。已無大希望。惟山嶺重叠。不知凡幾。且多肥潤之地。是最宜于林業也。故其人民之餘力。亦早從林業方面發展矣。然大山之上半截。尚屬荒廢。即已成林者。除杉竹及小數松林外。餘多無條理。故容閒隙地尚多。且該縣人工廉而手勢熟。造林尤有事半功倍之利。若使各林皆有條理。復從事于植荒。使無廢土。則林業前途之希望。正未有艾也。

（出自《广东农业概况调查报告书》，一九二五年）

化縣農業調查報告

民國十年

黃坤培
卓正豐 調查

(一)位置

化縣居茂名縣之西。東界茂名。南界吳川。西界廉江。西北界廣西之陸川縣。北界廣西之北流縣。位于北緯二十一度五十分。東經一百十度四十分。面積約八千餘方里。

(二)地勢

化縣縣境。畧成三角形。縣城偏於南端。東西北三方多山。大小不一。南部平坦。陵水由東北而南。羅水由西北而東。與陵水會於化縣。

(三)氣候

化縣氣候。與茂名畧同大小。暑候最熱。雨量亦最多。大小寒最冷。雨量亦最少。夏至大暑之間。間有風災。大小寒之間。或有霜害。

(四)耕地狀況

化縣土壤。以砂質壤土爲最多。粘質土與砂質土次之。肥美之土。約居三四成。瘦瘠之土。約居六七成。東西北三部。山嶺頗多。地勢向中南部傾斜。陸地交通不便。南部畧平曠。有牛車人力車以輸運。頗爲便利。正西一部。溪流甚少。夏日雨多之時。常有蓄水之患。東北西北兩隅。有藉水車以資灌溉者。餘多聽天然。南部低平。屢有水旱之害。較高燥之地。則多種花生大蘇竹蔗豆類。而低窪之田。又以種一造水稻爲多。

（五）農民經濟狀況

縣之中南部。農民因有蔗豆蠶桑等之出產。經濟頗爲充裕。此外大都困之。每戶耕地。五畝以下者。約三十%。耕五畝至十畝者。約五十%。耕十畝至二十畝者。約十餘%耕二十畝以上者。約五%。田價每畝約五十元至二百元。田租每畝約五元至十元。地價每畝約二十元至百元。地租每畝約二元至六元。其農產品之大宗者爲穀。每担約銀四元。次爲蔗糖。每担約六元。其餘烏豆每担約七元。大蘇每担約八元。花生每担約七元。藍靛每担約十一二元。猪肉百斤約二十八元。鷄百斤約三十元。平常水牛。每頭約四五十元。黃牛約二三十元。

（六）作物

普通作物。以水稻爲主。豆類蔗蘇等次之。耕種法亦與茂名畧同。茲擇其大宗者分述之。

（1）稻

稻有水稻陸稻二種。陸稻品質粗澀。不甚適口。通常用以蒸酒、或作家畜飼料爲多。水稻分早晚二造。其品種不下數十種。而最普通者。早造爲田基度、白粘、花壳、糯仔、等種。晚造爲黃粘、白粘、翻秋、鷄蝨犀、花葉大糯等種。至每年播一造者。則有大煞、深水蓮二種。能耐水旱之害。但其品質粗澀。人不喜食。專作蒸酒及飼料之用。

播種期及法　早造春分前播種。晚造夏至前後播種。大煞立夏前播種。深水蓮小暑前播種。其法先將穀種風選。以竹籮載之。放於水中。以手攪之。撈去其輕浮者。籮上加蓋以蓋之。日間浸於水中。夜則挑回室內。如是二三日。則穀必萌芽。俟芽約有穀之一培半長。於陰處攤散候冷。然後撒於耙成糊狀之秧田。陸稻則直接播於本田。普通用條播或撒播法。於春分前後行之。每畝約用種十斤。

移植期及法　早造谷雨前後移植。晚造立秋前後移植。惟大煞種則芒種前後移植。深水蓮種冬至前後移植。其法早造則先將乾肥如骨灰禽畜糞草木灰豆麩等細碎。撒於秧苗之上。再淋以少許糞水。使肥料粘結於秧頭。乃用鏟連泥劏起。以竹箕戳之。挑至田邊。即可分插。插法多採正方形。縱橫距離約六寸。晚造亦同。惟移植法則稍異。各處多係旱秧。先將秧苗拔起。輕輕打去其根際之坭土。以稻草束其中部。割去其尾寸許。乃投入先預備之肥坭（即塘坭之混合各種肥料者）中。用手捻勻。務使各條秧頭均粘肥坭。然後提起。略行拭乾。以草灰粘其外面。即挑至田中分插。

管理　水陸稻各除草施肥二次。陸稻除草多用鋤。水稻除草多用足、或鐵耬。

收穫期及法　陸稻於芒種前後收穫。水稻早造小暑前後收穫。晚造小雪前後收穫。惟大熱白露前後收穫。深水遲種小滿前後收穫。至成熟時。用鐵鐮刈之。陸稻與晚造水稻則行矮刈法。刈後隨於方形木桶內打脫穀粒。然後挑回。早造水稻以田中有水。故則高刈其穗部。（餘稈留作綠肥）縛之成束。挑回屋邊之地堂。（即晒谷地）以牛牽石轆轆脫穀粒。法頗簡便。

收穫量　每畝收量。水稻約四百左右斤。陸稻約二百餘斤。大熱及深水遲種約三百斤左右。

（2）蔗

蔗有竹蔗臘蔗兩種。臘蔗多用作菓食。竹蔗則多用以榨糖。

選種法　於斬蔗時。擇其粗大者。斬去尾葉。截下尾部七八寸。挑回室內。置於陰凉通風地。至種時再選擇其芽大而多者。剝去其包籜三四片。削去其兩端之梨腐者。然後種植。

栽培法　有直種者。有假植養芽而後移植者。假植之法。則於養苗地以水攪成淺層的糊狀。乃密放蔗種於上。略壓之。再以薄砂蓋之。約二三星期之久。芽已露面。則可移植矣。直種者、先將地耙細碎後。用足開小直溝。每溝距離約二尺餘。淋以水。用手略攪成糊狀。即放蔗種於溝內。略壓下之。使蔗種一半入糊中。頭尾連續放下後。覆以薄砂。此種臘蔗法也。若種竹蔗。則將地犁耙細碎後。約距二尺許為標準。將地分為若干行。每行於隔六七寸處開一穴插下蔗種二株。覆土約三分之二。此種竹蔗法也。

施肥種類及次數　肥通常每月淋糞水一次。共施三四次。臘蔗則施至七八次不等。或更施豆泆一二次。

管理　蔗芽生有尺許高。則除去基部之黃葉及小芽。隨時除草施肥培土。如是整理三四次。及高達三四尺。則以竹木椿扶持之。以防風害。惟竹蔗矮勁。則無此舉。

收穫及收量　立冬後隨時收穫。竹蔗每畝可製黃糖三四百斤。臘蔗每畝可製五六百斤至千斤不等。

（3）豆類

品種　豆有烏豆黃豆綠豆白豆等數種。黃豆中又有長岐豆雪豆之別。長岐豆是因地而得名者。雪豆則因其播種於冬季、能耐霜雪故名。

播種期及法　黃白豆通常可播種二造。亦有播一造者。惟烏豆則可播三造。綠豆播一造。第一造於春分前後播種。第二造於夏至前後播種。雪豆於大小寒間播種。其法先將地犂耙細碎。起三四尺濶之平畦。高約二三寸。多用正方形播法。於縱橫各距離六七寸處。鋤開一小穴。每穴放豆種三四粒。蓋以草木灰。然後覆土整平。以後祇除草培土一二次而已。

收穫期及收量　第一造芒種前後收穫。第二造處暑前後收穫。雪豆春分清明間收穫。每畝約收穫百斤左右。

用途　烏豆用以製豆豉及豉油。黃豆白豆綠豆則爲製豆腐醬油豆餅等用。

（4）蕓薹（土名油菜又名菜子）

選種法　通常皆用風選及篩選法。取其粗大重實者用之。

播種時期及法　通常多種於晚造收穫後之稻田。係冬耕作物之一。於小雪大雪之間播種。其法先犂耙田地至細碎。起數尺濶之矮平畦。用鋤開一小穴點播。每穴距離縱橫各約六七寸。播種四五粒。施草木灰或豬鴨等乾糞於上。然後覆土。坭土若過乾燥。則先以糞水淋穴。然後播種。如是則發芽較易。生育較良云。

管理　生有二三片葉時。須去弱留強。隨即行中耕除草施肥等事一次或二次。至抽簇開花時。需水分頗多。故灌溉須勤。方好收成云。

收穫期及法　於春分前後。視其實已黃熟。則連頭拔起。以稻草縛之成束。放於田基或樹上晒乾。至變成黑暗色時。擇晴天然後收歸埕地。攤派于地上。晒至乾脆。用耪枷(土名翻棍)打出其仁。或用牛索石轆研出其仁。再風去其碎殼即得。

收量及用途　每畝用種二斤。可收淨實二百斤左右。專用以搾油。供食用及燃料。品質芳香。但不能久貯。麩用作肥料。效力甚大。故其油常較他種油略平。而其麩則比他種麩略貴。

(5)花生

品種　花生有蟻豆大豆拔豆三種。

選種法　擇其光澤重大者為種用。

播種期及法　春分前後播種。先將其種子依凹陷部折斷。或劈取其仁。乃將地耕耙細碎。起數尺濶之平畦。每縱橫距離六七寸處。鋤開一小穴。隨放種子二三粒。施草木灰於上。然後覆土整平。土地若乾燥。則將種子浸一夜。然後點播。則較為齊一。

管理　當生長有二三寸高時。則中耕除草一次。或先施以草木灰等乾糞。而後除草。後二三星期再中耕除草一次。

收穫期及收量　大豆拔豆立秋前收穫。蟻豆八九月隨時收穫。近來種此種者甚少。每畝收穫約二百餘斤。拔豆收穫簡便。收量亦較多。故人多喜種之。

(9)大蒜

品種　有紅皮青皮兩種。縣之南部。種者甚盛。

播種期及法　春分清明間播種。先將田地犁耙細碎。起數尺濶之矮平畦。然後以足著地而行。開成一小溝。每溝距離約五寸許。先以糞水或水淋濕溝內。始行條播法。將種子混于幼砂或草木灰而後播之。上面敷以溥稻草。爲遮蔽日光及減少蒸發之用。

管理　未發芽以前。間日以水淋之。發芽後。間以液肥施之。及生有四五寸高。須行間拔除草一次。其後再間拔一次。使每株距離約爲二三寸。至生長數尺高後。如多開橫枝。則用小竹捧打落。此外須間行灌溉及施肥等事。

施肥種類及次數。通常肥料爲人尿、糞水、草木灰、攪搓等數種。就中以施攪搓及人尿爲最佳。約二星期施人尿或糞水一次。共施五六次不等。他種肥料則施一次而已。

收穫期及收量　立秋前後收穫。每畝約用種半斤。可收淨蔴六七担云。

用途及銷路　用以製繩索船纜及網罟等物。除本地用外。多有運往江門者。

總產額價格　每年大約產蔴五千餘担。每担價格七元。

（7）藍

品種　有大藍火藍兩種。大藍葉大節多而矮多種于肥田。頗畏烈日及霜害。火藍葉幼而高。似小灌木。多植于高亢之地。中部新墟合江一帶。栽培頗盛。

播種期及法　火藍多用條播法。于立春至春分之間行之。法先將地犁耙細碎。起尺餘濶五六寸高之平畦。上開二小溝。亦有開單溝者。然後將種子條播之。施以草木灰。旋覆薄土。大藍概用插枝法繁殖。多于一二月之間行之。稍遲早亦不拘執。先起二尺許濶五六寸高之平畦。畦上分插二行。每欉插二株。距離約六七寸至一尺度。插法有正方形及三角形二種。種苗約四五寸長。須先剪除枝葉之大半。然後插植。

施肥種類及次數　常用肥料爲糞水、人尿、草木灰塘坭、麩等數種。大藍施肥較多于火藍。大藍初種後。施肥三四次。方有收穫。當時約經七八十日。以後約五六十日。可收穫一次。而每收穫一次。亦須施肥一二次。火藍則僅施三四次。于初種時施二三次。收穫後更施一次或二次。爲第二次之收穫。

管理法　大藍與火藍稍異。大藍怕長烈日及霜雪之害。又需水分較多。故上面須搭蓋草棚。畦坑則須有水常浸。生育方茂盛云。火藍則無須如此。祇除草施肥而已。

收穫期及法　火藍第一次在處暑前後收穫。收後隨即除草施肥。爲第二次之收穫。收穫期在寒露霜降之間。大藍則無有定期。視其生育已長茂則刈之。第一次約經七八十日至三四個月不等。以後收穫則五六十日已足。刈時須于朝早行之。靛質始多而佳云。

收量及總產額　火藍每畝約可收藍葉十五六担。大藍約二十餘担每担葉可製靛十三四斤至十七八斤不等。以用石灰之多寡而定。全属大約每年可生靛五六百担云。

銷路及價格　運銷本地各處。間有運往江門者。每担價銀約十一二元云。

（8）茶

品種　各處所產之茶。多以產地名之。故有琉璃茶、六王茶、榕樹茶、等名稱。

土宜　多係種于傾斜畧緩之山嶺。亦有種于旱地者。均以潤澤之黃色粘土爲佳。壤土礫土次之。

栽培法及時期　于霜降前後採種。播于苗圃間。以水淋之。至來年春分清明之間。即可移植于山地。普通每株距離約四尺。須先耕鋤山地。然後移植。植時以鋤開一小穴。放苗于內。上邊須令其密切于實土。然後覆坭踏實。方易生活。亦有直播于山地而不行移植者。更爲簡便。

管理法　每年除草二三次。多於秋冬春三季行之。間有施草木灰一二次者。有害虫發生。則隨時捕殺之。

製茶法　將摘回之茶葉。投入鉄鑊內。加猛火急炒之。謂之倒青。炒至萎柔。則起出置於竹筥內。用手急搓之。謂之搓揉。以後復投入鐵鑊。慢火炒之。隨炒隨搓。至乾脆爲度。如是事畢。每鑊約可炒生茶二三斤。每生茶三斤。約得乾茶一斤。包裝用沙紙袋。每袋裝爲一斤或二斤。即可出市矣。

（七）果樹

果樹種類有龍眼、荔枝、黄皮、橙、柑、柚、等數種。除橙柑柚近年所種植者較有規則外。餘皆零星散生於屋邊地角。任其天然生長。無有可觀者。至其繁殖栽培等法。均與茂名縣相同。茲不具述。

（八）蠶桑

桑種　有荊桑（俗名糖桑）魯桑（俗名油桑）二種。就中尤以荊桑爲盛栽。

桑區　中部新墟至合江林塵一帶。農民多數種桑養蠶。面積約有四五百方里。但所養之蠶。的係用以紡絲被爲死者殮具之用。總未有結繭製絲者。殊爲可惜也。

栽培法　皆用插枝繁殖。于立冬前後斬刈桑樹。取其下半部。截爲七八寸長。有直插于桑田者。有縛之成束。假插于有樹蔭之池泥中。至來春始移植者。其法先犁耙地面細碎。起尺餘闊之高畦。每距離一尺二三寸度。插植一株。亦有與豆薯等作物間植者。係于地中植一二行桑。則留出數尺空地以植他種作物。如是則作物與桑樹相間成帶狀。雖減施肥之次數。亦可得茂盛之桑葉。而病害虫亦較少云。

施肥種類及次數　常用肥料爲糞水人尿擦搓塘坭麸等。次數無定。普通施二三次者居多數。

管理法　于冬至前後須刈去老幹。但用根刈法。至立春前後。以牛犁犂。將桑畦兩旁坭土反轉。暴曬于日光。隨除草施肥。以培育新芽。以後再除草施肥二三次。有虫害則捕殺之。

（九）特產

特產有橘紅一種。係藥品用。功能除痰除嗽。名聞全國。故今藥肆中。無不大書特書曰正地道化州紅橘。是可知其在藥品中之聲價矣。但產額有限。祇得賴李二園。均植于城內寶嶺之側。各園又有上下園之分。上園貴而下園賤。兩園相距離約百餘步。各有樹四五百株。以培植乏術。病害叢生。樹勢大半衰弱。結實無多。市中所售。多是僞冒。雖生長是邑者。亦難分別其眞僞。惟細審其香味色澤。或可辨其一二。據土人言。該物之所以佳良。實因地下有礞石礦之故。故礞石礦層厚者。所生之橘較佳。否則反是云。又縣署內餘澤堂天井。亦有數株。本地人多以此產爲至佳。但爲官有。外人殊不易得。雖殘花落實。無不拾而珍之。

品種：有鳳尾橘金錢橘二種。最爲著名。此外更有一種。其樣略似鳳尾。而香味大遜。多植于下園。他二種多植于上園。蓋上園礞石較下園厚。而氣味亦異也。

形狀：身圓而頂略尖。與普通之柚無異。惟普通柚肉皆柔軟多漿而甚可口。此處之橘肉。則乾硬而苦澀。又鳳尾橘心瓤爲白色。當結實時。橘底部有一垂尾。故名鳳尾橘。金錢橘心瓤爲紅色。當結實時。橘底有一金錢樣痕迹。故名金錢橘。

繁殖法：皆用駁枝繁殖。于立春前後。將一二年生之枝條。從適宜處剝去其一寸度之表皮。以稻草泥塘坭縛之。乾燥則淋以水。約經三四個月之久。見其根鬚已透出泥包外面。即可截下種植。株間距離約一丈左右。植時先掘闊約三尺許之穴。中置乾塘坭少許。然後放苗。覆土踏實。每日淋水一二次。即可生長。

施肥種類及次數：植者不甚注意于施肥。間有施之。則爲糞水或培以塘坭而已。

採擇時期及橘製皮法　于九十月之間。視其果實黃熟。香味濃厚。則隨時採下製造。每橘可製橘皮二個。法將橘實用尖刀從中部劃一W字形之曲線。依此線痕剝脫。則可得兩個星芒狀之橘皮。置于日光中。晒乾即得。

價格及銷路　上園果皮每個售銀一毫。下園者售銀半毫。運銷各處藥舖。

(十)畜牧

畜牧情形與家畜種類。均與茂名相同。飼養者觀念薄弱。未能興盛。祇經濟困乏之農戶飼養數隻而已。至具有條理的較大規模畜牧家則未有也。

(十一)森林

化縣山脈。自東北而趨向西南。大小連續。面積約多于耕地一二倍。宜林之地。所在多有。然而童山濯濯。舉目皆是。雖其間畧有天然林存在。然祇少數之松林而已。餘則與廣西北鄰之大山峻嶺。亦間有少數之天然林留存。及人工林杉竹二種。然產量甚微。不够自用。故林產品多自廣西及信宜茂名各地輸入。森林觀念極其幼稚。無足述者。

(十二)輸出品

農產品輸出。以絲被、大蔴、黃豆、烏豆、穀米、爲大宗。蔗糖、花生油、芝蔴、茶葉、藍靛、次之。其餘輸出品。畜牧有猪牛雞鴨。果類有龍眼肉橙柑等。特產有橘紅等。

(十三)農林前途之希望

化縣面積約八千餘方里。而山嶺約佔三分之二。其三分之一。低地有水利者。皆已耕種無遺。惟旱地及山嶺。尚多廢棄。未有利用。牧畜及種植。在在相宜。苟各鄉能創辦一個林畜牧會。製定章程。劃分年限。各鄉同時造林。一面集資多牧牛羊。數年之後。不獨牛羊茁壯。即材木亦不可勝用。此林業牧畜業之前途。具有最大之希望也。至農業前途。祇希望其力行選種及施肥上之注意、以求產額增加品質優良足矣。惟副業中之養蠶業。以習慣及乏製絲術故。各家養蠶。盡用以密絲被。爲死者殮具之用。每年產價不下五六萬元。從未有結繭繅絲者。似此情形。日夕勤勞。不爲生者計。而專爲死者謀。未免先末而後本。苟能將此絲被改製爲繭絲輸出。變無用爲有用。則產價亦可增二倍至三倍。若更進而製爲絲綢輸出。則價格倍蓰。農民經濟。正可大資助。業蠶者其可忽乎哉。

（出自《广东农业概况调查报告书》，一九二五年）

吳川縣農業調查報告 民國十一年

蔡乃駒調查

(一)位置

吳川縣屬高州府。居高州之南部。東西廣約七十餘里。南北長約八九十里。東界電白。東北界茂名。西界遂溪。西北界廉江。北界化州。南臨廣州灣。全縣劃分警區有九。城廂內外所屬爲一區。芷丫所屬爲二區。黃坡所屬爲三區。龍頭嶺所屬爲四區。振文所屬爲五區。板橋所屬爲六區。山墟所屬爲七區。港門所屬爲八區。塘㙍所屬爲九區。

(二)地勢

吳川地勢。東南平坦。西北較高。中部略低。且限田最多。約占全縣十分之六。全縣絕無高山峻嶺。所謂高山者。惟西北部之尖嵐嶺。其高僅十餘丈而已。總而言之。該縣地勢。謂爲一望平原。亦無不可也。

(三)氣候

氣候溫和。寒暑無劇烈之變。與高州所屬各縣。無大差異。每年在芒種夏至小暑大暑之時。氣溫最高。雨水亦最多。在小寒大寒之時。氣溫最低。雨水亦最少。年中下霜與否。全無一定。或于小寒大寒之間。寒冷太甚。偶有下霜。對于農作物。惟甘藷一物。適當生長繁盛之期。受霜打擊。略爲損傷。一經溫暖和煦。又可生長如前。不過收穫量稍爲減少。然此不過數年而有一次。或數年而絕無。故亦不關重要也。

(四)耕地狀況

土質　該縣土質。頗稱肥美。猶以附城西北一帶、及振文所屬之第五區爲最肥。芷丫所屬之第二區、山墟所屬之第六區、板橋所屬之第七區次之。黃坡所屬之第三區、龍頭嶺所屬之第四區、石門港所屬之第八區、塘㙍所屬之第九區又次之。全縣耕地。壤土約占百分之三十五。黏土約占百分之三十五。粗幼砂土約占百分之三十。土色多係灰色。紅褐土色。究屬少數耳。

水利　吳江由東而西。綿亘于中部。平城江由北而南。綿亘于北部。山角水、大峒水由北而南。綿亘于西部。其他細小川河、及諸溝溪。縱橫交錯。近水源之農田。多就此引水灌溉。離水源太遠之田。或鑿池儲水。以備灌溉。惟中部近潭水吳江。且地勢太低。潮水一漲。成爲澤國。無益于農務。若築堤以防堵。則工程浩大。不能舉行。故近年中部一帶。就禾田而改種黃蔴者甚多。蓋黃蔴一物。頗喜濕潤之地。其莖高數尺至一丈。潮水不易淹浸。即遭淹浸。亦不至全無收成。農民之改種黃蔴。即此故也。

交通　交通分水陸兩種。該縣地勢。既屬平坦。陸路牛車往來。甚稱便利。故農民耕作。多用牛車搬運。或因溪河梗阻。萬不得已。方用肩挑。此陸路交通之大概情形也。水路則有吳江。可通舟楫。潮水澎漲。數百担之帆船。隨便往來。潮水退縮。數十担之帆船。亦可行駛。循該江而行。東可達梅菉。西可抵黃坡。南可達廣州灣。每日帆船來往不絕。此水路交通之大概情形也。

耕作情形　就全縣而論。農民之耕作。以稻及甘藷爲主。雜糧蔬菜亦有種之。第五區振文一帶。農田最多。土質最肥。因地勢太低。潮水爲害。不宜種禾。多改種黃蔴。故黃蔴出產。爲各區之冠。第四區龍頭舖一帶。地勢較高。坡地甚多。種植糖蔗(即竹蔗)頗盛。其餘各區。除稻及甘藷而外。實無何種大宗產品也。

(五)農民經濟狀況

耕地價值及租價　耕地分上中下三等。上田每畝二百元。中田每畝百六十元。下田每畝百元或九十元不等。每畝租價幾何。主佃並無預先議定。大部除肥料費及人工費由佃戶担負外。收穫量若干。則主佃均分。此固該縣習慣如斯。亦即與別處徵異之點也。

長短工價　工有長工短工之別。概由男工充任。長工全年三十元或四十元。另須供膳、及送農人普通所着夏冬衣服各一套。短工忙時。每天四角。閒時每天二角。均要供午膳一餐。

大小農及經濟情形　吳川版圖狹隘。居民稠密。農戶耕作。俱屬小農制度。每農戶耕五畝以下者。約占六十%五畝至廿畝者。約占二五%。二十畝至五十畝者。約占一五%。五十畝至百畝者。全縣絕無僅有。該縣人民。性質活動。善營商業。醵集鉅資。在廣州灣及西營各埠經商者甚多。在本縣或梅菉鎮而營商者亦不少。資本流通。經濟裕餘。其他尚有專營航海之業。購置容量百數十担之帆船一艘。來往黃坡、梅菉、廣州灣、西營、等處。數口之家。亦可自給而有餘。故農驛爲謀生之本。而商業亦謀生之一大端也。

產品價格　大宗產品價如下

品名	價格
白米谷	每担四元八角
米谷	每担四元
藷	每担一元二角
芋	每担一元八角
花生油	每担三十元
片糖	每担十一元
沙糖	每担十八元
柴	每担一元二角
炭	每担三元
猪肉	每斤二角八仙

牛肉	每斤二角五仙
鷄	每斤三角二仙
鴨	每斤二角六仙
鵝	每斤二角六仙
鷄蛋	每隻一仙五文
鴨蛋	每隻二仙五文
白菜	每斤三仙
葱	每斤三仙

肥料價格

品名	價格
花生麩	每担八元
猪糞	每担一元二角
牛糞	每担七角
堆肥	每担四角

(六)作物

(1)水稻

該縣地勢平坦。水田約占耕地十分之七。故耕作水稻亦多。水稻之耕作。分早晚兩造。早造品種。屬於紅米者。有大稆、光鬆。屬於白米者。有大肚白。晚造品種。全屬白米。有黄粘、鷄仔粘、吊來望、白花粘等。就中以黄粘品質爲最優良。收量亦最富。玆將耕作水稻各種手續。分述如下。

播種移植時期　早造在驚蟄春分播種。清明移植。晚造在小滿播種。小暑大暑移植。未播種之前。取種子。投于竹籮或蔴袋草袋之內。浸于池塘之中。經一晝夜。取出置于陰濕之所。早晚淋水。促其發芽。芽長一二分。即取而播于苗床。苗床亦先作成泥狀。頂面平坦。俟苗長七八寸。即可剷起移植。

管理　移植之後。俟其生長繁盛。即中耕除草。同時施猪牛糞或草木灰一次。資本充足。亦有施花生麩者。但除此次施肥之後。則不再補肥。惟有中耕除草及灌溉而已。

收穫期及收穫量　早造在夏至小暑收穫。晚造在霜降立冬收穫。每畝約二担至三担半。

(2)竹蔗

經營狀況　該縣水田。既占十分之七。所餘旱田及高坡。只占十分之三。而旱田高坡。又半栽培雜糧之類。種蔗者甚少。故糖業不甚發達。但就全縣各區而比較。栽培竹蔗、當以第四區爲多。第三區次之。玆畧述其種植管理如次。

種植管理　選强壯無虫害之苗。置于陰濕通氣之所。在立春雨水之間。即犂田耙碎泥土。起尺餘至二尺濶、及一尺高之畦。中開一溝。施下堆肥或猪牛糞之類、以作基肥。每距一尺左右。置苗一條。然後以薄泥蓋之。迨有雜草發生。泥土堅實。則中耕除草。至冬至小寒。已可收穫。運往搾糖所以搾糖。搾糖之法。槪用舊式。法甚普通。與廣東之別縣不異。糖之品質不優。其色甚黑。除在本地銷流之外。亦有出口。但非大宗。

(3)花生

花生以三、四、五、六、七、區爲多。品種有黃蜂腰珍珠豆兩種。黃蜂腰產量不豐。收穫期遲。近來風氣所趨。人人趨重珍珠豆。黃蜂腰已在淘汰之列。珍珠豆則有增無已也。其栽培時期。依該處氣候土宜。雨水驚蟄已宜播種。播種之後。生長五六寸高。即要中耕除草。及培土一次。以後或再中耕除草二次。至夏至小暑之時。已可收穫。每畝二担至三担。多用以搾油。全縣油搾廠十餘間。所產之油。統計最少約千担左右。多則可至二千担。每担三十元

(4)甘藷

甘藷之用途甚大。爲農民最要之食品。該縣之甘藷。農民就其形狀色澤、而別爲白心藷、大葉紅藷、麵仔藷、赤麵藷、等類。各種藷類。四季均可插苗。但該處農民年分兩季種之。在小暑大暑插苗、冬至小寒收穫者。謂之六月藷。(土人所稱)在小寒大寒插苗、立夏小滿收穫者。謂之四月藷。(土人所稱)六月藷多種于旱造收穫後之禾田。四月藷多種于竹蔗收穫後之坡地。栽培之法。先耕地至幼碎。起尺餘至二尺濶、一尺至一尺五寸高之畦。畦之中間。施堆肥及猪牛糞之類。以爲基肥。每距一尺、插苗一條。用足稍爲踏實。插苗後天太旱。酌灌以水。活後則免。除草中耕一二次。並隨時整蔓。據云、豐收每畝有二千餘至四千斤。除供日常需用之外。亦有切成幼絲晒乾。以備凶年而充糧食焉。

(5)藍

藍以第六第七兩區所種爲較多。皆平地種植。甚少起畦。普通多在春分播種。未播之前。整地粉碎。以種子混入肥料而行條播。播後不再補肥。惟中耕除草二三次而已。至立秋即可刈伐。約二三十條。縛成一束。取以製藍靛。製法以藍投入瓦缸之中。每缸約載藍二三十束。浸以清水。水以滿藍爲度。浸後天熱。一對時即可醱酵。天冷約遲數點鐘之久。一經醱酵。迅行取起。用手搾乾。再下適量之石灰于缸內。用竹器攪拌。至液呈黃色及生泡無數。即行停止。任其徐徐沉澱。約一二點鐘之久。傾出其液。即得藍靛。農民用以染衣服。市面發售。每斤值銀一角左右。

(6)黃蔴

黃蔴爲該縣出產大宗之一。第五區最多。六區七區次之。蔴田土質肥美。故生長茂盛。一望葱葱。甚爲可觀。栽培之法。在驚蟄春分播種。皆用撒播法。俟其生長六七寸高。施花生麸一次。以後淋人糞尿二三次。及中耕除草二三次。迨小暑大暑。即可收穫。連根拔起。担返陰凉之所。每條由中間折斷。刮去表面。取皮層晒乾。紮縛成束。即担出市發售。蔴稈晒乾。可供燃料。據云、每畝收麻二百至三百斤。值銀八元。多輸出陽春、陽江、赤坎，雷州、江門、海口等處。以造蔴袋蔴繩。而此項收入。其數甚巨云。

病虫害　黄蔴有一種害虫。該虫久旱則生。專食蔴之心部。蔴被其害。葉初呈黄色。不久即枯死。農民稱爲枯死病。驅除方法。多用人工捕捉而撲殺之也。

(七)園藝

(甲)果樹類

普通果樹如荔枝、龍眼、楊桃、黄皮、等皆有。惟無開闢果園專營此業者。大抵皆在村邊屋角、由拋下各種果核、自然生長者。則視其近於某人之屋邊。即爲某家所有。別人不得侵占也。果樹在市面發售。龍眼黄皮則以斤數計算。每斤值一角左右。荔枝楊桃。則以個數計算。荔枝之大者值四五文。楊桃之大者值一仙。或二仙。各果之品質。不甚優良。非如花地楊桃、石夾龍眼、蘿岡洞荔枝、等之味甘可口也。然除此之外。則有一種名波蘿蜜者。果樹高大。其果圓形或橢圓形。品質最良。氣味香馥。每果重十斤左右。大者重二十餘至三十斤。每斤值一角左右。故常有每果而值數元焉。

(乙)蔬菜

(1)冬瓜

該縣冬瓜。栽培已久。猶以五區爲最多。瓜田皆係砂質壤土。土質肥沃。瓜之形狀圓筒形及圓形。品質優良。栽培之法。在驚蟄時候。先起苗床。後播種于床上。至清明時候。即可移植。早晚俱要淋水。俟瓜藤有二三尺長。乃施人糞尿一次。以後中耕除草二三次。及再施肥。以促其發達。至大暑即可收穫。市面發售。每斤值六七仙。

(2)枚菜

枚菜形狀如省城所賣之沖菜。而品質畧優。該縣栽培枚菜。以五區爲最多。六區七區次之。普通皆在小雪播種。多至移植。移植之後。早晚淋水。見其生長强健。施人糞尿一次。及中耕除草一次。以後再施人糞尿。以促其生長繁盛。至雨水驚蟄時候。即可收穫。連頭拔起。用鹽醃漬。每斤值四五仙。貧民取以作葷素餸飯之用。

(3)蒜

蒜之栽培。亦以五區爲最多。秋分時候。先行耕鋤犂地。約取二尺餘闊作一平畦。施下猪牛糞草木灰等。然後以蒜種分開小球。每距離二三寸植一小球。行間相距五六寸。上覆以土。並以禾草蓋之。十餘天即可發育。發育後二三十天。淋人糞尿一次。同時中耕除草。以後早晚俱要淋水。並再施肥除草。促其發育茂盛。迨明年雨水驚蟄之時。即可收穫。收穫之法。連頭拔起。蒜尾取以煮食。倘有盈餘。用以醃漬。俗名鹹蒜尾。蒜頭則晒乾携出市上發售。每畝收量。除蒜尾不計之外。蒜頭有八百斤左右。從前百斤值八元。近日則值四五元。蒜客到各市收買蒜頭。再轉賣入各庄。然後用竹笠(竹篛織成)裝貯。每笠約重五六十斤。多係輸出雷州、赤坎、海口、香港、等處。

(八)畜牧

(1)馬

馬祇供馳驅而代跋涉之勞。甚少用以耕種及輸運者。故農家無養馬之必要。然該縣養馬雖非普及。間亦飼養多少。飼養之法。日間放牧。夜間繫于馬舍。再給以殘飯米水等物。馬不甚粗大。劣者居多。良者較少。每匹普通值二三十元。值八九十元亦間有之。

(2)牛

牛可以供耕作之用。凡爲農家。無不飼養。該處人民飼養牛畜。日間專任牧童牽出野上。任其自食生草。夜間繫在牛舍。牛舍式樣。最爲普通。或就住室留出一房以充牛舍。或繫于廊湄。普通飼料。多用番藷藤、青菜、禾草、生草、及殘羮米水等類。冬季飼料缺乏。早晚或以番藷煮熟和水以飼之。牛種有水牛黃牛兩種。水牛毛粗而黑。皮堅而厚。頭長額短。角長腹大。四肢短。體力大。日可耕地一畝至二畝。最大者每頭七八十元。黃牛毛色赤黃。幼短而密。皮膚柔軟而薄。體力亦小。日可耕地一畝。最大者每頭四五十元。全縣計算。水牛多於黃牛。蓋因水田居多。黃牛不甚堪此勞役也。

(3)羊

該縣之羊。概屬山羊。大群百餘頭。小群數十頭。日間放牧。專用一人看護。夜間驅返羊舍。羊舍式樣。亦甚普通。或在住室旁邊。用木柱禾草蓋搭草屋。或在閒地建築矮小之瓦屋。最大之羊值十元八元。小者值二三元。

(4)猪

該縣養猪。甚爲普通。惟專營此業者絕少。不過每戶養一二頭或數頭而已。猪之腹部甚白。背部甚黑。普通飼料。爲稽水、殘羮、米糠、番藷、番藷葉、等。煮沸一度。然後用之。每日早午晚共餵三餐。日間放牧。任其自由行動。夜間驅入猪舍。猪舍矮小。多用木柱禾草蓋搭。用磚瓦而建築者較少也。

(5)鷄

鷄每戶皆養數隻或十餘隻。以供家中所用。有餘然後出售。飼料以殘羮米糠爲主。每日早晚餵二次。日間放牧。任其外出。夜則棲息鷄舍。最佳鷄種重六七斤重。三四斤者最爲普通也。

(6)鴨鵝

鴨非每戶皆有飼養。有專營此業以供各處需求者。大羣百餘隻。小羣亦數十隻。日間專用一人或二人看護。驅往田野溪邊池塘之上。任其覓食。並攜帶飼料隨往供給。飼料以米谷為主。日餵兩次。長大之後。日餵一次。夜間驅返鴨舍。鴨舍式樣。四圍用竹圍之。上蓋以網。以防野禽為害。鵝之飼養。亦頗發達。養鵝之數。與鴨畧為相等。飼養之各種情形。亦與養鴨大同小異。

（7）家畜傳染病

該縣養牛最多。全縣約萬餘至二萬餘頭。民國九年發生牛瘟。蔓延全縣。斃牛約十分之四。即第五區境內。亦斃牛二千餘頭。牛畜起病之初。停止食草。全體發熱咳嗽流淚。第二日排黑色膠狀之糞。並泥粘液。第三日則下痢。以泌瀉液狀糞汁。伏臥呻吟。苦悶。大下痢。第四至第七日、腦麻痺。遂死。農民智識淺陋。對此亦無治療良法。當對於預防法。則使未受病者。另繫別處。以杜傳染也。

（九）農林前途之希望

該縣平原。多於山嶺。水田廣於旱田。但水田地勢甚低。且吳江綿亘於縣之中部。春夏兩季。河水泛濫。所有水田。多係早造穀耕。年中僅可耕晚造一次者。居其多數。水稻已無擴充之希望。惟近來為避河水之患起見。就水田而種植黃蔴者。觸目皆是。豐收每畝二百至三百斤。值銀十餘元。比之水稻。利益略相等。又蔬菜類如蒜之一物。種植亦頗稱盛。據云、每畝收量除蒜尾不計外。可收蒜頭七八百斤。價昂之時。百斤值七八元。價廉亦值四五元。全縣計之。此項收入。為數甚鉅。將來農民見利思遷。此兩業必再事推廣。每年以最大之產量。獲最大之利益。則雖水稻耕種較少。糧食缺乏。然以此易彼。亦未嘗不可也。若就林業而論。該縣地勢平坦。山嶺絕少。無天然林之可言。人造林亦屬罕見。惟西部塘掇所屬之第九區一帶。及東北部山壤所屬之第七區一帶。各有荒墩甚多。土質亦略肥美。將來如提倡造林。亦可就此以圖發展也。

（出自《广东农业概况调查报告书》，一九二五年）

吳川縣調查報告　劉陶敏

(一)位置及地勢　吳川位於南區中部，以全省言，則畧近於南。爲三等縣治，東與茂名縣及梅菉市接壤，西則與遂溪爲界，南瀕大海，北枕化縣，西北又連廉江，西南密邇廣州灣，在國防上，亦頗足注意。境內大山殊鮮，支流頗多，故地勢極低，常患水浸，惟一五九區較畧高而已。

(二)土地與人口　本縣面積頗小，近來屢遭法人侵蝕，日更加甚；全縣合計三千餘方里，共劃爲九自治區，五警察區，學區則與自治區同，計有二百二十五鄉，三鎮；田畝數據該縣調查之所得，共一十六萬一千餘畝，佔全縣土地面積之百分九强，畝數以三區爲最多，八區爲最少；大抵九區田畝最肥美，三四區次之，五區更次之，以二八區爲最磽瘠，且常爲水淹，年中所得甚少。人口亦以三區爲最多，二區爲最少，全縣合計，男一十一萬三千餘人，女八萬四千餘人，男女總計，一十九萬七千餘人。

(三)民情和習俗　人民極窮苦，鄉村住屋，多以竹木茅草蓋搭；平常以業農者爲最多，工商界甚少；生活程度不高，工資低廉，性勤儉而耐苦；人多囂訟，信巫而諂神，暫入內地，文化更較蔽塞，男女之別尙極嚴，間有大家鉅族，伯兄弟婦不相見，翁媳亦迴避，非疾病患難，鮮通言語，嫁娶喪塟，仍沿舊禮。

(四)政治及教育　本縣人口田畝，早經調查完竣，保甲亦已辦妥，警政設施，頗有精神，邑中墟市，街道整潔，垃圾箱鼠箱，多有設置，自治辦理，尙稱認眞，縣中有警衞常備隊兩小隊，縣兵一小隊，水上巡船一艘，治安維護，頗覺切實，公路建築，仍稱努力，救濟院亦將建築完成，開幕期間，想當不遠。教育稍欠發達，縣內現有初中一所，學生九十餘人；簡易師範一所，學生亦九十餘人；小學七所，學生五百八十餘人；初小八十七所，學生二千九百餘人；民衆教育館一所。

(五)商業與金融　商業以黃坡爲最發達，是墟計有商店一百七十餘家，全年營業金額，達五十餘萬元；次爲塘綴，計有商店四十餘家，全年營業金額，亦有十萬餘元；但以近來農村經濟日蹇，商業日就冷落，至其他各墟市，則更無足道矣。邑中金融枯竭殊甚，借欵利率，故因之而高，若以不動產抵押借欵，普通月息二分五厘(卽千分之二五)計算；至若特別借欵，則每至月息五六分，(卽百分之五或百分之六)普通買賣，以雙毫爲本位，零數找續，多用銅錢，銅元甚少，小數交易，每以銅錢爲本位，大洋在域內亦能通用，紙幣則如鳳毛麟角，不常見也。

（六）出產及交通　吳川物產以穀爲大宗，全年所產，約二十六萬餘担，以三區所出爲最多，八區爲最少；其次則推花生，每年出產九千餘担；再其次爲黃蔴蒜頭，年中所產各五千餘担，三種均以五區所產爲最多；蔗糖一項，一年產額，亦達八百担，以八區產量爲最大；爆竹業本縣亦有些少，然祇爲一種家庭副業，無從調查也。交通方面，在陸則有梅芧公路，自梅菉經縣城以迄於二區芷芧墟，梅菉至縣城一段，現已通車；又梅黃公路，由梅菉至於黃坡市；黃西公路，由黃坡達法租界廣州灣之西營；黃化公路，則由黃坡通化縣；現三路均已通車。在水有小帆船，可以東通梅菉，西達廣州灣。電話一三四五九各區及梅菉，均已相通。郵政則縣城亦僅有一郵寄代辦所，殊欠便利；重要函件，多須到梅菉寄發。電報亦付缺如，幸梅菉相距不遠，故亦不致十分困難也。

（出自《统计月刊》第三卷第五期，一九三六年）

廉江縣農業調查報告

民國十一年

楊起明調查

(一)位置

廉江處廣東之西南。在北緯度二十一度二十二度之間。經度北京偏西六度。廣約一百八十餘里。袤約二百餘里。東界化縣。西界合浦。南界遂溪。北界廣西。

(二)地勢

縣地山多而平原少。大約全縣面積。山佔七十%。平原僅佔三十%。東北一帶。地勢較高。高山在焉。西北地勢亦高。然不及東北之高聳。中部雖有山嶺。然與東北者較。實覺培塿。南部惟有廣大平坡與及邱陵起伏而已。

(三)氣候

該縣與廣東南部各縣緯度相同。氣候相若。由來甚少降霜。風力頗小。年中大小暑間之最熱。大小寒之間最冷。熱久寒暫。多屬溫和。雨水以七八九月爲最多。冬季最少。

(四)耕地狀況

土質　該縣既屬多山。故多定積土。其土色白黃或白灰不等。其土質多瘠少肥。砂土及礫土居多。而壤土及粘土間或有之。但居少數。西南地方。土質較肥。東北地方。則土質較瘠。

水利　縣北諸山交錯。所有園田。均在山坳。所需灌溉。概藉山谷細流。南部少山。溪河亦少。所需灌溉。多靠雨水。蓋南部衹有一廉江大溪。水位太低。雖可以通舟楫。而灌溉則不甚適用。其餘雖尙有小溝。然旱時則不敷利用。汎時則浸沒田園。固不甚適合于水利也。總而言之。耕地之患旱災者居多。患水災者少數。

交通　縣之東南及西南。陸路交通。頗稱便利。且西南安舖地方。廉江大溪。可通舟楫。來往於北海安舖之間。水路交通頗便。北部則山路崎嶇。非常險阻。旅行挑担。均覺維艱。近值地方多故。萑苻多匿於此地。時常出沒。行旅益覺爲難。故以此北部交通而言。可謂絕對阻滯。惟近來政府興築公路。將來此地交通。或可較便。然成功與否。目下固不能與以斷語也。

耕作情形　耕地作物。大概皆係水稻。惟高燥耕地。則種陸稻及薯蔴豆類。其餘如蔬菜等物。則甚少種之。惟附城一帶。間有種菜。其量亦少。

(五)農業經濟狀況

農戶耕地　每農戶耕五畝以下者。約占三十%。五畝至二十畝者。約占六十%。二十畝至五十畝者。約占八%。五十畝至百畝者。約占二%。蓋該縣並無廣大之田地。而小農居多也。

田地及租價　上等之田。每畝值銀六十七元。但覺甚少。此等之田。惟西部有之。中等每畝四五十元。下等十餘元。至其租價。上等全年可租十餘元。中等可租六七元。下等祇租二三元或數角而已。

長短工價　長工有上下之分。上等者每年工價三四十元。另食東家。下等者十餘二十元左右。短工每天值銀二三角。但值忙時。每天工價三四角四五角不等。

(作)作物

(1)水稻

品種　品種甚多。其產量最多者。早造有白早、六葉、糯仔、早粘等等。晚造有黃粘、赤粘、大糯、粘仔、廉州糯、等等。

品質　就中品質以粘仔爲最佳。以早白爲最劣。因其品質相去頗遠。而價值亦相差頗多。

選種　該處農民。並無如何特別選種法。僅於收穫後。用風車吹去其粕者。剩下堅壯之實。晒乾留作種用。

肥料　多用人糞尿淋入草木灰或堆肥內撒於禾田。年施二次居多。然亦有施石灰者。但甚少見。

收量　視土質之肥瘠及天時之豐歉而定。

栽培法　與普通農民所種相同。並無何種特異。故畧之。

（2）白豆　黑豆

品種　品質頗佳。

土質　沙質壤土。

前後作物　甘薯芝蔴居多。

選種法及貯藏　用風選肥壯種籽。袋藏掛於高爽之處。

栽培法及種植期　春初犂起豆地開溝。先下草木灰。次下種籽。蓋以薄泥。此後除草一次。夏季即可收穫。其年種二季者。收首造後。接續播種。秋季收穫栽培法。與首造用。

價值　每担值銀八九元。

此外尚有甘薯芋葯等作物。因其無特別之處。故不贅述。

（3）烟草

品種及地勢　品種頗佳。地勢以平坦之坡地、乾濕適宜、通透風日、並無水患者爲佳。

土質　土質以深厚肥沃之壤土爲佳。

前後作物　甘薯居多。餘則芋豆諸物。

選種法　當其實未得十分老熟時。摘下留存作種。但須藏于陰凉不濕處。

播種期及方法　霜降前後作苗床。先下草木灰及堆肥爲基肥。乃以種籽混合細砂。播於床上。略洒以水。蓋以禾稈草。藉防霜害。隨後時洒以水。使其乾濕得宜。

移植時期　所播於苗床之種。萌芽後苗長數寸約有數葉時。即可移植。移植期多在一二月間。

移植法　當未移植之先。將烟地作高尺餘闊三尺餘之畦。於畦面開穴兩行。穴間距離約一尺五寸。成品字形。乃下草木灰肥及猪糞于穴底。隔以薄泥。遂植烟苗于穴中。再以禾稈草覆之。初移植三十餘天。須時淋水。以防烈陽。致使乾燥不生。

施肥種類及次數　移植後至收穫間。施肥兩三次。均以人糞尿爲主。猪糞亦多用之。

管理法　烟草之脚葉。生於烟株最下之部分。恐其污穢而生病害也。宜常敷禾稈於畦面。以免其污穢。並宜常摘去其液芽。使葉部得以充分生長。蚜虫多食烟葉。每日須巡視捉除之。除草灌溉。酌量而行。

收穫期及每畝收量　已屆初夏。則烟葉已長八九十天。葉毛漸脫。葉尖稍垂。葉色變黄。葉柄肥大。即由脚葉採起。次第以及上部。約需三四十天。方可採完。每畝可得乾烟葉二百餘斤。然此須視肥料充足與否。管理之得法與否。非可以一律斷之也。

(附)製烟葉法

製法　用竹織之竹簸。勻敷烟葉于簸面。又以另一竹簸夾之。每兩簸横竪成人字狀。晒于日光。每天約晒二十分鐘。即收回醱酵。如是者數日。待其醱酵完畢。遂可通日晒之。至葉部全乾變成黄色。即可製用。

此種烟草。惟第四區安鋪一帶最盛。餘區稍無。第三區間有多少。

(4)芝蔴

品質及土質　品質頗優。土質爲砂質壤土。

前後作物　以薯及豆類居多。

選種及貯藏法　用風選密藏于瓦缸。

播種法及時期　雨水時候條播種籽于平矮之畦。

栽培法　芽長三四寸時。即汰弱留強。汰至株間距離三寸爲止。行間距離約五寸左右。每造施以人糞尿草木灰混合肥一次。除草淺耕各一次。

收穫期　大小暑間。與立秋間。均可收穫。蓋須看察其成熟程度而行。

用途　多用以製餅餌。然亦有用以榨油者。

貯藏及販運　晒至十分乾燥。密藏于瓦缸內。用草袋裝運。售于市場。每担值銀八元。

此種作物。惟第三四區頗多。他區間或有之。其量極少。

(5)黄蔴

品質　頗佳

經營狀況　日漸衰落。

地勢及土質　地勢不高不低。土地不乾不濕。土質爲黑肥之壤土。

前後作物　以稻薯輪栽居多。。

播種期　春初行之。

栽培法　作高數寸濶三尺之畦。撒播種子於畦上。苗長二三寸時。汰弱留强。至株間距離二三寸爲止。

製蔴法　將蔴株投於池塘浸漬兩三晝夜。取起剝皮。用刀括去其皮之表皮。僅留皮之纖維。以供製用。其用粗工漂草製成之蔴。僅可供作繩索及各粗布之用。其加用刨刮漂白工夫、使蔴變白且細者。可供織成衣服用之幼布。

此外尚有藍、棉、花生、等特用植物。因其畧少。且無特別之處。故畧之。

(七)園藝

該縣概無何種之特產，或大宗之園藝。但如龍眼。荔枝、沙梨、柚、橙、葱、蒜、白菜、赤菜等等。盡皆有之。其量甚少。至其各種栽培方法。亦甚普通。故特畧之。

(八)畜牧

(1)家禽

家禽以鷄爲重要。最佳種每年生蛋約百餘隻。最大者重七八斤。普通飼料以米谷薯飯米糠爲主。最大之群百數隻。晝則任其外出。夜則用舍禁之。以免獸蛇之侵害。

鴨爲家禽中之次重要者。最大鴨隻。重六七斤。普通飼料。以米谷爲主。生蟹生魚蝦次之。最大羣數百隻。其養大羣鴨者。日間放牧田野。任其覓食。夜間驅回。欄以蔴網。蓋恐他物之侵害也。

鵝則爲家禽中之不關重要者。最大十餘斤。多係放牧。日間任其覓食。夜間任其歸宿。不設鵝宿。

白鴿亦不關重要。或者養以賞玩。或者養以自食。並不出售。最大隻重十餘斤。最大羣十餘隻。飼料以米谷爲主。叠木箱爲其巢。備其住宿及生息。但皆掛於高處。防貍貓之害。

（2）家畜

家畜以豢猪爲最多。其種類爲普通猪類。毛色黑白相間。普通飼法。乃早午晚各飼一次。飼料以殘飯甘薯米糠爲主。餘時任其外出遊行。若當薯稻未經收穫。多欄隔之。以免侵害作物。猪舍多用朋舍充之。全縣大約總數約共二三十萬隻。

牛爲農戶必畜之畜。故其畜養亦多。但仍較遜於猪。該縣養牛。皆供役用。水牛每日可耕地二三畝。黃牛每日可耕一二畝。飼料以殘飯青草禾稈豆藤爲主。放牧時命牧童牽至草地。任其採食。夜間飼以禾稈青草豆藤等物。其牛舍以朋屋充之。熱天繫於樹陰之下、或豆棚瓜棚之下、亦可。全縣共數約有五六萬頭。其中以縣北最多。

羊與馬該縣甚少養之。其飼料與飼法均與普通同。但係放牧居多。最大羣之羊。不及四五十之數。

（九）森林

該縣之森林。以松木爲最多。用途僅作柴薪之用。其先製松香後伐作柴薪者。絕無僅有。且其株間距離。不知研究。或若過疏。或若過密。皆種諸山上或坡上。初種之時。若自己未有種籽。可向已種之家購買。每株松苗包種生長。價銀二角。其餘高山大嶺間。雖有他種林木。但亦寥寥星散。不足紀述。該處做柴工價。每天二角左右。售出柴價。每担値銀一元左右。其在城市所售者。非常昂貴。每將小柴縛成小束。大約六七小條。取工値二文。該縣到處皆有松林。柴薪尚且勝貴如此。其餘絕無森林之縣。其薪桂也必矣。

（十）輸出品

輸出品之數量。從無統計。但據土人云。輸出品以猪牛雞柴薪烟葉爲最多。出口處多在安鋪與赤坎兩處。

（十一）特產

該縣特產。惟有烟葉一項。縣北間有製天蠶絲者。亦特產之一。然量極少。斯二者皆係出售他處。甚少銷流於本地。

(十二)農林前途之希望

該縣山多地少。水少旱多。以農林言之。當適於林而不甚於農也。惟縣之農民。性頗勤懇。種林之外。復力于農。因之種薯植禾。成績亦頗卓著。如第四區地較平原。種烟甚夥。可見縣之農林兩業。尚有發達之希望。然林業除松樹之外。惟有野生樗櫟之材。對於木材。殊有補益。鄉民每多希望縣中籌款。加設苗圃。以便購取木苗。惟因經費難籌。且爲時局影响。此項苗圃。終難成立。良爲浩歎。所望關心實業者。有以提倡而贊成之。更注意烟葉黄蔴之種植。則該縣農林事業。庶幾有發達之希望。

(出自《广东农业概况调查报告书》，一九二五年)

海康縣農業調查報告

民國十年

楊起明調査

(一)位置

海康位處廣東之西南。東西環海。南界徐聞。北界遂溪。即在雷州土股之中段、遂聞兩邑之間也。

(二)地勢

海康地屬平原。絕無高山大嶺。其間山嶺稍大者。厥惟時禮嶺。該嶺之高。不過百尺。就望之、不過一大坡、而不覺其高也。縣之東北。地勢較低。廣大之洋田在焉。其西南則一望平坡。荒凉滿目。西方一帶。岡陵起伏。土質較瘦。南方一帶。則平坡沃壤。種植皆宜。所惜絕少河流。諸惟患旱。約計低下洋田。占全縣面積百分之四十。稍高坡坑田。占百分之二十。餘不耕不種之地。占百分之四十。

(三)氣候

海康氣候溫和。寒暑鮮有劇變。溫度最高之候。乃在大暑立秋之間。溫度最低。乃在小寒大寒之間。最高溫有至攝氏三十七八度者。最低溫不過在攝氏八九度。近來雨量甚少。風力自來頗大。

(四)耕地狀況

耕地土質。以東南之坑田爲肥美。縣之北惟有客路市一帶耕地。肥美異常。其餘洋田。因其多患亢旱。年僅一耕。土質亦因之而劣。至其耕地之交通。各處頗稱便利。農民年中耕種植物。洋田則種水稻一造外。或再種番薯一造。低濕田多用以種蓆草。坑田與洋田相同。坡田種植一造陸稻外。再種番薯花生芋葛荳等物。然全年均用以種竹蔗者亦有之。

（五）農民經濟狀況

縣中無何項特產。大宗產品爲米與蒲包二物。次則油鹽。上米每担值銀八元。下米每担值銀六元餘。蒲包每張四五仙。花生油每担二十元。鹽每担四五元。農戶多屬小農。所耕田地。在五畝以下者。約占百分之三十。五畝至十畝者。約占百分之五十。十畝至二十畝者。約占百分之十五。二十畝至五十畝者。約占百分之四。五十畝以上者極少。約占百分之一而已。佃耕者居多數。每田一畝。全年租價。佳者二十元至二十五元。劣者十元至二十元。前十年地方平靜。農民安居樂業。經濟非常充裕。年來地方多故。遍地萑苻。農民不能安於生業。經濟因之困難焉。

（六）作物

（1）稻

品種　品種頗多。屬於早造者。有早穀、六葉、粘仔、八月白等種。屬於晚造者。有粘仔、黄粘、赤粘、長尾粘、鐵槌糯，荔枝糯，廉州糯，黑葉糯，麻雀啄糯等種。此外又有陸稻一種。名曰坡早。概種於早造。

前後作物　洋田秋收後。多種四月薯坑田早造收穫後。續耕晚造秋收後。又種早田薯或蘿葡及各蔬菜等物。次年收穫早薯等物。即又預備種稻矣。坡田收穫坡早後。再種坡薯。

種子之選擇及貯藏法　採集無病熟穀。晒至十分乾燥。用風車數囘吹過之。留其重大之粒爲種。貯於埕缸內。密塞之。勿使其通氣。置於乾燥處以藏之。

浸種播種之方法及時期　每年清明前後。用冷水浸種于缸桶內。經數小時。傾過竹籮。用禾稈草縛成小束。置于籮之中間。以便種子發熱時。洩出熱氣。籮面蓋以樹葉。以防其氣之盡洩。于是時或晒于陽光。助其生熱發芽。又屢用人力提籮。掉之使勻。日則淋水兩三次。再經三兩日後。其種芽已有數分之長。即可取出播于田矣。播種有撒播條播點播三種。亦有不用浸而即播者。此種多用條播點播兩法其撒播亦或行之。謂之蓋種。蓋種方法。以旱天行之爲最穩當。以上概指早造而言。其晚造，則于谷雨至小滿期間。舉行浸種播種。其手續同前。惟浸種時間較短。且播種法概用撒播。

插秧期及方法　秧有大秧旱秧劏秧之分。其插秧分說於左。

大秧　芒種期間灌水秧地。使其濕透秧根。連根拔起。此時秧已生長五六十天。約長尺餘。當即割棄其尾。洗淨其根。去其過多之無用鬚根。束成小扎。運入水田。每十數條插爲一株。株間距離約有一尺左右。

旱秧　在將拔之前十日。排去田水乾燥之。挫頓其生機。乃拔起。振淨根泥。每十數條插爲一株。株間距離五寸。

劏秧。灌水浸透秧地。又排去之。用劏連泥劏起。置于木板上。分運田內。每距離一尺左右。即插一株。每株約秧十數條。其田內水深一二寸不可過深。

施肥種類及次數　肥料以人糞尿爲主。猪糞草木灰及堆肥次之。石灰又次之。早晚兩造。均施肥一二次。其施法、即用人糞尿或猪糞、混濁水。淋入草木灰堆肥內。撒入田中。陸稻即用人糞尿淋於根際。通常僅用一次。

管理法　通常年中僅行除草一次。然當禾苗苦旱之後、頻下細雨、適宜雜草叢生時。一造有需除草三四次者。年來天多亢旱。農民苦此特甚。又苦旱太甚。宜引水灌溉之。中耕則全年不用。

收穫期及每畝收穫量　早造收穫。在小暑大暑之間。晚造收穫。在立冬小雪之間。豐收時每畝收谷六担。歉收時僅收三担左右。

貯藏及運輸　少量用直徑四五尺大之竹籮裝載。籮面圍以竹褶。可圍丈餘高。多量則用房舍裝置。謂之谷倉。倉之中間。用竹織成筒狀。竪立各處。以便洩氣。而免生熱發爛。運輸時、山坑地方。以牛車裝運。洋田地方。用人力挑運。

用途　糧食及製糕餅等用。

（2）番薯

品種　有早田薯、六月薯、四月薯之分。其種收穫後即種早稻者，謂之早田薯。六月種植者，謂之六月薯。四月收穫者，謂之四月薯而已。品種則有賓白、粉薯、五里香、大葉紅、海南紅、半夜跳、擲死狗等。

前後作物　早田薯四月薯前後作物。均是禾稻。惟六月薯前作物是稻。後作物係用蘿蔔及其他蔬菜等物。

種苗之選擇及貯藏法　選擇強壯之薯藤。段斷作種。若未種植時。則先置於竹篙內。攤開洒水。約可貯藏十天左右。

壓苗之方法及時期　種薯以苗爲種。其壓苗方法。乃先起二尺濶尺餘高之畦。中開一溝。放肥溝內。每隔五寸至一尺處。斜插薯苗一條。以坭蓋其一端。他端突出畦面二寸。隨即一人踏之使實。然亦有橫置薯苗者。其種法與此無異。其壓苗期。早田薯在小雪時候。六月薯在大暑立秋之間。四月薯在小雪大雪之間。

施肥種類及次數　肥料用人糞尿猪牛糞花生麩等物。每造薯除施基肥一次外。尚須施一次補肥。其施法用尖竹木在株間畦面。插開一穴。以液體肥料灌入其中。若施花生麩。則將麩打碎放入穴內。再灌入清尿。蓋以泥土。以免蟻虫運去麩粒。

管理法　每造除草中耕培土各一次。見畦面盛生雜草時。用草耙耙去。施肥後中耕培土。藉以蓋被肥料。防其散溢。薯藤茂盛時。匐匍畦邊溝內。放下新根。分去主根生長力。當用人工逐條牽起。置回畦面。如有昆虫食害。隨時設法捉除之。

收穫時及每畝穫收量　早田薯在清明時收穫。每畝可收穫二十担。六月薯小寒至立春間收穫。四月薯小滿時收穫。每畝均可收穫二十餘担。

貯藏及運輸　用裝谷之大竹蘿裝載。或僅堆積地上。總期貯藏于陰凉乾爽地方。不爲雨淋日晒爲佳。其運輸多用人力挑運。山坑地方。則多用牛車拖運。

用途　糧食製粉與及製餅等用。

（3）蓆草（俗名節草蒲草）

特徵　草身長大。爲他處蓆草所罕倫比。又强徙異常。大風且難吹倒。草皮堅滑。似有臘質。

土質　喜肥潤且富于黏性之土質。並須表土深畝。常年均可積水。

前後作物　此草多用連栽法。然亦有用輪栽法者。於稻田收穫後。即行種草。穫草之後。又行種稻。

育苗選苗及移植方法　割去長大之草。剩下草根於田中。任其發生新芽。此芽長至二三尺時。連根拔起。此時拔得之根。已是另生新根矣。于是擇其强徙者。置於田邊水中。以爲移植之準備。移植方法。係用草苗由中段屈折。將根部深插泥中。尾端亦屈其就及泥內。其草自然由根部發出新芽。逐漸生長。移植期無一定。各月均可行之。但以春季移植爲較佳。株間距離約一尺四寸。每株用草根一條。生長後可苗出草苗七八條至十條。

施肥種類及次數　不拘何種肥料。亦不拘施肥若干次。有則施用。無則缺免。

管理法　插苗之初。提防牛畜侵害。種後三四個月。排乾其水。使太陽晒透泥土。隨又給回略深之水。尋常管理手續。則惟保存水份而已。至於培土除草中耕諸事。槪可免去。

收穫期及數量　普通種後二十餘個月。即可收穫。肥沃之田。二十個月已可收穫。收穫法用劏刀由根際割起。或用手緊執拔起。每畝可穫草二三十担。每担六束。每束可織蓆包十二張。

貯藏及運輸　貯藏于通氣陰凉乾爽地方。運輸則用人力挑運。或牛車拖運。

用途　織造蓆包袋捆等物。

銷場　雷州城及縣屬市鎮。

販賣　每束現下値銀二角。價貴時可値二元有奇。如民國七年是。

附雷州以蒲包爲出口大宗產品。每年可取外來之金錢數百萬元。故織蒲包一業。竟成雷民一大生業。現查雷屬居民。若非豪富之家。悉執斯業以爲生計。民國七年。包價高漲。執斯業者。莫不喜形于色。邇來包價已低落矣。然種蒲草者。仍無少怠。凡近河邊之田。以及小坑低濕之地。大半種植該草爲多。此業狀況。以海康爲盛。遂徐兩邑。似不及焉。

（4）花生（海康土名番豆）

品種　共有三種。即大豆、豆仔、衫紐豆是也。通常所種。以衫紐豆爲最多。因其收穫時可執豆蔃拔起。故又名之曰拔豆。其大豆亦有名之曰廣豆

氣候土質　性喜溫和氣候。適于乾燥沙質且畧肥美之地。

前後作物　前後作物全無一定。隨農民之所適。

種子選擇及貯藏法　收穫時、擇其壯大且無虫害損傷之豆。摘下晒乾之。密藏于埕缸內。次年可取作種子。

播種期及方法　每年立春雨水間。取出去歲留下種子。破殼。畧再晒之。隨即犂反豆地。又耙平之。視豆地之廣狹。酌量開便排水溝。以便雨水之排出。即于地面。開多數淺溝。放入肥料。點播豆種於其中。每粒距離約四五寸。蓋以坭。聽其發芽生長。惟種植時。荳地宜稍濕潤。方易萌芽。

施肥種類及次數　種植此荳。除用一次基肥外。概不施肥。其基肥即用尿糞淋入堆肥或草木灰中攪勻爲之。

管理法及管理手續。以除草爲最緊要。次則培土中耕。見有雜草叢生時。當即鋤去或拔去。隨又培足其土於根際。誠恐除草時、剷薄其根際之土也。中耕係見荳地被雨淋後。坭土變實。始行一次中耕。剷鬆其土。否則免之。

收穫期及每畝收穫量　小滿芒種期間。即行收穫。豐收者每畝可穫花生二三十擔。

貯藏及運輸法　晒乾後藏於缸埕內。密塞之。勿使其通氣。或僅貯於草袋裝載。用牛車拖運。或人力挑運。

用途及銷塲　用以搾油。或作果品。販賣銷塲。皆在海康內地。每擔可售得洋毫三元至四元。

（5）糖蔗（即竹蔗俗呼芒蔗）

品種及特徵　品種甚佳。節間頗長。味甜水多。皮軟渣少。

土質　性喜肥沃壤土。即稍兼沙黏。亦無大碍。

前後作物　多用連栽法。

種苗選擇及貯藏法。　收穫時斬下蔗尾。長約一尺。擇其壯大無虫害刃傷者。留作種苗。置於陰涼處。但須直豎。以沙圍其下端。

種植法及時期　犁起蔗地。開溝。放入肥料於其中。次將蔗苗插於溝內。其蔗苗須斜插。一端突起二寸許。乃鋤起旁邊之土以覆之。種植期由立春至春分。均可行之。

施肥種類及次數　下苗覆泥時。施用糞水一次。嗣後酌看情形。再施兩三次。其肥料以人糞尿豬糞為主。

園籬　用竹作籬圍遶園邊。以防畜物侵害。

收穫期及每畝收量　立冬至立春。均可收穫。每畝可收二三十擔每擔約四五百條。

貯藏及運輸法　直豎于通風陰涼處。用人力挑運。或牛車拖運。

用途販賣　用以搾汁製糖。或作果食。作果食用者。每條可售二仙左右。搾汁製糖。價格較平。

以上所述。皆係主要作物。其非主要如芝蔴、包粟、薄豊、芋、木頭薯、番石薯、（即生毛薯）廉州芋等等。因其產量甚少。故不紀之。

（七）園藝

（甲）果樹類

(1)荔枝

種類及栽培沿革　該縣荔枝。不分種類。有佳種如省城之糯米糍者。有劣種至酸澀不堪入口者。土人統名之曰荔枝。由來已有種植。近來甚少從新培養。所有者多是百數十年傳來之老樹而已。

形狀及成熟年齡　樹頗大。果中大。味酸甜不一。核亦大小不一。果皮突起頗大。熟時紅色。種後十餘年。方結果子。

植期及每株距離　立春至谷雨間。均可種植。株間距離約丈餘。

收穫期及收穫量　六七月收穫。大樹每株可收十餘担。大樹每株可收數担。

(2)波蘿蜜(俗名包蘿)

品種及形狀　該果有乾包濕包之分。濕包劣于乾包。其培養種植諸法。彼此相同。樹之高約丈餘。葉肉厚。葉面滑底微澀。脉突起。果皮概被突起狀物。果形長圓短圓斜歪不定。惟果形圓正者。方爲佳品。種後十餘年。即可成熟結果。

播種法及時期　見有佳良之種。即連包種于盆內。管理保護其發芽生長。此播種期。可于六七八月行之。

移植法及時期　舊歲播下種子。已經發芽生長。來年春季時候。則已長至尺餘。乃打破原播之盆。連泥頭種于定植之地。此種植地未移植之先。宜先掘起二三尺深三四尺濶之穴。另挑來客土填入其中。然後植入。庶易生長。

收穫期及收穫量　六七月間收穫。大樹可穫果百餘枚。小樹亦數十枚。每枚大者重四五十斤。小者亦十斤八斤。

用途　用作菓食。每斤值銀二仙。

銷路　雷州各城市。

(3)香櫞(俗名香黃)

形狀品質成熟年齡　樹形及葉、均似降柚。但其果較小。果成熟時。香氣四溢。種後五六年成熟。

繁殖法及時期　用駁枝法繁殖。即以禾稈草混肥泥、包裹去皮處。經二個月。業巳生根。切下植之。即可生活。然亦有用實生繁殖者。係用老熟之果核種。播于地。任其生長。種植無定期。隨時皆可施行。

收穫期及收益　六月十二月各收穫一次。每株多者可穫百隻。少者可穫數十隻。

用途價格　用作玩品。或愚民供佛敬神之用。貴時每隻可售二角至三角。

（4）龍眼（即圓眼俗名羅罡）

形狀品質及成熟年齡　樹頗大。葉厚而小。花黃白色。果中大。味甚甜。肉頗厚。此種錫之乾肉龍眼。另有濕肉龍眼者。其肉薄。味淡核大。不堪入口。種後八九年成熟結果。

繁殖法及時期　用實生法。係用龍眼核播于地上。任其生長。於春季行之。

收穫期及量　六七月間收穫。大樹可收十餘担至二十担。小樹亦數担。

（5）黃皮（俗名牛皮果）

品種形狀及成熟年齡　有甜酸兩種。甜者核少。酸者核多。葉厚。形似掌。但小于掌。葉脉凹入。果未熟時。毛茸甚多。成熟化去淨盡。果形圓或橢圓。種後五六年。即可生果。

繁殖法及時期　用實生法。春季種植。

收穫期及收益　五六月收穫收。大樹可收數十斤。小樹亦十數斤。

附　此果各處甚少種植。而土人又嗜食該果。病人更酷嗜之。以故價格甚貴時。或每斤値銀二角云。

（6）楊桃

品種形狀及成熟年齡　有酸甜兩種。甜者品質甚佳。多水少渣。且甚甘脆。酸者肉粗味酸。不堪入口。甜種果較弱小。稜較薄。酸種果較壯大。稜較厚。種後五六年。即可結果。

繁殖法及期　多用實生法。每于春夏兩季播種于地。藉以繁殖。

施肥種類及其次數　常用洗米之水。灌于根際。時或掘起根際深尺許。埋入死貓。藉作肥料。但酸楊桃樹不施肥。

收穫期及收量　六七月收一次。十二月收一次。酸楊桃大樹可收二三千隻。小樹亦千餘隻。甜楊桃大樹可收二千餘隻。小樹亦收千數百隻。

用途　酸楊桃用糖醃過。售作糖果食用。或用鹽醃。用作蔬菜食用。甜楊桃售作生果食用。

附　近年該處、發生流行症。病人酷嗜甜楊桃。因之價格高漲。竟至最小之果。亦值二三十文。大者則值五六十文云。

（乙）蔬菜類

（1）西瓜（俗名消瓜[illegible]蓋西瓜[illegible]之轉訛也又名果瓜）

形狀品質及其成熟年齡　瓜藤堅實。橫斷之成六角形。直徑最大處不過二分。藤皮附有稍硬之毛茸。藤色青白。瓜葉生於藤節。每離二寸左右。即有一節。生葉一柄。其葉形與蘿蔔艾葉酷似。惟比較粗硬。背面亦有如藤上同樣之毛茸。葉脈成網狀。花黃白色。花瓣五片。雌蕊六個。頗短。雄蕊三個。較長。其生花之位置。必在葉腋處。果之形狀。長圓如冬瓜。皮色青黑。近視之、則有花紋可觀。大者每隻可十餘斤。最小者亦五六斤。惟通常多在十斤左右。其核色黑。瓜肉脆甜。帶有香味。肉分兩層。近瓜皮一層。肉白而薄。瓜心一層。色紅而厚。所供食用者、惟紅厚一層而已。由種植日起。約計經百日左右。果已成熟。

播種法及時期　先起三尺濶五寸高之畦。于畦面之中間。每離一五尺掘起淺穴。置瓜種于其中。覆以薄泥。微力鎮壓之。但須待瓜地溫潤時。方可播種。否則先用人工淋水亦可。每穴種子。必須兩粒。蓋預防其不發芽也。然兩粒種籽。須距離五寸。以備將來他株死滅時。移作補植之用。播種期多在三月。

管理法　除施肥並中耕外。宜於瓜籐短小時。勤行除草。長大後始免。又瓜果初生時。每日早晨。須置短草或撥擾于園之四邊。放火焚燒。驅逐蚜虫。免其食害。瓜果中大時候。用人工扶置坐正。免其生成斜歪之形。並行汰弱留强。僅留壯大者一二枚于株上。

施肥種類及其次數　種後二十餘天。施用稀淡之肥一次。不拘何種肥料。此後隨時均可施肥。不拘次數。但見瓜茂盛時。可止施肥。

收穫期及收量　五月下旬。即可收穫。每株收瓜一枚或二枚。

用途銷路及販賣　用作銷夏涼品。售至澳門埠。雷州全屬。亦皆售之。每枚可售一角至二角。

貯藏及運輸　置于陰涼處。用竹籮裝載運輸。

附　該瓜乃雷州之特產品種。較他處特佳。常見別處人食之。歎羨不已。在內地每枚僅值一角至二角。售至澳門。則價格倍蓰矣。其種之佳良。此可概見。

（2）冬瓜

品種形狀　瓜皮帶有白粉。望之甚似灰白色。瓜形長圓。大者重至十五六斤。花色白。花瓣小。葉有毛茸。色黑綠。品質頗佳。肉細味清。

播種法及期　仲冬季冬之間。即行播種。未播種之先。作便短濶之畦。畦面每離三四尺處掘起一穴。穴內施以堆肥。鋪以薄泥。乃放種子于其上。再鋪以牛糞乾。然後覆泥以蓋之。又行淋水。便得。

收穫期及量　仲夏季夏期間收穫。每株可收瓜十餘隻、或數隻不等。

管理法　中耕除草培土諸手續。酌看情形而行之。或時各種手續均不用行者亦有之。但瓜藤稍長時。必須搭竹架。使其蔓延於上。

用途及銷路　用作蔬菜或作瓜糖。售於雷州各市墟。

(3)甜瓜

品質及形狀　品質頗佳。瓜形潤長。每隻重約斤餘至二斤。花小色白。葉莖均有毛茸。頗似南瓜。

播種法及期　先起平矮之畦。掘便深濶各三四寸之穴。放入堆肥。再淋人糞尿。鋪以薄泥。乃放瓜種于泥面。又搗碎牛糞乾。鋪于種面。隨即淋水。每穴種子至少須放三四粒。以防其死。播種期宜在谷雨間。

肥料種類及次數　多用人糞尿。分三次施用。即種後二十餘天施一次。隨後又施二次。但幼小時。忌施濃肥。

管理法　每日淋水一次。有雨時可免。中耕除草培土等手續。酌看情形而行之。惟虫害頗多。宜常巡視捉滅之。

收穫期及量　谷雨間起始收穫。約隔十天復收一次。收至芒種夏至止。每株可收瓜十餘隻或數隻不等。

(4)南瓜(土名金瓜)

形狀　莖葉均有粗硬之毛茸。莖成多角狀。葉亦三角形。且綠有缺陷。花色黃。成喇叭狀。果青黃兩色相間。斑爛可觀。土人呼之曰金瓜。意正因此。大者重至十餘斤。

播種期及法　先濕其種子。以濕布或濕牙灰包裹之。置于暖處。經一星期。即可發芽而移植。播種期多在冬季行之。故須置暖處。土人多置之于灶邊。亦此之故。

移植期及法　冬春兩季。均可移植。其法先作矮濶之畦。每離三尺掘起一穴。穴底放入堆肥。覆以碎土。即置已經發芽之種籽于其上。然後再覆以牛糞乾一薄層。碎土一薄層。又淋些少之水。

管理法　初植一月之內。每日淋水一次。注意除草。每于淋肥之前。即當中耕一次。若其畦土鬆軟。可免此層。當瓜葉嫩時。蝴虫易來侵害。亦宜設法驅除。或用火薰逐之。

施肥種類及其次數　肥料概用人糞尿。或猪糞水。瓜嫩時。忌用濃肥。由播種起至收穫止。統計施肥共需四五次。

收穫期及量　三月至七月均有收穫。每株可收瓜十餘隻。但視瓜地之肥瘠，每可轉移其收量。

收穫方法及貯藏　觀瓜果已經長至極度。即用小刀。由瓜蒂處斷去。置于陰凉通氣處。可留一年之久。

(5)葛薯(土人亦有呼之曰括薯)

形狀及品質　薯大如拳。身有凹溝三四條。連蒂之一端。大而且圓。他端尖小。味甜水多。質亦甚幼。

選種法　選其壯大之莖以作種。其有病害者不取焉。據種植者云。留薯爲種較佳。故近來亦有留下端正小薯爲種者。其結果成績甚佳云。

播種期及法　谷雨驚蟄間。先起尺餘高闊之畦。畦中開溝。下以堆肥或草木灰。每離五寸之處。播種一粒。覆以薄泥。淋以些水。

管理法　種後二三個月。培土一次。旱則隔日淋水。有草則注意除之。不拘次數。

施肥種類及次數　肥料以人糞尿爲主。猪糞時亦用之。概於種植時作基肥一次施用。

收穫期及量　秋初收穫。每株僅收葛薯一隻。然亦有季夏時候收穫者。

用途及貯藏法　用作蔬菜。掛于陰凉地方。可貯藏頗久。然須擇其皮面不傷損者而藏之。

(八)畜牧

(1)鷄

種類及其形狀　一種曰草鷄。其毛色金黄。或黑黄相間。或全身純白。最大者重六七斤。小者亦三四斤。人家所畜。以此種爲最多。一種曰大種鷄。其毛色與草鷄同。惟體格高大。大者有重至十四斤云。一種曰太和鷄。大與草鷄同。毛色純白。皮肉黑色。脛上且有毛茸。俗謂此鷄能補人體。然此兩種畜養較難。養者甚少。

飼黨之普通法　用廢飯米谷等物爲飼料。早晚各飼一次。或僅早晨飼養一次。餘時任其外出覓食。

飼養之特別法　海康之第二區嶺兜市一帶。頗有研究養鷄法。如要鷄肥。則用糖糠混勻爲飼料。或用舍飼籠飼。禁其運動。要其色澤華美。則早晨逐其出舍。任其踐踏露草。覓食草頭昆虫。則脚色毛色。光黄美麗。足招顧客之歡心。

最大之群數　該處居民。家家畜養。通常畜養以二三十隻爲最普通。間亦有養至百餘隻者。

普通管理法　雄鷄三個月後。要行閹勢。使其易于肥大。雌鷄則俟六七個月、見其冠已變紅、日與鷄公交尾、且四處覓巢時。用禾秆屈成一巢。置于盆內。提其入巢產卵。

舍舍式樣　用磚砌成小舍。中間隔以木板或竹牌。鷄栖於上。糞排于下。然亦有將大間房舍充用者。此乃養畜大群之鷄則有之。

（2）鴨

種類形狀　該縣所產之鴨。惟有一種。與省城之鴨不同。其體較大。其毛色黑。其脛較高。非如省城鴨之脛短小。上下。

最佳鴨年生蛋多少　專門養鴨收蛋者。由正月養至五月。可產百數十蛋。農家專養數隻以產蛋者。全年可產二百蛋

最佳鴨重量　能養肥大之鴨。厥爲農戶。尤以自養數隻爲更大。其重量約有六七斤云。

飼養之普通法　農戶自養數隻之鴨。其飼養法、本無可紀。茲記其專門養鴨者之飼養法。其法分有兩種。一、養作肉用者。小時用蛇類炊熟混入飯內飼之。大時放飼田野間。任其覓食。早晚則在畜舍。給以飯谷等飼料。二、作蛋用者。小時亦。用蛇類混飯為飼料。大時則用海豆芽港鬼(蠔蜆類)等物為飼料。日間仍須放飼田野間。任其覓食。

最大群之數　一二千隻。

普通管理法　放飼時、須有數人追隨鴨羣之後。各持竹竿一條。以便分走散漫時。以竹攔阻。至其返舍時候。亦嘗用蔴網圍緊四圍。以免他物侵害。

畜舍式樣　多在田野間覓一平坡。即於坡上蓋搭蓬棚。棚之周圍。圍緊以網。以充鴨舍。

(3)牛

種類及每日耕地多少　縣中概無養作乳用之牛。所養者，多屬役用水牛及黃牛。水牛每日可耕二三畝。黃牛每日可耕一二畝。

飼料　多用青草廢飯番薯等物。每日飼料費、水牛約需一角有奇。黃牛一角以下。

放牧及管理法　多用小童牽至草地或河邊放牧。每日放牧兩次。分上午下午各一次。熱天午刻及晚間、牽回時。先牽至河邊或塘邊。任其飲水及洗身。冬季則僅午刻飲水一次。冬季夜間繫于舍內。給以禾草。春夏秋三季。多繫于外便閒地。亦給以禾稈草。將入夜時。焚燒攏搵。薰逐蚊虫。如見有牛蝨牛蜱(均俗名)吸食其血。宜即驅逐取棄之。

牛舍式樣　多用尋常閒舍充用。

全縣牛之大約總數　海康耕地甚多。耕牛亦因之而多。惟近來土匪侵擾。牛隻之被其搶去售出屠宰者。其數不少。是以牛隻減少。幾有半數。現計大約總數僅有三十萬頭左右。

（4）猪

種類　海康無人製造火腿。所養之猪。槪係肥猪。以供市面屠宰之用。

毛色及其特點　毛色黑白相間。亦有全身黑色者。然此種甚少。其耳頗小。大僅及廣州猪之一半。毛亦短細。不如廣州猪之粗長。是其特點也。

普通飼料及飼法　該處所有釀酒之店。均養猪多頭。其飼料與農戶不同。蓋利用釀酒所剩酒糟以餵猪。非若農家之用殘飯或取煮薯飯餵之也。其飼法係傾飼料於槽內。任其吸食。熱天僅用微熱之飼料便可。冬季則須煮至頗熱方可。

管理法　每日天明後。任其外出覓食。不用人工追隨。惟于上午七點十二點下午五點三時間。大聲喚回給食便得。

猪舍式樣　多用禾草搭成矮小之小屋爲猪舍。冬季則置入些少禾草。以爲猪畜臥。

全縣猪畜大約總數　海康風氣。盛行養猪。每一戶口。至少亦養猪一只。平常多養兩隻。至釀酒之戶。有養百數十隻者。現除土匪搶去外。約計尚有百餘萬隻左右。

（5）羊

種類　肉用山羊。

放牧情形　每日十一句鐘。全數驅出草地或山中。任其採食青草及樹葉。不宜過早。否則易受朝露所侵傷。晚間驅返羊舍。以木攔其舍門。阻其出入。

最大羣之羊數　二三百頭。

羊舍式樣　用尋常閒舍充用。

全縣羊之大約總數　共約四五千頭。

（九）森林

海康除平衍農田外。厥爲平坡。一望無垠。荒涼滿目。所謂森林者、直可謂之絕無僅有。全屬惟東南一帶。稍有木柴供用。然亦散漫不堪。不足謂之曰森林。因略焉。

（十）輸出品

（1）蒲包

蒲包爲海康出口之最大宗產品。民國七年。因歐戰影響。包價高漲。取來外人現金。不下八九百萬元。尋常每年亦可取來外人現銀三四百萬。其售出法。即出包行數間。組織大多資本。又派出多間支行。到各鄉下或市間羅致民間織好之包。每百張束成一包。僱用民船。運到雷州城港。港頭裝過火輪。運來澳門售與蒲包總行。而總行又僱人工縫成草袋售與各處包貨之用。其織包方法。與尋常日用之蓆無異。種植情形。已詳上述。玆不贅。

（2）猪

猪亦爲海康出口之大宗品。但較蒲包、則已少數倍。每年可取來外金約百萬元。此種出口猪。最小必須在六十斤左右。其運出法、亦與草包無異。由各猪客前赴各鄉購便大夥猪隻。由民船運到火船。轉運來澳。到澳有數行接買。現查出口猪每斤價銀三角五仙上下。

（3）牛羊

前十年地方安靖。飼養牛羊。實繁有人。故牛羊產量甚多。出口亦鉅。年來地方多故。雞狗頻驚。人民救死不贍。何暇安於生業。且牛羊之慘被摧殘或被其搶去者。不知其數。以是影響。牛羊之數。頓形減少。近來每有耕耨無牛祭祀無羊之歎。情勢如此。牛羊之不能出口。可想而知。

(4)鷄

鷄之出口。由來稱盛。惟近來澳門馬嵧洲所謂拱北關者。貨物遥到。情勢有自行擇肥大之鷄。每隻升價弍毫。藉以漁利。商家之業此者。因其時或取去過多。虧本頗鉅。人之束手。視爲畏途。[illegible]下船隻往來。鷄貨業已絶迹。不知政府有何善法對付。雪海邑商民之寃也。

(5)鴨蛋

鴨蛋乃搬運維艱之物。該件出口數量頗微。大約全年出口蛋可值五千元左右。

(6)鳥類

如白鷺、鴻、雁、炒米、顔春、鵪鴣等鳥、均是出口貨物。全年亦可來外金千數百元。

(7)花生油

花生油之輸出。以前十年數量爲最多。即近年以來。輸出亦非少數。惟是民國九年。土匪搶掠。油搾廠之被其蹂躪焚燬廠屋器具者。不知凡幾。是以本年油之輸出。已見絶跡矣。但不知將來政府能否設法剿匪、使油業恢復否也。茲將其搾油情形略説於左。然此乃据搾油家所面述。而搾機器具被匪焚燬。已不能親見矣。

搾油方法　搾法用舊式。原料係用杉鉼荳一種。入石磨磨之。使其脱殼。又傾入地上石磚砌成之大摧搓碎之。于是入釜炒至適度之時。即用竹圈圈好。入搾搾之。其油即出。

品質優劣　品質甚優

每担需原料若干　每担約需花生仁二百五十斤。即花生仁一石五斗。(每石一百七十斤)

工料價值　搾油師父一名。每日工資五角。小工十餘名。每日工資四角。食用自備。花生每石四元五角上下。

用途　食用。

裝運法　用火水罐裝運。

售何處及價值。售至澳門海口等處。每斤值銀二角五仙。

(8)茶油

原料種類　山茶子。

採集及整理法　九月間摘下茶子晒乾之。打破。取子仁。續晒子仁五六日。打碎篩過。入鍋加水炒之。炒至變成黑色。速即放入竹囤。用紗紙包裹。即可入搾搾油矣。據搾油家云。搾油手續最緊要。且最要熟練之處。全在炒仁肉一段工夫。蓋炒之過度與不及。皆與得油之多少有關。又云、該處搾過之渣。猶可復炒復搾。

工料價值　原料係搾油家自種。不用購買。每日搾油工價。炒仁肉工銀五毫。搾油工銀四毫。

品質優劣及每担需原料若干　品質頗優。一担茶油需茶仁肉五担左右。

用途及裝運法　婦人裝飾品、與及燃燈之用。以火水罐裝運。

售何處及價值　售往海口澳門赤坎等處。每斤值銀三角左右。

此件輸出。全年總量。與花生油相上下。近來花生油輸出減少。茶油輸出增加。

(十二)農林前途之希望

海康地廣人稠。他處罕比。加以土質膏沃。氣候温和。發展農林。殊爲易易。顧其農業窳劣。林業缺如。其故何哉。推厥原因。無人改良提倡一也。水池河流缺少二也。蓋海康僻處邊陲。文化未盛。實業人才缺乏。農民率多守舊因循。不知改良。耕作之田。任其亢旱。荒坡曠野。任厥抛荒。卒無補救之方。釀成劣綜缺如之勢。挽救之法。首宜注意水利。對于舊有田園。引瀦河流。鑿池蓄水。或用吸水機器。由遠處吸來。則舊時年收一造之田園。可望年收三造。農民受益。當非淺鮮。其次提倡種植。對于荒坡曠野。若其一望無垠。全區平衍。且有水源應用。則宜墾闢田園。種農作物。若其邱陵起伏。絕少水源者。則宜設計造林。種以樹木。如是、海康之農林。可期蒸蒸日上。舊日海邑農民窮苦萬狀。亦可無枵腹之虞矣。

（出自《广东农业概况调查报告书》，一九二五年）

海康縣調查報告

林長植

經濟概況——海康地居三雷之中部，土質肥美，宜於農產，人民慣習於農，農民約占人口十分之九，其次爲工商業，然亦不過小資本經營而已，全縣每年產米額，可供全縣兩年之需，民性勤苦儉約，生活單簡。全縣人口約計四十餘萬，近因農村經濟衰落，在本地謀活，甚覺艱難，出外謀生者日漸增加，彼輩足跡所到，多屬廣州灣，香港，廣州，北海，海口，海防等地，若南洋羣島，其他各國則寥若晨星，或有一二，多屬賣身出國，乃下賤之輩，爲當地人士所不齒，所操事業必非正當云。

海康農產，銷出外地最多者，往昔首推蒲苞，鹽米蔗糖等次之，惟蒲苞一項，每年輸出，約達五百萬元，自九一八事變，蒲苞銷額，已無形中減少，每年僅達百萬元，鹽米蔗糖等項出產最多三四百萬元。漁業，所得魚量有限，僅能供給本地之消費。

堤防——南渡河橫貫海遂二地交界處，沿河兩岸，洋田阡陌，每一潰決，鹽潮爲患農產失收，非設法堤防，患害滋烈。溯自滿清陳清端公，築堤提防于前，然年久失修，爲患堪虞，近有省會公安局長何公卓，目擊危險，出任鉅艱，提倡修堤於後，現已竣工，統計該堤兩岸，每長一百二十餘華里，高丈餘，濶一丈，可稱雷州大工程之一。

交通——海康交通，關於陸地者，現有主幹公路三條，一係雷安線，由縣城經客路城月等市抵達廉江之安舖，約長二百華里，一係雷坎線，由雷城直達法租界廣州灣，約長一百七十華里，一係雷徐線，由雷城抵達徐聞縣，約長一百八十華里，其餘尙有由第六區南興，至第八區北和及其他支路，共長約二百華里，關於水航者，有南渡河直通廣州，輪船三艘，每月往來三次，其餘硇洲，合浦，海口等處，均有航帆直達，往來次數甚密。空航雖闢有飛機塲，惟一時尙難設置。

治安——本縣數十年前，被匪蹂躪不堪，地方損失甚大，土匪肅清後，秩序漸次恢復，現各縣均編練警衛隊，維持地方治安，查海康警衛隊之編練，成績甚佳，惟近日社會不景，農村破產，人民經濟苦於負担，邇來逐漸縮編，今僅存一中隊，及二獨立小隊。

教育——海康教育，有省立十中一間(今年改爲省立雷州師範)分高初兩級，高中生有六十餘名，初中生有一百四十餘名，簡易師範一間，有學生一百二十四名，縣立中學一間，學生一百零四名，縣立小學十間，高級生五百二十六名，初級生五千五百九十六名，初級小學一百四十二間，縣城設有小規模圖書館，民衆教育館，平民夜校，平民閱報處，及其他各種學校，此外有雷州日報社一所。

行政——海康行政區之劃分爲八，與自治區同。區行政事宜，概由區公所，公安分局或分駐所處理，計本縣設有公安分局二，一爲雷城分局，設在城內，一爲烏石分局，設在第八區北和之烏石港，其餘四，六，七，等區，均設有公安局分駐所。

自治——海康自治最高機關爲參議會，下轄八自治區。查本縣舉辦自治，已兩年餘，現屬第三屆，縣參議會有參議員十八人。區公所，設正區長一人，副區長二人。

黨務——海康全縣有六個區黨部，統轄十九個分部，黨員人數，普通黨員約三百餘名，預備黨員約七百餘名，共計有一千名左右。

慈善——海康慈善事業，昔有宏濟醫院，惟規模狹小，設備簡陋，現捐得鉅欵六萬元，建設同仁醫院一間，高樓大厦，規模雄偉，爲雷州百年來最大建築物，內設有中西醫師，及產科醫師，每日贈醫三小時，其他如安懷收容所，收容盲目嬰兒，及殘廢而無依靠者，惟經費短絀，規模狹小，收容及施舍能量，甚爲薄弱。

中華民國二十四年八月二十四日

（出自《统计月刊》第一卷第十二期，一九三五年）

遂溪縣農業調查報告 民國十一年

楊起明調查

(一)位置

遂溪縣位廣東之西南。處雷州之北部。緯度二十一度。經度京師偏西六度。縱約二百里。橫約一百八十餘里。東西面海。北界廉江。南界海康。

(二)地勢

該縣地勢。由北而南。地形一若新馬路。中部較高。而兩旁較低。故所有河流。皆由中部趨向兩邊入海。

(三)氣候

該縣氣候。與廣東南部各縣無甚差異。年中大小暑間最熱。太小寒間最冷。熱久冷暫。風力以縣西爲較大。蓋五六月間西風甚烈也。雨量初秋最多。冬令最少。

(四)耕地狀況

全縣地面。荒地約占百分之四十。旱地約占百分之三十五。水田約占百分之二十五。土質多係紅褐色略肥美之壤土。或砂質壤土。灌溉多感不便。農作物除米穀外。以糖蔗爲多。次則甘藷花生芝蘇黃豆黑豆等等。

(五)水利

縣中舊有特侶塘。係前清該縣大紳募捐用人工開成者。用以貯蓄細流之水。乃由塘中開出三橫支。九直支灌溉第五區及十二區所屬之東洋萬頃洋田。今則三橫支九直支汚塞。無復前時之可以流通。以故該萬頃洋田。多患旱災。其餘則近縣治之大溪。因水位太低。除供給溪邊各田外。餘俱不能利用。此外尚有小溪五六。皆分向東西入海。旣精足以灌溉田園。又不能通行舟楫。論該縣之水利。誠不足道者矣。土人多稱遂溪之田曰望天田。職是之故也。

（六）交通

縣中多屬平坦地方。通常交通。除用牛車外。屬於法界地方。又用汽車以往來。民國十一年。民選縣長陳君曜不。經將各區公路。着手開辦。目下業已通車者。有章坎一路。而遂章及雷州一路。亦將完工矣。其餘各路。若能繼續開辦。不生障碍。一年內可以盡行通車。以上所述。純係陸路交通。若水路則河流均淺。不適舟楫。實無交通之可言。

（七）農民經濟狀況

田地租價　第一區水田每畝值銀三十餘元。第二區每畝值銀五十餘元。第四區每畝值銀六七十元。旱地則第一區每畝約值七元。第三區約值十餘元。第四區約值二十餘元。田租普通每畝每年約七元左右。惟三四區則每年須租銀十元左右。

長短工價　長工係用男人。每年工銀三四十元。另食東家。短工忙時每天工銀四五毫。割禾插秧則六毫。亦食東家。閒時每天三四毫不定。食用自備。此係指男工而言。若僱用女工。則每天工銀祇一毫左右而已。

大宗產品價　表列如左。

品名	價格(以百斤計)
上穀	四元七毫
花生	四元五毫
甘藷	四毫

片糖	七元
猪	二十八元
鷄	三十五元
生油	二十五元
生豬	七元
藍靛	四元

（八）作物

（1）水稻

水稻品種甚多。其較優者。早造有白早、白肚光、六葉、糯仔、白粘、早粘、等等。晚造有黃粘、酐谷、坡例、大糯、粘仔、鐵槌糯、廉州糯、等等。就中尤以粘仔之米質爲最佳。實最上等之米也。所售之價。常貴於他米。蓋炊之不硬不爛。爽滑可口。其次則以糯仔爲佳。以之製餅餌。乃無上之品。其價亦貴於他糯。至各種之收量。全視年豐與歉而定。通常如粘仔糯仔兩種。每畝每造可收五百斤。收量最多者爲鐵槌糯大糯兩種。每畝可得七八百斤。肥料以堆肥爲主。間用人糞尿。施二三次。灌溉與否。酌量天時之旱雨而行。不能概爲一例。其他情形。與各處同。不贅。

（2）蔗糖

該邑糖業頗盛。種蔗甚多。概屬竹蔗。各區比較。以第三區爲最。次則第一第八兩區。又次則爲第四區。第一三八各區幾乎遍處皆蔗園。鬱鬱葱葱。一見而知其糖業之盛。糖寮亦以第三區爲多。約共六七十間。第一第八兩區。各有五十間左右。第四區亦有三四十間。產糖總額。未有統計。無從而知。即詢之海關。亦能未詳悉。蓋其出口非由一處也。玆述其種植情形于左。

品質　頗佳。含糖量多。蔗肉鬆軟。且可供作生果之用。

土宜　適于砂質壤土。及高爽而無水災之地。

前後作物　其留頭數年者。概無種植他項作物。其一年換頭者。以番薯花生芝蔴大豆等爲前後作物。就中以花生爲最多而佳。

留種　選擇無病虫害之肥壯蔗條。截取其尾數節。束成多束。豎放陰涼地方。蓋以細砂。免其水分蒸發。用時乃取出。

栽培法　春初時候。作高狹之畦。開溝畦中。先下堆肥。次將蔗種斜插溝內。以泥蓋之。僅突出蔗種斜起部一寸左右。用手按實其泥。株間距離約一尺左右。三四月間用牛犂起畦邊。放入海藻作肥。培土畦上。有草則除之。亢旱則淋水。然遇蔗地尚有他種作物未能收穫、已屆種蔗時期。則先將蔗種插於畦邊。任其生長。至收穫他作物後。乃將畦上之泥。揭聚於畦邊。將來插種地方。即爲畦心。農地經濟之法。此法頗佳。該處農民。亦屢行之。

收穫期　在十一月後。隨時可以收穫。

搾煮法　與普通同。即斬回蔗條。去葉去尾。用舊式石轆。搾出糖汁。倒入鑊中煮之。鑊有四只相連。由第一鑊移至第四鑊。漸次濃厚。初煮時。下以石灰粉三四匙。以去其汚物。至液濃厚時。再下石灰粉少許。且注花生油一両左右。以止其猛沸。煮至濃厚適度時。將糖打起。傾入瓦槽內。不絕攪拌。再傾於蓆床上。用糖針劃之。遂成片糖。

工値及糖價　製糖工人。每天工銀四毫。片糖每担七元左右。

糖質良否　糖質之良否。全視製糖者之工夫如何。該處製糖之人。工夫高下不等。故所出之糖。亦嘗佳者甚佳。劣者甚劣。大既下石灰之適當與否。及火力之老嫩。爲糖質優劣之關鍵。

裝運法及銷路 裝法有多種。用木箱裝載者。多運至外埠。如香港澳門江門等處。用蒲包包裹者。多售於梅菉、安鋪、赤坎、硇洲、等處。而本地亦銷流不少。則多用竹籮裝載。挑至各市販賣。

（3）花生

竹蔗之前後作物。花生最居多數。故種花生者甚盛。花生之種期。在竹蔗收穫之後。約在立春時候。其種法、或作平木之畦。或作三四尺濶之畦。施以草木灰爲基肥。點播種子於畦面。株間距離大約數寸。生長三四個月。即見發出黃花。不久即可收穫。收穫之前。宜勤于除草。其施肥多用人糞尿之水肥。只於生長一月時施行一次。概無中耕培土。收穫時、將全株花生拔起。摘下豆顆。多用以搾油。每豆仁二百餘斤。可搾油一百斤。油質頗佳。概用舊米水罅裝載。運至赤坎、江門、澳門、香港等處發售。每担值銀約二十五元。

（4）芝蔴

此項作物。以第一、三、四、八、各區栽培最盛。或用以搾蔴油。或用以作餅餌。其產量頗多。售出外埠亦夥。茲將其種植情形。述之于左。

品質及經營狀況 品質頗佳。經營狀況。近稍衰落。

土質 以高燥灰色之砂質壤土爲最宜。

前後作物 以甘蔗花生爲主。

種子選擇及貯藏 用風選法。藏於瓦缸。密封之。勿使濕氣侵入。

播種期及方法 在雨水間、用條播法、或撒播法、播於廣大平畦之上。株間距離約二三寸。行間距離約四五寸。

施肥種類及次數 以人糞尿草木灰混合肥爲主。每造僅施一次。

管理法　發芽後長至二三寸高時。汰弱留强。三四月間。除草及淺耕一次。

收穫期及裝運法　大小暑至立秋間收穫。用布袋或幼麻袋裝運。

價值及銷塲　每担約值銀五元。多售于本地各市塲。亦有運售於南陽地方者。

（5）其他作物

番薯　此物到處皆有。種類頗多。其種法甚屬普通。

藍　各區農民。均有種植。以供自用。惟第八區則格外多種。常售於安舖赤坎各處。種植時期。在一二月間。收穫時期。在七八月間。製法與普通同。品質頗佳。據土人云。以之染布。較勝於城市染坊所染者云。

黑豆及白豆　栽培以第一第三兩區爲盛。近日經營狀況。稍見衰落。年中連栽兩造。春初之時。選擇肥壯種子。犂起平地。開溝。先下草木灰爲基肥。乃播種子於溝內。覆以薄土。任其自行生長。並不施肥中耕。惟有雜草叢生時、除草一次而已。至四五月間。已可收穫。收穫後。連播種子爲第二造之栽植。至秋末冬初。又可收穫矣。價值每担八九元。售於內地各處。

此外如棉花、包粟。狗尾粟、黃麻、陸稻、甜薯、毛薯、芋仔、廉州芋、薄豊、綠豆、等等。均有種植。惟產量極少。且其栽培法。概與各處無異。故不贅述。

（九）園藝

（甲）果樹

縣中果樹。各種均有。惟無專業經營者。大都散見於村庄附近。或爲農民自種。或爲遺下種子發芽生長。均乏栽培方法。且其數量甚少。茲僅略舉各種果樹每斤價格於左。

龍眼每斤二仙至七仙。荔枝每斤六仙至一角五仙。甜楊桃每斤五仙至一毫五仙。酸楊桃每斤一仙至七仙。黃皮每斤四仙至一角。菠蘿蜜每斤二仙至三仙。波蘿每隻、大者五仙至一角。小者一仙至五仙。

（乙）蔬菜

（1）韭菜

此項韭菜。爲週年不絕之蔬菜。其種植地。以附近雷州城之鎮陽區爲最多。近來人口日繁。交通頗便。需求蔬菜。求過于供。該處以此乘機多種韭菜。旣供雷城之需求。復供鄉間之購買。獲利頗厚。玆述其種植法於左。

韭菜性喜肥沃之粘土。尤以池塘之肥積土爲佳。故種者多種於肥沃之地並時培以塘泥。其種法、將作種用之韭菜。分株移植於畦上。淋水適當。生長後、又淋人尿一二次。至生長已達極點。則割下、售于市場。所剩之頭。復淋水淋尿培其發芽生長。遂可復割。普通一年可割四次。然亦有割五六次者。惟其所得。不及割取四次者之佳。其割四次者。在夏歷二月四月六月八月各行一次。其割五六次者。割期不甚定。大約相隔四五十天。即可割一次。週年以五六月間產出最盛。且韭菜在此時間開花。割售韭花。其值較貴。九十月之後。多留頭生長。少行淋尿。惟培肥土而已。總之、分株移植韭頭一次。可用二三年。然亦有一年換頭者。價值視產量多少而定。平時每斤四五仙。貴時一毫左右。

（2）蘿蔔

蘿蔔亦爲該縣最普通之蔬菜。大約冬季收穫之後。家家戶戶。皆種多少。故其產量頗多。玆述其種植于左。

種植法　於冬季晚稻收穫後。作高一尺左右之畦。畦面濶尺餘者、點播或條播兩行。畦面濶數寸者、播一行。未播之前。先放入草木灰些少於溝或穴內。次即播種。覆以細泥。但須甚薄。又淋以些少之水。待生長二三寸時。汰弱留强。分三四次行之。汰至株間距離五六寸時、即爲適度。汰弱留强之後。施以稀薄人尿。至葉有三四片時。即可施濃厚之人糞尿。以後每距二十天之譜。施肥一次。約共施三四次。即可停止施肥。此外培土應行一次。除草及淋水、則酌量行之。由播種之日起。計約歷八九十天。至百天。即可收穫。其收穫法。係將全株拔起。然後將其根葉切去。間有於生長甚盛時。摘去數葉。以充食用。使所有養分。多供給於根部者。如此、則收穫之蘿蔔。比較碩大。普通農人所種。每隻最大者。不及三斤。專門種植者。重量較大。蓋其手術既熟。土質亦較宜也。以獲利言之。亦以專門種植者爲較厚。且專門種植者。種植期比較普通農民植種爲早。大概於七八月間。已行播種。非若普通農民之必待至晚稻收穫後也。價值貴時。每担值銀二三元。賤時八九毫。若用以製蘿蔔乾。則製後每担佳者值銀十餘元。劣者亦值七八元。至蘿蔔葉之醃漬可供食用者。每担值銀約二元。劣者則僅值七八毫而已。

(3)其他蔬菜

除上述兩項蔬菜爲頗大宗之外。尚有白菜、芥菜、黃牙白菜、蒜、葱、生菜、莧菜、茼蒿、豆角、芥蘭、南瓜、冬瓜、節瓜、甜瓜等等。其種植諸法。與內地各處相同。無詳述之必要。故畧之。

(十)畜牧

畜牧事業。該縣並無大宗經營。不甚足紀。惟鷄豬兩種。則家家戶戶。莫不養之。鵝羊白鴿則絕無僅有。而牛隻則前十年牧養甚盛。近數年因土匪搶掠。民不聊生。牧養牛隻。銳減其數。茲分述於下。

(1)鷄

家畜以鷄爲重。最佳之種。重至七八斤。年產蛋百餘至二百隻。普通飼料。以米谷爲主。亦有用飯混米糠或切生薯條爲飼料者。除早晚各給一次飼料外。任其外出覓食草虫。鷄舍則用泥磚築成矮小禽舍。幾與小屋相似。或用竹木棧架。置於高處。備其入夜宿於其間。通常民家。均有飼養。最多者或至二三百隻。最少亦有五六隻云。

(2)鴨

鴨之最佳種者。年可產蛋百餘隻。最大鴨之重量。可達六七斤。飼料以谷及米糠廢飯甘薯爲主。亦有飼以生魚蝦蟹等物者。閒時任其外出覓食。養大群至數百隻者。須人隨之外出。以免其遺失。鴨舍多以竹織之物圍繞充之。

(3)鵝

鵝之最大者。重可十四五斤。年間僅產卵一二次。每次產數隻。普通養鵝飼料。除於早晨給以薯飯等物外。餘時皆任其外出採食青草。縣中最大群者、不過二三十隻。概不置舍。任其居宿閒地。民間甚少養之。

(4)白鴿

此項畜養之少。與鵝相似。最大者重一斤左右。最大群者二三十隻。飼料以米谷為主。閒時任其他出覓食。多以木製箱狀之巢。一方闢門。內分兩格。令其棲止生息於其中。此巢常掛高處。藉防鼠貓之侵害。

(5)豬

此項畜養之盛。幾與雞禽相頡頏。惟其食用較多。需費不少。故其隻數。不能不較雞隻為少也。但以農民養畜之觀念言之。固是兩者相等。每戶所養。最少必有一隻。最多有至五六十隻者。平均每戶約得二隻。豬之毛色。黑白相間。然多腹白背黑。亦有純白純黑者。然甚少發現。早午晚三時間。各飼餿飯或甘薯混米糠之飼料一次。餘時任其外出。惟過田野尚未收穫。豬畜外出。認為必有侵害時。則隔于舍內或曠地。或用竹木做三角形之架。架于頸上。使其不能侵害他物。豬舍用閒屋或棚下充之。全縣大約總數。約二十餘萬隻。

(6)牛

牛有水牛黃牛(土人稱黃牛曰沙牛)二種。均充役用。水牛每天可耕二三畝。黃牛每天可耕一二畝。飼料以青草、薯藤、豆藤、飯粥、餿飯、為主。如遇工作之日。則朝早及傍晚。飼以飯粥或甘薯。夜間則給以豆藤青草禾稈等物。如遇閒時。則由牧童牽至草地。任其採食青草。巳刻歸來。未刻則行牽去。至酉刻始行牽返牛舍。夜仍給以禾稈等物。牛舍多以閒舍充之。熱天繫于樹陰之下。概無特別牛舍。全縣牛隻。共約五萬餘頭。其中以第六七兩區牛隻較少。蓋該兩區受匪害較鉅也。

（7）羊

種類概係山羊、而供肉用者。飼養甚爲簡單。大多任其自由覓食青草。最大之羣。不過二三十頭。羊舍以閒舍充之

（8）馬

馬隻甚少。本不足紀。畜馬者、皆用以代步。並無其他役用。平常放牧于草地。間或給以谷薯廢飯。役用時給以飯薯等飼料較多。免其饑餓。

（十一）輸出品

輸出品類。從無統計。但詢之海關。則云年中以糖之出口。最居多量。次則生油猪隻。又次則爲鷄及蒲包蔴油茶油等等。惟出口之路不一。有經安舖出口者。有經新埠出口者。有經東海出口者。有經城月出口者。甚難稽其實數。

（十二）植物病害及虫害

該邑第八區洋菁一帶。發現一種花生病害。起病之初。不見其如何罹病。但見忽然全株枯槁而死。甚至全園盡死無遺。俗名之曰豆瘟。查該處種植花生。多用輪栽法。其前後作物。以甘薯芝蔴糖蔗白豆黑豆綠豆等等爲主。記之以備研究。

該處又發生蚷仔害虫。其色紅。身長一分左右。大約數秒。每年二三月間。食害芝蔴之葉部。或一夜間。全園被其食盡。僅見莖部直立。失去結實之力。不久枯死。查各區均見該虫害。于晨間用碎木屑及草屑燒于園之周圍。可殺死其多少。

附有毒植物之甘草

該縣第八區有一種植物、俗名甘草者。常發出一種不可思議之氣味。人類若多觸其氣味。鼻血當即流出。蓋其激刺

之性甚烈。人類實難抵抗。故其生長一處。則該處五六尺之內各種植物。均不能生長。即雜草亦不能繁生。其形狀、莖部肥歉不勝。高可數寸。葉片稀少。且甚細小。

（十三）農林前途之希望

該縣土質膏腴。地勢平曠。加以工價非貴。人口頗稠。發展農林。大有希望。顧其農業仍然劣窳。林業從未所聞。其故何哉。推其原因。有兩端在焉。無農林之觀念一也。無農林之學術二也。夫以現狀觀之。縣中燃料及建築原料。多取材于他縣。而縣中無有也。荒地平坡。連亘數十里。無人過問也。又糖油二業。從前出產甚多。近年有減無增。漸形衰落。前者乘天然之利而不營。後者不知所以保其固有之利益。凡斯種種。無非由於缺乏農林之觀念、且無農林學識之所致。以調查之所見。該縣森林。絕無僅有。燃料甚有恐慌之象。植物病虫諸害。無從驅除。搾製糖油。一律舊式。情形如此。欲望農林之發展。難乎其難矣。改良而革新之。惟有鼓吹獎勵。擴充原有之農林試驗場。藉資研究補助。使農林事業。印于人民腦海之中。于是並起經營。曩者滿目童山。庶幾蔚若可望。植物被害者。亦可驅除。糖油諸法。不良者亦可漸臻完美。不數年間。農林前途。必大進步。故遂邑農林前途。非無希望。特世人不注意耳。

（出自《广东农业概况调查报告书》，一九二五年）

徐聞縣農業調查報告

民國十年

楊起明調查

(一)位置

徐聞居廣東之西南。即在雷州半島極南之地。三面環海。北界海康。伸出南海之中。南與瓊州海口對峙。廣東各縣海岸線之長。以該縣為冠。惜其港口甚少。且多狹淺。大隻輪船。不能入港。而輸出品又不甚多。商務亦不發達。將來如能振興實業。產出大宗物品。又疏濬港口。舶來大隻輪船。則商務繁盛。海權可操。為港澳與海口、北海、海防、暹邏、安南、西貢、緬甸、各埠通商必經之路。其發達誠有不可限量也。

(二)地勢

縣之東北地勢較高。天然之森林在焉。縣之西、田地坑地多於東北。即係較低之證。其南部在兩部之間。不高不低。以全縣言之。絕無高山大嶺。所謂高者。惟稍高之坡。所謂低者。惟稍低之坑。坡多於坑。大約數量。坡占十之七。坑占十之三。

(三)氣候

徐聞既處廣東之南。以理論之。自當甚熱。惟其氣候。頗覺和煦。絕無劇變。年中大暑立秋之間。溫度最高。有至攝氏三十七八度。小寒大寒之間。溫度最低。有在攝氏八九度。雨量不多不少。風力甚大。每年新曆五月至九月。雖免颶風之虞。或時在此期間、經數次之颶風者。蓋其地方當海之衝。易受海風之吹來。該縣農家。皆以多風爲苦。

（四）耕地狀況

土質　縣之各處。均甚肥美。猶以東北有天然林之部分爲最肥。其土色多紅褐。亦有灰白者。紅褐之土。多在稍高之坡地。灰白之土。多在低下之坑。然均屬表土甚深之沙質壤土。其帶有粘性而表土淺者。實已罕見。

水利　高坡之地。水源缺之。種植聽之于天。田坑之地。多有水源。農民有鑿成溝渠以引水灌溉者。有鑿成池塘蓄水以備灌溉者。蓋田坑之地旣低于坡。而坡中土層之水。盡流入田坑。又適有雨之時。坡上之水。亦注于田坑。種種狀況。均見坡多亢旱。坑多水災。所可取者。坡之土質。多帶潮濕。植物甚難旱死。坑之土質鬆軟通透。吸水力大。水浸短期。兩者均得土質調劑。故該縣各地種植作物。無不豐收異常。見者莫不嘆羨。

交通　內地交通。多由陸運。該縣農民。不論大小耕作。均用牛車拖運。惟遇不得已不能拖用牛車時。始用人力挑担。蓋其地方平坦。風氣所趨。故縣之各處。每戶必有牛車數架。

耕作情形　各處耕地。以稚薯稻蔗爲主。豆瓜芋菜等類亦甚多。稻則早造多種于坡。晚造多種于坑。餘則多種于坡。蓋徐邑人民。最重坡業。每出耕作。均云去坡。坡作之盛。可想而知矣。

（五）農民經濟狀況

耕地價值及租價　坡園每畝價銀約三十元至九十元。全年租價三元至六元。坑田每畝價值百弍十元至百五十元。全年租價十餘元至廿餘元。

工價及大小農之情形　長工全年二三十元。短工忙時。每天三角。閒時每天二角。每一耕戶耕五畝至十畝者。約占六十%。十畝至二十畝者。約占三十%。二十畝至五十畝者。約占九%。五十畝至百畝者約占一%。

(一)普通作物

(1)水稻

稻種不一。早造有六葉、坡早、早稻。晚造有粘仔、赤粘、黃粘、長尾粘、硬殼、大糯、小糯。早造多用劃秧法。晚造多用拔秧法。肥料多用人糞尿牛糞攙撞火灰豬糞爲多。其量不定。至其各種手續。與普通無異。故不贅述。

該縣米谷出產量頗大。常可供給該縣糧食有餘。縣之曲界地方。有曲界白米一種。品質甚佳。炎之甚久。不見其爛。食之爽口異常。其味香滑可愛。雖增城絲苗。亦不是過。

(2)糖蔗(俗名芒樵)

經營概況　該縣糖業最盛。故種糖蔗亦多。然以全縣論之。猶以中南西區爲冠。據土人云。中區種蔗地方。已占農地十分之七。縱橫各三十餘里。一望葱葱。可知糖業之大矣。惟近來土匪騷擾。牛畜每被奪掠。因之歇業或暫停頓者不少。糖業之盛。已大不如前時矣。

種植管理　土質以表土深厚且係屬肥沃紅褐色之壤土爲適。種植之初。選擇肥壯無病虫害之蔗尾作種。乃犂起蔗地開溝。先放堆肥。次揷蔗種於中。以泥蓋之。稍爲踏實。在第一年內。除施初種之一次基肥外。隨後酌量施以人糞尿一二次。第二年之後。概不施肥。該處通常可留蔗三四年。有留至七八年不換種者。年中管理。惟有除草培土等手續。每年十月至十二月收穫。用以製糖、或售作生果用。其收量視地之肥瘦而定。製糖之法。概用舊式。與廣東各處製法相同。器具亦同。故畧之。至其所製之糖。多製糖磚。因其用模型印成磚狀。故名。每磚重約十兩左右。

糖色黑或黃。黃色較佳。易招顧客。糖質較遜於省城所售之片糖。除此磚糖之外。有製白糖者。其製法亦與各地相同。因其量少。故亦畧之。所有製得之糖。除應雷州各市埠販售外。仍售出海口各埠。

「特注」作物除稻蔗之外、尚有藜芋包粟黃豆黑豆花生等等、以其平常也、故畧之、

（七）特用植物

（1）茛光

該縣自來種植茛光。爲該縣之特產。其形狀與辣光相同。品質甚優。可製香料酒餅。又可作藥材。成熟年齡。在三年以上。十年以下。若過十年。則光多發爛。收量之多少。視土質之肥瘠而定。通常每株可收若十斤右右。繁殖法用光之幼芽爲種。其幼芽必有五芽至十芽相連。方可作種。繁殖時期不定。每株距離一尺五寸。管理手續。惟有年中除草二次。該光銷路。常在海口、海康、赤坎、香港、澳門、江門各埠。

（2）波蘿蔴

波蘿蔴亦爲徐邑之特產。係用通常波蘿之嫩芽。密種于地。株間距離僅約五寸。使其不能結果。二年之後。即可斬下製蔴。製蔴之法。係割出波蘿葉。剝去兩緣之刺。又刨去其葉面之肉。又剝其葉底之皮。乃投入水池內。浸漬數晝夜。取出分開之。去淨葉肉。使其剩得完全纖維。（是即蔴）于是將纖維合成指大之蔴條。做成扁狀。置于陽光之下晒白之。又浸又打。又晒白之。至其白度適合時。即可停止。于是搓成圓狀。縛之成束。每束重約五六十斤。出售于江門澳門海口各埠。

該蔴品質頗優。每百斤需原料千餘株至二千株。其用途粗者製繩索。細者織布。每百斤價值百餘元。然亦視市價而定。

(3)茶油樹

徐聞之北區附近英利市一帶。種植極多之茶油樹。徐邑之出產茶油。即出于是。每年春季。業茶油者、多新栽茶樹種。後七八年。即可結子。每年結子。在八九十月間。摘下搾油。其搾油法。係摘下茶樹子晒乾。打破。取出子仁。又打破子仁。取出仁肉。續晒仁肉五六日。打碎。篩過。入鍋加水炒之。炒至變成黑色。速即納入竹圈。用油紙包裹。即可入搾搾油矣。據搾油家云。搾油手續最要之處。實以炒仁適度爲要。其工價、炒仁肉每担五角。搾油四角。每担茶油需仁肉五担。所得之油。品質頗優。用火水罐裝好。運往江門澳門海口雷州等處發售。

(八)園藝

(1)蔬菜類

該縣蔬菜。出產頗多。種法與他處無異。惟該縣地方。土質鬆軟肥美。收穫均較他處爲豐。如北區下橋市一帶。所種之苦匏。大者每隻重五十餘斤。爲他處所未見。其甜匏亦重至三十斤。爲他處所罕有。其種苦匏之肥料。專用牛糞冲水施用。又縣之中區。有白苦瓜一種。雪白可觀。農民多用紗紙包裹。以免小蜂(按即瓜蠅)爲害。蓋遮小蜂之害于下。每年三月至六月間。發生一種小蜂。色黄身小。每用口刺入瓜身。產卵其中。不數日、瓜呈黄色。停止增長。破瓜觀之。即見許多白色小虫。蠢蠢于中。有時跳躍。身節六七個。喙色黑。

(2)菓樹類

該縣菓樹。以荔枝爲最多。每斤僅值二三仙。南區曲界市一帶。有僅值一仙左右者。其品種多是優良。惟菓實較省會所售稍小。而味則或勝之。其餘如龍眼、杧果、黃皮、香蕉、波蘿密、波蘿。產量亦多。就中言之。又以波蘿爲最多。價平時每隻僅值數文而已。各種菓樹之種法。與普通無異。特畧之。

（九）畜牧

（1）鷄

鷄爲民間必畜之家禽。多則百數十隻。少則十數隻。無何別法飼養。惟于早晚給食一二次。日間任其外出覓食。其他管理方法。一若尋常。鷄舍則多用竹搭成架。令其棲止于中。

（2）鴨

該縣因水田甚少。飼養大羣之鴨。不甚適宜。故縣人多養母鴨產蛋。以育鴨苗。其育苗方法。係先製便木桶。懸火爐于桶內。使其溫煖。另炒谷壳。以布包之。而鴨蛋亦用布包之。每包六七十隻。桶之底置一大包谷壳。次置一包鴨蛋。如法叠之。每包鴨蛋。即隔一包谷壳。叠至木桶將滿。即加叠大包谷壳一包。次蓋以棉被溫煖等物。隨後每隔十二點鐘。取出。如法炒熱谷壳。又如法叠回桶內。如是五日後。隻隻照過。見內容有網狀血絲。且又色好。置回桶內。否則去之。每過五日。再如法照之。以定去取。總之、熱季十七八天。即可取出。置過鴨床。寒季則須廿一天。至其孵化則須廿五日至廿八日。當其置過鴨床也。熱季則僅蓋蛋包。寒季則蛋包之面。蓋以煖溫之物。每年隣縣如海康等縣。必有畜鴨家、親到該縣購買鴨苗。通常每隻鴨苗。值銀二三仙。

（3）鵝

徐邑養鵝甚少。因其不足紀也。故畧之。

（4）猪

猪畜與鷄同爲農家所必養之物。惟其羣數最大不過十餘隻。多見於釀酒家。若在民家。則僅養一二隻或三四隻。爲拾食廢飯米水等物。其猪種與飼法猪舍等等。均與省會相同。無容贅述。

（5）牛

該縣多養黃牛。其牛種甚碩大。爲他處所罕比。常有瓊州之人。見其牛種碩大。直來購去牧養者。該縣黃牛之多。因用以挽牛車較水牛爲適。嘗民國七八年。全縣牛畜。均有發生傳染病。每年統計病畜。總數約在七八千頭。斃畜總數約三四千頭。染病之初。停食青草。經四五日。則危臥不起。目流白膏。六日即斃。然亦有治愈之病畜。多日仍不能起。皮膚盛生一種小虫。以豆油搽之可愈。據土人云。此種傳染病。係屬熱病。其療治藥方。不外中心箭草、鯽魚膽草、漆子、牛腸藤、割血藤、數種草藥。畜病之初。速延獸醫診脈。（其脈診牛尾與臀相接處之下方凹穴）將草藥一二件或十件八件。切碎擂水。以竹筒灌入病畜。吸後若能捱過七天。即不致斃。

（6）羊

該縣所養之羊。盡是山羊。各區均有畜養。最大羣者有二三百隻。養數十隻者最多。然亦有養數隻以供自用者。

（7）馬

該縣民間。多用馬以代步。即婦女亦每騎馬。故馬隻頗多。惟其馬種。不甚佳美。亦不碩大。且鄉民所養。鮮有教養方法。愈趨愈劣。終至絕無佳馬。通常每匹價銀約二三十元之譜。十餘元與七八十元之馬。亦間有之。

（十）輸出品

該縣之輸出品。件數頗多。惟數量非大。如猪，羊、牛、鷄，鴨，柴、竹、茶油、糖、莨薑、波蘿蔴、野蠶繭、等是。就中以糖及柴竹爲大宗。餘則較少也。

（十一）特產

特產爲莨薑一物。其栽培方法。已畧述於前。玆不贅

（十二）農林前途之希望

縣之東北有森林焉。是乃天然之林。縱橫數十方里。千年老樹。佳木良材。殆皆有之。且其密度逾恒。人畜均難出入。前數載土匪恃其林密非常。可攻可守。特闢居爲巢。於是夜出日入。搶掠四鄉。繼又明目張胆。白晝攔途。官兵方到。未睹匪巢。而匪槍先發。聞其聲不見其人。官兵不能誰何。軍隊難以征服。森林之密。可想見矣。民國十年。黃司令平匪。前此林中之匪。自首從良。繳械歸家。今日之陰密林中。已無匪徒之踪跡矣。縣人因議將此森林斬伐製炭柴。嗣因資本無着。僅將其放火焚燒。業經焚去十餘方里。現下該林依然如故。亟待有人集資取材。以免廢棄。此外尚有各處矮小樹林。若斷若續。是乃前時毀去森林舊址。總之、徐邑地廣人稀。不待人工造林。僅任其天然生林。已可取用不竭。至其農業方面。已有各種農業基礎。如蔗油牧畜各業。果能嚴加整頓。從事改良。且將曠野荒坡。種植殆徧。則不特他業之發展。僅種蔗製糖之一業。已可致富有餘矣。是在有心實業者之能興起發展也。

（出自《广东农业概况调查报告书》，一九二五年）

徐聞縣調查報告書

林長植

(一)地勢——徐聞爲我粤大陸最南之地，東望東京，西連省港，南與瓊崖隔衣帶水，北接海康，徐聞山綿延東北百餘里，本縣面積約千方里，該山已佔過半，其面積之遼濶，山林之陰鬱，不問可知，惟其中雜木交錯，成材樹木，實屬罕有，僅作炊柴之用而已。該山既無大用，反爲盜匪淵藪，爲害實深。

(二)人民——徐聞人口，往昔估計約三十萬有奇，因年前匪盜頻盈，死亡無數，現據調查所得，未及以前半數，只共二萬九千二百七十五戶口。十三萬三千六百一十人，人民多業農，但墨守成規，不知改進，本年旱災。計達數月，演成空前未有災荒，情形殊爲悲慘。

(三)治安——徐聞治安，素不安靖，盜匪以徐聞山爲壁壘，政府雖再三痛勦，尚未能完全肅淸，民二十一年間，梁團長公福與梁團長國武督師搜剿，並設南區綏靖公署此間，以資鎭壓，年來始見歛跡，人民乃稍安居樂業，現徐聞山善後辦事處，仍然存在，藉防死灰復燃，至地方治安由警衞隊維持，秩序亦暫恢復。

(四)商業——徐聞地形三面環海，水路交通，本極便利，商業應甚發達，但港口隄岸未築，商場未設，馬路未闢，本城商店雖有百餘間，唯業務經營，素守成例，無稍改變，其餘零落星散，分設各地，亦不過小資本經營而已。

(五)農產——徐聞，其主要糧食，僅全縣耕地面積，約有十六萬餘畝，民二十二年，穀米產額，估計有五十三萬七千九百餘担。什糧產額，估計有二萬三千六百餘担，二十三年，米穀計五十三萬四千一百担，什糧計二萬七千担．查全縣人口十三萬餘人，平均計算，每口估得耕地一畝有奇，惟連年土匪作亂，村莊荒蕪，致現在三分之一耕地面積，尚無人耕種。

(六)敎育——徐聞敎育比較落後，查全縣有完全小學四間，初級男生二百八十三名女生七十九名，高級男生一百九十三名，女生二十七名，初級小學三十九間，共男生二千零三十四名，女生二百四十二名。民衆學校十五間，共學生四百二十九名，簡易師範一間，學生四十二名，分兩班敎授，設備不甚完全。查全縣受過中等敎育者甚少，在專們以上學校畢業者更不多見，按照人口數推算，全縣受教育者，僅佔百分之一。

(七)區治——徐聞全縣，共分六自治區，第一區公所設在本城內，計二十四鄉鎮，第二區公所，設在縣之東北附近徐聞山之曲界市，計四十六鄉鎮，第三區公所，設在縣之東南龍塘市，計二十四鄉鎮，第四區公所，設在縣之南五里村莊，計二十鄉鎮，第五區公所，設在縣之西邁陳市，計三十三鄉鎮，第六區公所，設在縣之北與海康接壤之英利市，計十四鄉鎮，六區合共一百六十一鄉鎮。

(八)公路——徐聞公路，已成者，分為省道縣道鄉道三種：(一)省道有徐橋路，長四十里；英橋路長四十里；徐安路長二十里；南龍路長六十里；內徐屬十五里，餘屬海康。龍英路長四十五里，內徐屬五里，餘屬海康。(二)縣道有橋青路長二十五里；青英路長二十里；徐曲路長七十里；曲錦路長四十里；徐邁路長四十里；邁井路長二十里；橋曲路長四十里。(三)鄉道有徐三路長二十里，那安路長二十五里，曲前路長四十里；下仙路長二十里；龍平路長二十五里，內徐屬五里，餘屬海康。

(九)醫院——徐聞救濟事業，前由省撥欵建築有齊康醫院一所，因規模狹小，經費短絀，設備未全，現由省會公安局長何犖，籌捐鉅欵數萬元，並派工程師來縣規劃一切，不日當即與工重新建築。

(十)其他——全縣漁業，約有三百餘家，用帆船繩網之類，捕捉海產，每年獲利，約萬餘元。全縣共有郵政代辦所一處，於通訊頗感未便。

(十一)移民——本縣面積遼濶，土質肥美，查關於墾殖方面，受縣政府指導者；(一)信宜縣移民，劉傳等三十餘人，居縣屬東區愚公樓一帶，採薪及耕坡地，以維生活(二)陽江縣移民，葉交初等二十餘人在愚公樓一帶，專營燒炭，成績甚佳。

二十四年九月十五日

（出自《统计月刊》第二卷第四期，一九三六年）

陽江縣農業調查報告 民國十六年

馮英材調查

(一)區域位置

陽江縣居粵省之南部，東西廣一百五十里，南北袤九十里，東界恩平，台山，西界電白，南濱南海，而海陵一島，兀立海中，北界陽春。全縣共分九區，另閘坡一區，是新闢之區，左海陵之西北。

	區署所在	位置
第一區	城內	中部
第二區	舊設大溝墟(今廢)	東南
第三區	舊設北慣墟(今廢)	東北
第四區	舊設平岡墟(今廢)	西
第五區	白蒲墟	南(海陵島)
第六區	織篢墟	較西
第七區	沙扒	極西
第八區	塘圍墟	北

第九區　大八墟　極北

閘坡區　閘坡　海陵島之西北

(二)地勢

全邑南北較狹，東西較長，北枕雨霖烏石諸山，西南有郎官山，西有羅琴望夫等山，皆綿延數十里，邑中之高峯也。地勢東北西三面畧高，中央及南位多屬平原。以全縣面積約畧計之，傾斜急劇之高山極少，而傾斜畧緩之丘陵，則約佔十分之三四，如三區四區七區九區之大部分是也；其餘平原耕地極多，約佔全縣十分之六七。

(三)氣候

陽江瀕海，氣候溫和，冬時無雪，一歲之中，炎暑過半。冬煖或至搖扇，臘殘每有凱風和煦，俗人謂之送年。晨早多霧，春夏霪雨，或風氣淒清，夏秋間每有颶風，甚至拔木擢屋，海舶尤憚之。

(四)水旱情形

地極低窪，一四六七八等區，皆有水患，且夏秋之間，恒多霪雨，每致潦水爲災，如適値隣邑陽春亦大雨，則陽春之水由漠陽江而下，以本邑爲尾閭，水勢更大。漠陽江水驟漲，一時不能盡流入海，沿河之地，其高漲有陡至丈餘者，一望汪洋，幾成澤國，蓋因河流淺，海口隘狹也。故多雨之年，潦水恆多，惟淹浸不久，尙無大害，倘浸至一旬以外，則低田之禾，多被淹斃。至近海之田，又患鹹水，農家多築堤以防之，但遇颶風時，堤多崩決，鹼水乘機侵入，此水居人呼爲番水。被害之田，如無大雨大降，則禾盡枯槁，爲害甚烈。近河之田，天旱之時，雖可利用以取水灌田，但離河較遠者，則多俟天雨，故七八月之間旱，則垌田多無收成之望，是全縣對於水旱問題，實首宜注重者也。

(五)交通

本邑海線，東由東平大澳而通省港，西由閘坡沙扒而達高雷瓊崖。至縣內河流縱橫，東部有三丫河，西部有坡尾河及織簀河，會由豐頭港而入海，極西有儒垌河，由北額港而入海，中部之漠陽江，自陽春南來，中途容納大八河那龍河，經北津港而入海，交通尤便，惟河底爲沙，隨處淤塞，運輸多用帆船而已。至陸路交通，則東北沿那龍河而達恩平，北沿漠陽江而達陽春，西南經平崗織簀而至電白，惟多用人力担運，及用牛車運輸。現擬興築公路四條，一至恩平，一至台山，一至電白，一至陽春，而江電及江恩路，已在興築中，不日可望次第築成，交通當較便也。

（六）耕地狀況

漠陽江及織簀河下游沿岸，平疇廣衍，多冲積土，土質屬粘質壤土及沙質壤土，土色灰黃。其近河瀨田，則畧見微黑，表土既厚，土質亦美，惟水旱不常，至海濱沿岸，則有鹹水，土人多築堤以禦之。一區四朝潮田，前十年常有鹹水爲患，禾稻一經鹹水淹浸，立即焦斃，故常有全無收成者，近數年間，鹹水極少浸上，頗慶豐收。又九區多屬山谷間田，沙質壤土較多，是爲定積土，色灰黃或紅黃，表土淺薄，最深不過一尺左右，淺者只三四寸而已。但近山坑，有坑水灌溉，水利則頗足也。

（七）耕作情形

全縣水田極多，皆以植水稻爲主，近水者多用大穀及長毛種，但只年植一次（即只植晚稻），如一區四鄉及河邊低窪之田或近海濱者皆是，其畧高水田，則每年可植稻二次，（即早稻及晚稻），且間有冬季於晚稻收穫後植薯或蔬菜者。至旱地及崗頂地，則多植甘蔗，竹蔗，薯，旱禾、花生及荳等。然就其出產大宗者言之，如一區屬之白沙塘尾崗背漚坑報村等鄉多植瓜菓蔬菜，五七八等區之薯出產最多，一區馬曹及三江等鄉多植蒜，六七等區之花生及竹蔗，八九區之花生葛薯，八區屬塘圍附近之果樹，如菠蘿蕉子等，皆爲大宗出產。

(八)農民經濟狀況

耕地價值及租價　該縣耕地，概以播種子若干計數，如仲以畝數計之，大約可播種子一斗四升之耕地，卽等於一畝。上等水田，如七升種之耕地「半畝」，價值八十元，租價每年收穀一石；中等水田如一斗四升種之耕地「一畝」，價值四五十元，租價每年收穀亦一石；下等水田如一斗七升種之耕地「約一畝又十分畝之三」，價值二三十元。其租價每年收穀仍爲一石，惟上等水田，不論豐歉之年，租穀均可收足；中等水田，如遇旱潦或至欠租，但翌年仍須補足；至下等水田，則其租穀以時年爲比例，荒年時則全年租穀等於烏有，至下年亦無補穀者。至於旱地亦以播種若干計算，如仲合一畝之旱地，價值一百元年租八九元；中等旱地每畝四五十元，年租五元；下等旱地，則每畝六七八元，年租約數角而已。

長短工價值　長工工價，多給以穀，然亦有給銀者，大約大工每年給穀十七八石，如給銀八九十元；中手工人，每年給谷約十担，給銀則四五十元；至小工(卽看牛仔)則每年只給銀七八元，或給谷一二石。以上長工，概供膳食，每日三餐。短工則忙時大工每日價銀五六角，或給谷一斗；閒時工價三四角。婦女忙時每日四角，閒時每日二角，皆供膳食。

附說　該縣工人頗多，每當六月十月農忙時，農人作散工者，多百數成群，集處近城之大王廟，以候僱工，而僱主亦到該處擇請，有專僱作六月田工，或十月田工者。而此兩時期，每時期亦只工作一月至兩個月耳。惟工作特多，故工價亦貴，雖作一二個月，亦須工谷五六石之多，另供膳食。

普通物價列表如下：

品名	價格　(每斤約合碼秤一斤四両)

白米谷	每担五元八角
赤米谷	每担四元五角
黑豆	每担一十二元
薯	每担一元
芋	每担二元
花生油	每担四十元
黃糖	每担十七元
猪肉	每斤六角
牛肉	每斤四角
雞	每斤八角
鵝	每斤六角
鴨	每斤五角
塘魚	每斤四角
蘿蔔	每斤三十文
白菜	每斤三十文
芥菜	每斤四十文
節瓜	每担二元

蒜頭	每担十五元
柴	每担一元一角

肥料價格

品名	價格
猪糞	每担一元五角
花生麩	每担十二元
牛糞	每担一元二角
草木灰	每担五角
堆肥（攪擡泥）	每車二角

大小農及經濟狀況　該縣垌田及塱田極多，農村係由千百家而成，極少三數家而爲一村者．全縣農戶，計耕三十畝以上至六十畝以下者最多．耕十畝以上至三十畝以下者或六十畝以上至一百畝以下者次之．耕十畝以下或耕百畝以上者則最少．又多有農人於本縣種植完畢後，三五成羣，到台山屬蒔禾者，而濱海一帶人民，則多業漁，或到海灣處取蠔，獲利頗富．

全縣人民約四十萬，各區鄉人業農者居大多數．至經濟情形，則三九等區多困乏，一二四五六七八等區較充裕，每農家婦女皆出工作，無分利者．

當舖　往昔全縣當舖約二三十間近日完全倒閉，現只有押一間，設在第四區平岡墟．店名業興押，民國十六年六月開張，資本約六七萬元．惟近以所當貨物太多，對於農人粗笨農具等物，多不肯押，故農人多有用重利以借款

者•

（九）農村教育狀況

江邑農村學校，日漸設立，計鄉村有數百學者，恆設小家一間•其欵項多由祖嘗租穀支出，其學生多是農家子弟，但極貧困之農家，其子弟雖極幼，亦爲人牧牛，以致失學•就全縣計之，一六四等區學校最多，而失學兒童則以七九兩區爲最甚•茲將該縣農村教育調查表列之如次：

區名	初中或高中		高級小學		國民學校		私塾		學校總數		失學兒童
	校數	人數	校數	人數	校數	人數	間數	人數	校數	人數	佔幾%
第一區	二	二七〇	三	二三六	二六	七九〇	七〇	二〇〇〇	三一	一二九六	60%
第二區			四	一五〇	一〇	三七二	二〇	七〇〇	一四	五二二	70%
第三區			二	七二	一六	四三三	二〇	八〇〇	一八	五〇五	70%
第四區			三	一三〇	一八	六五〇	十餘	四〇〇	二一	七八〇	65%
第五區			二	七〇	一四	五一〇	十餘	五〇〇	一六	五八〇	70%
第六區	一	三五	七	二二二	一六	四五二	約二十	六〇〇	二四	七〇九	65%
第七區			二	五五	五	一八八	十餘	二〇〇	七	二四三	80%
第八區			一	二五	九	三三	二十餘	六〇〇	一〇	三三七	75%
第九區			一	三〇	六	二一五	二十	五〇〇	七	二四五	85%

（十）作物

（1）水稻　農家皆以種水稻爲主，故隨處皆多栽之，有一望平原，約數萬畝而種稻者，其他作物不過副產耳。近日兵燹頻仍，盜賊猖獗，業農者每有改圖他業，如三九等區，田多荒廢，舉目皆是。

品種　就早稻及晚稻分述之：

（a）早稻種，普通以六月蜜，掛犂望，歷諸赤，尖鼻赤爲多，米質以六月蜜爲佳。

（b）晚稻種，普通以高粘，蜜仔，大殺，長毛，田基勃，交趾，黃粘，白花齊爲多最，其中以大殺及長毛種最耐水浸，米質則以高粘及蜜仔爲最佳。糯穀亦是晚稻，有大糯，斑魚糯，麥仔糯。

前後作物　皆係連栽，　有於晚稻收穫後，種以薯或菜者。

種植法　於晚稻收穫後將田犂起，土人謂之犂田晒霜。農諺云：犂田過冬，好過担糞甕。蓋在冬至前將田犂起使受寒風烈日，雜草不至蔓生，則翌春可得豐收，惟當移植時，須將田水減少，犂耙數次，使成糊狀再盪平之，然後移植。早稻播種期，多在雨水間，先將穀種用籮載之，置於池塘中，其浮水者則去之，約十小時即起上担入屋內，俟後每日早晚各置塘中浸濕一次，復即取起，並屢用人力提籮，掉之使勻，如此經三兩日後，其種芽已有一二分長，即可播於秧地。秧地係濕潤壤土，先犂耙成泥狀，使面上極爲平坦，四周畧起淺溝，俟苗長約七八寸，即可連泥鏟起，分運田中，置於秧盆，　以便移植　。而移植期則在立夏前農諺云：「過了立夏，做無做也罷」。蓋言一過此節氣，所種之禾，結實恆少。其較高垌田，　則早稻於雨水時，將穀種直行散播於田者。其法將已犂起之田，用木鎚將泥擊碎後耙平，乃將穀種散播之。至水稻則於小滿後舉行浸種播種，其手續與早稻相同，惟秧地則宜畧爲高旱之沙質壤土，苗約六七寸，則可舉行移植。其移植期必在立秋前，農諺云：「六月秋，緊周周，七月秋，漫漫遊。」亦以在立秋後移植者則生長不良，故立秋前須趕快種植也。惟晚稻皆用拔秧法，法先將秧地排水，然後拔起，打去其泥，以草束成小束，並割去秧尾，然後移植，此卽該縣水稻普通種植法也。惟大殺及長毛種，則播種期及移植期較早，播種期在谷雨間，移植期則在小滿。

施肥　多用人糞尿火灰，猪糞等之混合肥，亦有用石灰者，而六區織篢屬及七區上洋屬，則多用牛骨灰者。至施肥用量多少無定。惟先施肥，後除草。

管理法　早晚水稻，通常各皆除草一次或二次，係用田草耰，以長竹為柄，用手持之，在水稻之行間往返推進，惟其早稻係直接撒播者，則農人多坐櫈以拔除雜草，又有持竹棒行於水稻之行間，用足以踼踏其雜草者。至第二區屬則農人間有用膝跪地，用雙手除草者；有於除草後撒穀仔(不實之穀)於稻田中，任由羣鴨到處覓食，使其在水稻根際，時時移動，使田泥混濁，則生長較佳者，但在大殺及長毛種，施肥除草等全免。

合撒　用晚稻穀種三成，早造穀種七成，混勻浸種播之，播後則早稻生長快而苗高，晚稻生長遲而苗矮，收穫早稻，則晚稻繼續生長，而至收穫。用此法，則晚稻可免犂耙播種移植之勞，惟如連年用此法，能使田瘠，且翌年收量亦大減少。

收穫　收穫期早稻多在小暑後，晚稻多在霜降後，然亦因各品種之不同，而有遲早之別，不能一例也。收穫量上等水田每畝四石，中等水田每畝二石半，下等水田則每畝一石，計全縣每年約產穀一百六十餘萬石，每石約五六元。當刈禾後，其脫穀法，普通用牛牽石轆壓脫其穀，亦有用禾桶脫穀，或用木棒擊之者。

銷路　本地及江門，台山等縣為最多。

(2)陸稻　各處旱地多栽之。栽培法，係將穀種和灰糞條播，播種期在春分，收穫期在夏至。條播後中耕除草施肥各一次，每畝收量約二石，惟品質劣，價亦較廉。

（3）竹蔗　經營狀況，往昔三區北慣及六區織篢種植最多，近則逐漸衰落。查六七區利用竹蔗製糖，前有糖廠四百餘所，今則只二百糖廠左右；三區尤甚，現只存三數糖廠而已。可知種竹蔗者漸減少也。然統全縣計之，約可產糖二萬餘笠，每笠約重五担，則可產糖十餘萬担。而糖質之佳，以三區北慣爲最著。

前後作物　連栽二三年後，卽須易地，栽以花生，薯，荳等。

栽培法　種植期在淸明前，先將地耙平，每距三尺濶爲一行，每株相距一尺處，卽先掘穴而施以基肥，然後每穴斜種蔗苗兩枝，覆之以泥，惟蔗苗須露四分一於土上，使不覆坭。（惟三區北慣則畧異，其蔗苗直種於穴中，而完全覆之以坭。）而任其生長，至高約二三尺時，施以鹹坭（卽舊屋之坭磚），或豆麪，或塘坭，或人糞，並犂鬆蔗畦溝之坭土，用鋤鋤起，覆於蔗脚上，以蓋其肥料，自後仍施肥二次，卽每隔一月施一次，此後則無須再施肥，只有草卽除，有虫卽以手抹拭之而已。

收穫及搾糖法　舊歷十月終至翌年正月皆可收穫，收穫時用鐮刀割斷蔗莖，剝去莢衣，每四五十斤爲一束，運回糖廠「卽搾糖所」壓搾。其搾法俱用舊式，無化學之智識，無機器之設施，僅以二大石軸，互相銜接，置蔗於兩軸之間，藉二牛或一牛之力，使之回轉，蔗汁壓出，由軸溝流入貯槽，大約每束蔗能搾水一桶，乃傾蔗汁於糖鑊煑之，每六桶蔗水可煑成糖一鑊，惟煑時須下些石灰及油滓方可煑成，此其大畧也。煑成之糖卽黃糖，每百斤售銀約十六元。

（4）花生　栽培狀況。三區北慣，六區織篢，七區儒垌上洋，八區雙掟蒜汕，及五區九區一帶之旱地，栽之者最多。近因盜賊擾攘，栽培漸少，而第三區則更形衰落，其餘各區，亦畧有經營耳。

品種　有大花生，細粒仔，黃蜂腰等，近日多栽大花生。

土質　沙質旱地。

前後作物　早稻，竹蔗，薯等。

種植管理　於舊歷二月起平闊之畦，每隔八寸開一淺溝，內施以灰糞，每三四寸播花生仁一粒，然後畧覆以土。種後約一月，除草中耕一次，地瘠者可施灰糞肥一次，由此再經一月，又除草中耕一次。

收穫　大暑時其葉焦枯，即可收穫。大花生及黃蜂腰種，則可先割去其蔓，然後犂起，乃以篩篩出其豆。至細粒仔種，則連根及蔓拔起，担回陰處，採取其豆，大約每畝可產花生三四担，每担約四元。

用途及銷路　多用以榨油及製餅餌，銷路爲本地各榨油店。

(5)薯　栽培狀況。五七八九等區之旱地，栽培最盛，近日有增無減。

品種　有大路薯及四月薯兩類。其普通種，有上古紅，鐵皮薯，粉薯，白皮薯等。

前後作物　四月薯以水稻爲前後作物，大路薯則爲花生豆。

種植管理　大路薯處暑前後種植，四月薯霜降後種植。先將地犂耙細碎，起二尺濶一尺高之平畦，畦頂畧尖，乃施灰糞爲基肥，後將長約一尺之薯苗，於每距三四寸處蒔一條。惟栽時須天氣晴和，如遇天雨則不可種植，種後約三個月，須除草中耕施肥培土各一次。

收穫　大路薯於冬至大寒皆可收穫，四月薯則在清明時。至收穫量，每畝多者十担，少者三四担。

用途及銷路　可供食用，及飼料，或磨粉，第五區鄉人且有用薯和米煮飯，以爲正餐，習爲慣例者，銷路爲本地。

(6)黃蔴　三四七八等區栽之最多。

土質　宜沙質壤土，坡地而畧旱者多栽之．

前後作物　旱禾，薯等．

種子　多由潮州購買，本地留種生長不良，每升種子價約三元．

種植管理　清明前後播種，先起平畦，用條播法，各行相距七八寸，每畝用種子一升四合，係將種子以人糞草灰和匀，(平常一升蔴種，須用糞二担和匀．)乃行條播．俟苗生長約一二寸時，須汰弱留强，一月後，則中耕除草，苗長約尺餘，卽施肥培土一次，至苗長二尺餘時，又須淋尿，以供其生長．

收穫　秋分前後，卽可收穫．其法在蔴樹近根處刈斷，乃由兩人互夾去其中心之蔴骨，將其皮晒乾，束之，卽可出售．每畝約可產乾蔴四担，每担約值八元．

用途及銷路　多用以製繩及纜，近有用以製草鞋者．銷路本地及江門、台山等處．

(7)芝蔴　七區一帶產之最多，每當夏日開花，遍野皆白，第五區亦有植者，其餘各區則極少栽種．

品種　有黑白二種．

土質　高燥之沙質壤土．

前後作物　薯荳等．

種植管理　雨水前後播種，先將地犂耙細碎，起平矮之畦，將種子和灰糞條播於其上．苗長三四寸時，卽汰弱留强，使其株間距離約三寸，行間相距約五寸，自後除草中耕施肥各一次．

收穫　大暑至立秋皆可收穫，用刀刈取晒乾，用棒擊出其仁．

用途及銷路　製餅，黑芝蔴則可入藥，銷路本地．

(十一)園藝

(A)蔬菜

(1)節瓜　第一區屬之岡背，白沙，塘尾，輞村，及第九區屬之北甘等鄉，栽培最盛，產額每鄉每年約可六七千元·，其餘各區畧有種植，惟只供自己食用耳·近城鄉人，對於蔬菜事業，素喜經營，而節瓜則以銷路及用途日廣，故植之者日多，是農人副產物之一大宗也·

品種　卽冬瓜中之一種，有長苗及短苗之別，長苗種其蔓甚長，只產一瓜，短苗種則蔓甚短，能產瓜三四個，然亦有摘芽以專長一瓜者·

土質　粘質或沙質壤土均宜，農人多利用陂水及河水以灌溉，然磽瘠之地，如施肥得宜，亦可栽培·

種植管理　有早瓜及秋瓜，早瓜在雨水間播種，此時長苗種及短苗種均可種植·至秋瓜則在夏至前後播種，此時則以植短苗種爲多·種法，先將瓜種浸水，約十二小時，乃取起用禾草捲之，每日浸水一次，俟其發芽一寸時，卽可移栽·栽時預將坭犂耙細碎，起二尺濶一尺高之平畦，就畦之中心，施以基肥，如人糞尿，草木灰，或攏擡坭等，然後將已出之苗移植其上，長苗種每距一尺植一株，短苗種每距三四寸植一株，植後畧施以水，定植其根待苗生長一二尺時，卽須設棚(用竹仔搭成)，以引其蔓，每四五日淋稀尿一次，俟其苗將至棚頂時，則可施以濃尿，且此時施肥培土一次，有草卽除，不可稍令荒蕪，俟苗已結瓜仔時，又施肥培土一次，至瓜長至畧大時，則不宜施濃尿，只淋稀尿可矣·因淋濃尿，則瓜堅結不能膨發·輞村等處之農婦，勤者多担溝渠水淋之，以代尿用·倘苗長一二尺而見有蚜虫時，俗謂生蝨可於早晨露水未乾，卽撒烟沙於芽上，則芽可向直生長，否則多拳曲，俗謂之生龍船頭，不能結瓜·又當知者，長苗種俟瓜膨大約三四斤時，卽用竹仔支持，以防墜落，短苗種則於初長之瓜摘後，卽施肥一次，以供其下次之瓜，如是則每株苗可長瓜三四個之多。至報村屬所栽短苗種，只留一瓜，於結瓜後，卽摘去其正芽，使其生長力集中，此外有與芋夾種，「卽種於芋畦之中」使盡地力者。他如九區北甘屬則栽種畧早，多在夏歷十月十一月播種，明年一二月收穫，雖瓜不甚大，但市價極貴，故多栽之。土人管理非常集約，恒用籮仔載泥種植，如遇天冷時，移入屋內，必俟苗長一二尺，然後定植，且定植地方之北部，須用禾草遮風，以防過冷，但不搭棚，其餘管理等皆用他區。

收穫　早瓜夏至前可收穫，秋瓜則在立秋前收穫，總之長苗種只長一瓜，瓜可二三斤，察其瓜身粉白，皮肉堅實，且瓜蒂及瓜蔓均已乾枯者，則瓜已老，然後採之，可耐貯藏。摘瓜後卽拔其苗，短苗種則於初結之瓜約十餘兩時，卽摘下應市，此後俟其再結，每瓜約數斤，然後再摘，必摘至三四瓜，苗始乾枯，乃可拔苗。收穫量大約每畝可產瓜十担，貯藏所宜在乾燥冷涼之處。

用途及銷路　用以作湯及蔬食，近則用以製瓜條糖。銷路爲本邑及陽春，台山等縣。

(2)蒜　一區屬之三江及馬曹村種之最多，幾乎無家不栽，是亦農家一大宗副產物也。其餘各區亦有栽之，惟極少數，不過供烹調餸菜之用耳。

品種　有硬苗及軟苗兩種，該種係由陽春運來，硬苗蒜頭畧大，軟苗則否，且苗亦畧柔。

土質　濕潤之粘質壤土。

前後作物　水稻。

種植管理　種期多在夏歷八九月，先將地犂耙細碎，起二尺餘闊數寸高之平畦，乃將蒜種分開小球種植。每株相距一二寸，而行距五寸。種後覆以禾草，數日卽可發芽，肥料只用人尿，植後月餘，卽行除草。除草後，淋以稀尿數

選種　摘慈菇子下部圓滿，而身有雙匝者（卽有兩圈者），以爲種秧之用。

種植管理　於雨水前後，將種秧植於慈菇地，株間距離縱橫約八寸，植後至七月初，則生慈菇。其莖極多，可用以爲種而移植之。但由此種而種植者，土人謂之栽乸，至由乸所生出之莖而用此莖以栽植者，土人則謂之栽莖。故栽乸當在立秋間，而栽莖則在霜降前也。栽莖不需管理，惟栽乸則要打葉三次。卽近霜降時，將莖拔起，賣作種苗，並將尚餘之莖盡行除去，隨以手撥平其泥，謂之封根。此時卽當打葉一次，其後則每隔十餘日打葉一次，但無須施肥，惟其葉易生蚜虫，可引水浸至葉尾，則能將虫洗去，或用手抹之亦可。

收穫　蒔菰乸在夏歷十一月，蒔菰莖則在翌年雨水驚蟄間，便可收穫。先用手將苗連泥翻轉，乃摘取蒔子置於筐內。收穫量每畝可產五六担，每担價值六元。

用途及銷路　作蔬菜之用，銷路本地城市中。

（B）果樹

（1）荔枝　隨處皆有種植，且有全園專種荔枝者，如一區報村，木賚等處，有荔枝園，又第七區新墟之香荔，及上洋屬之玉荷包，亦最爲有名。近日樹漸衰老，極少新植，出產遠不如前云。

品種　有玉荷包，白臘，香荔，黑葉，火山等，玉荷包及白臘，果大而肉厚，香荔味清而香，黑葉品質最良，火山則味甚酸劣，最下之品也。

種植管理　蕃殖多用駁接法，初植時每樹相距約二丈，並施以塘坭，促其生長，及樹長大，則於春季開花時，卽行除草施肥。其法將距樹脚圓周約數尺之處，鋤成圓溝，形如圓圈，淋以液肥（用溝渠水和廐肥等發臭），以坭覆之。

收穫　當夏曆五六月間，果已紅熟，便可收穫。惟摘果時，須連些枝梢摘下，否則明年多不結果，大約每樹產果平均約五六担，有完全無結果者，是年謂之陪枝，其果每担十餘元。

銷路及用途　多用作生果，銷路本地。

(2)桔　甜桔爲本縣名產，往昔栽培最盛，近因病虫害繁生，農人不知治理，致使江邑名產，幾乎絕跡。現只第八區間有種植，其餘各區，則極爲罕見，而市上所售之桔果，多由江門運入，其味不及本地桔殊甚。紅桔因病虫害較少，故栽培尙多，然亦無以爲專業者。

品種　有甜桔紅桔二種如下：

(a)甜桔　皮薄而滑，色淡綠而畧紅，其果肉與果皮極爲密接，汁多而食味極甜。

(b)紅桔　皮厚而粗，色紅如朱砂，故又名朱砂桔，果肉與果皮畧爲分離，味酸。

土質　沙壤土而畧肥沃者爲最佳。

種植管理及虫害　蕃殖多用實生，間有用駁接者，每年中耕除草施肥各二次，肥料多用塘坭，用量無定。植後數年，極易生蛀木虫，將樹心嚙成一孔道，使樹幹空心，排出蛀粉，俟成虫卽由枝梢穿出飛去，樹卽乾枯。一般農人多無法防除，勤者或以鐵線刺其虫而殺之耳。

收穫　於夏曆十二月卽可收穫，每樹結子多者約六十斤，每斤價值約銀二角。

用途及銷路　甜桔用作生果，惟紅桔則邑人俗例多於新年時懸之門上，以表大吉之兆。

(3)波蘿蜜　第八區塘圍附近及第九區大八栽之頗多，其餘各區亦有種者，惟皆零星種植。

品種及形狀　有乾包及濕包兩種，樹之高度約二丈，葉橢圓而厚，面光滑，背微澀，脈突起，種後十餘年，方能結果。其結果係在樹枝幹間，近樹頭者則愈大。果形多橢圓，果皮周圍有稜突起如釘狀。據鄉人說，其皮之釘狀突起大蜜者，則內部之果包恆少，否則多云。

種植管理　六七月間，選擇其形圓而多包之果，乃取其內之包核扁圓者以作種，種於盆上，任其發芽生長，至明年春，苗長約尺餘高時，卽可移植。植時先將地掘起二三尺深三四尺闊之穴，施以堆肥，再加以細坭，然後將果苗移植其上。初植時施以塘坭，及長則每年除草二次。

收穫　六七月間，見果皮略黃，便可用刀收落，以為生果之用。每樹大約可產果五六十枚，每枚大者約二十餘斤，然亦有三四斤者，每斤八十文，如果將熟而未熟時，亦可收落，靜置數日使熟，惟不及樹熟者之佳耳。

銷路　多在本地，少運往別縣者。

(4)烏欖　散見於第九區之山麓，其餘各區極少栽培。

品種　有牛屎欖，香欖，其色烏黑，統稱烏欖，惟牛屎欖大於香欖。就品質言之，則香欖味較佳。

栽培法　皆用實生，六七八月均可播種，與種波羅樹時期畧同，惟極粗放，不加管理，除草之外，只順自然生長而已。

收穫　種後約五六年，卽可結果，十年後則逾年結子更多，每年七八月間，果色已黑，卽可收採。每株產量約三四担，每百枚約值錢五六十文。

銷路及用途　除鄉人自用外，多運出城市銷售，買之者先將欖子用沸水冲熟，以線劏開入以鹽，謂之欖角，用以佐膳。

(5)柑子　第八區有栽之，年產約百數十担，其銷路恆在本縣城市，其皮可入藥用，運之遠方，功効尤著。

此外如龍眼，黃皮，蕉等，栽培法無甚特別，恕不贅述。

（十二）畜牧

該縣對於畜牧，頗為重視，就中以飼鵝，鴨，雞，猪最多 牛羊次之，馬則極為少數，只供代步用。

（1）鵝 近海地方，鮮養鵝者，各區近河鄉村，則皆養之，而以一二八等區飼之最多，且近來業此者比前較盛云。

（a）鵝乸 養鵝乸家，須先配足雌雄 普通雄鵝占十四%，鵝乸占八十六%。每年產卵期，有早造二造三造及四造之別，早造則在七月初旬，二造則在九月，三造則在十一月尾，四造則在二月。飼料通常用穀菜等，但早造天氣太熱，不飼飽則鵝常行動覓食，恐觸熱氣；二造又正當起卵之時，須壯其身，不宜使飢，故每日皆須飼四餐；三造時有田埠可食，每日飼三次；四造時恐鵝產卵過勞，欲抑之使不產卵，則每日飼二餐。又宜注意者，四月初時，須拔翼毛，拔時大約雄鵝在四月初，鵝乸則在四月中．拔後宜飽餵薯或穀．並接食田埠，約四十日後，卽可產卵。在孵卵期，須有熟練之技師，俗名師傅，其法鵝伏卵五日，卽須照於日光中一次。（照法先將門掩閉，而留一罅之光，置卵其中照之。）無胚胎者則執出之 蓋照於日光中，有紅筋及如蜘蛛形者，卽表示有胚胎之象。如照時其卵如一汪水過並有黑雲者，為無胚胎之徵．初次照時，能留八成有奇 俟再伏至十五日，又須復照。所以然者，因鵝媾精時，或伏卵期，如天氣良好則卵多能出雛．否則雖似有胎 而亦不能孵化也。故其時照見有紅邊者亦宜執出，其青色者乃可留以再伏也。又伏至二十五日後，仍須照之．照時察係斜眉減水，則雛可出，如齊眉減水亦出，惟減水過少，或減水多者則不出。（所謂斜眉減水者，卽以鵝卵照日光中，其內之水畧減少而定，但非正減，而為斜減，如與卵成斜形也。所謂齊眉減水者，卽正減之謂，至減水多者，則其卵內之水減少一半之謂。）至此時不必再伏．經三四日後，則孵化矣，又須知者，鵝乸可伏十卵，故鵝之太瘦者可擇出休息，不必盡數使伏卵也。當伏卵時，可隔日始飼一餐，計每餐所食，每鵝乸五十只，飼浸水谷六升足矣。此經營鵝乸業之狀況也。

鵝巢　養鵝乸家，於鵝乸產卵時，須備鵝巢。大約養三百鵝乸者，則擇闊十五桁深二丈之普通房屋，安置木架三層，每層相距一尺五寸，各安置以草編徑長一尺二之圓鵝巢　下層近地，使鵝可自由到處產卵，其上層及中層　則俟其生卵後，即拾卵以置於此，或俟鵝產卵完竣時，捉鵝乸於此以為伏卵之用。

價格及銷路與運輸法　價格早造鵝苗常貴，每百頭由四十至七十元。銷路為本縣及江門，台山，恩平，陽春等處，但孵化之後，運輸頗難。江邑有人專經營賣鵝花者，恆購將孵化之卵運之遠方，實與運鵝仔者無異，茲並及之。凡業此者，買伏至二十五日將孵化之卵，運至發售地。其卵即出雛，例如運往江門或別處，在路程上要二三日，則買已伏廿五六日之卵，俾到埠時共經廿八九日，即可孵化矣。故經營是業者，其購買鵝卵之價，與鵝仔之價無異，每卵須五角至七角左右。至其在行程時或在火船時之管理，亦須留心，其法即將已經伏有二十五日而確可出雛之卵，用鵝箱分兩層裝置，大約下層鵝箱，可載鵝卵一百六十個，上層則可置一百二十個，為其上下層，須有紙被蓋之，紙被之長約五尺，闊約二尺五寸，畧厚於布，係用紙製成，以保護溫度。但溫度須適宜，以手探之，要溫煖乃可。

（b）鵝仔　最大群數五六百。

飼養及管理普通法　鵝仔孵出後，即可以浸透之米及切細之羅白菜飼之，惟先餵米，後飼菜，日間須飼四飡，夜間亦須飼一次。每日晚間，須燃燈照光，以防鼠害，並不可使其自由行動，須用禾草墊底之籮，每個載鵝五只，及明早即放出，如此至半月之久，則可餵之以穀，惟飼穀之初，必將穀浸水中約一小時，然後餵之。但夜間仍須以籮載之，待一月後止，於是每鵝一百，可分兩隊，用竹片編成籮圍之。又未滿月以前，懼日晒，蓋日晒則毛老紅黃而難大，故以近日陰處爲宜。至四十日後，則穀可無須浸水，直接飼之可也。此時鵝體稍大，不畏日晒，日間皆放牧於田野，並可雜以穀仔（卽不實之穀）餵之，每日飼三餐，至滿六十日，卽可出售，名曰鵝駁。

工數　飼鵝三四百者，須放牧一人，每年工價六十元，買飼料及掃鵝舍等雜務一人，每年工價四十元，均另供膳。

銷路及價格　多輸運江門台山恩平等，價格每頭約一元五角。

鵝瘟　土人謂鵝遇不潔之穢氣，卽不食生草，亦不行動，精神困倦，有轉瞬間鵝卽死亡大半者，是爲最可怕之病害，鄉人無法治理，惟多於初起時，用桔子葉和薑醋等用鑊煮之，使發蒸氣，乃捉病鵝一一經過其上，則可痊癒云。

（2）鴨　江邑養鴨之風最盛，各區皆有飼養，而以一四八等區最多。凡業此者，必批田埠。蓋坰田及塱田，當六月十月收穫時，有多少穀粒遺落田間，供鴨覓食，飼料可以減少，食完田埠，鴨已肥大，卽可出售，但有專飼鴨㸺及鴨仔者，茲分述之：

（a）鴨㸺　不論雌雄，其頸長，且身如筒形而堅硬，毛如鵪鶉而密實者，乃爲佳種，至雌雄配合，普通每鴨百頭，只須雄鴨五只耳。據鄉人說，雌雄之分別法，亦甚簡易，卽俟鴨仔畧有尾羽時，觀其尾羽有二條向上卷而且聲殘者，則爲雄鴨，否則爲雌鴨也。

最大羣數　約三四百頭。

普通飼養及管理法　飼養六七月後，卽能產卵，其產卵至多者每年可三百個，但飼鴨㸺百頭者，如飼養得宜，則日可產卵八九十個。如見其產量減少，每日只產三四十個時，則須制身，（制身者卽使不產卵之謂。）其時可以不實之穀和些少實穀飼之，約至一月之久，乃將實穀漸加，以至完全飼以實穀；則鴨乸產卵漸多，每日由三四十個而至八九十個，此時不可使飢，每日放收田埠，及飼以實穀三餐，又須守時刻，每日上午七時及十時與下午三時各飼一次。計養鴨乸百頭，每餐需飼穀一斗，每日三餐，要飼穀三斗，此其大畧也。

鴨舍係用普通之屋，建築在河邊或塘邊，大抵養鴨三四百頭者，以十五桁闊，二丈餘深，一丈高之屋爲宜，且須開窻通風。屋內周圍，滿放禾草，以便鴨乸到處自由產卵。

附人工孵卵法　江邑人工孵卵，每年只二次，早造在清明前後，尾造在小暑前後，先用竹圍（長六尺八寸高二尺二寸）圍於地上，而底塡穀殼，四周復用葵尾封固，乃將卵（須不光滑，不皺紋，且以卵互擊而聲不啞者。）用網袋袋之，每袋約載卵六十二只，另以穀炒至大煖，墊入竹圍底，卽置有卵之網袋於其上，隨後再以炒熱之穀加入，使其上下左右皆有熱穀圍之。最上一層，須覆以紙被，如此一俟穀溫消失，則次第取出，再將穀炒煖，仍如前法孵之。七日後可將卵取出，照日光中，其一汪水過者，則拾去之，有蜘蛛形紅根者，則復如法孵之。至第十七八日移置鴨床，俗謂上舖，用紙被四圍圍之，但此時卵能發熱，須時時轉移，約每日三次每夜二次，使不至太熱，如是至二十八日，乃辨認近鴨喙處之卵壳，以刀仔刺破，則可孵化。據鄉人說：鴨由卵孵出後　如不飼水，則可數日不用飼料，如已飼水，則卽給以飼料，否則不能生長，通常於卵化後二日，然後飼之。

銷路及運輸　銷路爲本地及恩平，赤坳廣海等處。其運輸多用圓簀將孵化之卵分二層安放，每層約載卵百餘，由人工担任各處銷售，惟至中途，仍須將鴨卵翻弄，使其熱度均勻。如中途有孵化時，則須擇去其蛋壳，以輕負担，每隻鴨約值銀二仙至六仙。

（b）鴨仔　最大羣數六七百頭。

普通飼養及管理法　細時除飼以浸米外，並宜和以斫碎之黃鱔蟹蛤仔等，使易發育，五六日後，飼之以飯，三星期後，則可以糠和飯餵之，一月後則餵以穀，但須煮軟，必四十日左右，方可省煮穀之勞，而餵乾穀。日間驅出田埠，或河池中，使自覓食。並宜注意者，幼時以笠載之，每笠約載十一二頭，十日後每笠約載十頭，十五日後，每笠約載七八頭，以次漸減，至廿七八日後，則不用笠載，但編竹片為圍，分二隊隔之而已。

銷路　除本地外，皆運往江門，斗山等處。

(3)雞　各鄉農家均飼之，但每家亦只飼數只至數十只而已，無專營是業者。

種類　黃脚鷄及竹絲鷄，黃脚鷄羽毛色黃，或黃黑相間，而肉白；竹絲雞則羽毛白而肉黑。江邑人所養者多黃脚雞，至竹絲鷄則養者較少，其最大者重約三斤。

飼養法　幼時用米粹飼之，及長則飼以穀或殘飯混糠仔（即穀殼之較幼者）或以猪糠煮熟為飼料，早晚各飼一次，餘則任其自由覓食昆虫，及草叢，農家每於早晚稻收穫時，順用籠帶出田垌，任由覓食遺穀，及晚帶返。

普通管理法　幼時由鷄乸帶之行動覓食，雄鷄飼至六七十日，身體强壯，如非留作種用，可即行閹勢，而後飼之，雌鷄則飼養五六個月，即可殺食，惟用作鷄乸者，則再飼一二月後，即能產卵，每年每鷄約產卵二百餘。

鷄病　多無法救治，只見鷄精神困乏，且不覓食時，用鷄蹋椒及豆油灌入其口，亦有救活者。

禽舍　極為簡單，平常家中飼養者，多用鷄籠，係用竹做成，晚間使鷄自己入內棲止，或用鷄棧，係用木製成，上面蓋以木板，四周及底，則削木成條，疏疏圍之，另作棧門，使鷄出入，如此則棧內鷄屎，可用棧底流下，易於打掃，法較善也。然亦有不設鷄籠鷄棧，由鷄隨處棲止於屋角或床底間者，隨處排泄，極為不潔，農人不知處理，此乃習慣之最不良者，至鷄產卵時，須先備盆墊草為巢。

（4）猪　江邑農家，飼養最盛，家家幾皆飼養，惟爲數不多，每家只飼一二隻耳。至各酒米店，則飼之成欄，每欄恒多至十餘頭，專養肉猪，無放牧者。

猪之毛色　背部及頭部與尾部均黑，其餘各處皆白。

銷路及運輸　除銷流本地外，多用火船運往江門，用帆船運往台山發售。故每當各船開行之先，各鄉農人，多抬至城外河堤，以便發賣。

普通飼料及飼法　多利用食餘，殘飯，洗米水，粥，糠，糟，薯，薯葉，豆腐頭等爲飼料，飼法甚簡單，玆畧言之：幼猪飼之以粥，過槽（卽係幼猪畧大，而未成肉之猪，俗名過槽。）則飼料無容太厚，可用洗米水畧加以粥，糠，薯葉及食餘等飼之。肉猪則以長肉爲主，宜餵之以糠，糟，粥，薯，薯葉，豆腐頭等，使飼料濃厚，易於長肉。

每猪之飼費　猪仔每日約四十文，過槽一毫，肉猪則二毫。

放牧與管理之普通法　猪仔幼時由猪𣭈導之出外行動，過槽亦任由出外，均不用雇工，至肉猪則不放牧，食後卽使靜臥，不令越猪欄一步。

猪舍　農人多任意安設，多在廚內以禾草墊之爲寢所而已。至酒米店之猪欄，則在舖內，用木條爲欄，於近牆脚處，開小窗數個，以便通氣。

（5）牛　各區農家皆飼養之，其耕種多者，飼至七八頭，然普通農家，另養一二頭耳。

品種　有黃牛及水牛兩種，黃牛角短而鈍，皮黃毛幼，體力皆小，水牛則角銳而長，皮黑而堅厚，體力亦較大。

管理法　雁牧童放牧於空曠之草地或山地，任其自由食草，惟午刻則不放牧，蓋天氣熱，且須休息，則不病牛也，及晚必使飲水於池塘，有牛虱時，則以牛刨刮之，乃可牽回牛舍。飼料普通以禾尾，但天雨不能放牧時，或冬季野無青草，則飼料要加多，亦用禾尾或用薯苗，及以薯煮熟和水，早晚飼之。又宜注意者，如係水牛，炎熱時當使落池塘日浴數次，俾消暑熱。牛仔養至一二年，用銅環穿牛鼻，以繩牽之，使易馴服。如係雄牛，則並要閹勢，現多用夾卵筋之法。

價格　平常每只黃牛大者六七十元，小者三四十元。水牛則大者一百五六十元，小者及衰老者亦要六七十元。

(6)羊　各區飼養羊者甚少，間有養者，皆係山羊以供肉食。就全屬言之，第一區第三區及第九區所飼養者，每群少者一二十頭，最大群者四五十頭。

銷路及運輸　除本地銷用少數外，多由陸路驅至恩平縣銷售，出口並無特別稅捐。

普通管理法　羊產出後數日，即可放牧於山野間囓食樹葉及雜草，不須另給飼料。諺云：「養羊栽糞，無本之利。」蓋言獲利之厚也。惟放牧時，須在午後，如在早晨，則植物多露，羊食之能爛其嘴，切勿放牧。又最忌者，當西北雨時，羊遇之極易發瘟，故每當西北雨將至時，須即趕羊回舍，此牧羊者所最宜注意也。不特此也，凡牧羊者，要用筒仔將其底穿一小孔，載以鹽及百足虫用水浸之，懸於羊舍之門口，則筒仔之液，時時由小孔漏出，而羊由門口出入，必以舌舐之，謂可助消化云。

(十二)森林

該縣森林極少，然第九區雨霖山一帶，綿亘數十里，有天然林，林木叢生，惜為盜匪藏匿之所，且運輸困難，人鮮注意之。其餘各區，則童山濯濯，惟鄉人迷信風水，村背後山，鬱鬱蒼蒼，任由雜樹生長而已。近數年來，一般人士，知森林之重要，對於濯濯童山，提倡種植松樹，而六區雞籠屬有專種松苗，如禾秧一般出賣者，每萬株二元左右，各處多到購買，廣行種植。至各村後山之雜木，皆不知何年生長，雖間有參天老樹，惟為數無多，其餘多屬雜柴，且以迷信風水故，禁人斬伐，不足述也。

土人種松法，用木削尖，入土起泥，隨放松秧其中，覆泥而踏實之，不用淋水，即能生長，惟種時以陰天為宜。

(十四)農產製造

(1)製豆豉法　江邑豆豉，以三德店所製為最佳，銷流頗廣。其製法，先將黑豆用水甑蒸熟，次置大竹篙上，晒至半乾，乃收回室內，安置架上，以黃茅蓋之，任令發霉，至七八日復取出晒之，而揚去其霉，再用水洗濯，以霉去靜為止，復以煖水淋之，以奪霉味，瀘乾後，再以些少酒混勻，使其發酵，至二十四小時之久，豆身便軟，乃取出和以食鹽，置入埕中焗之(如製薑豉，則加老薑。)

(2)製福紙法　六七區之塘口，桐油，舊寨，舊倉，陂底，蔴歷等處，因近大山，有瀑布泉，土人多利用泉水以發動碓舂竹，而製福紙。其法即先將竹置於石灰槽內，漚之數月，使其質脆，然後將竹取出，到泉水中洗淨，乃投入水碓處舂之使碎，竹既碎後，即置於槽內，用水和勻，使成竹漿，乃以竹簾用手持之，投竹漿中，取起後則水溜下，而竹碎凝於簾內，轉置一處，便成紙片，如此繼續為之，俟紙片約疊至一尺高時，然後壓出其水，乃晒之日光中，既乾，又用竹刀將每張劃開，使不粘着，再晒，是成福紙。用途為製紙條及拭穢之用，銷路本地及江門各處。

(3)製皮箱法　皮箱為縣特產，其所用之漆，係由外處運入，非土產也。據製皮箱者言：皮箱店以在邑中城內西門街者為良，係因氣候關係，至所髹之漆，非常光滑悅目，別縣不能及也。製法先備箱殼，而幕以皮，(即牛皮有水皮及沙皮兩種，沙皮係黃牛之皮，水皮係水牛之皮。)然後髹漆，漆有漆精二油之別，普通髹二油四層，乃髹漆精一層過面，惟每於髹二油之先，必將皮面以刀刮光，然後再髹，則髹漆精後，光澤悅目。惟髹漆時，須懸燈在密室內髹之，如係水皮，則皮質較軟，於髹二油時，須和茶粉髹之，乃不生皺，惟茶粉用量，由髹漆者酌定。

銷路　本地及省城，香港，斗山三埠等處。

輸出品以穀鵝猪雞鴨爲最多，次爲帽紙皮箱豆豉等，再次爲蠔油醎魚等。至其輸出額，則言人人殊，不敢妄錄。

（十五）輸出品

（十六）特產品

（1）大八砂仁　大八砂仁，爲本縣特產，多種於第九區大八附近，故名。然以葛蔴坑產者爲最佳。

形狀　莖直立而有節，葉細長而無柄。其花生於根部，果常八稜，較尋常者稍長。胎座下有核，俗謂之封底仁。

種植管理　二三月分根種植，然多在山坑而有樹陰之下植之，每於將結實時，遍設水碓，使山鼠蝙蝠等，聞聲不敢近，乃能保全其果實。五六月即可收穫，以供藥用，其花又能泡茶，價值極昂，其實每斤約十元，其花則極少出售。

（2）木棉　城內鼉山上，昔有木棉數株，相傳係南宋時物，邑令莊大中有木棉花賦，今則只存一株，高插雲漢。當春而花，紅光熊熊，能映照海面，即所謂鼉江春曉，爲江邑風景之一，解縉詩云：鼉江二月火燒天是也。

（3）涼粉草　涼粉草，葉頗小，草本，頗堅韌，產九區大八附近，山人多種之。曝乾，每百斤約可售銀四元，邑人多以其汁和米粉，煮成仙人凍，俗名涼粉，亦有作泡茶用者。

（十七）農林前途之觀察

江邑農業，窳敗殊甚，即就人生日用所必需之蠶桑油糖以至果樹類之桔柑言之，前時出產概多，近則有減無增，漸形衰落，而農民智識，尤爲固陋，只知墨守成法，不知改良，對於各種病虫害等，固無法預防，他如土地利用之方法，亦不講求。是速宜恢復原設農事試驗塲，俾將來以試驗所得，領導農民，改良農業，庶幾日有進步也。

縣屬童山，舉目皆是，宜由政府獎勵植林，使人民得自由向政府承領種植。近海地方，常有海風，亦宜多植防風林，他如雨霖山一帶之天然林，更宜設法開採，是則政府所宜注意者也。

（出自《广东农业概况调查报告书续编》上卷，一九二九年）

陽江縣調查報告　　陳允恭

縣治沿革——陽江在漢元鼎六年，開始爲高凉縣，隸屬合浦郡。直至唐武德四年廢郡。五年折高凉縣，置爲西平縣。隸屬高州。及至貞觀二十三年，改西平曰陽江。沿用至今。但疆代時有更變。元時名爲南恩州。洪武三年廢州，隸肇慶。旋改爲陽江廳。後復改陽江縣。迨至民國後，陽江劃歸高雷道。後廢道，近置綏靖區，陽江隸屬南區。

疆域——該縣地居廣州之西南，屬亞熱帶。在北緯二十二，三度間。面積共約有五，二〇二，〇〇〇市畝。東至西最廣計有二百五十里。南至北最濶計有九十里。東與恩平交界九十里，西與電白松塘村交界六十里。東南至台山縣竹山村九十里。而西南電白壽長村交界一百四十里。東北至恩平縣那吉垌交界九十里。西北至陽春縣輪水屯交界六十里。

山脈——該縣山脈，綿亘于縣境之東西兩部。東部山脈起于雨霖山。西部山脈起于望夫山。雨霖望夫二山，可說是最高山峯。其餘如珠環，東岸嶺，紫羅山，羅琴山，郎官山亦頗有名。

河流——該縣河流最大者名漠陽江，其發源有二，一發于陽春城北諸山，名大水。一發于陽春城西諸山，名小水。皆數百里，會於春江縣交界之古頁河。

地勢——該縣南北狹而東西長，北枕雨霖烏石諸山，西南郎官山，西有羅琴望夫山皆綿延數十里爲該縣之高峯，地勢東北西三面畧高，中央及南面多屬平原，以全縣面積約畧計之，傾斜急劇之高山極少，而傾斜畧緩之丘陵，則約十分之三四，如三，四，七，九等區之部分，其餘平原地極多，約佔全縣十分之六七。

氣候——該縣瀕海，氣候溫和，一歲之中炎暑過平，最熱時華氏表升至九十餘度，最寒時華氏表約降至四十餘度，臘臓每有靄風和煦，清晨多霧，春夏霪雨，夏秋間常有颶風。

重要市鎮——該縣行政區與自治區相同。共分十區，第一區公所與該縣城分局在附城。第二區公所在大溝墟分駐所亦在大溝。第三區公所在合山，公安分局在北慣墟。第四區公所公安分局俱在平岡墟。第五區公所及公安分局均在白𧗦墟。第六區公所及公安分局均在織賓墟。第七區公所在儒洞墟，公安分局在沙扒澳。第八區公所在廠汕墟，公安分局在塘圍墟。第九區公所公安分局均在八墟。第十區公所公安分局均在鬧波。

墟場及墟期

一區

南埠墟

二區

雅韶墟二八　尖山墟二七　河仔墟二七　東平墟五十　大溝墟四九　那篤墟一六　新洲墟一六　烏石墟五十　石岩墟二七

三區

北慣墟三八　合山墟二七　田畔墟四九　那龍墟五十

四區

近河墟二五八　平崗墟一六　九姜墟

五區

白蒲墟三六九　下朗墟　新寨墟

六區

黃汁墟二五八　程邨墟一四七　桐油墟三六九　塘口墟一四七　坡尾墟三六九　石港墟一四七　滑石墟三六九　雙水墟二五八

七區

蒲牌墟三六九　儒洞墟二五八　上洋墟一四七　新　墟三六九

八區

雙捷墟四九　輪水墟三六　塘圍墟三七　麻山墟一六　白沙墟三八　麻喬墟五十

九區

第八墟五十　塘坪墟三八　白石墟四九

交通——該縣有道公路，已完成者，計有江恩，江電兩路。江恩公路由該縣至恩平，直達廣州。江電公路由該縣至電白，直達高雷。縣有公路，完成者有江台路，由該縣至台山。其餘鄉道，則有埠九塘織洋篢諸路。最近興築者有合田塘珠等路。水運有往江門輪渡，台山輪渡，陽春電船。海陸交通極爲利便。

馬路——馬路計有南恩，太傅，魚洲，與仁，龍津等路，將城墻拆毀築成，西門南門之環城馬路，均已完成。惟龍津第二段馬路，上通江電，下接南恩太傅馬路，該線計長八百呎濶二十八呎，路面暫以花砂石鋪墳。

電話——電話之安設，始于民國十七年。嗣後逐年擴充，各區鄉鎮，均已一律通話。三區上達恩平，六、七兩區下通電白，關係鄰邑交通，至爲重要。

公路樹及公路——該縣江恩江電兩公路，上通四邑，下達高雷，爲南路省道第一幹線，早經完成，於去年三月間，江電路段，由該縣北門至白沙墟背，沿路植大葉按一千零八十七株，馬尾松一千八百四十五株，細葉按一百七十六株。江恩由縣至東門介齡園，種石栗八十四株。又由縣城東門至南門種銀樺一百一十一株，大葉按八十二株，又由該縣城至東門種洋紫荊九十七株，銀樺九株，台灣相思一十四株。至鄉道方面，如合田公路建築完成者，路線計長二十二華里，塘珠公路計長五十七里。

風俗——該縣人民素儉樸，生活程度亦低，數口之家，月有十餘元即可安度，惟民性強悍好訟，爲政不易，居民住宅雖多，但少有宏偉建築，農民耕種多墨守舊法，少有改良且不耐勞，耕具均用土貨。

農林——農林事業，關係生產建設，至爲重要。去年二月擇定三區正洞地方，爲稻作蕃殖場，購東莞白及羅粘等穀種，從事試驗。復擇定六區大垌山爲縣立第一林場，劃分林場苗圃。

改良漆器——漆器爲該縣特產，其所用之漆，係由外處運入，非土產也，皮箱該縣西門街爲最良，係因氣候關係，至所髹之漆非常光滑悅目，爲別縣所不能及，只因墨守成法，罔事改良，以致銷路日減，年來李縣長提倡振興工業，特組漆器改良傳習所，並聘請漆器技師，教授改良新法。

公園——該縣公園，係李縣長任內興築，名爲中山公園。內設有民族閱報館一所，日間民衆往閱者頗多，民權閣一所，民享台一座，民有亭一所，民生亭一所及球場，並陳列禽獸十餘種，園中設收音機一架以供民衆娛樂。

水旱情形——該縣地極低窪，一，四，六，七，八，等區，濱江沿海時有水患，且夏秋之間，恒多淫雨，每至潦水爲災，如上游陽春之水由漠陽江而下，以該縣爲尾閭，水勢更大，漠陽江水驟漲，一時不能盡量宣洩，沿河之地，有陡漲至丈餘者，一望汪洋，幾成澤國，實因河床淺淤，河口隘狹，故一經久雨，潦水成患，幸淹浸不久，田禾收成，不致即告望絕，至近海之田，又患鹹水。農家雖有築堤以防，但因建築簡陋，一遇颶風堤防多爲崩決，鹹水侵入稻禾枯稿，爲害甚烈，近海之田，天旱之時雖可利用以取水灌田，但離河較遠者，則多候天雨，故七八月之間患旱，則垌田多無收成之望，此種水旱問題之解决，實爲該縣之當前急務

耕地土質——漠陽江及織簹河下游沿岸，平疇廣衍，多冲積土，土質屬粘質土壤及沙質土壤，土作灰黃色，其近河瀕田則畧見微黑，表土既厚，土質亦美。九區多屬山谷間田，沙質土壤較多，是爲定積土，色灰黃或紅黃，表土淺薄，最深不過一尺左右，淺者只三四寸而已，但近山抗便灌漑，水利頗足。

耕地面積——該縣耕地面積，幅員頗廣。但易受水旱者，佔四分之三，不受水旱者佔四分之一，而每年收獲一造者，佔四分之三，而每年收獲兩造者佔四分之一，職是之故，糧食不足，須仰給於外來(陽春，暹羅，安南)之米。與牛莊豆雷州薯等什糧，至少須供給兩月至三月之久。如遇歉收。更不止此數，此非耕地不多，其因實在農民耕種墨守舊法，及無人工預防耳！

耕種收獲——查第一區觀光垌，馬曹垌約租千餘石，全垌之中，除新橋上下數畝稍能種值兩造者外，其餘完全只種一造。且一造中，在八九月間既易受旱。又易受浸，平均計算，其收益，往往不及原額十分之一，其他如舟之垌報村等垌，大率皆同。全縣合計達四分之三食糧不足。

耕作情形——該縣水田極多，均以植水稻爲主，近水者多用大穀及長尾種，僅年植一次，「卽只植晩稻」如一區四鄉及河邊低窪之田，其近海濱均是畧高水田，則每年可植稻二次，「卽早稻及晩稻」，且間有於冬季晩稻收獲後，植薯或蔬菜，至旱地及崗頭地，則多植甘蔗，竹蔗，薯，旱禾花生及豆等，然就其出產大宗者言之，如一區屬之白沙塘尾崗背滬抗報村等鄉多植瓜菓蔬菜，馬曹及三江等鄉亦多植蒜，六，七等區之花生及竹蔗，八，九區之花生葛薯，八區屬塘圍附近之果樹，如菠蘿蕉子等皆爲大宗。

耕地價値及租價——該縣耕地買賣，以播種子若干爲標準，有畝之名稱，且容種量又要視地質之肥腴而有出入。現若以市畝申算，則上等田面積，大約需種子一斗六升，値八十餘元，中等田面積約容種一斗八升，約値五十元，下等田面積約容種二斗二升，約値三十五元，其租價每年以收穀代租，仍以一石爲單位，惟上等水田，不論豐歉之年，租穀均可收足，中等水田，如遇歉災或至欠租，但翌年仍須補足，至下等水田，則其租穀以時年爲比例，荒年則全年租穀失收，至於旱地亦以播種若干計算，如伸合一畝之

旱地，價値六十元，年租五六元，中等旱地每畝三四十元，年租三四元，下等旱地，則每畝十餘元，年租約數角而已。

僱農工資——長期工價，多給以穀，然亦有給銀者，大約大工每年給穀貳拾石，計合八十元，中等工人每年給穀十二石，給銀則五十元，小工則每年只十元或給穀二担，以上長工均供膳食每日三餐，短工則忙時始添雇。大工每日價銀六角，閑時工價三角，婦女忙時每日三角，閑時每日一角皆供膳食。

農村生活狀况——該縣鄉村範圍甚小，人口亦少，大村不過千數百人，小村則三數百人，業農者占十份之七，八，耕種男女合作，日常所食多數二餐粥，惟在收割時期則增加一餐飯，菜料多數瓜菜荳豉或鹹魚，肉類則甚少，生活程度甚低，數口之家每月十餘元則可安度，而房屋亦甚平宜，大概一廳兩欄三間房一天井，價値三，四百元，惟較大屋宇，除江城及三數大墟市外，其他絕少。

農村經濟破產原因——查陽江地勢近海，魚鹽出產最富，農村經濟全建築在於魚鹽，每年出產數量價値二三百萬元以上，惟年來販鹽不能自由，且業晒鹽者受其限制，每担鹽賣入公倉代價僅三，四角銀，終日勞苦難得温飽，故多放棄晒鹽以致出產數量日減，而公倉賣出之鹽，反而騰貴每担價値在十元以上，比較在未公賣以前價格相差成三份之二，因此陽春，雲浮，新興，恩平，台山，等縣以前係食陽江鹽，因其質美價廉，故多採購，但自公賣以來，其價過高，雲浮，新興則易食西江之鹽，雖其質差但其價平宜，而恩平台山則用香港私鹽，本縣食鹽者復多儉用，鹽價既貴，銷路日滯，而業魚亦同時受其影响，因年來鹹魚價格低落，而陽江鹽價既高，所製鹹魚成本亦因而貴，推銷艱難，以致虧本，業捕魚者，亦同時互受損失，致多停業，此爲農村經濟破產之最大原因。其次該縣業磚瓦窰者，爲數甚多，當其盛時，全縣有磚瓦窰七八十間，所僱用坭工燒窰工割草工接駁船戶人數在萬人以上，所出數量價値在六七十萬元，而現因經濟不景，四邑各項建築停止，此項磚瓦銷路既斷，所有磚瓦窰均以停歇，因此工人亦連帶而失業，此其次要原因，其三該縣地勢近海，所有耕地多屬低窪易受水旱而年來因天時不調晴雨無常，時構成災，五穀歉收，而外貨侵入，物價低落，此爲其三原因。

農產物——該縣農家以種水稻爲主，故隨處皆多種植，至其他作物不過副產耳，品種計分早稻晚稻二種，早稻種，普通以六月密，掛犁望，歷諸赤，尖鼻赤爲多，米質以六月白爲佳，晚種普通以高粘，密仔，大殺，長毛，田基勃，交趾，白花齊，爲最多，其中以大穀及長毛種最耐水浸，米質則以高粘及密仔爲最佳，糯穀亦是晚稻，有大糯，班魚糯，麥仔糯，陸稻各處旱地多栽之，栽培法係將種和灰糞，條播，播種期在春分，收獲期在夏，至每畝收量約二石，惟品質劣，價亦較低。薯類於五，七，八，九，等區之旱地栽培最多，品種有大路薯，及四月薯兩種，其普通種，有上古紅，鐵皮薯，粉薯，白皮薯等。花生則三區北慣，六區織箕，七區儒垌上洋，八區雙捷，蘇山，及五，九區一帶之旱地種植最多，品種有大花生細粒仔，黃蜂腰等。蒜，則一區屬之三江及馬曹報村種之最多，品種有硬苗及軟苗兩種，硬苗頭畧大，軟苗則否，且苗亦畧柔，芝蔴則五，七，區一帶出產最多。

園藝菜蔬——節瓜第一區屬之冏背，白沙，塘尾，報村及九區之北甘等鄉，栽培最盛，產額每鄉每年約可六七百元，其餘各區畧有種植，惟只供自已食用耳，品種卽多瓜之一種，有長苗及短苗之别，長苗種其蔓長，只產一瓜，短苗種則蔓甚短能產三瓜。菠蘿蜜則第八區塘園，及第九區大八種植頗多，其餘各區均有種植，但爲數最少，品種乾色及濕色兩種。慈菇，品種有香慈菇兩種，香慈菇葉幼細慈菇葉較大。竹蔗則三區北慣及六區織箕種植最多。六，七區蔗糖每年出產甚多，糖質以六區織箕爲最佳。

果樹——荔枝各處皆有種植，且有專種荔枝者，如一區報村，木賫等處，有荔枝園，又第七區新墟之香荔，及上洋屬之玉荷包，最爲有名。其種類有玉荷包，白臘，香荔，黑葉，尖山等。玉荷包及白臘，果大而肉厚，香荔味清而香，黑葉品質最頁，尖山則味甚酸，最下品也。柑則第八區有栽之，年產約百數十担，運銷該縣及各城市，其皮可入藥，功效尤著。桔爲該縣名產，栽培甚盛，近因病蟲繁生，農人不知治理，產量頗少。烏欖在第九區之山麓種植最多，其餘各區極少栽培，種類有牛屎欖，香欖，其色烏黑，統稱烏欖，惟牛屎欖大於香欖，品質則香欖味較佳。

敎育——該縣縣立中等學校，前因經費支絀，辦理維艱，自李縣長蒞任後體察情形，盡量增加經費，每年增撥二萬餘元。又將縣立師範縣立女師與中學歸併，計十六班，內高中二班，鄉師二班，初中十二班，共有學生八百餘人，雖因該縣敎育經費受不景氣影響，未能添班，而秋季畢業鄉師一班，初中三班，仍繼續招收初中學生四班，現更鳩工建築圖書館一座並添購儀器，復建築特別敎室二座，以供敎授音樂及勞作科之用，至私立奮與中學，現有初中兩班，學生八十餘名，因經費不敷，設備不完，辦理困難，經廣東教育廳着令於二十三年度起，停止招收初中學生，以便將來改辦完全小學。

小學教育，全縣小學校前祗一百餘間，現增至二百間又將縣立小校之二小三小，及女子小學歸併於模範小學校，計共二十四班，去年因不景氣影響，縣教育經費，收入異常短絀。查該縣教育經費管理委員會所管理之經費，自增加經費後，二十二年度，共有一十一萬元，至廿三年度減爲八萬元，比較短少三萬元，爲求收支適合計，暫將該縣教育費支出各教育機關經費，自二十年度起照八五折支付，以維現狀，候籌欵有着再行十足支撥，其各小學，或有設備不周，辦理不善，或地方人士意見分歧，輒因校董選舉發生爭執，以致校務廢弛，且該學校經費多出自公欵者，經分別改歸縣辦，以圖發展。

二十三年份縣立各小學，共十五校，學生二千三百九十餘人，各區鄉鎮私立各級小學共一百九十二校，學生一萬一千九百四十餘人，全縣各級小學，共二百零七校，學生一萬四千三百三十餘人，教職員六百四十餘人，此外有短期小學一間，學生六十餘人，私立幼稚園一間，學生三十餘人。

商業——該縣爲南路交通孔道，商業繁盛，惟無實備資本，均作信用交易，市面流通經濟，全賴借日金以爲週轉，年來外貨侵入日多，農村破產，購買力薄弱，物價低落，營業諸多虧本，而一般有資產者，多將現金收集，不肯放出，重之水旱爲災，致商業一落不振云。

（出自《统计月刊》第一卷第十二期，一九三五年）

陽春縣農業概況調查報告 民國十六年

馮英材調查

(一)區域位置

陽春縣位陽江縣之北，東界恩平，東南界陽江，西南界信宜茂名電白，西北界羅定雲浮，東北界新興。全縣共分六區：

	區署所在	位置
第一區	縣城	中部
第二區	合水	北部
第三區	黃泥灣	較北部
第四區	三甲	較西部
第五區	潭水	西部
第六區	崗尾	東南部

(二)地勢

春邑東西北三面環山，中部則頗平坦，地勢西北高而東南低，北部山嶺多而地勢傾斜，漠陽江大水源出於此，西部山嶺亦多，漠陽江小水源出於此，此大小兩水由東南相會而過陽江縣。該邑平原之地，約占十分之五六，其餘山地約佔十分之四五。

(三)氣候

陽春氣候溫和，大小暑間溫度最高，大小寒間溫度最低，此時期且間有凝霜者，雨量則春夏之交最多，冬季最少，夏秋間亦常有颶風爲患。

(四)水旱情形

漠陽江在陽春縣境，分大小兩水，各區皆有河流貫注。天旱時沿河地方，農人多有用人力車以取水，距河遠者或較高之田，則引水極難。雨水過多時，則沿河低田，常有水患。

(五)交通

縣內河流縱橫，沿漠陽江而下，可直達陽江，其運輸貨物，皆用帆船，惟河底多沙，冬季時，行船者往往中梗。至陸路運輸，多用挑担，或用牛車，現第三區黃泥灣至新興天堂來路，已經築成，春邑北部與新興交通，尚稱便利。

(六)耕地狀況

縣之各處土質頗佳，猶以小水流域附近田地爲最肥美，表土厚，而色灰黃，多屬壤土，至大水則由縣城以上，沿河一帶，山石林立，土質輕鬆，多屬沙質壤土。

(七)耕作情形

第三區植稻薯之外，以植烟葉爲多，第四區則多植杉樹及畧植烟葉，第二區植稻薯外，多植竹蔗，香芋，蒜，大薯等，第一六五等區則只植稻，薯等。

(八)農民經濟狀況

田地租價　與陽江縣畧同，大約上等水田，每畝一百五十元，年租二石，中等水田每畝一百元，年租一石五斗；

下等水田每畝三四十元；年租一石．至旱地則每畝由二十元至一百二十元，年租由二元至十元．

長短工價　長工多用男人，工價每年由五十元至八十元；短工男工忙時每日七毫，女工每日四毫．閒時男工每日四毫，女工每日二毫，均供膳食．

大小農之經濟情形　每一農戶，耕五畝至一十畝者，約占二〇%，耕十畝至二十畝者四〇%，耕二十畝至五十畝者約占三〇%，耕五十畝至百畝者約占一〇%，耕百畝以上者最少．該縣並無當舖，只第二區有福來押一間耳．

（九）農村教育狀況

該縣近日始振興小學．玆將農村教育調查表錄下：

區別	高中或初中		高等小學		國民學校		私塾		總數		失學兒童
	校數	人數	校數	人數	校數	人數	間數	人數	校數	人數	占幾%
第一區	2	122	4	204	5	220	27	460	38	1006	70%
第二區			1	72	1	62	25	475	27	561	80%
第三區			5	250	9	455	18	375	32	1080	70%
第四區			1	96	6	240	29	556	36	890	75%
第五區			5	340	7	420	18	346	30	1106	70%
第六區			2	70	7	240	16	325	25	635	80%

（十）作物

([illegible])水稻　該縣爲餘米之區，植稻最盛，米質最良。其品種極多，普通者早造有蜜仔赤，蜜仔白，掛犂望，田基路等。晚稻有黄粘，黑邊，三稗，雪粘，竹粘，油粘，香粳糯，大糯等。其栽培法與陽江皆同，無容贅述。

([illegible])煙葉　第三區種植最多，品質最良，人稱爲灣煙，蓋該邑第三區黄泥灣所產者也　其總產額未詳，然據第三區區署言，民國四五年時，栽培最盛，年產八九萬担，近因煙稅太重，烟價低跌，且爲奸商操縱，業此者多不能獲利，有改植他種作物者，現年只產烟葉約二萬担云云。觀此，則植烟者日見衰落也，其餘第四區亦有種植，惟品質較劣，且種植不甚盛。

土質　宜深厚之壤土，且無水患者。

前後作物　水稻薯豆等。

留種　先擇生育强壯之株，留爲種用，惟其種子須就其未十分成熟時收採陰乾。

播種期及方法　八九月播種，先將地整至細碎，乃用草灰和種子均勻，然後撒播。播後蓋以松葉，每日淋水一二次，俟發芽後，即可除去松葉，及稍長，淋以稀尿。

移植期及方法　正二月時即可移植，先將地整至細碎，起一尺高三尺餘闊之畦，開品字形穴，每畦種植兩行，每穴相距一尺五寸，深四寸，先施灰糞與土和勻，然後移植，植畢淋以水。

管理法　移植後約生長十五六葉時，即摘去頂芽，使發二橫枝，並隨時摘去各腋芽，又俟其横枝長至十二葉時，又摘去横枝頂芽，以長其葉。就其葉之着生部分，可分數種：(一)屎胆，即近地之葉；(二)沙脚，在屎胆之上；(三)下身，在沙脚之上；(四)托葉，在下身之上，至由横枝所生之葉，謂之葉尾。其中各葉，以托葉價値最昂，且味亦重施肥則可於植時施灰糞或猪糞一次，植後月餘又施豆麵一次。麵之用量，每株約施三両。施後即行培土，以後則須注意除草，旱時淋水。

收穫　四月間，見葉色淡黃，即可收採，係由下部屎胆起，次第收採，以及上部，約需三四十日，方可收穫完竣

每畝收量約乾葉二担餘。

晒煙葉法　先將烟葉摘回　密排竹笪上，（笪闊二尺長四尺係用竹片織成）排完又加竹笪於其上，乃用竹片串好，然後每兩笪相挨，成人字形，向正日光晒之，使兩笪烟葉皆受日光均勻，俟見葉面毛起時，即反轉他面晒之。又見葉面毛起時，即可收回使其發酵，如法晒之至三日，則葉已轉黃，土人謂之過青，此後則可晒之畧久，再數日即可自由晒之，至極乾乃將笪中烟葉層層相叠，約數十斤時，用竹片周圍縛實，即可出售

銷路　本地及陽江，江門，澳門，等處，每担二十元至三十餘元。

（c）竹蔗　第二區栽培最盛，搾糖所亦多，其栽培法及搾糖法均與陽江無異，茲不贅。

（d）芋　普通種爲紅芽及香芋，而第二區之香芋爲最著，其栽培法與普通無異。

（e）大薯　第二區栽培最盛，種法係將薯芽倒轉植下使其芽向泥下，則將來生長非常壯大，管理法皆甚普通，茲不述。

（f）薯　各區皆栽培最多，然皆不施肥料，其餘種植管理與陽江同。

花生　各區皆有種植，近漸衰落，係因收量日減所致。

其餘旱稻，大麥，小麥，花麥等，均有栽培，惟非大宗出產，故不述。

（十一）園藝

（l）蔬菜　該縣普通蔬菜皆有種植，然產額不多，栽培法無足述者。惟蘿白及蒜則畧有輸出，茲述及之：

蘿蔔　第一二五六等區植之最盛，於秋季將種子點播，惟先起平畦，施下堆肥草木灰之類，以作基肥，然後種播，植後月餘，中耕除草及施以灰糞，並行培土。收穫期在大寒冬至，每畝收量約十餘担，每斤約二三十文。土人多將其刨絲晒乾，或用鹽醃之，以爲食用，銷路多運往陽江。

蒜　第二區栽之最盛，種植法與陽江縣同，惟該處農人有植以作種用者，即任其生長至三四月時，乃收之晒乾，懸於廚上，即可作種，銷路多運往陽江。

（2）果樹　果樹栽培極少，且形衰落，第一區馬水甜桔，前時最爲有名，今幾絕跡。就龍眼雖有種植，然亦零星於村中前後，此種龍眼果，農人多用以製元肉。其法先將龍眼子焙乾，脫去其殼，而出其肉，再晷晒之，即成。其他如菠蘿荔枝等，亦有栽培，惟出產極少，其栽培法與陽江同，茲不贅。

（十二）畜牧

該縣對於畜牧事業，頗見發達，計每年產鵝，鷄，鴨，猪等，由陽江轉運恩平，江門，台山等處發售者，爲數頗多，但不及陽江之盛，牛則每農家皆有飼養，羊則只第三區屬有百餘頭，其他各區則極少。至管理飼養各法，皆與陽江縣同，茲不述。

（十三）森林

該縣以產杉爲最多　竹之種植亦不少，其餘如松及雜柴等皆有，但山嶺荒廢者仍多。

杉　以第四區植者最多，年中出產約十萬元，植法先將杉枝浸水，約八九日，乃行插植，每枝相距六七尺，植時不可過深過淺，約三四寸爲佳。

竹　第五區山嶺最多種之，係用分根法，其竹用以製福紙，製法與陽江製福紙法相同。

（十四）特產品

砂仁　砂仁別名春砂，蓋由陽春所產之謂也。最良者爲第一區蟠龍山谷所產，昔日皆盛栽之，現時則植者極少。故欲購買眞正該處所產者，則覺難乎其難，至第三區山谷間，亦有種植，惟品質不如蟠龍所產之美。

品質　有青苗及黃苗兩種。

土質　以濕潤肥沃之山谷爲宜。

種植期及方法　立春至清明之間用分根繁殖，惟每距一丈餘處，須留雜樹一株，或植蕉一株，使蔽日光，乃能生長繁茂。

管理法　於冬季刈去老苗，並於每年除草二次。

收穫　植後三年，卽行結實，其果生近根部，二三月開花，立秋前後成熟，但植後約十年，結實漸少，終至不能結實而乾枯，此時須擇別地以種植，不能連栽。

用途價格及銷路　可入藥用，每斤蟠龍所產者，價約十六元，他所產者七八元，銷路本地及陽江，省城等處。

（十五）輸出品

輸出品農產最大宗者爲烟，穀，鵝，鴨，鷄，猪等，林產品則爲杉，福紙等。至其輸出額，除前有述及外，其餘皆無統計。

（十六）農林前途之觀察

該縣荒山，宜推廣種植杉林，表土淺薄之荒地，宜種植粟類及薄豐等雜糧作物，以增生產。

（出自《广东农业概况调查报告书续编》上卷，一九二九年）

陽春縣調査報告書

疆 域

市鎮與險要地

山 脈

河 流

氣 候

雨 量

交 通

農產物

其他產物

城 池

公 園

蛋 戶

秤 斗

收租法與高利貸

民 政

財 政

建 設

教 育

自 治

疆 域:

陽春縣屬熱帶，位居廣州之西南，綏靖區屬南路南區，東界恩平，東南界陽江，西南界信宜，茂名，電白．西北界羅定，雲浮，東北界新興。全縣東西北三面環山，中部頗平坦，地勢西北高而東南低，北部山嶺多而地勢傾斜，漠陽江大水，源出於此。西部山嶺亦多，漠陽江小水出於此。此大小兩水由東南相會而過陽江，該縣平原之地，約占十分之六，其餘山地占十分之四。

市鎮與險要地:

陽春縣自治區與行政區完全相同，皆分爲六區，各區公所與公安分局駐在地，第一區縣城，第二區合水，第三區春灣墟，（商業發達，過于陽春城，爲新興，羅定，雲浮，等縣縣際市塲），四區三甲墟，五區潭水墟，六區岡尾墟，東邊的蟠龍，北邊的大鐺灣，西邊的灣口，石菉，西南邊的雙滘，喬連，南邊的那旦，龍門，均爲春縣的險要所在。

山　脈：

雲浮山脈綿亘于縣境之西北，雲靈山脈高聳于縣境之東南。王母棲在城西南一百六十里，高六百餘丈，爲縣境之最高山峰。其餘如朝天凡嶺，射木山，七星嶺，馬安山，望丹嶺等亦皆頗有名。

河　流：

陽春之水有二，一曰大水，一曰小水，大小水會合于第五區之古頁稱爲漠陽江。東南流入陽江縣以出海，大水來自縣北，小水來自縣西。會于大水者，有舊學水，博厤水，高邃水，羅鳳水，云霖水，古勤州水，博學水，雲浮水，石菉水，輪水等。其間以春灣爲初合，以合水墟爲中合，以古頁爲總合。會于小水者，有羅水，厤陳水，黄稿水，雙滘水等。其間以三甲河口爲初合，以潭水峽口爲中合，企壋水又會于澗水河口，俱以古頁爲總合。

氣　候：

多熱少寒，匝日之間，凉燠頓異。冬晴不風，（可衣單袷，盛夏遇雨，輒作凄寒）。最熱時，僅華氏九十餘度，最冷時，亦祗至四十度許。

雨　量：

陽春因離海不遠，且山脈自北而南，南邊的海風，易于吹進，故雨量極充足。

交　通：

在海運未通以前。陽春爲西江與南路交通孔道，由縣城而北，經合水，春灣二墟，達新興縣天堂墟，由縣城而西南，經馬水，潭水，喬連，八甲等墟，達電白縣沙朗墟邊，此乃舊日之驛路也。現在所有汽車路，均屬「縣道」，春新路，由陽春城可通車至新興天堂河頭。春江路，由陽春城可通車至岡美涌口。惜陽江段迄未有興築。春電路現已通車至三甲。全縣已成公路約共長二百二十里，初築路面多坎坷，現嚴令行車公司修理，橋樑涵洞，時有崩壞，亦經路局逐漸修妥。路樹正在籌劃栽種。淺水電輪，春夏秋三季可由陽江城駛上陽春城，冬季則僅能駛至岡尾涌口。

農產物：

一、水稻　該縣爲出米之區，植稻最盛，米質最頁，其種類極多，普通早造有蜜仔赤，蜜仔白，掛犂望，田基路等。晚造有黃粘，黑蓮，三稗，雪粘，竹粘，油粘，香粳糯，大糯等。

二、煙葉　第三區種植最多，品質最頁，人稱爲灣煙，蓋該縣第三區春灣所產也。其出產數額在民國六七年時，栽種最盛，年產十餘萬担，近因煙稅太重，世界不景，烟價慘跌，業此者多虧本，數年來產量極少。

三、竹蔗　爲第二區出產最多，用以搾糖，惟年來洋糖入口極多，且其價值平宜，以致業搾糖者多有改業，而種植者亦因之減少。

四、芋　普通種分爲紅芋及香芋二種，以第二區出產最多。

五、薯　普通種分爲大薯，薯二種，各區均有出產，惟以二區爲多。

六、花生　各區均有種植，亦以二區出產最多，近漸衰落，因其收獲數量日減，而價值亦低。

七、其他大麥，小麥，花麥均有種植。惟因土質不宜，種法不頁，出產極少。

其他產物：

「砂仁」亦稱春砂爲陽春最著名的土產。苗莖均頗似「高頁薑」，花在根下，成實必數十顆，實微圓如指大。外皮有刺毛。裏面的核，中分爲三，均由許多小粒組織而成，味微辣，聞其佳者，五味俱備，性温補行氣血，能温胃，愈心氣肚痛等症，老弱的人服之最見功效，服法用乾核嚼爛咽下，或碎搗和肉類蒸熟食之，每次僅可用一核至數核。第一區蟠龍村金花坑所產砂仁，尤爲陽春砂仁中之最有名者。惜近年金花坑的山嶺多已崩塌，不復有砂仁出產，砂仁喜生於半陰半陽的地方，即一面靠山一面向陽的所在。其值，每斤有僅值壹元者，亦有值至十六元者。賤的爲漠陽西「西山」一帶產物，價貴的則爲江東「東山」一帶所產者。陽春有一種「青皮竹」枝無旁出，又有一種「竹桃」，可取作杖，還有一種叫「觀音竹」，皮色金黃，間以綠痕，甚爲美觀。陽春因有許多樟木，故天蠶頗多，建設廳近曾派員來第三區考求天蠶之利用。稻穀爲陽春第一大宗產物，每年販運出口極多。陽春縣工商業均不發達，出外謀生的亦絕少，幾賴種稻爲活。惜土質既非肥美，耕作法又「泥古」不求改頁，稻種甚劣，欲收成甚少。每石穀種每季平均僅獲穀十餘石，較之各縣每石種能獲穀四五十石的，眞是差得太遠。陽春縣產蛇及「菓子貍」等甚多，其價比廣州低廉數倍，雞鴨等值亦廉。「蛤蚧酒」（係一種蛇酒）合水蔗，馬水桔，三甲粉，潭水荳豉等均頗有名。陽春「山蜞」有青黃二種，善吮人血，又有一種名「狗鼻」的爬入人鼻，甚爲可厭，用釅醋含口中，手塞兩耳則狗鼻卽出。第四石碧鄉「金坑」產黃金，該區紳士藍榮熙等嘗組織公司開採金鑛，惜資本不足，未著成效。第一區西部錫山產錫鑛，而鷄鵡山，餓鬼嶺則產鐵鑛。第二區潭淥，第五區鳳凰岡，盛產煤炭，第三區大河鄉，則以產銻鑛著名。至可以燒石灰的巖石，更隨處有之，鷄鵡山南，有石皆削成八面者，白者如晶，黑者如漆，端正瑩澈，大小無數。

城　池：

陽春城始築于唐武德四年，曆代均有增修。高三丈，厚一丈，周五百六十七丈，城門五，濠深各一丈，周六百九十丈，惟濠現已壅淺或變作民田矣。

公　園：

城裏有中山公園，建于李前縣長伯振任內，內有穿亭二，有縣立圖書館一，館中藏書不多，閱讀者亦少，近方縣長擬在春江車站農林推廣處，多闢一小公園以資點綴。

蛋　戶：

蛋戶在昔亦稱蛋族。善泅水，行水中三四十里不遭物害，故又曰「龍戶」。有文身如蛟龍狀者。婚配以歌相贈答，無冠履禮貌，不諳文字，以舟揖爲家，補魚爲業。或編蓬瀕水而居，不敢與齊民齒，雍正七年，特命有司聽其登岸以示一視同仁。陽春縣在昔，蛋戶亦頗佔勢力。元至正二十六年，恩州蛋戶何均受，殺僞元帥何元頁，襲其號，仍據州城及陽春。明洪武元年十一月，征南將軍廖永忠，擒何均受于石港戮之。現在該縣各地多有妓艇，艇主多屬蛋族，僅在城西，已有妓艇數十艘之多云。

秤　斗：

陽春縣秤斗，至不齊一，不但各地多有不同，卽同在一處，而猪肉秤與鴨鷄秤等又生廻異。嘗聞人云：陽春鷄少有重至斤半者，亦未有人能食盡一斤雞肉。作者初不相信，後始知其言眞確。因春城雞秤特大，重一斤實當普通司碼秤三斤四兩。猪肉秤一斤，當司碼秤二十二兩。蔬菜秤一斤，則當司碼秤二十四兩。生菓等秤則不及司碼秤之大。陽春縣一石穀合司碼秤一百斤，但十斗爲一石，每斗反僅合司碼秤九斤。近方縣長擬設法改善秤斗，使之劃一。

收租法與高利貸：

陽春每斗種廣面積之田，其價値自二三十元至六七十元。中田每斗種每年兩季，約共可穫穀三石至少須納租二石於地主，餘穀直不敷肥料工食等支出。批田時且有交繳「定手銀」，每屆廢曆年節，佃農更須備品物「如鷄鴨鵝之類」送給地主。租穀多由地主自己或派人催收，但間有由佃農，親自挑送於地主者。批約多訂明五年十年或永耕，但萬一因水旱虫害，致有拖欠情事，地主可改批他人。貧農以田園向地主按借，每元月息多在五分以上，甚或高至一角。縣中各墟，多以隔三天爲一墟期，卽每逢廢曆三六九日或二五八，一四七等日爲市日，屆期遠近咸集，百貨雜陳，有日中爲市之遺風。小販資本不足，有向墟中土劣借銀一元，每墟須付利息由半角至二角。過期無息清還，卽作複利計，賴債過久，土劣輒飽以拳頭，受者敢怒而不敢言。此外有所謂青苗者，卽在早冬兩季稿苗尙青，「青黃不接」之時，貧農向地主借穀一石，待稻穀收成後，須還二石，如借銀二元，則折穀二石。全縣僅合水墟有一間當舖，其餘各墟則僅有小押。小押每元月息由一角至三角不等，過月不淸，衣物卽作押斷。

民　政：

（一）陽春地勢多山，匪風素熾，自民十九年，迭經防軍淸剿之後，僅餘陳裕初嚴貞甫兩邦，各率黨數十人，竄聚深山，時出滋擾，迨二十二年方縣長抵任，親率警隊，將嚴貞甫匪邦剿散，本年一月，陳裕初，柯均林，嚴貞甫等著匪，又被防軍擊斃，現在地方平靖，並無刧擄案件發生，至全縣自衞力量有縣兵隊一中隊兩小隊，警衞常備隊有五獨立小隊後備隊有二十五中隊，有公安局一。公安分局六，派出所十六，共有警兵二百零六名，槍械二百二十桿，對於全縣公安，尙足維持。

（二）陽春監獄在押行政人犯，現有七十八名，計已判决，在執行中者七十二人，未判决者六人。

財　政：

縣庫收入：現以臨時地稅爲大宗，預計全年稅額一十四萬餘元，現二十三年度已收五萬餘元，其次則係舊粮及契稅兩項，舊粮欵每月約收一千餘元，契稅欵每月約收三四百元，又其次則係麻雀捐欵，每日收後解庫，充作全省體育費。縣庫支出：計每月坐支行政費二千二百三十九元，行政囚粮一百八十元，又撥支陽江地方法院經費五百元，陽春分院經費四百三十二元，監獄司法囚粮經費三百七十元，縣黨部經費六百三十元，合共每月坐撥縣庫欵四千三百五十三元，此爲縣庫收支槪况。至於地方財政在縣府收入，現亦以臨時地稅爲大宗，全年五成留縣，計有七萬元，又舊粮二成留縣，全年約有三千餘元。其次則係花筵捐欵，年約四千餘元，屠牛牛皮稅，年約五千餘元。其鏹捐，年約六百元等，至其地方支出，則年約在九萬餘元之譜，收支比較仍屬不敷。

縣屬各機關經費來源，如縣府行政費，行政四粮，陽江地方法院，陽春分院，監獄司法四糧經費，縣黨部等，概由縣庫撥支。至警衞費則由臨時地稅項下，舊糧附加田畝捐，商戶月捐欵，防務花捐附加及烟燈捐欵等項撥支，年約五萬一千五百二十元。其餘全縣公安費，自治費，均由各機關自籌自給，倘未據報清楚，無從總計，至若建設農林等費，則因地方欵項支絀，多未舉辦。

查廿二年度與廿三年度稅收比較：計廿三年度尙差兩月，非結算時期，無有比較；至廿二年度稅收統計 115,200,245 元，及廿三年度改地稅，由第一月份起，截至十月分止，共征得地稅約五萬餘元，其舊糧及契稅約一萬餘元，其次蘇雀捐約八百元，舊糧留縣二成約二千餘元，花筵捐約三千餘元，屠牛牛皮捐五千餘元，冥鏹捐五百餘元。稅捐種類，計契紙附捐，中資捐，屠牛牛皮捐，花捐，香燭冥鏹捐，防務彩票捐等。

該縣另征收特種稅捐，大約分爲敎育，自治，公安，各等機關自收自用，其征收方法頗不劃一；迨方縣長抵任後，對於財政極爲注意，當卽飭令敎育，自治，公安各等機關，須將征收捐稅數額名稱及其用途，詳細列册具報，以憑整理，計有各公安機關依期具報，其餘倘未據繳，無從查報，玆將公安機關征收稅捐名稱列左：

租穀捐、 地亭舖位捐、 屠豕牛捐、 雞鴨捐、 畜鵝鴨母捐、 畜牛捐、
大豬捐、 出口大豬捐、出口穀米捐、豬花捐、田地魚塘租捐、舖租捐、
租錢捐、烟戶捐、出口什捐、市面什捐、磚灰窰捐、門牌捐、牛隻捐、
花生捐、田租捐、番攤捐、花捐、墟地捐、附加屠豬捐、墟地攤枱捐、
地租捐、 石　捐、 墟　捐、 川河捐、 附加租穀捐、 附加租錢捐、
附加石捐、 杉木捐、 耕租業租捐、 油糟捐、 咄什木捐、 公秤捐、
穀行捐、 膠粉薄地捐、 活豬捐、 運貨捐、 舖戶月捐、

至於農村經濟機關，該縣農村機關，經方縣長抵任後，設有陽春縣農民銀行一間，惟資本額倘未繳足，未能開始營業，又爲利便農民起見，已決議籌設借貸所，每區設一所，共設六所，不日卽可開始借貸。

私人設者有福來一間。該縣地瘠民貧，對于公私營企業甚少，祇有官民合辦之陽春電力公司一所，其餘多屬個人或合夥營業小商店。

建　設:

該縣建設之程序，係依據已定之三年計劃進度表，其綱要分市政，農林，公路，公用四類，兩年以來，依大綱進行。雖以農村破產，經濟困難，所定計劃，未盡實現，然其成功者亦不鮮。例如：市政方面之春灣馬路，西隈馬路之建築，東郊市塲之改良，中山公園之展築，附城馬路之測定，農林方面，如農林推廣處內容之充實，「各區苗圃之督令成立，模範林塲之擴充培種林木，各公路之栽種路樹，荒山荒地之勒令造林，提倡種植什粮，橙蔗之栽培，灌溉之指導，林木災旱之防護，均具成效。公路方面，如春三春崗春新各公路路面橋涵之修築。公用方面，如陽春電力公司之整理，凡此皆犖犖大者」。

該縣最近建設計劃，其大要仍根據三年計劃進度表，所定內容進行，其間尤側重於生產建設。蓋以際茲農村破產，人民經濟已呈枯竭，非從此着想，無以解民衆之危厄也。

該縣設農林推廣處一所，專司農林推廣事宜，農作塲所占地五十餘畝，現育成各種樹苗數萬株，各種菓木數百株，稻作方面，則採購各種良好種籽，盡量繁殖，轉給農民播種。查該縣地質，適宜種蔗，經向海康縣推廣處，買到爪哇蔗種一萬株，推廣種植，用新法栽植，以爲改良該縣蔗種。農林方面，除將縣立模範林場，於本年春季，擴大種植外，同時並通令各鄉，免費到農林推廣處領苗造林，他如調查荒山荒地，實行强迫造林，亦爲該縣推進農林事業之預定計劃。

該縣土壤性質，大別爲四，(一)粘土，佔百分之三七.五.性質粘狀而脆，顏色淺黑(二)砂土，佔百份之二〇，性質鬆，顏色灰黃(三)壤土，佔百份之三九，性質實，顏色紫黃(四)其他佔百份之三，五，性質硬，顏色，褐或紫。

該縣慈善機關，有縣立平民醫院，縣立救濟院，縣立貧民教養院，春灣區有義濟善堂一所，三甲區有惠濟善堂一所，專辦救濟事宜。

教　育:

該縣教育，在過去情形，頗稱發達，前清中葉，文風最盛。當時以書院文社等最高之學府，政設行學以爲典教。迨入民國科舉制廢，卽將舊日行學官署改爲督學局，設局長員一人，民國五六年間，又將督學局改稱勸學所，設所長一人，視學員二人。民國八九年，再由勸學所改稱教育局。相沿至今，惟組織上則比前爲完備。

本年度以前教育行政經費，每月徇敷分配，至廿三年度開始，因山河小稅奉令裁撤，教育費銳減，不得不裁員減薪，對於行政設施上不無困難耳！

學校教育，民元時，全縣僅小學十餘間，當時以風氣未開，地方不靖，辦理實形簡陋！至民國十二年間，遂創設縣立中學一間，僅有學生一班，約三數十人，民十五年以後，地方安靖，文風漸開，中等教育，遂漸擴充，除縣立中學校外，并添設師範講習所一間，各地之小學校，亦漸次加多，爲數約有六七十間，近兩年來，已由數十校增至百餘校矣。

該縣教育概況，在過去者既如前述，惟就現在而言，無論教育行政機關之組織，及中小學校教育，其規模均比四五年前爲佳，然實較之鄰縣教育似形落後。年來因教育經費奇絀，不得不縮小經費，中學方面，已將中學與師範同年級者合班教授。至該校每月常費，亦由一千六百元減至七百八十元。小學方面，又將縣立女子小學校合併於縣立第一小學校，每月僅有四百八十元，所有縣立小學職員之薪水，均照四成半支給。餘如各鄉立小學亦因經濟不景，穀價低賤，間有停閉。現正極力設法維持。其奉令籌備而未經成立之各鄉小學，亦經分別督催依期成立，以免兒童失學。教育經費來源，於公立各校經費方面，有（一）花捐帶收費（二）猪行帶收費（三）猪行報効費（四）妓女出局費（五）各捐防彩捐（六）牛皮溢水（七）各區道巫捐（八）差費附加（九）稅契附加（十）中資捐（十一）書院田租（十二）官學田租（十三）行學田租（十四）戲捐（十五）醮捐（十六）灣口排頭捐（十七）中學生費。

區立私立各校教費來源爲神嘗，醮會，文會，地方各種捐稅，祖嘗穀捐等項。該縣社會教育經費不充，對於各項事業之設施，極形棘手，現除原有之各種社會教育機關外，將來設施尙待增籌教費。縣立民教舘及圖書舘，每日閱書及參觀者約共百餘人，各區立民衆學校，每年亦各有畢業學生一班，於失學兒童，不無裨益。

近擬定擴充社教事項如下：（一）擴充縣立民衆教育舘，將該舘每月積存經費，分期購買衛生模型，及各種動植物標本，以便設置衛生陳列室及標本陳列室（二）舉辦各區巡廻圖書舘。（三）增設民衆學校（四）建設兒童遊樂場（五）擴充救濟院，孤兒教育事宜（六）舉辦壁報。其他文化機關有下列數類：（一）兩陽民國日報（二）陽春週報及春風壁報。（三）陽春縣政公報，該縣歷年未有公報發表，自方縣長于民廿三年六月將該縣各種沿革，及到任一年政治與將來一切設施，詳刊公報，以公開庶政。

自　治：

陽春自近十餘年來，因迭遭匪亂，民不能安其居，樂其業，致文化落後，自治人員，曾受大學或專門教育者甚尠，各里長副及鄉長不識字者頗多，各鄉鎮長副及鄉鎮調解委員多僅受過小學或私塾教育，各區長副及區調解委員及縣參議員亦多數祇受中等教育或特種教育。（如省自治人員訓練所或黨訓所等畢業學員）該縣區委區長及參議員，先後送往廣東省地方自治工作人員訓練所受訓，計曾經受訓共有三十四人。近民廳派陳鄺兩自治訓練員到該縣訓練各鄉里長副，計曾收訓練之鄉鎮長副共有四百零九人，曾收訓練之里長副共有一千五百九十七人。

該縣據人口調查，經已完竣，統計全縣戶數有三萬六千三百二十六戶，現住人口二十四萬七千零二十五人，他住人口五千七百一十三人，總計全縣現他住男女共二十五萬二千七百三十八人。

調查隊第七隊主任陳允恭

中華民國廿四年五月十日

（出自《统计月刊》第一卷第八期，一九三五年）

欽縣農業概況調查報告

卓正豐

(一)位置

欽縣位居粵省之西南部距離省城一千九百一十里經線距北平中線偏西七度五十分緯線在北緯二十二度三十分東界靈山與廣西之上思縣毗連南至龍門海北界廣西永淳縣東南界合浦西南至安南萬寧州海西北至廣西宣化縣面積東西廣三百六十里南北長二百六十五里全縣所屬計自治公所三區警察署四區茲分述如下

公所	所在地	離城
上東區	陸屋墟	九十里
北區	小董	四十里
中東區	平古	四十里
下東區	那麗墟	六十里
中區	黃屋屯	五十里

西區	大寺	五十里
南區	平良	七十里
警察署		
第一區署	縣城	
第二區署	陸屋	九十里
第三區署	小董墟	四十里
第四區署	大寺墟	五十里

（二）地勢

縣屬北部多嶺東西綿延南部臨龍門海地勢較爲平坦雖有山嶺不若北部之高大以故河流交錯平原面積亦較北部爲多計全縣山嶺約占十分之六七云

（三）氣候

縣屬北部多山南部濱海氣候頗爲和煦無急迫之變化惟多山之區畧較寒冷雨水亦以夏季爲多冬季稀少南部常有颶風爲災以濱海故也

（四）耕地狀況

1土質　東南部沿江海之地多屬冲積之砂壤土含肥質頗富北部山嶺之區土質亦肥美居民除耕田之外亦多耕山

2水利　北部多山水道甚少雖有亦屬溪澗小水不能通舟南部有欽江漁洪江鳳凰江丹竹江皆交錯於東西至南部而入海臨岸田地皆有賴於諸江以供灌溉之利也

3交通　縣屬交通除南部河流能利小艇之運輸外其餘北部之區往來均肩挑乘轎交通甚形不便近已倡闢公路以通各區將來落成陸有公路之便水有舟楫之利交通自可無阻也

（五）農民經濟狀況

1田地租價　上等水田每畝價銀約二百元年租約三担中等約一百元年租約一担五斗下等約七十元年租約一担旱地上等者每畝價約一百二十元年租約十元中等每畝約七十元年租約六元下等約四十元年租約三元

2長短工價　長工皆男人每年多者約七八十元短工忙時男工每日四角至五角女工三角至四角閒時男工每日三角至四角女工二角至三角均供膳食

3農產品價目畧如下表

品名	數量	價格
穀	百斤	五元
豆	百斤	七元

猪	每斤	三毫
鷄	每斤	四毫
鴨	每斤	三毫
鵝	每斤	三毫
畨薯	每百斤	二元
柴	每担	五毫
牛	每斤	五毫
麥	每担	六元

4 大小農及經濟情形　該縣農民以業農者爲多農家耕五畝至廿畝者約占十分之五耕二十畝至五十畝者約占十分之四耕五十畝至百畝或五畝以下者約占十分之一至經濟情形則以中區南區東區之農民爲最充裕因該處交通畧稱便利且濱海居民除業農外多兼營漁鹽之利其餘各區農民每年所入畧能自給而已

（六）作物

獲無窮之益也

（九）畜牧

1牛　有水牛黄牛二種水牛皮黑而堅厚體力甚大且耐勞耕水田者多利用之黄牛皮黄毛幼體力較小利用以耕旱地其管理大概多僱牧童放牧於山野空曠之草地任其自由食草晚間牽回牛舍飼以禾草及薯苗之類如係水牛則於炎熱時須常使其落於池塘中日浴數次以消其暑熱因水牛較黄牛爲畏熱故也平常價格黄牛大者每只約七八十元小者五六十元水牛大者約一百六七十元小者及衰老者亦在七十元左右

2豬　爲家畜飼養之最普通者家家幾皆有之至各酒米店則飼養較多每店恆多至十餘頭專養以取肉之用鮮有放牧者飼料則以食餘殘飯洗米水糠稽薯葉豆腐等充之飼法甚簡單玆不述

3鷄　各鄉農家亦均飼之惟每家只飼數只或十餘只而已無營專業者飼養法幼時用米碎飼之及長則用穀或殘飯混糠仔爲飼料早晚各飼一次餘則放任其自由覓食昆虫及草蔬

4鵝鴨　各農家亦有飼養之者惟以近河鄉村養者爲多因其性皆利於近水故每日飼養一二次外餘皆放之於山溪小澗中尋食魚類可省飼料也

（六）荒山

縣屬山嶺約占全縣十分之六七荒廢者約占三分之二而以二三區爲多且其地多屬表土深厚石質稀少者以之栽種松杉等樹甚爲適合

（十）農村教育狀況

欽縣中學一間學生一百七十八完全小學三間學生約二百八高小二十二間學生約八百八初小三十四間學生一千二

百八女子小學一間學生一百三十八女子職業學校一間學生五十八全縣學生約三千人私塾學生約多於學校學生三倍云

(十二)農林前途之希望

縣屬童山舉目皆是宜由政府獎勵造林使人民得自由向政府承領種植一方面因交通梗阻之故宜多闢公路使運輸無困難之苦近海地方常有海風亦宜多植防風林木他如北部一帶之天然林更宜設法開採如斯逐步進行則該縣林業庶幾有進展之希望願熱心林業者加以注意焉

(出自《广东农业概况调查报告书续编》下卷,一九三三年)

防城縣農林調查報告

卓正豐

(一)位置

防城縣居粵省之西南距省城約二千里初原屬欽州轄地至滿清光緒年間乃另立爲一縣名曰防城並未建築城池故土語謂防城無城言出有因也東界欽縣南連東京灣西南界安南西北界廣西上思縣東西廣二百餘里南北長百二十里人口約十六萬全縣分爲八區

區別	所在地	城區
第一區	防城市	附市
第二區	東興埠	縣西南九十里
第三區	太直	縣東北五十里
第四區	企砂	縣東南六十里
第五區	扶隆	縣西北八十里
第六區	玉峯墟	縣西百三十里

第七區	那箕墟	縣西百二里
第八區	那梭墟	縣西七十里

(二)地勢

縣屬西北多大山環繞東南臨東京灣地勢畧平坦雖有山嶺亦不甚高大以故形成西北高而東南低內部各區平原亦多概可利用以耕種者也

(三)氣候

縣屬氣候和平惟南部濱海之區較和煦西北部枕山較寒冷雨水以夏季爲最多但南部以濱海故常有颶風爲災

(四)耕地狀況

縣屬土質東南部多灰白色西北部畧帶黑色大抵富於腐植質也中部及其附近丘陵之耕地則多灰黃之壤土

水利　邑屬河流甚少惟南部臨海之區有那梭江沙水江東部有大直江其餘多係山坑之水各區水田旱地除附近各江流域外其餘均以坑水有無爲衡故全邑耕作田地雖時有水災但以近海易於導水無甚大害旱害則有山坑之水調劑亦不致成災也

交通　全縣交通甚形不便東部第三區雖有大直江但所通船隻僅達三四十担之重量而已西部七區有那良江八區那梭江皆發源於廣西思縣通駛船隻重量亦在三數千斤左右故農民運輸除少數藉水道外餘皆肩挑爲多但現已有公路由縣城抵四區茶山市而至東興埠長約六十里刻下又擬築由縣城直達欽縣正在興工間但該處沿途山地坑水甚多非經三五年之工程恐難成功也

耕作情形　一區農民多種普通作物二區地近海濱除耕田外則以經商業漁爲多三區多種柑橙五六七區則以耕山爲多

（五）農民經濟狀況

縣屬第三區居民多出外謀生且出產柑橙柚等甚多經濟頗稱足裕其餘五六七區則多耕山所出菓品亦多經濟亦稱足裕二四區地濱海岸居民多營漁業經濟畧能自給

耕地價値及租價　計水田上等每畝約百元租約十元中等每畝約六七十元租約六七元下等每畝約四五十元租約四元旱地上等每畝約五六十元租四元中等每畝三十元租約二元下等每畝約二十餘元租約元餘

工價及大小農經濟情形　長工每年約六七十元忙時散工約三毫閒時約二毫均供膳費凡所耕田地至多者十餘畝其餘七八畝不等

物價　普通物價畧如下表

品名	價格	附記
穀	每石約六元	
柴	每元約百斤	
鷄	每斤約四毫	
鴨	每斤約二毫	

桂皮	每斤約四五元至二十元不等	
巴戟	每百斤約十元至五十元	
藍靛	約五元至十元	
薯莨	約三元至六元	
玉蜀黍	約五元	

(六)作物

1. 水稻　該縣以多山濱海之故居民除耕山及業漁外所有耕種穀米每年出產豐收時畧能足全縣之需用否則尙須由外供給其品種屬早造者有黃粘小糯長尾花壳百日丈赤殼等類由春分前後播種清明插秧收穫於夏至前後晚造則有銀粘白壳黃壳芒花烏糯絲粘等芒種播種立秋插秧惟近海之田土名砂田或名鹹田及平洋脊土則皆以撒播爲多其種植法插播者先將穀種浸於水中候其出根卽密撒於犂耙成糊狀之田中至其生長數寸卽先撒草木灰一層後撒以牛骨粉一層每穀種十斤約用骨粉五斤再撒草皮泥一層(卽鋤草連泥燒成)後撒水少許使其濕透則運數分厚泥鏟去而分插之其撒播者則穀種必多一半於插秧者每畝約在廿斤左右卽將穀種由水浸其出根後卽用泥漿攪汚穀身再用牛骨粉汚之卽撒於田中而待其成熟以收穫矣尙有利用田地稍高而無水浸之地播以旱地穀種者種法則與水田異其穀種不用水浸祇將田地整平用鋤鏟成條列行卽將穀種條播於行間或用點播後蓋以草木灰除草一二次施肥一次卽可待其成熟而收穫矣計每畝約可收穀

二担左右

（2）玉蜀黍　以四區八區爲最多其用途多在青黃不接時用爲糧食品其食法卽取其仁用淡石灰水浸一夜之久再用滚水滌之以手槎之其衣卽脫和米煑粥食之便可代饑

（3）薯芋　薯有木薯番薯之分種類不一木薯有紅皮白皮二種食時紅皮者須漂水二三日始可煑食番薯有白黃紅皮之分及六十日長藤垂薯等此物爲土人食糧之第二要物又爲畜牧之唯一飼料且多用以製薯絲薯粉其法將生番薯用牙盆擦爛以布袋搾之去袋內之薯渣此渣晒乾卽供飼料之用其所搾得之薯水俟其澄清去其清水而得其沉澱物將沉澱物晒乾而得薯粉若將沉澱物用大而淺之盤薄蒸之待其熟時取出而晒之至半乾時切使成絲再晒至極乾卽得薯絲矣計每生薯百斤可製薯絲十三斤渣約二十斤餘均水份也芋亦有多種狗爪芋泥芋種於山者有山芋檳榔芋等

特用作物　1巴戟　此物爲藥材用品以五六七等區出產最多種法取其藤每長約尺許彷彿如種番薯之法種之然後落肥俟其生長速則二年有收否則三年有收計肥地每畝可收薯十數担每担晒乾約得四十斤每斤值銀約五六毫

2薯莨　其用途爲染布或染漁網之用種法將其藤枝或用其種子養芽種於表土深厚之山地每年除草一次三年收穫每畝可收二三十担每担值銀三元至十元不等

3藍　有火藍山藍大葉藍三種隨地皆可種惟種於山者爲多計大葉藍每年可收三四次火藍則每年收一次或二次其製錠方法亦與各縣同

4桂皮　將樹種生後約一年或五年剖其皮晒乾之則可出市每擔五元至十餘元不等若種至廿年或三四十年以上之桂皮每擔可值二三百元因其多油可作玉桂之用也

（七）果樹

1柚　可分爲桑蔴柚降抽柚數種種植法取其二三年之枝中部剖去其皮以泥草縛實待其出根卽剪下假植數月後移

植於目的地每株距離約一丈每年施肥水三四次至第三年便有少數可以收穫以後逐年加多每株數十枚百餘枚無定當其未可收獲之二三年中皆可間種瓜菜豆等植物柑橙地亦然

2 柑橙　其種法與柚同惟每株距離橙約八尺柑約六尺而施肥量則以多於柚爲佳

（八）畜牧

畜牧縣屬皆無專業者盡屬鄉民副業牛爲役用所需業農者始養之豬及雞家禽必有養之鵝鴨宜水故近池塘及多水之地方亦多有飼養羊則僅於近山村鄉飼養多少而已

（九）森林

縣屬山脈由西北環繞而趨東部大小連續面積約多於耕地二三倍宜林之地所在多有惜土人未知造林之利大都由天然下種惟其一片青葱茂密亦頗有可視所有林木以松爲多杉竹及雜樹次之除杉供作器用外所有山松雜木多作燃料之用而已

（九）輸出品

特用作物之輸出品有薯莨藍靛巴戟桂皮等果樹則有柑橙柚等林木則有松杉之屬

（十一）農林前途之希望

縣屬山脈綿延荒山曠嶺尙居多數而西北部山嶺尤爲肥沃造林最爲適宜但交通未能便利若能浚深河道多闢公路使水陸交通便利運輸無阻則提倡造林該縣必有發展之可能也

（出自《广东农业概况调查报告书续编》下卷，一九三三年）

合浦縣農業概況調查報告

卓正豐

(一)位置

合浦舊名廉州至民國改名合浦居省城之西南離省約一千八百餘里位於北緯二十一度五十二分經線距北平中線偏西七度三十分廣一百七十餘里長三百餘里東界廣西博白及石城南臨大海北與廣西興業貴縣橫州相連西北界靈山西界欽縣全縣人口約卅萬有奇警察原分六區北海埠獨立區即另一區也自治區分為十六舊名為團分述如下

警察區	所在地	離城
第一區	縣城	附城
第二區	南康	三十里
第三區	張黃	五十里
第四區	小江	八十里
第五區	寨平	百五里
第六區	西場	八十里

自治區卽團第一附城團第二靖海團第三三總團第四鎮西團第五珠江團第六永安團第七六湖團第八大廉團第九石州團第十聯安團十一萬安團十二進誠團十三合立團十四福旺團十五平睦團十六寨墟團治安行政皆團局負責

(二)地勢

合浦地勢北部多山南部畧平大概山嶺佔全縣面積十分之七八平原地面僅佔面積十之耳三山嶺最高大者爲五黃嶂高約二三百丈由北而南由高而低直至平地爲止

(三)氣候

縣屬氣候無大變化南部近海常有海風掃射且不時有颶風爲害北部多山颶風之患較少但南部氣候似較和煦北部似較嚴寒雨水亦春夏多而秋冬少霜雪則少見最熱時候不過華氏九十六七度最寒時候亦華氏三十六七度而已

(四)耕地狀況

1 土質　縣屬土質南北畧有差異北部多冲積之砂質土土色帶黑含肥豐富南部雖亦屬砂質壤土但其色帶黃白似不如北部之肥原故農產品以北部爲多且北部田地毫無荒廢閒亦因其土質肥美所致云

2 水利　南部山嶺少故水源亦因之而少常有亢旱之患北部山多農民利用山溪之水灌溉且有沙流可以裝置水車以取水故天時亢旱亦不致爲災

3 交通　北部山嶺多而乏公路雖有江河但水細而淺夏月亦祇可行駛故運輸非常困難貨物出入必用肩挑南部則公路既多而港汶紛歧汽車船艇隨處可達交通較之北部便利實多

(五)農民經濟狀況

1 田地租價　縣屬田地價格與租價北部與南部因地方之貧富而生差異南部以交通利便經商者多往外埠謀生者亦

衆故人民殷富田地價格因之畧高但以在家耕作者少故租金反低北部人民較貧耕作者衆故田地價格較低而租價反昂南部上等水田每畝價約二百元至三百元者租金十五元至二十元耳北部上等水田每畝價一百五元至二百十元而租金則高十五元以上至廿五元至於旱地租價則南北兩部均較低廉祇爲水田二之一耳

2 長短工價　長工年價七十元至百二十元短工忙時男每日六毫至一元女每日四毫至六毫皆由僱主供膳

3 大宗產品價格如下表

品名	數量	價格
穀	百斤	六元
煙葉	百斤	十五元至四十元
八角	百斤	六十元至一百五十元
桂皮	百斤	四元至二十元
花生	百斤	六元
鹽	百斤	三角至二元
	百斤	二十元至五十元

豬	每斤	四毫
鷄	每斤	三毫至五毫
鴨	每斤	三毫至四毫
柴	百斤	六毫至一元

(4)大小農及經濟情形　縣屬農民耕田百畝左右者鎮西圍約有一二戶耕田五十畝左右者亦鎮西圍有三二十戶其餘耕十畝至二十畝者約佔百分之四十耕數畝至十畝者約佔百分之五十至農民經濟則以南部近海者較爲充裕因其人多出外謀生又有魚鹽之利故北部農民多數耕種全無外欵輸入故經濟較爲困難

(六)作物

(1)水稻　該縣因北部多山其山居之人多以玉蜀黍甘薯芋頭小麥等爲出產之大宗故全縣耕種水稻祇有三分之一其栽種情形約分早晚二季早稻有赤壳白粘紅頭糯白壳粘等均在南部水田種之其播種期通常於清明前後浸種二日夜後水屯芽約二日遂撒播於秧田十餘日後復施人糞尿爲補肥計播種育苗有二十日許即可剷苗分秧當剷苗時先撒以糞灰或生麵粉然後剷苗分秧追分秧後一月許用小齒耙中耕一次收穫期間通常皆在大暑前後每畝收量約二三百斤左右

晚稻　品種有白絲苗牙粘油粘黄粘白壳粘等通常皆在夏至前後浸種約二百起水屯芽約一日遂播於秧田其秧田於整地時施一次畜糞爲基肥至立秋前後拔苗分秧時再施以糞灰或生麵粉一次分秧後一月許施以人畜糞灰同時用小齒耙中耕一次早者在霜降後可收穫遲者則在立冬前後收穫計每畝可得二百餘斤左右

2花生　該縣因旱地多水田少故栽種花生各處皆有之多供搾油之用產量亦是供全縣之需

3烟葉　該縣栽種烟草多以萬安園北通地方爲最多每年約三千餘擔左右栽培法於本月間播種其未播種前浸水二三日十一月至正月移植其田地先起高一尺濶一尺五寸之畦畦底濶四尺作品字形植之每株相距約尺餘植後每日淋水約一月而止卽行培土施肥每畝施豆麵草灰三四擔迨烟樹將起花蕾卽摘去其心芽至四月葉已變黃卽爲成熟由下而上隨熟隨摘約摘四次五月間卽可摘完採後分脚葉中葉頂葉三種發酵乾燥分類束成一束發賣各處計每畝可得乾葉三擔至五擔不等

4黃豆　各區皆有種植惟多爲副業其種法於夏至前後將田地作濶大之畦約直七寸橫四寸作穴每穴下種五六粒覆以乾厠糞隨以薄土蓋之一月後除草培土一次經七八十日莢黃卽可收穫大約每畝可得豆實一石左右

5竹蔗　該縣種蔗以鎭西圍爲最多平均每年出糖約千餘擔其種法於十月後將所刈收之蔗截取其梢長約尺許掘穴將蔗梢埋其中以薄土蓋之至翌年正月下旬卽將蔗梢取起剝去其葉鞘逐分植於蔗地至三月間每株卽施以乾糞約一碗施後覆以土至四月間每株又挿施花生麵一小塊迨五月間卽將畦間之土鋤起培於畦上名曰上大行以後時常須注意其葉上之蚜蟲設法殺除之其留舊頭更新者曰老蔗多於十月開始收穫用蔗梢新種者曰新蔗多於十一月開始收穫每畝收量可得廿餘担收後卽運至糖寮搾製黃糖運銷各處

6甘蔗　以武利江地方爲最多其餘各區亦有種者栽種地方多在旱地與花生互相輪栽其栽法大畧與各縣相似年中出產亦屬不少間亦有用以搾糖者

7番薯　全縣各處均有出產性粗易生養分豐富士人多取之以作粮食及供牲畜飼料計有甕菜薯紅皮紅心秤錘薯白玉薯等之分種植期分春季與秋冬兩期栽種法剪苗長約七八寸斜插畦上畦高約五寸每株距離七八寸施用堆肥與草灰種後月餘苗長約二三尺以竹竿挑起其莖蔓使勿生根再以牛犂畦之兩旁隨施以肥復以犁土再覆畦旁此卽施肥而兼中耕培

土也自插苗後三四月便可收穫每畝產量約二千至四千斤不等

(七)園藝

1果樹　該縣果樹有荔枝龍眼柑柚等類但無專事闢園種植者大都於村旁屋旁等處栽植任其自由生長管理極爲粗放於產不多祇供就地銷售而已

2蔬菜　各種蔬菜如黃芽白芥菜蘿白蓮藕等各區農家皆有種之但祇爲自己食用多餘者乃販賣於市因無專業經營故土產無多

(八)畜牧

家畜　以養豬爲最多因該縣農民耕種蕃薯收穫頗可供養豬飼料故家家均有養畜一二頭間有養畜至二三十頭者計每年出口豬額約二萬頭左右至養牛亦屬不少除農家養爲耕田役用外亦有專業養牛至數十頭者計每年出口額數約有六七千頭

家禽以養鷄爲多鴨次之皆爲農家之副業其飼養方法大都與各處相同

(九)森林

該縣山嶺約占全縣面積十分之七八其中森林以松樹爲最多杉樹次之兩者均屬人工林種植時間多在立春清明之間其種杉地方須先於冬季放火盡燒其山嶺之草乃用鋤掘轉坭土而打碎之預備來春種杉之用松則届期直行箇單之移植不必燒山掘土之手續至更新之法則杉樹伐後須除雜草以俟其萌芽如是可伐三四次然後復種松樹則伐後便可卽種不必除草也

(十)特產

1八角　八角氣香可作香料子實之形與藥用之枳壳相似至熟則散開如傘形有六角者有八角者而以八角爲多故名八角用途除作香料外亦可以蒸油其蒸法將八角置於竹籮之內籮下加一瓦器然後放入大鑊中蒸之俟蒸氣經過籮內之八角子後其水滴落瓦器再煎濃之卽成八角油每担値銀約百元至二百元以十一至十六區各地方出產爲多

2桂皮　桂皮卽藥舖中所售之玉桂也種法將子點播約二年餘苗高尺許卽移植於山地年除草一二次約五年卽可斫伐而取其皮取皮時間須在春分以後立夏以前否則其皮不脫云取法卽將木斬落剖取其皮每長約一尺二寸晒乾縛成束則可出市計每担値銀五元至八元之間其樹斬伐後其頭自然出芽每年可擇其高大者取皮約可取至數十年云

（十一）輸出品

輸出品以烟葉爲大宗每年約十餘萬元八角桂皮次之其餘豬鷄皆有出口惟屬少數耳

（十二）農村敎育狀況

該縣農村學校近年來畧爲發達計全縣初中三間高中一間學生共七百三十八高級小學三間學生九十八初級小學一百零五間學生五千六百五十八完全小學五十六間學生五千二百八其他學校四間學生九百八私塾學生二千五百八失學兒童約五千八百人

（十三）農林前途之希望

縣屬山多田少惟有向林業發達但是交通阻塞運輸困難故山地尙多荒廢今欲發展林業首宜開闢公路以利交通一面獎勵人民領荒造林再加以政府直接提倡庶可有濟也

（出自《广东农业概况调查报告书续编》下卷，一九三三年））

合浦縣調查報告書

劉陶敏

(一)位置及地勢　合浦居我粤西南隅，位于東京灣之北；東隣廉江及廣西省之博白，西枕欽縣，南瀕大海，北則與桂省之興業及貴縣相連，東北界于廣西鬱林，西北又與廣西橫縣及我粤之靈山接壤。縱狹而橫廣，縣北以有勾漏山山脈所經，地勢畧高，中部稍平，南濱大海，故地勢則較低。

(二)土地與人口　在廣東各縣，以合浦土地面積爲最大，全縣二九，三五五市方里，佔全省二十九份之一。縣內可耕地約百六十萬畝，已耕者四份三。除附近山嶺各區，地稍磽瘠外，餘均有可觀，而三六、三七、三九、各區爲最肥美。自治區昔分五十二區，邇者改選第二屆自治人員，乃併爲三十二區；惟警區則祇分八區，學區又別爲十六區；人口共約八十餘萬。因查畢離縣時該縣人口調查尚未辦竣故無從知其確數。

(三)民情和習俗　附近城市人民，風氣尙稱開通，惟習尙奢華，好用洋貨，生活程度僅畧低于廣州。離城市較遠之鄉村人民，風氣仍多蔽塞，惟情性淳樸，體魄强壯，勤儉耐勞。生活極苦，雖豐年稔歲，亦僅得一飽，年荒歲歉，則雖終歲勤勞，胼手胝足，仍不免於飢寒。普通除從事農作外，或充苦力，博微資以助家計，或入山樵採，以獲些須。惟好賭嗜酒，崇拜鬼神，迷信風水，喜吸鴉片，富于封建思想，則無論附城遠村，均屬相同。

(四)政治　縣內政治之推行，尙在循序漸進中，故人口調查、田畝調查、迄今尙未蕆事，想或爲地方太大之所致；警政方面，似欠完善，然治安之維持，盜匪之勦捕，則頗覺努力；惟本縣隣近廣西，北部山嶺重叠，治安之維持，盜匪之勦捕，原非易易。警衞常備隊計分六小隊，員兵共約二百人；縣兵兩小隊，員兵六十餘人；二者之槍械，亦稱充足，訓練頗爲認眞，醫院之成立，監獄之改建等，亦已次第進行，惟各區自治之辦理比省內各縣較爲遜色。

(五)敎育　本縣敎育，尙屬發達，計全縣有中學一間，設于北海，員生四百六十五人，設備頗爲完善。初中四間，分設于縣城福旺，南康，公館各地，員生八百四十四人，設備殊簡單。另省立中學一間，設于縣城，爲本縣內最完善之學校。簡易師範一間，設于縣城，員生四十四人，備設殊簡陋。初級職業學校一間，設于張黃，員生五十六人，規模畧具。小學七十八間，敎職員四百四十四人，學生一〇、二八五人，初小一五二間，敎職員四九六人，學生一二、一六六人。圖書館二所，在北海者一，在縣城者一，書報尙多。環境亦好。民衆敎育館一間，公共運動場一所，兒童遊樂場一所；各小學亦有設置較完善者。

(六)商業　合浦商業，以北海爲最繁盛，全市有正式商店五百餘家，廿三年貿易總額，達五百餘萬元，入口貨以洋貨疋頭爲大宗，出口貨以魚鹽糖油牛皮竹器爲大宗；若在前時，則尤覺其盛，近自農村經濟衰落之影響，故稍不如前矣。次爲縣城之商業，計正式商店約二百餘家，商品以洋貨疋頭爲多；再其次則數南康、張黃，各有商店百四五十家，商業亦頗暢旺；其他各地之商業，則毋足述矣。

(七)金融　金融方面，貨幣流通數額甚少，以故利息亦高，普通利率，月利三分，特別利率，每至五分、六分，當押利息，亦須三分。銀根尤覺短絀，通常買賣，多用銅元，鄉間往往以銅元爲物價標準；即大宗交易，亦慣用銅元，鄉民入市，多囊銅元以往，大洋、毫洋、均可行駛，銀毫劵祇流通於北海縣城，他處殊不多睹，若港紙，法紙，祇間有之。

(八)出產　出產以穀，魚爲大宗，穀年產百零九萬餘擔，魚類年出七十六萬餘元；小江之瓷器，計三十五家，年出共約値十萬元。北塞之菸葉，年產二千二百餘擔，値四萬四千餘元。白石水所出之蔗糖，年達一千九百擔，値一萬九千元，香蕉年產二千二百餘擔，値萬七八千元，菸葉則不及北塞之多。全縣產紙，二萬餘條，每條五毫計之，都萬餘元。絲產亦夥，土布、爆竹，不亞于磁器，他如木材、竹器，出產亦多，茶油、鐵鑊，均足供本地之用。白龍港之珍珠，頗爲有名，惜所產不多耳。

(九)交通　合浦之交通，在南路尙稱發達，公路有合山、合欽、合靈、廉北、南北、南潙，廉福白、南石、南閘、廉乾等路，均已通車，路長合計七百七十二里，合山合欽合靈，屬于省道；廉北南北則爲縣道；餘均爲鄉道。東可通於廣州，西達欽防，南迄北海，北至靈山，而通於梧州、廣州，水道內有羅成江，可通廣西博白、鬱林，武利江可達靈山武利，乘車至北海，則有大汽船可通沿海各口岸，如欽州、東興、法屬安南之海防，海口、香港、……等處。近更有飛機可與海口、高州、廣州、往還。交通尤稱便利焉。

（出自《统计月刊》第二卷第三期，一九三六年）

靈山縣農業概況調查報告

卓正豐

(一)位置

靈山縣屬居本省之西部位於北緯線二十二度三十分經線距北中線偏西七度二十五分東南兩方均界合浦北界橫州永順西界欽縣東北與廣西之博白毗連西北界宣化面積廣一百七十里南北長百二十里全縣所屬自治公所共分八區特分述如下

公所	所在地	離城
第一區	東墟	一里
第二區	平山	三十里
第三區	平南	四十里
第四區	檀墟	五十里
第五區	龍山	六十里
第六區	昇平	六十里

第七區	太平	七十里
第八區	那樓	九十里

(二)地勢

全邑南部南北狹小北部東西延長適成一丁字形西南部與欽縣爲界之地方山嶺縣延數十里環繞而至北部與廣西成爲天然之界線縣屬東西北三面畧高中央及南部畧低故急劇之高山除西北部外南部及中央均極少但傾斜畧緩之崗嶺則到處皆有計全縣山嶺約占十分之六七

(三)氣候

縣屬氣候通常於十一月至正月氣濕爲最低約在華氏三十五度左右六七月間之氣温爲最高約在華氏九十四度左右年中雨量以春末及夏季爲多秋深後至冬季則漸漸少矣

(四)耕地狀況

土質　西北部土頗富腐植質南部及中央地方多屬粘壤土皆含肥量甚富

水利　縣屬河流甚少惟東部有武利江與合浦成爲天然之界線畧可行駛淺水之電船其餘多屬溪澗小水不能通舟楫祇可利於灌溉而已

交通　境內河流既少山嶺又多以故交通極感困難現在有已成之公路東部自武利墟起經縣城而達北部之平南墟全線長約十里西部由陸屋墟至沙坪長約八十里除此二路可稱便利之外其他各處往來貨物尙皆用肩挑也

(五)農民經濟狀況

(1)田地租價　縣屬農民田租多數以租穀間有少數旱地則納租金者價約百二十元年納租穀約三担中等者約百元年約租谷約一担餘旱地每畝上等者約七八十元年納租金約五元中等者每畝約五六十元年納租金約三元下等者每畝約三十元年納租金約元餘其收租方法均由田主自往收取租金多限一次完納租穀則分早晚二造納云

2長短工價　長工每年工金約三四十元短工尋常男三毫女二毫農忙時男工約五毫女工約三毫半均供膳餐

3大宗產品及價格如下

種類	數量	價格
穀	百斤	五元
麥	百斤	五元
柴	百斤	五毫
杉木	尾二寸者	七毫
鷄	每斤	四毫
鴨	每斤	三毫

鵝	每斤	四毫
番薯	每担	二元

4大小農及經濟情形　縣屬農民耕田地十畝以下者約占百分之七十耕十畝以上至廿畝者約占百分之二十耕二十畝以上者約占百分之一十至於經濟情形則多屬困難農民常有於青黃不接及舊歷年底時向田主或殷富貸借俟收穫時乃償還之間亦有三益銀會之組織可稱農民金融周轉之良好機關焉

（六）作物

1水稻　該縣水稻早造所種之品種有油赤烏尾粘白米粘白壳早等通常於清明前後浸種三日後起水屯芽約三日即播於秧田至十日許便施以人糞尿水或人糞尿灰一次至谷雨前後便可剷苗分秧插秧後約半月用脚中耕耘草一次乃施以廐肥至大暑時節即可收穫矣晚稻品種有白壳絲苗黃壳絲苗江頭粘等皆於夏至前浸種立秋前分秧收穫於立冬前後其施肥及耘法與早稻無異

2麥　該縣麥之品種以小麥爲多大麥不過十之一二耳其播種期多在立冬前後播於晚稻跡田或其他旱地普通多用條播亦有用點播者但甚少耳翌年清明前後收穫用途多用於製製麵或糕之用

3薯　該縣栽種甘薯頗爲普遍蓋爲農民之第二糧食也其品種有紅皮紅肉種黃肉種白肉種等多種於早稻跡田或砂質旱地其栽培各法與他處無異

（七）園藝

1果樹各地均有栽植惟皆屬散植無有成林者且品種無特別佳處產額亦甚少不過供就近各地零星販賣而已

2蔬菜除各地農家栽種少許爲自己食用外附城及各區市塲附近之農民多種之但亦祇供市塲需要而已並無出口也

(八)畜牧

1家畜　農家除養牛以供使役外以養豬爲最多牛有水牛黄牛之分水牛大者每頭約值二百元黄牛約百餘元豬則多供就地屠宰之用出口甚少也

1家禽普通以養鷄爲最多鴨次之鵝則甚少其飼養情形與各地無甚差異大概鷄皆放任於屋之前後覓食鵝鴨則放牧於池塘或溪澗間而以工人看護之

(九)森林

該縣西南北各部皆屬山嶺故產松杉甚多雜木亦不少其培植杉苗方法先將杉枝浸水約旬日乃引插植每枝相離約六七尺植時不可過深不可過淺約四寸爲佳云

(十)特產及輸出品

縣屬無甚特產其輸出品大宗者爲米麥鷄鴨松杉雜木等其輸出皆無統計至藍靛一物往昔頗多出產近則爲洋靛壓迫而絶迹矣但桐油每年輸出有二萬觔烟葉每年出產亦有數百担但祇供給本地之用而已並無輸出也

(十一)農村教育狀况

縣屬中學一間學生約二百人師範一間學生百二十八完全小學二十一間學生一千四百人高小學校四間學生約二百人初級小學一百零六間學生約五千八小學四十三間學生約九百八合計入學者約萬八私塾約二百五十間學生約五千八以上

（十二）農林前途之希望

縣屬荒地並無廣大之面積而在十數畝之間者則仍屬不少似應從事墾闢以盡地利至於荒山則較以鄙見所及尤適於植杉但似須先行開闢公路以便運輸庶易於着手也

（出自《广东农业概况调查报告书续编》下卷，一九三三年）

瓊山縣調查報告書

——轉載自統計月刊(廣東省調查統計局出版)第一卷第九號——

林嘉樹

本隊奉令出發瓊山縣調查，於四月十日出省，即日抵香港，次日買棹赴瓊，二天達目的地。自四月十四日起，開始工作，至五月二十四日蕆事。計在該縣停留四十五天，除路程及休息外，調查工作，共佔四十天。茲將調查各區所得之概況，摘要述之于後：

○……地勢與面積……○

瓊山位百粵之南部，瓊島之北隅；惟瓊崖爲我國孤懸海外之橢圓形巨島，而瓊山乃島中最發達之縣，北與雷州半島徐聞遙遙相對，東南西三部，與本島之昌文、瓊東、定安、澄邁等縣接壤。全縣面積約一萬一千方里，東西廣約一百二十里，南北袤約九十餘里。西路多山石，少水田；東北瀕海，多鹽田；南路沿南渡江，較多田地。

○……人口與習俗……○

本縣人口共約二十八萬有奇；多業農，風俗醇樸，出洋謀生者，約數萬人；鄉間生活程度頗低，迷信之風尙熾，每歲神誕，蕩費亦夥。今春天旱，計四閱月赤地遍野，滿目荒涼，農產損失六成許，鄉民僅以番薯與米煮稀粥充飢，間有餓斃者。該縣不設穀倉，故遇天災巨變，即無法救濟，各區中尙有鄉村，因苦亢旱，僅知禱神祈雨，身穿喪服，在炎熱下，伏地呼天，狀殊慘酷，情屬可憐，幸前月連日大雨，農人始得耕種，無不欣欣然相慶也。

○……治　安……○

縣內以海口市及縣城，素稱平靖，其他各地，多遭禍害，自清黨以來，共匪之氛浩大，各區市鎭，多被焚刼！各鄉有築碉樓以爲防禦，共計數十座。近數年來，經警衛旅痛勦，攻破匪穴，勢力衰弱；但星散各方之共匪，來去無踪，殺人刼掠，尙有所聞。現再得廖縣長極力搜勦，目下各區治安，頗稱安靜。

○……交　通……○

全縣交通，極爲便利。水路有各埠輪船來往海口，又有南渡江(俗稱博冲河)貫通內地，帆舟賴以運輸。陸路有瓊文、瓊定、瓊澄公路，由海口市直通各縣。營業車約百餘輛，比往年少半數以上，此因商業冷落，及捐稅抽收過重影響，現計每輛車月給營業牌捐與路租，共達大洋七十元，各車公司爲求彌補負担計，竟濫載人物，常有裝重三四千斤者，且路道罕見修整，一遇大雨，則泥濘崎嶇，車行艱難，路面尤易損壞。全瓊汽車消耗，每年不下五十萬元。

○……商　業……○

縣屬商業，以海口爲最繁盛，惜港灣過淺，以致船舶往來困難。該埠東南接近菲律濱群島，西連法屬安南，南控南洋群島，北向徐聞；凡全瓊出入之旅客貨物，靡不經此。市西流通貨幣，均以大洋銅仙爲本。全市商店，有六百餘間，商會及同業會之成立者，計有二十餘行；商務之繁華，概可想見！年來因不景氣潮流所及，華僑滙欵日減，歸國者反多，並土產落價，百業蕭條，農村破產，購買力銳減，商業比前有天淵之別。其餘各區，均有三數市鎮，商店多屬小資本經營，不甚發達；每隔一二天或數天集墟，附近鄉人，均來墟上買賣，市面行情，年來亦日呈衰落現象。

○……教育……○

當地教育，頗稱發達，以縣城爲教育中心。省立第六師範學校設立於此，內附設高初級中學及小學部；另公私立初級中學校三間，縣屬有小學校六十五間，初小學校四百二十間，各鄉私立學塾，約計三百間；圖書館及民衆教育館各一，閱書報處四所。近來農村崩潰，各校學生因之減少四分之一，鄉村小學校，經費知絀，多因陋就簡，辦理欠善，略可取者，僅十數校。倘能及時改進，成績不難立見！否則青年學業之成就，殊堪憂慮也。

○……物產……○

農產品以稻、蔗糖、番薯、花生、芝蔴、荔枝乾及龍眼肉爲最大宗。椰子、菠蘿、檳榔及芋等次之；天蠶絲、粟、黃皮及柑又次之。水產以魚、蝦、蟹、蛙爲最多。猪牛及家禽亦有運往香港者。各區米穀，足以自給；惟第三，第五及第十一等區，則由安南或內地來米供給；什糧及家畜，尚不外求。所產之花生與芝蔴，除供本縣搾油外，每年尚銷費五萬餘元。荔枝乾與龍眼肉，產量頗多，但隔二年，豐收一次，運銷上海年約值二十餘萬元。若謀是業者，能從事研究，使年間不致歉收，則利源不淺也。蔗糖出產亦甚豐富，運往各埠分銷，年值五十萬元左右。第三區特產陶器，銷流全瓊；工廠計九十餘家，工人千餘，製造方法，仍墨守成規，不求改良，故不能與各處陶業競爭。第四區特製草蓆，及各區竹器，銷行南洋各埠，獲利年達數萬元；惜染色及製造，不見改良，致銷量不見進步。第十一區有織布工廠二十餘間，工人約千餘人，出布約三十餘萬匹，行銷全瓊，每年挽回權利不少。惟年來仇貨輸入日多，價格又廉，土布遂受其打擊不少矣！

（出自《统计月刊》第一卷第九号，一九三六年）

定安縣調查報告

林樹嘉

本隊調查瓊山縣完竣。自五月二十八日起，轉赴定安縣調查，計在該縣三十五天，工作卽告結束。玆將調查各區所得之現狀分誌於左：

地勢　定邑瓊郡一中縣也。居瓊中土，海道不通，諸邑環包於外，羣山聳峙於中，東據長坡，西濚澭白，崇山環繞於南，建水紆廻於北，其盤披祖黎母而來，其旋結循江岸而止，停蓄於南資，回顧於五指嶺，此一邑之形勝也。縣境地圖，尙未測繪，全縣面積，佔計約一萬多方里，共分爲九區，橫約六十餘里，縱約二百餘里，環疆雙水半圍，土壤頗稱肥沃，內雖重巖疊嶂，然膏腴之地尙多也。

交通　縣境交通，水陸均便，水道有南渡江經一區，有萬泉河經七六兩區，均有民船多艘，航行河中，專運粗笨之物，價收低廉。陸道可通車者，有瓊定公路，由定城至海口市，有定嶺公路，由定城至嶺門直達黎區之加釵峒；又有嘉定公路，由定城經黃竹或嶺口以至嘉積市；全縣公路，除第六七區未築成外，此三線均通貫，其餘七區；至各縣，亦可通達。汽車有二十餘輛，輪流行駛，營業頗形冷落，且道路罕見修整，車行易壞，抽收過重，發展署難。縣城設郵政分局一所，其他各區墟市，多有郵務代理處。又設長途電話局一所，可啟通各縣，此外尙有一、二、三、四區公所，亦可通話，該縣政府，爲便利通話起見，現令各區區長，加緊設置云。

田畝　定安縣田地，在昔征糧時，共計二十四萬畝，年收錢糧約四萬元許，而糧差實數之收入約七萬元許，其餘數，爲歷來辦理征糧者私吞中飽，未向政府報繳，現改征地稅，此均化私爲公矣。至田畝調查，錯漏有所不免，經抽查後，尙無十分差漏，將來田地增加之數，尙難預計，幸田畝之辦理認眞，淸查後，自可得其確數。現距徵收地稅之期不遠，戶口捐撤消在卽，人民方面，莫不稱快！

人口　該縣人口，約共十二萬餘人。其塡報之數目，不免太少，考其原因，不外民怕按數抽收所致，據說大槪全縣人口，報減者有十分之四。

敎育　縣中敎育，不甚發達，縣城有初級中學校乙間，學生人數，僅四十餘名，分爲三班，校欵不充，辦理欠善；今春成立中等學塾乙間，係私人組織者，敎科與中學制略同，但較注重中文，學生百餘人，比縣立中學尤發展。其他高級小學有三十餘間，初級小學三百餘間，聞有高級小學，內僅有學生數名者，惟鄉間學校，因農村不景，學童日減，經費短拙，辦理欠善，可取者甚少；前日最發達之校，今多退步。社會敎育，多未舉辦，現有公共體育場乙所，圖書館乙所，民衆閱報處十所，民衆學校數所，惟均設備簡陋。

疫害　查縣中各區，頻年遭鼠疫之害！自民十七年起，第五第八及第九區等處，死亡鄉民，不下萬人！此症仍流行至今，每歲由十二月至三月間，乃鼠疫大作之時，區民無方遏止，彼此傳染，爲害日劇，蔓延全區，不察者徒諉天命。惟此數區中，房屋矮，窗戶少開，穢水垃圾，觸目皆是，道邊路隅，嗅味撲鼻；家中又不畜貓，亦不設法防範，此禍之所由來者，審矣。當局長官暨各區鄉鎭長，倘能及時提倡，負責規導，使民注意衞生，從事地方清潔，設法除鼠，並施計救濟，則鼠疫庶幾可消滅矣。不然，疫行年年，民死增多，殊堪慘痛！查保健問題，乃關於國家之盛衰，所以，該縣施政對此絕不可放鬆也。

俗業　定縣人民生活，極爲簡單，性尙勤儉，各鄉村中，多着布衣，食以米及什粮爲主，魚肉蔬菜爲佐食之品，居住多於矮小瓦屋；查其衣食住之情形，多以禦寒蔽天及充饑爲滿足。民間職業，無確實之調查，大槪務農者較夥，工商業次之，其他職業佔少數，女子多爲佐理家政及帮作農務，在農業上佔重要地位。至於墟市上之婦女，如汕溝附城鎭等地，每有不務農工而營陋業以度活者，故娼風頗熾：該縣黨部，有見及此，曾請禁止，惜執行不嚴，一時尙難杜絕。

治安　境內治安，在民十七八年時，匪風甚盛，擄掠時聞，卽縣城亦被攻陷，洗劫一空。自後組織團局，地方勢力稍固，再得防軍痛勦，共匪逐漸肅清，地方遂見安寧。目下治安，多賴人民自衞，如四，五，六，七，九區等，均不駐兵，倘無事故發生，縣城市鎭，則以警衞隊維持，全縣共編爲五小隊，官兵約二百名，經費由民負担，每年按戶抽收大洋三元，民間頗以爲累，

商業　定安各鄉鎭商店，有二百餘間，除附城鎭，汕溝鎭二處，有較多之商販店舖外，其餘均不足道，各商號，亦無新式商業之組織，小販商，多爲獨資之經營，墟市營業，以粮食及雜貨業居多，藥材業次之，布業木業又次之，資本最大者萬數千元，資本

最小者僅十元左右，普通者爲數百元；流通貨幣，多以大洋銅仙爲本，海口紙幣亦可零星交換。各區墟期，每隔日或三，五日不定，集墟之日，附近鄉民，多擕負銅仙，行使於墟塲，頗形擁擠。第九區之嶺門市等處，常見黎人買賣其中，多以山貨，換取布煙等物，在交易塲中，比前較爲開化。全縣商業，不甚發達，年來農村衰落，營業狀況更不及往昔矣。

出產　農業以米穀，蕃薯芋甘蔗爲大宗，豆，花生，檳榔，天蠶絲次之；全縣皆產米穀，田地約有二十餘萬畝，年產穀約六十餘萬石，輸出者爲三分之一。薯芋年產三萬多担，均多自食，少向外銷售。甘蔗多以製糖，運銷各地；花生除本地搾油外，倘有出賣者，年產約萬餘石；豆產二千石；其他什糧，亦足自給。農業副產，如養鷄、鴨、鵝、豕、牛，亦有相當之數量運銷於香港。第三、四、五等區產荔枝、龍眼，豐年約收萬担。第八、九區，棺材木，雜木及山貨，出產亦夥；又特產天蠶絲，係農民之副業，每年出產魚絲，當有二十担至七十担許，其價格在民十三四年時，每担值大洋三千元之譜，年來該項魚絲，出產既少，而價又暴跌，（每担值大洋四百元許），因此該區農人生活，極感艱苦。至於檳榔，每逢豐年約產二千餘担，歉收則否；本年價格頗高，但生產又少，且近來南洋各地，亦有出產，價較本地爲廉，此誠受一大打擊！該縣農村經濟，不免日形枯涸矣。

民國二十四年七月二十八日

（出自《统计月刊》第一卷第十二期，一九三五年）

文昌縣調查報告

林樹嘉 .

二十四年十一月

爲報告事：竊職除於七月八日出發文昌縣調查，全縣劃分爲九區，三百一十七鄉鎮；計在該縣停留四十天，蹈遍各區，遂得調查各種事項完畢，除逐表整理彙報外，再將調查所得之概況，分述於后：

1.沿革與地勢　文昌位瓊崖之東北隅，昔漢時爲珠崖郡地，唐武德五年，置平昌縣，屬崖州。至貞觀元年，更名文昌，沿稱至今。該縣東南北三面臨海，西南界瓊山定安兩縣，極西南則與瓊東縣接壤，地勢平坦，殊無峻嶺，且山川疏豁，陽氣常泄，故瘴癘不作，水土尤善。全縣面積，約計一萬一千餘方里，東西廣幅一百三十里，南北延袤一百九十里。

2.交通　(一)陸道——境內公路，計有省道三，縣道三十四，鄉道三十七，長約一千零八里；惟路甚多敗壞不堪，而各車路公司，修整不周，故車之行駛，尤易損壞；然公路之密，不異蛛網，雖小鄉村，亦有公路通行，四週交通之便，實爲全省之冠。即汽車亦不亞於各縣，在民十五六年時，全縣有營業汽車二百餘輛，年來因人物運儎減少，抽收繁重，影响所及，僅存百餘輛行駛耳；至轉運粗笨，尚有牛車；陸上交通，足稱便利。(二)水道——水道有舖前，清瀾，抱虎，抱陵與長圮等五港。舖前港在縣治之西北角，與瓊山縣交界，水深二丈許，可通三千担帆船，支流有三，可通錦山市，三江市，羅豆市，有小船多艇，往來其間；清瀾港在縣治之東南角，水深數尋，可容千噸以上之輪船數隻，港灣頗寬，避風尤佳，惜乎港口有暗礁阻塞，輪船不能駛入耳！港內分二支江，可通文昌城及文教市以至公坡市附近，內有小船多艘，運輸貨物上落；又有二小電輪，自海口市行經此處，以達各港；往年該兩港之航業，頗稱旺盛，現則非然，而千担以上之民船，約三十艘許，往來於國內之江門，澳門等處；國外之新架坡，暹羅，安南等埠。至抱虎在縣治之北，抱陵在縣治之東，長圮在縣治之南，此三港不甚良好，船楫進口不易，斯港未有商店，附近祇有村落，每歲四月至六月間，漁船約有百多艇，出入捕魚停泊而已。(三)郵電——郵電分局，各設乙所於縣城，各區墟市，有郵政代理處。長途電話，除本城及一、二、五六區暨文瓊綫可接駁通話外，其他各區，尙付闕如，該縣政府正令設置中。

3.人文　(一)人口——全縣人口，共計三十三萬三千有奇，男有十五萬九千之譜，女有十七萬三千之譜，男子多外出謀生，女子多現住戶中，故女子數目較多。(二)職業——人民職業，尙無確實之比較，以縣中情形而觀，則業農者居多，尤以女子操農作爲多，工業亦然；若男子則多業商，及其他自由職業；至在南洋各埠者，則業工商者爲最；在國內各縣者，則多任軍政學界職務。(三)智識——人民智識，頗爲普及，且富冒險性，多往南洋，吸受文明空氣較早，風尙讀書，學校繁多，智識程度，可見一斑。近來女子之讀書者，亦日漸增加。(四)衣食住——文昌民衣，習染洋風，喜穿西服，少婦則穿白衫，在富庶之城市內，多着鞋襪持傘出入，民食遠不及衣飾奢華，日常所吃，以薯，芋及米爲主，肉類固少，即蔬菜亦不多；然城市上，茶店幾等於酒飯店，飲茶者亦多，酒飯店則以雞食著名，但食品比各縣昂貴。住所，均爲瓦屋，城市建築，類多宏敞，村莊小戶，則稠密矮小，有碍衞生；城市商店，則建洋樓；街道多已填築士敏土馬路；各小學校，亦多建設新址，富戶住居，尤多可觀。

4.治安　本縣治安，在前四年時，共匪猖獗，最爲紛亂，至民二十一年，得防軍力勦，共匪即告肅清，地方始見安謐；續又舉辦警衞隊，以資維持治安，人民得安居樂業。全縣共編二中隊及三獨立小隊，月支經費四千三百餘元，以戶口捐爲挹注。該縣隊兵，多係外籍，言語不通，與民隔膜，對於治安，稍有放責，則收效極微且近來因世界不景，華僑紛紛失業返國，就食鄉邦，地方經濟，日形困迫，共匪乘此時機，冀圖死灰復燃，殊堪憂慮！可喜者，現在當局，籌辦鄉鎭聯防，抽調後備隊，編成聯防隊伍，負責衞護各該管地方治安，藉以補助常備隊分防之不週；此種機關，已次第成立，零星共匪，不難肅淸矣。

5.教育　(一)學校教育——縣屬有縣立中學校一間，設立於縣城，學生二百八十二名，辦理頗有成績，現建新校址於城外，不久即告落成云。前年尙有私立瓊文中學校一間，因校舍毁破，校欵支絀，經已改辦小學，縣立小學校三間，女子小學校一間，區立小學校三十間，全縣共計小學校七十間，高初級學生共六千零四十八人；初級小學校，計六百零八間，學生共一萬九千二百二十八人；教育經費，統計年支大洋約三十一萬餘元。查該縣教育，極爲發達，前有學校約千間，兒童均有書可讀，人民教育普及；至今已停辦者，有三分之一，開辦之數量，尙屬不少，然辦理方面，缺點甚多；此間學校，亟應整飭，盡力規導，以臻完善。(二)社會教育—文昌社會教育，提倡伊始，辦理方面，多屬名實不符！有公共體育塲一所，閱書報處二十餘所，內設詢問處；民衆學校五間，教員十五名，學生二百五十四名；合作社亦有成立者，黨部壁報一所，民衆教育館，現正擬辦；上列各處所，完全爲政府協助當地人士主辦者。

6.俗情　文昌人風，俗習文明，尙求體育，各區常行球類比賽；各區市鎭，每逢墟日，雲集交易，多爲婦女，情形熱鬧；婚姻貌尙自由，服用儀式，多效外洋，雖鄉村小戶，亦用汽車，以資迎娶；民間親戚，富互助之心。

7.建設　文昌縣建設事業，以公路及屋宇二項，成效尙著；其他事業，玆分言之：

(一)生產事業——查本縣荒蕪地方，約佔全面積五分之二，墾荒種植，爲當前急務，政府方面，經令各區，勸諭鄉民，努力開墾，以資彌補生活，惟人民尙未從事開發，縣立苗圃，仍未籌設；至水利方面，多未顧及，田地灌溉，甚感不便。(二)公共建築事業——有平民醫院留醫所一座，民衆教育館址，修建監獄，建設救濟院等；此係預定計劃之大者，今正籌辦云。

8.經濟　文昌縣經濟，素稱充裕，就近日情形言之，則已枯涸，再分類述之：

(一)商業——本縣營業墟市，共計五十處；最發達者，首推便民鎭，商店約二百餘家，馬路不甚廣濶，但行人則極擁擠，爲瓊崖之第三商埠。次則鋪前鎭，商店約數十家，昔年不設關卡時，走私貨物起卸，多經於此，故商店因之而旺；此二市鎭，均有商會及同業工會設立，墟期隔日，自來水及電灯，亦有設備。其餘各市商業，仍較各縣繁盛，市中分爲雜貨，京菓，藥材，布疋，鹹魚，零沽各行；當民十五六年時，生意甚有起色；流通貨幣，以大洋，海口紙，及銅元爲主，叻紙，港紙，亦有通行；借欵利率甚低，平均僅一分息。查縣屬地瘠，出產極少，入超於出，全靠南洋囘欵，以爲抵消；近來僑胞失業日衆，所滙囘之欵日減，因之購買力薄弱，而商業隨之衰落矣！

(二)工業——文昌縣工業，向無大工廠；製肥皂、餅干、汽水、香燭、鞋店及磚瓦爐等則有之，所出之品物，尙未足地方之需求。此外有手工業，規模不大，如木作業，打鐵業、採石業、及其他各業等；工人調查統計，約共六千餘人，工資以土木工爲高，每日平均四角，但其工作不常；田工約三角，石工亦同，挑工以遠近計算，大約每十里三角；斫柴工最低，每日得銀角半。該縣向有之特別出產物，皆爲女子工業；如欖索以第一區與第三區出產最多，全縣年製七十萬斤，約值八萬餘元，運銷北海，江門等處；椰子布製造，年出四千斤，約值二萬餘元；尙有麻布，出產於第七區，前數年可銷十餘萬疋，近來僅銷五千疋，約値七千餘元，以香港，江門爲市塲，邇來遭劣貨打擊，銷路停滯，殊爲可惜！

（三）農業——文昌縣境內，土壤磽瘠，稻田甚少，故農產不豐；全縣面積約計五八四、四〇六市畝，荒地約計有二九二、二〇三市畝，耕地約計有一七五、三二一市畝，年收錢糧五萬九千元。農產以米、薯、芋、椰子及魚類爲大宗；波羅、荳、咖啡、樹膠、鷄次之；甘蔗、猪、牛皮、天蠶絲、荔枝、龍眼等爲副業。全年產穀五五五、七三三石，足供縣民六個月糧食，不敷之數，全賴定安，萬寧及暹米維持。薯芋年產約共十五萬担；椰子年產五十萬個，約値十餘萬元，自二十三年起，經風災後生產甚少；椰樹遍地皆有，惟無偉大之園所，種植最多者，爲第三區與第一區。魚類約年產十二萬担，波羅年產約一百七十五萬個，値七萬餘元；荳年產約一千六百担，除食用外，尙有花生數百石，供本地榨油之用；咖啡有四十担許，約値二千元；樹膠產八十担許，約値二千餘元；鷄亦有相當之產量，出銷各地；生豬有五千隻，牛皮有數千張，運銷於香港；甘蔗未足食用，第一二區天蠶絲約產百斤，荔枝，龍眼年產七千担，在第二區蓬萊市附近爲最；其他特產，有谷精草，年產値二千餘元，在升粟坡生植；海菜年產値二千餘元；第一、二區每年產鹽一萬餘担，約値一萬餘元。蓋縣屬幅員遼濶，地帶平坦，田地極少，荒坡極多，舉目四顧，赤地千里，一如曩昔，良可慨也！

（出自《统计月刊》第二卷第十二期，一九三六年）

陵水縣調查報告

陵水位居瓊崖南部，東南濱海，北接萬寧，西南界崖縣，西北毗連保亭，東南多平原，西北多山嶺，萬陵之交，雜處漢黎，黎族佔領地方，頗爲廣濶，山嶺高崗，岩林陰鬱，蠱毒瘴厲，外人不易居住，所以人皆視爲畏途，現政府設保亭新縣管轄，設治數數，期收同化之效，查陵水黎境，除劃歸保亭管轄外，僅存濱海一帶，人口稀少，得四萬餘人，分設四區，下轄凡五十五鄉鎮，今縣界尚未分劃清楚，土地面積，無從統計，依舊時估計約二千餘方里，西北雖有大山梗阻，然現有省道可通，東南濱海，有新村，水口兩港，帆航稱便，考漢人之來居此者最早，類多歷代遺民，故地雖僻遠，儼有中州風物遺風。

陵水交通概況

水路——本縣新村•水口兩港，帆航事業頗爲繁盛，查省內各港，均有帆航此間，如高州之黃坡溪，陽江，海口，海防等處，每月來往次數甚密，商旅稱便，查該航業，多係運載檳榔椰子返還內地，或設網捕魚而利民生，又有小電船來往崖縣之三亞港，及文昌之清瀾港等處，來往甚爲快捷，惟惜船身過小，偶遇風浪，恐發生危險，旅客覺未甚安全，多從陸路而達內地，新村港海水頗深，能容大小輪船，現只順天然港口，未加人工建設，限於資本，非旦夕間，所能辦到。

陸路——本縣公路，惟有萬寧經縣屬達崖縣一條省道幹線，已告完成，查省建築該段公路，破費不貲，計自萬寧抵達陵水，凡一百四十里，中間經過大小橋梁，共有一百零數座(大者十七座)又必經雁門分界嶺，開鑿工程尤鉅，惜未能建築妥善，來往車輛，頗屬危險，現尚未完成之縣道有二，一曰陵保公路，一曰賀萬公路，陵保公路，於民二十三年，曾由瓊崖交通處，撥欵及徵工興築，路基已成，惟橋梁涵洞，需費浩大，公家既無欵可撥，地方亦窮于籌措，故直至現在，該路工程，尚未告竣。賀萬公路，由縣屬第四區賀舉市起點，至萬寧之禮紀市止，長凡二十餘里。

馬路——查本縣貿易市鎮甚少，除縣城市鎮，與新村港市鎮，畧稱繁盛，可以興築馬路外，其餘均屬三間兩戶之舖鎮，而無改建馬路之必要，附縣城鎮馬路，業于數年前改建，由縣府前起，至大寧碼頭河岸止，其路面已有一段係用士敏三合土築成，餘則沙泥，擬最近設法籌欵改築士敏土，使與全路一致，至新村港馬路，同時在擬議改建進行中云。

大寧碼頭——該碼頭爲南北兩岸交通孔道，亦沿河舟楫停泊要地，前經一度建築，然以工程不甚妥善，旋卽崩塌，後復籌欵改建，利其形勢，易其位置，工程早經告竣，來往稱便，惟河北方面，一片泥沙，河南方面，懸岸盈丈，汽車仍然未能直接上落。

救濟院——本縣救濟院設在縣城南關外舊時之三昧寺，內分養老院，貧民教養院，育嬰院三部分。

(一)養老院——經于民廿四年五月間成立，由瓊崖促進救濟事業總會撥欵補助，及本縣各界捐欵項下撥給開辦費大洋一千元(育嬰院開辦在內)暫准經常費大洋一百五十元，又由本年七月份起，按月由總會撥助經常費大洋五十元（該項經常費包括貧民教養院育嬰院在內）現以經常費不敷，統由縣協籌救濟委員會計劃籌撥，設主任一人，管理員一人主管之，查現在收容男女老人一十四名，并給以衣服睡具等，每日給膳費大洋八仙。該院內進，曾被颶風吹塌屋頂，現尙未修葺，必經再度修理，乃可居住。

(二)貧民教養院——設于縣城北關后山廟，經民廿四年八月間成立，由瓊崖促進救濟事業總會，撥補助開辦費一千元開辦後，其經常費由救濟院縣協籌救濟會統籌，查該院原定計劃，擬設立習藝所，墾殖場兩部，嗣以經費不敷，先辦習藝所，招收貧民，教以織布紡紗等業，設主任一人，管理員一人，技師一人，現在收容人數共十餘人。

(三)育嬰院——附設於平民醫院內，經本年十月間成立，由救濟院所領開辦經常各費酌撥辦理，設主任一人，查現僅有寄託男嬰一口。

平民醫院——設於縣城北關外永安大街潮嘉會館內，右連順德會館，左連新會會館各一部份，經民二十三年四月間成立，本年三月間擴充，由瓊崖促進救濟事業總會撥助開辦費大洋一千元，又一次過暫准經常費大洋弍百五十元，又由本年七月份起，按月撥助經常費大洋六十元，至籌欵辦法，併由全縣救濟費，由縣協籌救濟委員會統籌，內設主任一人，中醫師，西醫師，助產師各一人，每日門診及留醫留產者頗衆，而病房產所，亦足敷用，適合衛生。藥品方面，除貴重者外，餘均施贈，辦理頗稱妥善，誠患病留產者之福音也。

公墓——我國習慣，素信堪輿家言，向無公墓墳場之設，本縣亦不能例外，致滿山滿谷，皆曰風水，俱爲坟場，分疆劃界，不得各相侵害等陋習，深入人心，牢不可破，一不利於開墾種植，二阻碍公路交通，現陵水縣設有一公墓場於筆架山麓，面積

破，一不利於開墾種植，二阻碍公路交通，現陵水縣設有一公墓場於筆架山麓，面積約十五畝，此只限幼而失怙恃者，老而無依歸者，終葬之所。

陵水教育概况

(一)學校教育——查本縣學校數，在民二十三年度以前，統計有八十九校，現除黎區二十餘小學校，劃歸保亭管轄外，計全縣有簡易師範一間，完全小學四間，初級小學六十六間，又各校年來設備上比前頗有進步，質量俱見增加，校舍多能改善，管教方面，職教員亦甚認眞負責，學風漸趨良好，惟經費支絀，對於教務進行，不無障碍。

二、社會教育概况——查本縣社會教育機關，在城內原設有圖書館一間，建築堂皇，屋宇宏偉，惜圖書絕少。又有閱報社一間，設在大寧碼頭，地點既欠適中，報紙又無購置，設備寔有未周。

三、其他文化事業——查本縣去年冬間，曾倡設縣教育會，嗣因組織手續欠合，無形解散，本年春間，復重新改組，先依法組織各區教育會，然後再組織縣教育會，現查第一二三等區，教育會均已先後成立矣。

陵水縣治安概况

查陵水人口，僅得四萬餘人，多業農，然失業人數無多，職是之故，搶掠案件甚少，近來共匪次第肅清，地方賴以粗安，惟與黎人雜處，屢有潛出偷盜牛豬牲畜之事。查本縣地方武力，計有警衞常備隊一獨立小隊，共有官兵四十六名，縣兵隊有一分隊，共有官兵十二人，另警衞後備隊，全縣共有六千餘人，由主管長官分別督飭所屬，嚴密檢查地方，寔力雖不甚雄厚，於治安上，尙可無慮，此爲陵水縣治安之概况也。

物產——查陵水物產，除米穀爲出產大宗外，首推梹榔椰子，每年生產額約百萬計，其餘如新村，水口兩港之海產，生產額爲數亦甚夥，據當地人士所談，本縣富戶，非假梹榔椰子興家，必屬鹽田漁業起業云，可想見本縣人民作業之大概耳。

民國二十四年十一月二十四日

（出自《统计月刊》第二卷第十期，一九三六年）

感恩縣屬鄉土調查

感恩縣鄉土調查，省統計局調查隊主任林長植，業經詳細調查完竣，玆採錄原文，以饗讀者。

沿革——查感恩縣誌載感恩古爲南交地，漢元封元年，置九龍縣，屬儋耳郡，至晉改隸合浦郡，梁陳時代，置崖州于儋耳之下，隸屬崖州，隋大業三年，改崖州爲珠崖郡，析置感恩縣，至今以是稱之。

境界——感恩疆土，在崖縣西北二百四十里，東接樂東，南連崖縣，西臨大海，北抵昌江，東西廣約卅華里，南北長約一百八十五華里，環疆水道亦一百八十五華里，城東至黎境界止，城西至海邊界止，城北陸路九十五里，至昌江馬嶺灣界止，城南九十里，至佛羅市中心崖感分界處界止。居北緯一十八度五十二分，甚近熱帶，故其地多熱。

地勢——感恩沿海一帶，多爲沙質冲積所成，故地勢大都平坦，甚少山脈，惟東部一帶接近黎境山嶺，故漸次岡陵起伏。玆分述之：一、山嶺。一、九龍山在城北四里，西枕海濱，漢初建縣治于此，遺址尚存。二大雅山在城東卅里，高卅餘丈，明代建縣治于山下。三天馬嶺脉接黎廣山，在城南六十里嶺頭村之北，形如奔馬，故名。四透道嶺卽燒灰嶺，在城東北三十里，嶺石可燒灰，邑中建築多賴之。五魚鱗洲在城北七十里海濱突起，巖石重叠如魚鱗，故名。六不磨嶺在城東北二十里嶺下有不磨村，故名。

河流——一、雨龍江卽感恩水，源出小黎母山，滙諸溝源，爲本縣最大之江，長約九十餘華里，環繞縣城，東北西流入縣門港，沿流沙積水淺，不能舟行，祇供灌溉之需耳。二、南湘江卽南港河，在城南三十里，其源有式，一出自迴陀嶺，一出自夢麻嶺，至伴式村合流，經南港舖入海。三、酒澄江，卽白沙河，在城南七十里，發源尖峯嶺，西流二十里經白沙村入海，四、涌天河，在城北三十五里，經通天村之南入海。五、居龍河，在城北七十里，居龍村南一里，發源黎洞，西流經八所港入海，六、北黎河，在城北九十里，源發黎洞龍潭西流經北黎市之北入北黎港。

富源——水利、感恩僻處海疆，風多雨少，河流淺窄，復因土地純屬沙質，洩水極速，幾無水利可言，惟在白沙河及感恩河沿河一帶，農民間有設備水車，藉水之流動力，轉車取水，以資灌溉，又于低窪及有水源地方，多掘池蓄水設置水車，偶患天旱，用人力車水上田，胼手胝足，終歲勤勞所獲尚不足自給，亦云苦矣。

林木——本縣土地，純屬沙質，且風多雨少，不適于樹木之生長，故甚少林木，惟黎境山間，則富于森林，祇以交通不便，且瘴張彌漫，未能作大規模之採取，坐失地利。殊爲可惜，至濱境一帶，祇見少海棠樹，採子搾油，以資點燈之用而已。

礦產——本縣各屬，礦產甚少，惟城東三十里，透道嶺（卽燒嶺）處，產石灰石，附近居民，採石燒製石灰，供邑中建築之用。又沿北陵河一帶，因上游黎境峨溝嶺處產金礦，間有金砂發見，附近鄉民，亦間有淘金爲業，但所獲甚微，祇供升斗度日而已。

牲畜——本縣家畜，以牛羊爲大宗，每年運銷外地數額逾數千頭，其次爲豬類，幾于無戶無之，輸出外地，亦頗不少。人民年中銷耗，多賴此以抵補焉。

漁鹽——本縣地濱南海，可獲漁鹽之利，惟縣屬居民，甚少操舟捕魚，坐視海利之棄置，殊屬可惜，對於提倡漁業，實刻不容緩。至鹽田則沿海一帶隨地可設，首以北黎港，鹽丁港，縣門港，板橋港四處爲較多，鹽場約有十餘處，其他各處，則因地土關係，製鹽不便，鹽田漸見稀少焉。

物產——天然物產，本縣土質，異常瘦瘠，甚少天然物產，惟附近黎境山間，常有山豬發見，鄉民常獲以作食品，至黎境深山處，則多產馬鹿及黃麖等動物，附近黎人，常攜鹿角出市求售，鄉民多購以煎膠，以作藥品之用，果類則以芒果爲大宗，除在本縣銷售外，多晒乾運銷外地，以作酸醬之原料焉。

農產——本縣農產，以甘藷爲大宗，年獲十餘萬担，除食用外，多切片晒乾，運銷外地，補助全縣經濟不少。其次爲穀類，但出產不多，年中所獲，僅足自給，他如西瓜，南瓜，及各種蔬菜，粟類及藍等類植物，亦有種植焉。

商業——本縣市場有四，一爲感恩市，在城內外間，二爲北黎市，在縣之最北部，三爲佛羅市，在縣之最南部，四爲板橋市，在縣城之南十五華里。但均異常冷落，因各商店資本無多，人民購買力薄弱，貧瘠地方，勢使然也。現自地方平靖，人民多從事于生產事業，經濟力漸漸充裕，而各商店亦知擴大營業，前途不無樂觀焉。

金融——本縣地方貧瘠，金融甚爲枯竭，市面交易，均爲銅仙，甚少見有銀元及紙幣者，而各項物價，亦以銅錢爲本位。每一銅元值錢十文，如每元值銅元三百枚。該項貨物值銀一元，他不曰一元而曰三千錢，但銅仙時有起落，物價往往不能平穩，買賣甚形不便。現自政府禁用白銀，以法幣爲本位，法幣漸見流通市面，買賣亦較爲便利焉。

交通概況——本縣交通，分水路與陸路兩種。水路以縣城西五里之縣門港爲起點，北經北黎港而往昌江，儋縣，臨高各縣而達海口，與各海道相通。南經蛋村港而往崖縣，陵水，萬寧，樂會，瓊東，文昌各縣。至各河道大都淺狹，不能舟行，祇供灌溉之需，實無補于交通也。又陸路以縣城爲起點，北有感北環海公路直達北黎市，與昌江各縣相通，南有感佛環海公路南達佛羅市，與崖縣各縣相通，此兩路均爲省道，路基路面，業已築成，惟橋樑涵洞，多未建築，未能通車。復于北黎港與東方黎峒間，建築黎東公路，路基路面，已具雛形，橋涵仍未建築，陸路運輸，祇靠牛車負載耳。

教育概況——本縣教育，落後異常，全縣小學祇十八間，計縣立完全小學六間，縣立省庫補助初級小學二間，縣立省庫補助短期小學四間，鄉立初級小學六間，學生總數約一千一百餘人，僅佔全縣學齡兒童數五分之一，至學校經費，除省庫補助各校稍爲充足外，餘均支絀異常，職教員有月薪少至不足五元者，非增籌教育經費，不足以言改良也。至民衆教育方面，祇有民衆閱書報社一所，經費支絀，圖書無多。現爲提倡民衆教育起見，籌備民衆教育，一俟經費有着，即可成立云。

行政組織——縣政府爲本縣行政最高機關，下設財政，教育兩局，及建設，總務，自治各科，除總務，自治科長由秘書兼任外，餘均設局(科長)一人主管其事。至設施概要，分自治，財政、教育、建設各項。自治方面，則爲縮編區鄉鎮區域，使對於管轄方面，易收統籌兼顧之効，合併同選鄉鎮長，抽查及統計戶籍人口名册。財政方面，則爲複查複評田畝，改征地稅，嚴禁行使白銀及設處收買。教育方面，則爲籌設民衆教育館，組織義務教育委員會，及令縣教育經費管理委員會，計劃增籌全縣教育經費及學校改善辦法，以期普及教育。建設方面，則爲建築縣城市馬路，感田公路，平民醫院及救濟院，籌設新村漁業港及計劃墾荒等，使本縣生產事業得此發展焉。

救濟事業——本縣貧瘠冠於各縣，文化落後亦甚於各縣，對於救濟設施，實刻不容緩。至於救濟方面，除設立平民醫院外，復設置縣立救濟院，內分農業漁業及業民借貸所三部，各設主任一人，專責其事。農業，漁業兩部，並各設技術指導員一人，專司指導及設計，關於墾荒選種施肥及開闢漁業港，從事漁業各事宜，農民借貸所則專爲借給款項與貧農購買種子及肥料，俾得墾荒種植以增加生產，俟收成後，然後按期攤還。至養老，育嬰及貧民教養諸院等，正籌辦中，祇因限於經費，現尚未能設立焉。

社會民情——本縣文化落後，人民生活，異常簡單，對於清潔衛生諸端，多不講求，復迷信鬼神，有病則偏請巫覡，求神送鬼，不知求醫診治服藥，可憐亦復可笑。至民性大都強悍，好勇鬥狠，每因小事，輒釀成械鬥。自廿二年間陳旅長漢光蒞境後，嚴懲禍首，人民乃不敢無端生事。近年以來，因擴充教育及辦理地方自治，使人民接洽之機會，感情漸相聯絡，械鬥之風漸少矣。

農村經濟——本縣土質瘦瘠，雨量稀少，不宜種植，故農作收穫多不能自給，非節衣縮食，不能度歲。一入鄉間，但見一般農民，所居大都茅屋，所穿爲破爛之衣服，所食不過糜粥甘薯，農村經濟，可不言而喻也。統觀感恩情狀，交通既形不便，土地亦復瘦瘠，人民貧窮困苦，非無因也。救濟之法，在能對症施藥，將各項缺點，次第解決，感恩前途，乃有希望，而尤以生產建設和教育爲最要。生產建設，分爲農業、漁業、鹽業、工業數種，對于農業方面，如將選種，種植，施肥，除蟲，及水利諸端，切實研究改良方法，並將研究所得，教給農民，一方獎勵人民墾荒，或合資作大規模之墾植，使農業生產增加。對於漁業，鹽業及工業等，宜提倡人民集資組織合作社，並請政府補助經費，聘請技術人員，計劃進行方法，作大規模之經營及販賣，使收效大而獲利多。誠如是則人民經濟力量，自然充裕，商業亦因而繁盛，救貧之法，舍此莫由。教育建設方面，分義務教育及社會教育兩種，對於教育經費務極力增籌，廣設小學于各鄉村處，使學齡兒童，得所就學，復擴充民衆學校及閱書報社，使各鄉人民，均有求學及閱書之機會，文盲自然減少，文化自然發達。以上兩端實爲救濟感恩之唯一良法也。

市政衛生——本縣各墟市，均因商業落後，店戶無多，不設公安分局，各項市政，由縣政府直接處理，並分駐警衛常備隊於各墟市處，以維治安。至衛生方面，大都不甚講求，牛糞廢物，隨地棄置，最近縣政府飭各商戶設置垃圾箱、輪值打掃，始不若從前之骯髒焉。（瓊崖民國日報民二十五年八月十七日）

（出自《琼农》第二十九—三十一期，一九三六年）